HISTORIA Y GOBIERNO DE LOS ESTADOS UNIDOS

SEGUNDA EDICIÓN

This is the Spanish edition of
MASTERING U.S. HISTORY AND GOVERNMENT,
also available from Jarrett Publishing Company

James Killoran

Stuart Zimmer

James Killoran

Mark Jarrett

Stuart Zimmer

Mark Jarrett

JARRETT PUBLISHING COMPANY

East Coast Office:
19 Cross Street
Lake Ronkonkoma, NY 11779
Fax: 516-588-4722

Southern Office:
3923 Forsythe Way
Tallahassee, FL 32308
Fax: 904-894-1744

West Coast Office:
10 Folin Lane
Lafayette, CA 94549
Fax: 510-906-9742

1-800-859-7679

This book is dedicated to our children...Christian, Carrie, Jesse, Todd, Ronald, Alexander and Julia.

ISBN 1-882422-17-1

Printed in the United States of America
Second Edition

 MEMBER OF THE PARTNERSHIP FOR A DRUG-FREE AMERICA

ABOUT THE AUTHORS

James Killoran is an Assistant Principal at Jamaica High School in New York. He has written *Mastering Global Studies, Government and You, Economics and You, The Key To Understanding Global Studies, The Key To Understanding U.S. History and Government, Ohio: Its Land and its People, Mastering Ohio's 9th Grade Citizenship Test, Mastering Ohio's 12th Grade Citizenship Test, Nuestro Mundo: Su Historia, Sus Culturas,* and *Los Estados Unidos: Su Historia, Su Gobierno.* Mr. Killoran has extensive experience in test writing for the New York State Board of Regents in Social Studies and has served on the Committee for Testing of the National Council of Social Studies. His article on Social Studies testing was recently published in *Social Education,* the country's leading Social Studies journal. In addition, he has won a number of awards for outstanding teaching and curriculum development, including "Outstanding Social Studies Teacher" and "Outstanding Social Studies Supervisor" in New York City. In 1993, he was awarded an Advanced Certification for Teachers of Social Studies by the National Council of Social Studies.

Stuart Zimmer is a Social Studies teacher at Jamaica High School in New York. He has written *Mastering Global Studies, Government and You, Economics and You, The Key to Understanding Global Studies, The Key To Understanding U.S. History and Government, Ohio: Its Land and its People, Mastering Ohio's 9th Grade Citizenship Test, Mastering Ohio's 12th Grade Citizenship Test, Nuestro Mundo: Su Historia, Sus Culturas,* and *Los Estados Unidos: Su Historia, Su Gobierno.* Mr. Zimmer has served as a test writer for the New York State Board of Regents in Social Studies, and has written for the National Merit Scholarship Examination. He has presented numerous demonstrations and educational workshops at state and national teachers' conferences. In addition, Mr. Zimmer's achievements have been recognized by the New York State Legislature with a Special Resolution.

Mark Jarrett is a former Social Studies teacher and a practicing attorney at the San Francisco office of Baker & McKenzie. He has written *Mastering Global Studies, The Key to Understanding Global Studies, The Key To Understanding U.S. History and Government, Ohio: Its Land and its People, Mastering Ohio's 9th Grade Citizenship Test, Mastering Ohio's 12th Grade Citizenship Test, Nuestro Mundo: Su Historia, Sus Culturas,* and *Los Estados Unidos: Su Historia, Su Gobierno.* He has served as a test writer for the New York State Board of Regents, and has taught at Hofstra University. Mr. Jarrett was educated at Columbia University, the London School of Economics, the Law School of the University of California at Berkeley, and Stanford University, where he is a doctoral candidate in history.

Acknowledgments

Cover design by Peter R. Fleck. Illustrations by Ronald Scott Zimmer. Maps and graphs by Morris Kantor and by CF Enterprises, Inc.

Layout and typesetting by Maple Hill Press, Huntington, New York.

COMO ESTE LIBRO TE AYUDARA A SALIR BIEN EN CUALQUIER EXAMEN COMPRENSIVO SOBRE LA HISTORIA Y EL GOBIERNO DE LOS EE.UU.

No es un secreto que el estudio de la historia y del gobierno de los EE.UU. puede exigir bastante esfuerzo. ¿Cómo se puede recordar tanta información sobre tantos individuos, fechas y sucesos diferentes? Con este manual interactivo para guiarte, encontrarás que el estudio es más fácil y hasta entretenido. Este libro no sólo te enseña sobre la historia, cultura y gobierno de la nación, sino también te ofrece puntos de referencia para salir bien en casi todo tipo de preguntas sobre la historia y el gobierno de los EE.UU.

Este es un **texto "interactivo"**. A diferencia de la mayoría de los libros que presentan página tras página de texto, un libro interactivo, paso a paso te hace pensar y aplicar lo que acabas de leer. Se te pide que expreses tus opiniones, repases tu comprensión de la materia, ofrezcas tus reacciones, y analices los sucesos y asuntos importantes. Esto te ayuda a aprender y recordar las cosas mejor. Con este libro y un buen plan de estudio para guiarte, podrás salir bien en cualquier examen sobre esta materia. La siguiente explicación de cada capítulo te dará una visión general del método usado en este libro.

CAPITULO 1: COMO ESTUDIAR CON EXITO

En el primer capítulo se introducen ciertas técnicas para ayudarte a aprender y recordar conceptos, términos y personas importantes. Si quieres superarte, debes seguir las instrucciones de este capítulo cuando leas el resto del libro. Lo fundamental es leer, comprender lo leído y luego apuntarlo, en tus propias palabras y presentarlo en forma de dibujo. El uso de este método, resulta en una sorpresa agradable de lo eficaz que puede ser el estudio.

CAPITULOS 2-11: REPASO DE LA MATERIA

Estos capítulos contienen un repaso breve de los hechos fundamentales que necesitas conocer sobre cada época importante de la historia estadounidense. También hay un capítulo conclusivo en el que se examina los problemas, cuestiones y tendencias que existen actualmente en los EE.UU. Cada capítulo de contenido está dividido en secciones idénticas y contiene los siguientes rasgos:

Introducción al capítulo: Cada capítulo comienza con un **fotomontaje** del período, mostrando a los individuos, sucesos y acontecimientos. En cada foto hay una "minitabla de contenido" — una visión general de los asuntos y temas principales del capítulo. En la parte baja de la página, una **línea cronológica** histórica enfatiza algunos de los acontecimientos de la época.

Rasgos especiales en cada sección del capítulo: En cada sección del texto hay rasgos notables:

➤ En **Para pensar** se proporciona una pregunta de reflexión sobre algún aspecto del tema que se va a presentar. En esta parte también se recalcan los términos y conceptos más importantes encontrados en el texto que sigue. Cuando hayas terminado la lectura, en la sección **Vuelve a pensar** se te pide que vuelvas a examinar algún aspecto de la pregunta original presentada en **Para pensar**.

➤ En el **Enfoque en las artes** se presenta retratos breves de los estadounidenses prominentes en distintos campos que contribuyeron a la rica cultura y herencia del país.

➤ En el **Análisis** se te pide que pienses más detenidamente en los los términos y conceptos importantes, o a vincularlos a tus experiencia. Estas secciones te permiten la interacción con el texto, y a declarar tu opinión sobre sucesos críticos o asuntos controversiales en la historia y el gobierno de los EE.UU.

➤ En el **Resumen** se repasa la información fundamental presentada en la lectura de la sección.

➤ **Verifica tu comprensión** con preguntas de selección múltiple sobre los términos, conceptos e individuos presentados en la parte de contenido.

➤ En las **Tarjetas de vocabulario** se requiere que llenes la información fundamental sobre los términos y conceptos recalcados en el texto. Los rombos (<>) aparecen en las márgenes de las páginas para ayudarte a encontrar la información necesaria para completar estas tarjetas.

RESUMEN DE TU COMPRENSIÓN: Al estudiar para una prueba no basta leer el texto. Te conviene tener práctica en *aplicar* los conocimientos adquiridos. En esta sección se te ayuda a aplicar tu conocimiento al resumir los términos y conceptos importantes y otra información fundamental discutida en el capítulo. Ciertas características especiales te ayudan a recordar la materia:

➤ Las **Listas de verificación** presentan los términos, conceptos y sucesos principales encontrados en el capítulo. Se te pide que hagas un repaso mental de cada elemento en la lista antes de proceder al capítulo siguiente. Si no recuerdas algo, o no tienes la certeza de saberlo, debes volver a leer la información.

➤ Los **Cuadros sinópticos** aguzan tu memoria al pedirte información sobre las causas, resultados y explicaciones de los sucesos históricos discutidos en el capítulo. También te ayudan a "ver" las relaciones entre los diversos elementos al presentarlos en forma de diagrama.

COMPRUEBA TU COMPRENSIÓN: Cada capítulo termina con una prueba sobre su contenido. Esta consiste en preguntas de selección múltiple y ensayos parecidos a los que se encuentran en la mayoría de los exámenes.

CARACTERÍSTICAS ESPECIALES EN CADA CAPÍTULO: Hay cuatro características especiales en cada capítulo de contenido.

➤ **Perfiles en la historia** en forma de columna de periódico presentan las experiencias y los alcances de unos cuantos individuos sobresalientes en los distintos campos que contribuyeron a la sociedad de su tiempo.

➤ **La Constitución en marcha** ofrece una visión de la constante importancia que tiene la Constitución en la vida del país. Se recalcan las enmiendas, leyes y los casos ante la Corte Suprema.

➤ El **Desarrollo de destrezas** te ayuda a comprender los diferentes tipos de información basada en datos. En los exámenes comprensivos y estatales aparecen mapas, tablas, caricaturas políticas, gráficas de barra, lineales y circulares, líneas cronológicas y trozos de lectura. Estas destrezas se desarrollan gradualmente; en cada capítulo se enfoca un solo tipo de datos.

➤ En las **Perspectivas** se examinan algunos de los temas importantes encontrados en el estudio de la historia y gobierno de los EE.UU.; entre ellos se encuentran el cambio económico, decisiones de política externa y el sistema legal estadounidense. En la mayoría de los exámenes se espera que demuestres tu comprensión de estos temas. En cada sección *Comprueba tu comprensión* se requiere la aplicación de lo que aprendiste; se te pide que escribas un ensayo sobre el tema específicamente tratado.

➤ **Tareas prácticas**: Estas tareas al final de cada capítulo, profundizan tu comprensión de su contenido. También se pueden usar por el maestro para evaluar tu trabajo, dando énfasis a las destrezas de investigación y análisis, expresión escrita y oral, y cooperación con otras personas.

CAPITULO 12: REPASO FINAL

¿Cuánto recuerdas sobre cada uno de los temas estudiados? En este capítulo se repasan las leyes, los documentos, el vocabulario y la información sobre personas y sucesos importantes. Se te pide que completes una serie de cuadros de repaso que abarcan toda la historia y el gobierno de los EE.UU. Esto te ayuda a hacer un resumen conjunto y a ver las relaciones generales. La sección del **glosario** es una lista comprensiva de los términos y conceptos que debes conocer.

CAPITULO 13: COMPROBACION FINAL

¿Cuánto aprendiste? Esta comprobación comprensiva te permite hacer un inventario de tu conocimiento de la historia y del gobierno de los EE.UU. Debes salir bien en esta práctica final si leíste el libro con cuidado y completaste los ejercicios y las pruebas de cada capítulo. Se recomienda que tomes este examen de práctica bajo las condiciones de un examen "verdadero". Lo puedes tomar con tu clase o en un lugar tranquilo; repasa tus respuestas con tu instructor o tutor. Una vez que salgas bien en este examen de práctica, puedes confiar que saldrás bien en casi cualquier otro examen comprensivo estatal o del curso.

Si prestas atención cuidadosa a tus maestros en la escuela, completas tus tareas y te preparas para los exámenes futuros usando este libro, puedes confiar que saldrás bien.

CONTENIDO

Capítulo 1: Cómo estudiar con éxito 1
  Cómo recordar información importante 1
  Instrumentos de estudio eficaz 5

Capítulo 2: Desde los tiempos más antiguos a la independencia 6
  Sección 1: Las culturas indígenas americanas 7
  Sección 2: Los europeos llegan a las Américas 11
  Enfoque en las artes: Phillis Wheatley, poetisa 15
  Sección 3: De colonias a una nación independiente 19
  Enfoque en las artes: Thomas Paine, folletista 20
  Desarrollo de destrezas: Interpretación de caricaturas políticas 24
  Perfiles en la historia 28
  Resumen de tu comprensión 29
  Perspectivas: Un examen de la historia 30
  Comprueba tu comprensión 32
  Tareas prácticas 35

Capítulo 3: El sistema constitucional de gobierno de los EE.UU. 36
  Sección 1: Principios de la Constitución de los EE.UU. 37
  Desarrollo de destrezas: Interpretación de lectura 42
  Sección 2: El gobierno federal 48
  Sección 3: Protección constitucional de derechos individuales 54
  Resumen de tu comprensión 58
  Perspectivas: Un examen del gobierno 59
  Comprueba tu comprensión 60
  Tareas prácticas 65

Capítulo 4: La Constitución se pone a prueba 66
  Sección 1: Tres presidentes de la joven república 67
  Enfoque en las artes: John Trumbull, pintor 70
  Sección 2: La Guerra Civil: 1861-1865 76
  Enfoque en las artes: Harriet Beecher Stowe, escritora 77
  Enfoque en las artes: Matthew Brady, fotógrafo 79
  Sección 3: La Reconstrucción y sus consecuencias 81
  Desarrollo de destrezas: Interpretación y preparación de bosquejos ... 81
  Perfiles en la historia 89
  La Constitución en marcha 90
  Resumen de tu comprensión 91
  Perspectivas: Un examen de las cuestiones duraderas 92
  Comprueba tu comprensión 93
  Tareas prácticas 95

Capítulo 5: La industrialización de los EE.UU. 96
  Sección 1: El desarrollo de la industria en los EE.UU. 97
  Desarrollo de destrezas: Interpretación de gráficas de barra 100
  Sección 2: Surgen las organizaciones laborales 104
  Enfoque en las artes: Thomas Nast, caricaturista 108

Sección 3: La frontera estadounidense 110
Enfoque en las artes: George Catlin, pintor 114
Perfiles en la historia 116
La Constitución en marcha 117
Resumen de tu comprensión 118
Perspectivas: Un examen del cambio económico 119
Comprueba tu comprensión 121
Tareas prácticas 123

Capítulo 6: La transformación de los Estados Unidos 124
Sección 1: El movimiento por los derechos femeninos 125
Enfoque en las artes: Mary Cassatt, pintora 126
Sección 2: La urbanización e inmigración 129
Desarrollo de destrezas: Interpretación de tablas 130
Sección 3: El movimiento granjero y el populista 136
Enfoque en las artes: Thomas Eakins, pintor 137
Sección 4: El movimiento progresista: 1900-1920 141
Enfoque en las artes: Upton Sinclair, novelista 144
Perfiles en la historia 147
La Constitución en marcha 148
Resumen de tu comprensión 149
Perspectivas: Un examen de la diversidad 150
Comprueba tu comprensión 152
Tareas prácticas 154

Capítulo 7: El surgimiento del poder de los Estados Unidos 155
Sección 1: Los comienzos de la política externa de los EE.UU. 156
Sección 2: Los Estados Unidos levantan un imperio colonial 162
Enfoque en las artes: Alfred Thayer Mahan, escritor 164
Sección 3: Los EE.UU. en la Primera Guerra Mundial 169
Enfoque en las artes, George M. Cohan, compositor de canciones 171
Perfiles en la historia 175
La Constitución en marcha 175
Resumen de tu comprensión 176
Perspectivas: Un examen de la política externa 177
Comprueba tu comprensión 179
Desarrollo de destrezas: Interpretación de debates 180
Tareas prácticas 183

Capítulo 8: Prosperidad, depresión y guerra 184
Sección 1: Tiempo de prosepridad, los años 1920 185
Sección 2: La Gran Depresión, 1929-1940 192
Enfoque en las artes: Dorothea Lange, fotógrafa 194
Sección 3: Franklin D. Roosevelt y el Nuevo Trato 196
Sección 4: La Segunda Guerra Mundial, 1939-1945 201
Desarrollo de destrezas: Interpretación de mapas 203
Enfoque en las artes: Norman Rockwell, artista 209
Perfiles en la historia 212
La Constitución en marcha 213

Resumen de tu comprensión 214
Perspectivas: Un examen de sucesos históricos 215
Comprueba tu comprensión 217
Tareas prácticas 220

Capítulo 9: Los Estados Unidos en tiempos inciertos 221
Sección 1: La guerra fría 222
Sección 2: La edad de los derechos civiles 231
Sección 3: El tiempo de cambios, los años 1960 y 1970 240
Enfoque en las artes: Bob Dylan, cantante folklórico 243
Enfoque en las artes: Betty Friedan, escritora 244
Desarrollo de destrezas: Interpretación de gráficas circulares 245
Perfiles en la historia 248
La Constitución en marcha 249
Resumen de tu comprensión 250
Perspectivas: Un examen del sistema legal 252
Comprueba tu comprensión 254
Tareas prácticas 258

Capítulo 10: Los límites del poder 259
Sección 1: La Guerra de Vietnam, 1954-1973 260
Enfoque en las artes: Maya Lin, arquitecta 264
Sección 2: Los presidentes de los EE.UU. desde 1968 266
Enfoque en las artes: Leonard Bernstein, compositor 269
Desarrollo de destrezas: Interpretación de líneas cronológicas 272
Perfiles en la historia 281
La Constitución en marcha 282
Resumen de tu comprensión 283
Perspectivas: Un examen de los líderes 285
Comprueba tu comprensión 288
Tareas prácticas 292

Capítulo 11: Perspectivas para el futuro 293
Sección 1: Problemas importantes 294
Desarrollo de destrezas: Interpretación de gráfica lineal 299
Sección 2: Cuestiones importantes 303
Sección 3: Tendencias importantes 306
Perfiles en la historia 311
La Constitución en marcha 312
Resumen de tu comprensión 313
Perspectivas: Un examen de problemas, cuestiones y tendencias 314
Comprueba tu comprensión 316
Tareas prácticas 319

Capítulo 12: Repaso final 320
Sección 1: Los elementos más importantes del curso 320
Sección 2: Glosario de términos y conceptos importantes 332

Capítulo 13: Examen final de comprobación 342

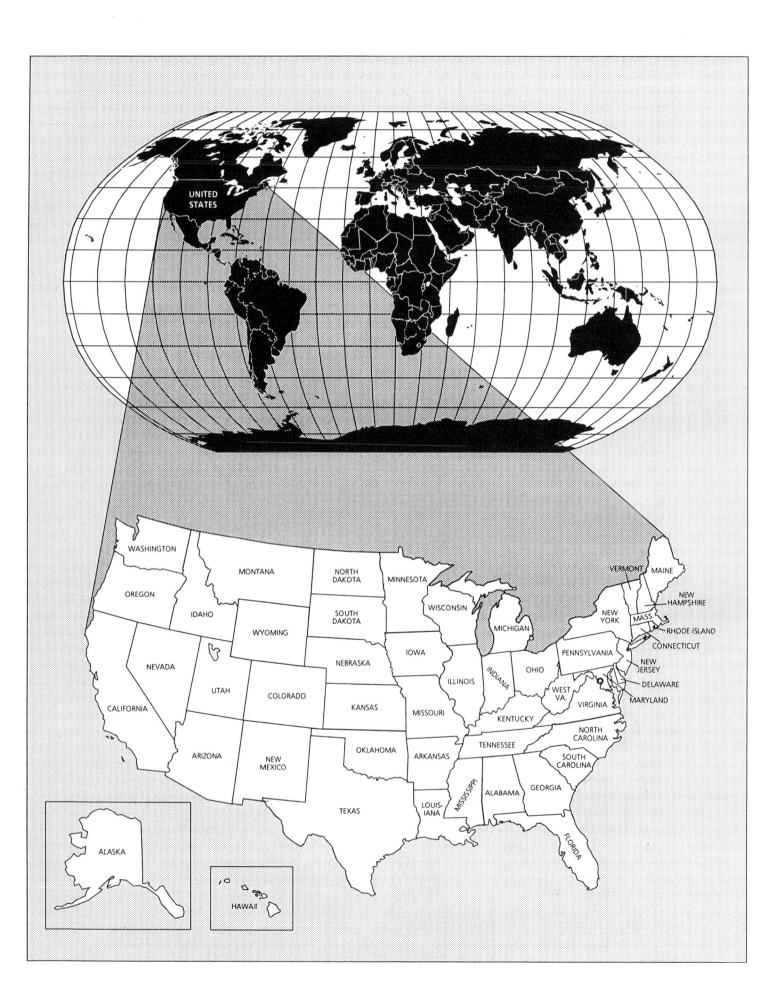

UNITED STATES

WASHINGTON
OREGON
MONTANA
NORTH DAKOTA
MINNESOTA
IDAHO
SOUTH DAKOTA
WISCONSIN
MICHIGAN
VERMONT
MAINE
NEW HAMPSHIRE
NEW YORK
MASS.
RHODE ISLAND
CONNECTICUT
NEVADA
WYOMING
IOWA
NEBRASKA
ILLINOIS
INDIANA
OHIO
PENNSYLVANIA
NEW JERSEY
UTAH
COLORADO
KANSAS
MISSOURI
WEST VA.
VIRGINIA
DELAWARE
MARYLAND
CALIFORNIA
KENTUCKY
NORTH CAROLINA
ARIZONA
NEW MEXICO
OKLAHOMA
ARKANSAS
TENNESSEE
SOUTH CAROLINA
TEXAS
LOUIS-IANA
MISSISSIPPI
ALABAMA
GEORGIA
FLORIDA

ALASKA

HAWAII

CAPITULO 1

COMO ESTUDIAR CON EXITO

Para graduarse de la escuela secundaria, la mayoría de los estudiantes tienen que aprobar un curso de historia y gobierno de los Estados Unidos. Esto quiere decir que tendrás que aprobar un cierto número de exámenes en la materia. Como no basta con querer pasar estas pruebas, tienes que prepararte para ellas. La mayoría de estos exámenes contienen preguntas que requieren el conocimiento de términos, conceptos y personas importantes. En este capítulo se te mostrarán los métodos que te ayudarán a aprender y recordar esta información.

COMO RECORDAR INFORMACION IMPORTANTE

TERMINOS

Los **términos** son unidades fundamentales de la historia. Son palabras o frases que se refieren a sucesos específicos que ocurrieron (*Segunda Guerra Mundial*) o algo que existe (*las Naciones Unidas*). Hay diferentes tipos principales de términos. El cuadro siguiente presenta uno de los modos de clasificarlos. Completa el cuadro al llenar la columna a la derecha.

TIPO	EJEMPLO	OTRO EJEMPLO (LLENA EL ESPACIO)
Lugar	Washington, D.C.	_____
Documento	Constitución de los EE.UU.	_____
Suceso	Bombardeo de Pearl Harbor	_____
Grupo	Maleteros	_____
Movimiento	Movimiento por los derechos civiles	_____
Política	Política de Libre Acceso	_____
Organización	Liga de las Naciones	_____
Epoca	Los veinte estrepitosos	_____
Caso ante la Corte	Roe v. Wade (1973)	_____
Ley	Ley de Seguridad Social (1935)	_____

■ **En qué se debe concentrar al aprender un nuevo término.** Aunque en las preguntas de los exámenes generalmente se comprueba tu conocimiento de lo **qué** es un término, puede haber variaciones en estas preguntas. Por lo tanto, es importante comprender diferentes cosas sobre cada tipo de término. Por ejemplo:

TIPO DE TERMINO	CONCENTRATE EN
Lugar	su situación o importancia
Documento	su propósito o efecto
Suceso	sus causas / efectos
Grupo	su propósito / objetivo
Movimiento	sus características
Política	su propósito / objetivo
Organización	su propósito / objetivo
Epoca	sus características
Caso ante la Corte	la decisión / importancia
Ley	su propósito / objetivo

ANALISIS

Completa:

Término	En qué se debe concentrar:
• Gran Depresión	• _____
• Segunda Guerra Mundial	• _____
• Constitución de los EE.UU.	• _____
• Decisión *Roe vs. Wade*	• _____

■ **El uso de tarjetas.** Para estudiar de forma eficaz, conviene adoptar un método activo de estudio: decidir qué es importante, pensarlo y aprenderlo. Una de las mejores formas de aprender un término nuevo es el uso de tarjetas. En este libro, al final de cada sección, se te pide que llenes "tarjetas" sobre algunos de los términos fundamentales. Sin embargo, cuando leas el texto, para cada término nuevo te conviene preparar una tarjeta aparte de las pedidas en el texto. A continuación hay sugerencias de cómo hacerlo.

• De un lado de la tarjeta, escribe el término, la información fundamental y el punto de enfoque.

- En el otro lado haz un dibujo de lo que crees puede representar el término. Al convertir la información escrita en un **dibujo** te ayuda aclarar el significado del término. Esto es posible sólo cuando uno entiende el término completamente. Este proceso te ayuda a recordar la información porque el "ver" los elementos esenciales crea una impresión en la memoria. Fíjate en el ejemplo que sigue:

DECLARACION DE LA INDEPENDENCIA

Qué es?
Documento escrito principalmente por Thomas Jefferson en 1776. Declaró la independencia de las colonias de Inglaterra.

Causa principal: Los colonos querían anunciar al mundo sus razones para declarar su independencia y expresar sus ideas sobre cómo debían conducirse los gobiernos.

Efecto principal: El documento estableció el principio fundamental sobre el que se basa el gobierno de los EE.UU. —el gobierno se crea para proteger los derechos del pueblo.

Nota: Tu dibujo puede aparecer también como se muestra aquí o del otro lado de la tarjeta. Así al estudiar te puedes fijar en el dibujo tratar de recordar la información escrita.

CONCEPTOS

En el curso de historia, también tienes que aprender y recordar **conceptos** importantes. Los conceptos son la base del conocimiento; se refieren a grupos de cosas y nombran lo que pueden ser sólo ideas, sistemas o normas. Algunos ejemplos de conceptos son: democracia, racismo, federalismo. En la mayoría de preguntas sobre conceptos se te pide que presentes:

- el significado o definición del concepto
- un ejemplo de concepto.

Por ejemplo, la definición del "tercer partido" es un partido que no sea uno de los dos principales, el Partido Demócrata o Republicano. La mayoría de los terceros partidos generalmente se preocupan con un solo asunto. Un ejemplo de tercer partido puede ser el Partido "al Derecho a la Vida"; su objetivo principal es prohibir el aborto. Al estudiar un concepto, debes saber definirlo y dar un ejemplo ilustrativo.

En este caso también te conviene traducir la información a un dibujo. Por lo tanto, debes preparar una tarjeta parecida al siguiente ejemplo:

DEMOCRACIA

Definición: Participación de los ciudadanos en las decisiones del gobierno, sea por voto directo o al elegir a individuos que los representen.

Ejemplo: El sistema de gobierno representativo en los Estados Unidos.

INDIVIDUOS

En la historia del país hay muchos individuos que debes conocer y recordar. La mayoría de las preguntas requieren que sepas por qué fueron famosos. Por lo tanto, debes saber y recordar:

- cuándo vivió la persona
- sus ideas y acciones importantes
- su impacto (*cómo esta persona influyó en ideas, sucesos y en otros individuos*)

Otra vez te conviene preparar una tarjeta usando un dibujo como en el ejemplo que sigue:

FRANKLIN D. ROOSEVELT

Período: Principio hasta mediados del siglo XX.

Logros de F.D.R.: Introdujo la legislación del Nuevo Trato que ayudó a sacar a los EE.UU. de la Gran Depresión.

Impacto: 1. Muchas leyes propuestas por F.D.R., como la de Seguridad Social, siguen en efecto hoy. 2. Fomentó la idea de que el gobierno debe proteger a los individuos contra situaciones que no pueden remediar solos.

Una vez que sepas lo necesario sobre los términos, conceptos y personas importantes, piensa en cómo se relacionan entre sí. ¿Qué términos ilustran los conceptos que aprendiste? ¿Qué personas participaron en cuáles sucesos?

INSTRUMENTOS DE ESTUDIO EFICAZ

Para ayudarte a organizar tus pensamientos y recordar los términos, conceptos y personas más importantes, a través del libro encontrarás las siguientes secciones especiales:

ANALISIS

Estas secciones profundizan tu comprensión de términos, conceptos e influencia de los individuos importantes; se te pide que pienses en ellos más detenida y completamente o que establezcas una relación al mundo que conoces.

TARJETAS DE VOCABULARIO

Al final de cada sección del capítulo, hay *Tarjetas de vocabulario* que debes llenar. Estas se parecen a las tarjetas individuales con dibujos que te conviene preparar por tu propia cuenta.

PREGUNTAS DE SELECCION MULTIPLE

Estas preguntas al final de cada sección, te ayudan a ver lo que aprendiste y lo que necesitas repasar.

LISTA DE VERIFICACION

Al final de la sección de contenido de cada capítulo hay una *Lista de verificación* que contiene los términos, conceptos y nombres esenciales de ese capítulo. Se te pide que indiques los elementos que puedes recordar y explicar. Si hay algo que no recuerdas, refiérete a la página indicada. Si lo haces de una forma consistente al final de cada capítulo, podrás profundizar mucho tu comprensión de la materia.

CUADROS SINOPTICOS

Al final de la sección de contenido de cada capítulo se encuentra la sección llamada *Resume tu comprensión*. Aquí se te pide que completes una serie de cuadros; esto te debe ayudar a comprender y repasar lo estudiado.

COMPRUEBA TU COMPRENSION

Cada capítulo también tiene una sección llamada *Comprueba tu comprensión*. Es una prueba sobre los términos, conceptos y personas que se presentan en ese capítulo.

TAREAS PRACTICAS

"Evaluación práctica": Estas tareas prácticas al final de cada capítulo, profundizan tu comprensión de su contenido. También se pueden usar por el maestro para evaluar tu trabajo, dando énfasis a las destrezas de investigación y análisis, expresión escrita y oral, y cooperación con otras personas.

DESDE LA ANTIGÜEDAD A LA INDEPENDENCIA

Las culturas indígenas américanas
A. Los primeros americanos
B. Los imperios indígenas
C. Los indígenas en los EE.UU.

Los europeos llegan a las Américas
A. Los españoles y los portugueses
B. Las primeras colonias inglesas
C. Por qué venían los colonos
D. La expansión de las colonias inglesas

De colonias a nación independiente
A. La Revolución Estadounidense
B. Los Artículos de Confederación
C. La Asamblea Constitucional
D. Los estados debaten la ratificación

LINEA CRONOLOGICA DE SUCESOS HISTORICOS

1492	1607	1619	1620	1775	1776	1781	1787
Colón llega a las Antillas	Se funda Jamestown	Los primeros africanos llegan a Virginia	Los peregrinos llegan a Plymouth Rock	Comienza la Revolución Estadounidense	Proclama de la Declaración de la Independencia	Se adoptan los Artículos de la Confederación	Se reúne la Asamblea Constitucional

LAS RAICES: LAS CULTURAS INDIGENAS AMERICANAS

En esta sección se trata de los primeros pobladores de lo que hoy son los Estados Unidos; eran pueblos que vinieron desde Asia y partiendo desde Alaska avanzaron hacia el sur.

PARA PENSAR

¿Qué sabes de los pueblos que vinieron a radicarse en lo que ahora se llaman las Américas?

_____

_____

Términos y conceptos importantes: Al leer esta sección fíjate en las siguientes expresiones:

✦ **Indígenas americanos**   ✦ **Mayas / aztecas / incas**

Para ayudarte a encontrar estos términos, esta señal ✦ aparece en los márgenes de la página donde se explica el concepto por primera vez.

LOS PRIMEROS AMERICANOS

Algunos suponen que hace más de veinte mil años, los primeros pobladores llegaron de Asia a América del Norte; cruzaron el istmo que en ese tiempo vinculaba a Siberia con Alaska. Desde allí, se dispersaron hacia el sur a través de todo el Continente Americano. Establecieron diferentes normas de vida de acuerdo a los recursos y climas que encontraron. Ya que se radicaron en las tierras llamadas las Américas, son **indígenas americanos**, amerindios, indígenas o corrientemente llamados indios.

Los nuevos habitantes al principio eran nómadas; vivían de la caza y de los frutos recogidos. Cuando comenzaron a cultivar la tierra, algunos grupos (**tribus**), abandonaron la vida nómada. Para 1492, cuando llegaron los europeos, lo que hoy son los Estados Unidos y el Canadá tenían cerca de un millón de habitantes indígenas. En lo que hoy es México y Centroamérica, había otros cinco millones y unos cuantos millones en las islas del Caribe. América del Sur habrá tenido hasta veinte millones de habitantes.

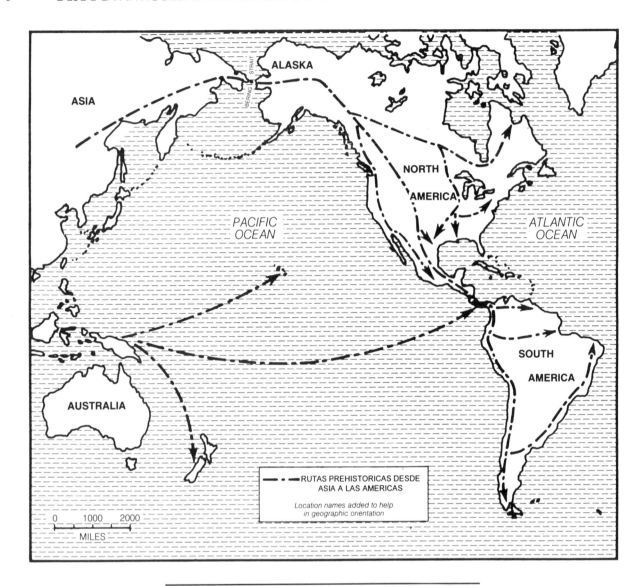

RUTAS PREHISTORICAS DESDE ASIA A LAS AMERICAS

Location names added to help in geographic orientation

0   1000   2000
MILES

LOS IMPERIOS INDIGENAS DE MEXICO Y AMERICA DEL SUR

En lo que hoy es México, en Centroamérica y América del Sur, varios pueblos indígenas establecieron sociedades muy avanzadas. La civilización más antigua era la de los **mayas**, en el sur de México y Guatemala. Los mayas hicieron descubrimietos en las ciencias, las matemáticas y la astronomía (*investigación de astros y planetas*). Desarrollaron el uso del cero, calcularon el año solar y sabían pronosticar eclipses con certeza. También crearon esculturas y pinturas extraordinarias. Sus pirámides y templos están en pie aun en el presente. Los **aztecas** eran un pueblo poderoso que estableció un imperio en el centro de México hace cerca de unos 700 años. Construyeron pirámides, templos y otra pedrería. También desarrollaron escritura pictográfica y un calendario. Los **incas** establecieron un gran imperio a lo largo de los Andes en Sudamérica. Construyeron puentes y carreteras que vinculaban sus vastos territorios. Igual que los aztecas, construyeron canales y terrazas para mejorar sus cultivos. Para llevar registros, en vez de escritura usaban quipus, un sistema de cuerdas anudadas.

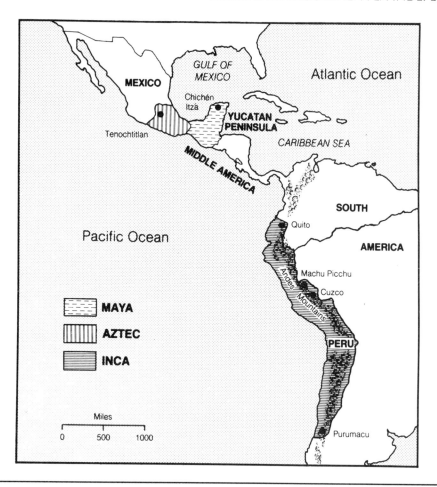

LAS CULTURAS INDIGENAS DE LOS TERRITORIOS DE LOS EE.UU.

Había una gran variedad de culturas indígenas en las tierras que luego llegaron a ser los Estados Unidos. Esos grupos hablaban más de 500 lenguas distintas, y cada grupo tenía su propia música y ritos. Cultivaban el maíz, la papa y el tabaco.

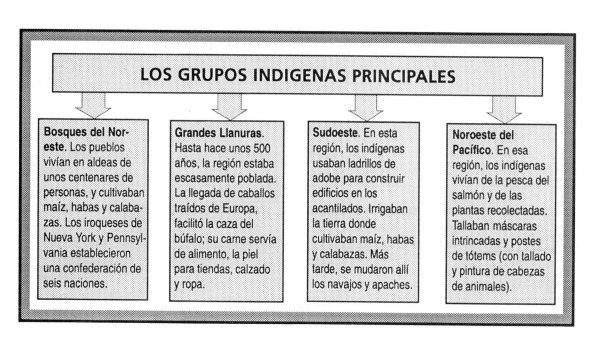

LOS GRUPOS INDIGENAS PRINCIPALES

Bosques del Noreste. Los pueblos vivían en aldeas de unos centenares de personas, y cultivaban maíz, habas y calabazas. Los iroqueses de Nueva York y Pennsylvania establecieron una confederación de seis naciones.

Grandes Llanuras. Hasta hace unos 500 años, la región estaba escasamente poblada. La llegada de caballos traídos de Europa, facilitó la caza del búfalo; su carne servía de alimento, la piel para tiendas, calzado y ropa.

Sudoeste. En esta región, los indígenas usaban ladrillos de adobe para construir edificios en los acantilados. Irrigaban la tierra donde cultivaban maíz, habas y calabazas. Más tarde, se mudaron allí los navajos y apaches.

Noroeste del Pacífico. En esa región, los indígenas vivían de la pesca del salmón y de las plantas recolectadas. Tallaban máscaras intrincadas y postes de tótems (con tallado y pintura de cabezas de animales).

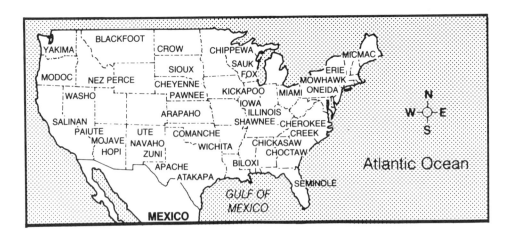

EN RESUMEN: LAS CULTURAS INDIGENAS

Los primeros habitantes que se radicaron en las Américas llegaron de Asia cruzando el istmo que entonces unía Alaska y Asia. Desarrollaron una variedad de estilos de vida basados en el clima y los recursos que encontraron.

VUELVE A PENSAR

¿Qué información adicional agregarías ahora sobre los primeros pueblos que llegaron a las Américas?

_____

_____

VERIFICA TU COMPRENSION

Instrucciones: Completa las siguientes tarjetas. Luego contesta las preguntas de selección múltiple.

INDIGENAS AMERICANOS	MAYAS / AZTECAS / INCAS
Define el término:_____	¿Quiénes eran? _____
Nombra 2 grupos indígenas:_____	Enumera sus alcances principales:_____
_____	_____

NOTA: *A través de este libro hay preguntas de selección múltiple parecidas a las que hay en los exámenes comprensivos. Siempre contesta **cada** pregunta. Si tienes que adivinar, existe la posibilidad que escogerás la respuesta correcta. Ya que no hay pena por adivinar, en los exámenes **nunca** debes omitir respuestas a preguntas de selección múltiple. Los espacios en blanco siempre cuentan como errores.*

1 Los iroqueses, navajos y apaches probablemente serían discutidos en un ensayo que trata de
   1 las condiciones económicas en los EE.UU.
   2 los exploradores europeos
   3 tribus indígenas americanas
   4 religiones europeas

2 Los primeros pobladores que llegaron a las Américas eran
   1 cazadores y recogedores de frutos
   2 esclavos
   3 industriales y negociantes
   4 mineros y plantadores

3 Mayas, incas y aztecas son nombres de
   1 dioses de los amerindios
   2 exploradores europeos
   3 civilizaciones indígenas
   4 ríos en América del Norte

4 ¿Cuál es la declaración más exacta?
   1 No había poblados indígenas en California.
   2 Los apaches vivían en Nueva York.
   3 Los iroqueses se radicaron en el Noroeste del Pacífico.
   4 Los indios de las Grandes Llanuras cazaban búfalos.

SECCIÓN 2

LOS EUROPEOS LLEGAN A LAS AMERICAS

En esta sección se trata de las razones del interés europeo en explorar y colonizar las tierras hoy llamadas las Américas.

PARA PENSAR

En tu opinión, ¿qué motivos tenían los europeos para venir a América? _____

_____

Términos y conceptos importantes: Al leer esta sección, fíjate en los siguientes:

✦ Acuerdo de Mayflower
✦ Sirvientes contratados

✦ Trata de esclavos en el Atlántico
✦ Democracia

LOS ESPAÑOLES Y LOS PORTUGUESES LLEGAN A AMERICA

Hace cerca de 600 años, cambió mucho la vida en Europa. Los adelantos en la navegación y tecnología hicieron posible la navegación de distancias más grandes que antes. La pólvora facilitó a los europeos a formar ejércitos fuertes. Los viajes de misioneros y comerciantes como Marco Polo, estimularon interés en los productos de Asia oriental. Las especias de Asia y el oro de Africa alcanzaban altos precios en Europa. Esto hizo que los europeos encontraran y exploraran otras tierras. Dos países europeos, Portugal y España, trataron de controlar el comercio con estas tierras; por eso enviaban exploradores para buscar nuevas rutas a Asia y Africa.

■ **El príncipe Enrique de Portugal** (1394-1460), estableció una escuela de navegación para marineros y cartógrafos. Recogió información sobre estrellas, mareas y corrientes marinas. Bajo su dirección, los portugueses comenzaron a explorar la costa occidental de Africa.

■ **Cristóbal Colón** (1451-1506), navegante italiano en servicio de España, creía que podría llegar al Lejano Oriente al navegar hacia el oeste. En 1492, Colón emprendió el viaje, sin que se supiera si iba a encontrar tierra firme o la distancia que tendría que navegar para encontrarla. Cuando avistó tierra en el Caribe, pensó que había llegado a las Indias Orientales; fue por eso que se refería a sus habitantes como "indios". Más tarde hizo otros tres viajes a América y estableció allí los primeros poblados españoles.

■ **Fernando de Magallanes** (1480-1521), marinero portugués, en 1519 capitaneó la primera expedición marítima alrededor del mundo. De los 265 tripulantes, sólo 18 sobrevivieron el viaje; éste duró tres años, y los llevó a través del Atlántico, alrededor de la punta de Sudamérica y a través del Pacífico. Fue la comprobación final de que la tierra era redonda.

En huellas de los exploradores, llegaron los conquistadores, misioneros y colonos españoles y portugueses. Venían a lo que se llamó el "Nuevo Mundo" por varias razones. Muchos buscaban oro y plata. Otros esperaban cristianizar a los indígenas. Los soldados españoles rápidamente conquistaron los grandes imperios de los mayas, incas y aztecas, y se apoderaron de sus tierras. Se establecieron plantaciones y se usó a los indígenas en trabajo forzado. ¿Cómo habrá sido posible que tan pocos europeos conquistaran a tantos indígenas, especialmente guerreros feroces como los aztecas y los incas?

RAZONES PARA LA CONQUISTA EUROPEA RAPIDA DE LOS INDIGENAS

Tecnología europea	Divisiones dentro de las sociedades indígenas	El esparcimiento de enfermedades
Los europeos tenían armas superiores: ballestas, espadas de acero y lanzas con puntas de hierro. El hecho más importante era que tenían caballos, cañones y pólvora, desconocidos por los indígenas.	Los aztecas eran muy odiados por los otros pueblos que estaban obligados a darles tributos y gente para los sacrificios humanos. Estos grupos ayudaron a los españoles a derribar el Imperio Azteca.	Los europeos trajeron enfermedades como la viruela y el sarampión. Los indígenas no tenían resistencia a estas enfermedades; al contraerlas, las víctimas mortales llegaban a millones.

Tanto España como Portugal querían tener control en el Nuevo Mundo. Para prevenir un conflicto entre estos dos países, el papa (*jefe de la Iglesia Católica*) dividió estas tierras entre España y Portugal. En consecuencia, Brasil fue colonizado por los portugueses, y el resto de Sudamérica, Centroamérica y México vinieron a ser colonias españolas.

LAS PRIMERAS COLONIAS INGLESAS

El vasto imperio en el Nuevo Mundo, establecido por España, estimuló el interés de sus rivales, Inglaterra y Francia. Los ingleses no querían quedar abrumados por la potencia española; por eso creían que necesitaban establecer sus propias **colonias** (*tierras dominadas por otro país*). En consecuencia se fundaron las colonias inglesas.

JAMESTOWN (1607)

El primer poblado permanente inglés era Jamestown, Virginia, fundado en 1607. Los primeros colonos esperaban encontrar oro allí, y no se interesaban en cultivar la tierra. En el primer año, murieron dos tercios de los colonos originales; otros querían regresar a Inglaterra. Sin embargo, con la ayuda de los indígenas, los colonos sobrevivieron y aprendieron a pescar y cultivar el maíz. En poco tiempo, Jamestown prosperó con el cultivo del tabaco vendido en Inglaterra.

LOS PEREGRINOS (1620)

En Inglaterra, los conflictos religiosos llevaron a un pequeño grupo llamado **peregrinos** a navegar a las Américas, donde pudieran venerar a Dios a su modo. Decidieron salir de Inglaterra en vez de ser perseguidos por el rey a causa de sus convicciones religiosas. En 1620, después de un viaje de diez semanas, 102 hombres, mujeres y niños llegaron a la Roca de Plymouth en Massachusetts. Antes de desembarcar, firmaron el

♦ **Acuerdo de Mayflower** (el nombre de su barco). Se comprometían a formar un gobierno autónomo —todas las leyes necesitarían aprobación y consentimiento común. El primer año, los peregrinos se encontraron con muchas dificul-

Los peregrinos firman el Acuerdo de Mayflower

tades. Sobrevivieron gracias a la ayuda recibida de los indios que les enseñaron a cazar, pescar y cultivar la tierra.

LOS PURITANOS (1630)

Los puritanos eran otro grupo religioso en Inglaterra, más grande que los peregrinos. Llegaron en 1630 y establecieron la Colonia de la Bahía de Massachussets. En pocos años, llegaron a América más de 100.000 puritanos. Creían que estaban estableciendo el reino de Dios en la tierra, y no tenían que tolerar otras creencias ni opiniones. La asistencia a la iglesia era obligatoria; trataban de "purificar" su religión al simplificar sus ritos y la vida; se prohibía el baile y otras formas de diversión.

POR QUE VENIAN LOS COLONOS

HUIDA DE LA PERSECUCION RELIGIOSA

Muchas personas fueron a Massachusetts, Pennsylvania y Maryland para poder practicar su religión sin intromisión. Massachusetts permitía sólo la práctica del puritanismo. Como resultado, **Roger Williams** fundó Rhode Island en 1636, la primera colonia que permitía casi completa libertad religiosa. Maryland vino a ser refugio para los católicos, y los cuáqueros fueron a Pennsylvania.

EL APETITO POR LA TIERRA

Los que fueron a Virginia querían tener tierras propias. Muchos llegaron a ser **sirvientes contratados**. Un dueño de tierras les pagaba el pasaje, y los recién llegados prometían trabajar en sus propiedades, generalmente por siete años. Una vez pagada la deuda, estos "sirvientes" estaban libres y comenzaban a ahorrar para comprar sus propias tierras.

UNA MEJOR VIDA

La vida en Europa era difícil para la mayoría de la gente. Las frecuentes guerras entre las potencias europeas destruyeron muchas granjas y perjudicaron el comercio. También, muchos que sirvieron sentencias por deudas, veían las colonias como buen sitio para comenzar una vida nueva. La promesa de mejores condiciones en las Américas atraía a muchos a las colonias inglesas.

LA TRATA DE ESCLAVOS DEL ATLANTICO (1500-1800)

Los africanos llegaron a las Américas por la fuerza. Comenzando con el siglo XVI, los capitanes marinos iban a la costa occidental de Africa, compraban allí a los individuos capturados y los llevaban a las Américas como esclavos. En las colonias españolas se usaban esclavos para el trabajo en las minas y plantaciones, y la práctica fue imitada en Virginia y las otras colonias sureñas. Los primeros africanos llegaron a Jamestown en 1619. A pesar de las dificultades de la esclavitud, los africano-norteamericanos conservaron elementos de su herencia y desarrollaron una cultura con un fuerte sentido de comunidad.

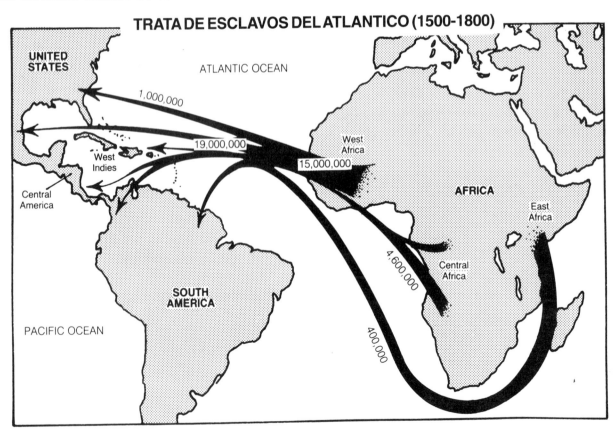

TRATA DE ESCLAVOS DEL ATLANTICO (1500-1800)

ENFOQUE EN LAS ARTES

Phillis Wheatley, Poetisa

Nacida en Africa, Phillis Wheatley vino a los Estados Unidos como esclava a la edad de 7 años. Se distinguió como la primera poetisa negra del país. La ama de la casa en la que trabajaba, le enseñó a leer y escribir. Wheatley escribió poesía ya a los trece años. Sus poemas narran la Guerra Revolucionaria Estadounidense, y los más conocidos son "Su Excelencia George Washington" y "A la muerte del Reverendo George Whitefield".

LA EXPANSION DE LAS COLONIAS INGLESAS

Los poblados ingleses pronto se extendieron a lo largo de la costa del Atlántico. Para los años 1730, toda la costa entre los territorios españoles en la Florida de hoy y el Canadá actual se encontraba dividida en colonias inglesas. Las diferencias geográficas, religiosas y sociales pronto establecieron distintas normas de vida en las colonias.

NUEVA INGLATERRA

La población de Nueva Inglaterra aumentó con rapidez a pesar de que había menos tierras fértiles y el clima era más frío que en las otras colonias. Sus habitantes generalmente vivían en ciudades y aldeas. Los colonos de Nueva Inglaterra tenían granjas pequeñas con cultivos para su propio uso. Otros llegaron a ser marineros, armadores de barcos y pescadores. La región también vino a ser un centro de artículos manufacturados.

LAS COLONIAS CENTRALES

Las tierras fértiles y los bosques vírgenes atrajeron a los pobladores a las colonias centrales — Delaware, Pennsylvania, Nueva York, Nueva Jersey y Maryland. La agricultura era la ocupación principal en la región. En las granjas grandes y pequeñas se cultivaba trigo, avena, maíz y otros cereales que se llevaban a otras colonias. Las colonias centrales también se beneficiaron con el comercio entre Nueva Inglaterra y las colonias del Sur. Estas colonias tenían habitantes de diversas creencias religiosas. Por ejemplo, los **cuáqueros**, que se radicaron en Pennsylvania, creían que todos eran iguales ante Dios. Los católicos establecieron una colonia en Maryland. Esta diversidad religiosa de estas colonias llevó a la política de tolerancia religiosa.

LAS COLONIAS DEL SUR

Virginia fue la colonia inglesa más antigua en el Nuevo Mundo. Las Carolinas fueron colonizadas por una compañía con estatuto real, formada por nobles ingleses en los años 1660. Georgia originalmente fue un sitio donde Inglaterra enviaba a deudores y otros convictos. Las plantaciones de las colonias sureñas (Georgia, Virginia, Carolina del Norte y Carolina del Sur) producían tabaco, arroz e índigo enviados a Inglaterra a cambio de productos manufacturados. En las plantaciones más grandes, la mano de obra se componía de sirvientes contratados y de esclavos africanos.

LAS TRECES COLONIAS INGLESAS (1750)

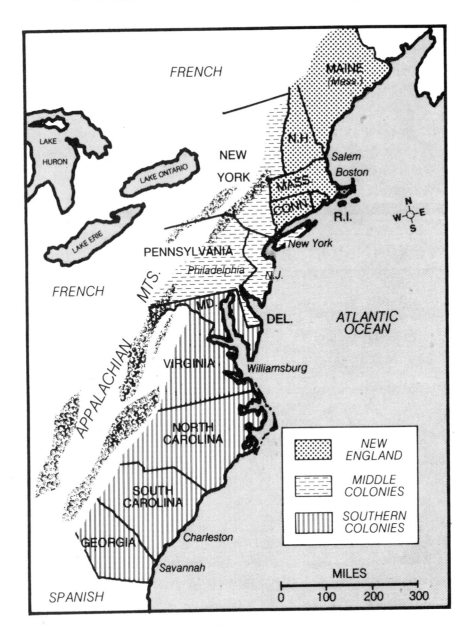

LA VIDA POLITICA Y ECONOMICA

DEMOCRACIA LIMITADA EN LAS COLONIAS INGLESAS

◆ La palabra **democracia**, de origen griego significa "gobierno por el pueblo". En la Grecia antigua, era un gobierno en el que todos los ciudadanos tomaban parte en la formulación de leyes. En los tiempos más modernos, democracia significa un gobierno en el que la gente escoge a **representantes** que establecen leyes. Los gobiernos democráticos reconocen los derechos de cada persona a un trato igual y justo. Los colonos ingleses que se radicaron en América del Norte, trajeron consigo profundas tradiciones de derechos individuales y un cierto grado de gobierno autónomo.

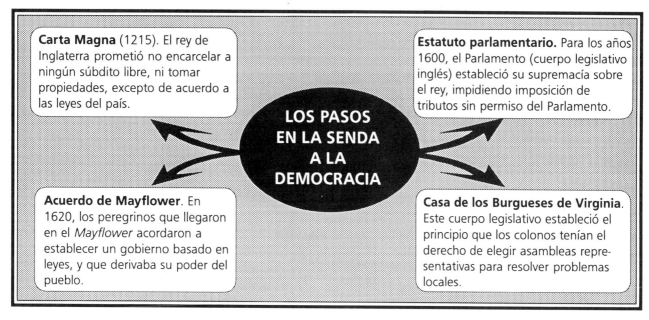

Carta Magna (1215). El rey de Inglaterra prometió no encarcelar a ningún súbdito libre, ni tomar propiedades, excepto de acuerdo a las leyes del país.

Estatuto parlamentario. Para los años 1600, el Parlamento (cuerpo legislativo inglés) estableció su supremacía sobre el rey, impidiendo imposición de tributos sin permiso del Parlamento.

LOS PASOS EN LA SENDA A LA DEMOCRACIA

Acuerdo de Mayflower. En 1620, los peregrinos que llegaron en el *Mayflower* acordaron a establecer un gobierno basado en leyes, y que derivaba su poder del pueblo.

Casa de los Burgueses de Virginia. Este cuerpo legislativo estableció el principio que los colonos tenían el derecho de elegir asambleas representativas para resolver problemas locales.

LA VIDA ECONOMICA EN LAS COLONIAS INGLESAS

La economía de las colonias se basaba en gran medida en la demanda europea por los productos coloniales. Los colonos vendían tabaco, arroz, índigo y pescado para costear la importación de productos de Inglaterra y otras partes de Europa. En gran parte, la prosperidad colonial se derivaba del comercio. Las colonias tenían muchos socios comerciales. Los intercambios más frecuentes se conocieron como **intercambios triangulares** ya que sus rutas formaban triángulos (*véase el mapa abajo*). A medida que se desarrollaban, las colonias norteamericanas se volvían cada vez más importantes para el bienestar económico de Inglaterra.

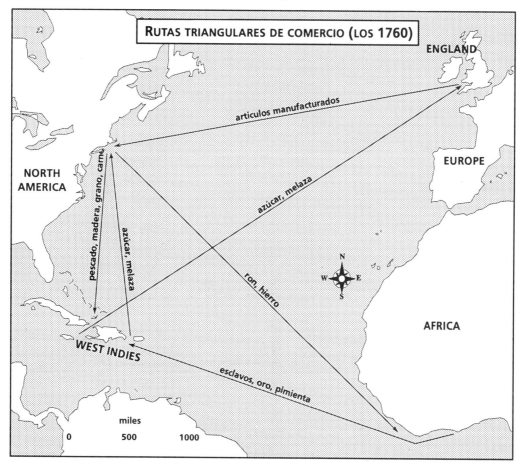

RUTAS TRIANGULARES DE COMERCIO (LOS 1760)

ANALISIS

Recorre las líneas de una de las rutas triangulares de intercambio comercial, y describe cómo funcionaba. _____

_____

_____

VUELVE A PENSAR

¿Puedes ahora enumerar dos razones para el interés europeo en la América colonial?

1. _____   2. _____

EN RESUMEN: LLEGADA DE LOS EUROPEOS A AMERICA

En el siglo XVI los europeos comenzaron a llegar a las Américas. A través del "Nuevo Mundo" encontraron florecientes civilizaciones indígenas. En poco tiempo conquistaron a los amerindios. Inglaterra estableció colonias a lo largo de la costa del Atlántico, desde Nueva Inglaterra hasta Georgia. Primero, unos cuantos, y luego un flujo de colonos vinieron en busca de libertades personales y mejores condiciones. A medida que llegaban los diferentes grupos, se desarrollaba una variedad de normas de vida.

VERIFICA TU COMPRENSION

Instrucciones: Completa las siguientes tarjetas. Luego contesta las preguntas de selección múltiple.

ACUERDO DE MAYFLOWER ¿Qué era? _____ Su importancia: _____ _____	**TRATA DEL ATLÁNTICO** ¿Qué era? _____ Su efecto principal: _____ _____

1 El Acuerdo de Mayflower estableció el principio que
   1 todos los esclavos serían liberados
   2 habría libertad de religión
   3 el gobierno recibe su poder del pueblo
   4 debía haber sólo un jefe

2 Los colonos en América del Norte adoptaron la mayoría de sus principios del gobierno de
   1 Europa   3 Africa al sur del Sahara
   2 Latinoamérica   4 Asia oriental

3 ¿Cuál característica del gobierno se desarrolló más durante la época colonial?
   1 derecho al voto para las mujeres
   2 asambleas representativas
   3 derechos iguales para las minorías
   4 elección directa de senadores

4 La trata de esclavos del Atlántico se refiere
   1 al traslado de africanos por la fuerza
   2 a los africanos que trabajaban en barcos de esclavos
   3 a los africanos que compraban esclavos
   4 a los musulmanes que cambiaban especias por esclavos

SECCIÓN 3 — DE COLONIAS A UNA NACION INDEPENDIENTE

En esta sección se trata del conflicto que surgió entre las colonias y el gobierno británico. Con el tiempo, este conflicto hizo que las trece colonias establecieran su propio país.

PARA PENSAR

En tu opinión, ¿qué problemas puede haber en establecer un gobierno nuevo?_____

_____

Términos y conceptos importantes: Al leer esta sección fíjate en las siguientes expresiones:

- ✦ Declaración de la Independencia
- ✦ Revolución Estadounidense
- ✦ Mercantilismo
- ✦ Artículos de la Confederación
- ✦ Gran Compromiso
- ✦ Asamblea Constitucional

LA REVOLUCION ESTADOUNIDENSE: 1775-1783

Muchos ingleses eran partidarios del **mercantilismo** — la idea que las colonias existían para el beneficio del país que regía en ellas. El mercantilismo fue una causa de las diferencias crecientes entre los colonos y Gran Bretaña. Se esperaba que las colonias norteamericanas vendiesen en Inglaterra productos como el tabaco a precios bajos. También se esperaba que los colonos compraran artículos británicos caros, como los productos manufacturados.

COMIENZA EL CONFLICTO

Durante los años 1750 y 1760, Inglaterra y Francia luchaban por los territorios en el Nuevo Mundo. Cuando finalmente ganaron los ingleses, cargaron nuevos impuestos en los colonos para recobrar los costos de proteger las colonias. Los colonos protestaron. Objetaban particularmente la **Ley del Timbre** (1765), un impuesto sobre periódicos, libros y documentos oficiales. En respuesta a esas protestas, Inglaterra en poco tiempo revocó todos los impuestos nuevos, a excepción del impuesto en el té. En 1773, los colonos protestaron contra este impuesto al echar una carga de té en las aguas del puerto de Boston. Esto vino a conocerse como **Boston Tea Party**, y resultó en una reacción fuerte del rey que quería darles una lección a los colonos. Fue cerrado el puerto y se limitó la libertad de los ciudadanos de Massachusetts hasta que se pagara la pérdida del té. Con esto, aumentaron las tensiones entre los colonos y Gran Bretaña.

Thomas Paine, folletista

ENFOQUE EN LAS ARTES

Los autores de folletos a menudo tienen un papel importante en influir en la opinión popular. En 1776, Thomas Paine escribió el folleto *El sentido común*, en el que atacaba vigorosamente al rey inglés. Paine argumentaba que era absurdo que un continente tan grande como América del Norte fuese gobernado por una pequeña isla distante como Inglaterra. Los escritos de Paine alentaron a los habitantes de las trece colonias a declarar su independencia de Gran Bretaña.

SE DESARROLLA LA IDEA DE LA INDEPENDENCIA

Los representantes de las colonias se reunieron en Filadelfia para discutir sus problemas comunes. En esa reunión, conocida como el **Primer Congreso Continental**, decidieron continuar sus protestas contra los impuestos británicos. La disputa pronto se hizo más seria. En 1775, en Concord, Massachusetts, hubo intercambio de fuego entre los soldados ingleses y los colonos. La lucha pronto se esparció a otras colonias, llevando a la **Guerra Revolucionaria Estadounidense**. Los colonos volvieron a reunirse en Filadelfia y comenzaron a discutir la posibilidad de independencia. Después de muchos debate, decidieron declarar su independencia de Gran Bretaña.

SE PROCLAMA UNA DECLARACION DE LA ✦ INDEPENDENCIA

Thomas Jefferson fue nombrado jefe de la comisión encargada de redactar una "Declaración de la Independencia". El documento, proclamado el 4 de julio de 1776, daba las razones por las que los colonos decidieron separarse de Gran Bretaña. Se muestra aquí el segundo párrafo de la Declaración:

Sostenemos como verdades evidentes que todos los hombres nacen iguales, que están dotados por su Creador de ciertos derechos inalienables, entre los cuales están el derecho a la vida, a la libertad y a la busca de la felicidad; que para asegurar estos derechos, los hombres instituyen gobiernos, que derivan sus justos poderes del consentimiento de los gobernados; que cuando una forma de gobierno llega a ser destructora de estos fines, es un derecho del pueblo cambiarla o abolirla, e instituir un nuevo gobierno...

A veces, es difícil entender las palabras escritas hace más de 200 años. Trata de ver lo bien que entiendes la Declaración de la Independencia al contestar las siguientes preguntas.

ANALISIS

I. Las palabras tienen un sentido distinto para diferentes personas. ¿Qué crees que los autores de la Declaración querían decir con las siguientes palabras o frases?

- Todos los hombres nacen iguales: _____
- Vida: _____
- Libertad: _____
- Derechos inalienables: _____
- Busca de la felicidad: _____

II. El segundo párrafo presenta la opinión de los autores sobre la necesidad de gobiernos.

- En tus propias palabras, explica el argumento de los autores._____
_____

- ¿Estás de acuerdo con este argumento? _____ Explica por qué. _____
_____

III. Algunas personas sostienen que la última frase del segundo párrafo es la aseveración más revolucionaria de toda la Declaración. Dice que si el gobierno quita al pueblo sus derechos y libertades fundamentales, el pueblo tiene el derecho de derribar el gobierno existente y formar uno nuevo. ¿Estás de acuerdo que, en algunas situaciones, el pueblo debe tener el derecho a derribar su gobierno? _____ Explica por qué. _____

_____

_____

LA IMPORTANCIA DE LA DECLARATION DE LA INDEPENDENCIA

En 1776, la Declaración independizó a las colonias de Gran Bretaña. Estableció la base para que los Estados Unidos vinieran a ser la primera república democrática en los tiempos modernos, y sirvió de inspiración a las generaciones futuras.

Estableció las bases para un gobierno democrático. La Declaración sostenía que el gobierno era algo creado por el pueblo, y que el último poder del gobierno de los EE.UU. estaría en las manos de sus ciudadanos.

Inspiró la igualdad. Cuando se promulgó la Declaración, no había trato igual para todos. El lema "todos los hombres nacen iguales", estableció el objetivo para la sociedad que aún está por realizarse.

IMPORTANCIA DE LA DECLARACION DE INDEPENDENCIA

Influyó en la Constitución. La Constitución de los EE.UU. garantiza muchos derechos a sus ciudadanos. Muchos de estos derechos se basan en las ideas presentadas en la Declaración de la Independencia.

Impacto en las revoluciones en el extranjero. Sus ideas se usaron más tarde por los que sintieron la opresión de su gobierno, como los líderes de la Revolución Francesa (1789) y otros revolucionarios en el mundo.

◆ LA REVOLUCION ESTADOUNIDENSE (1775-1783)

En las primeras etapas de luchas, el ejército colonial apenas podía escapar de un desastre tras otro. Sin embargo, bajo la dirección del General **George Washington**, los colonos ganaron las batallas de Trenton, Nueva Jersey (1776) y de Saratoga, Nueva York (1777). Estas victorias convencieron a Francia a prestar apoyo militar a los estadounidenses. Con la ayuda de los franceses, Washington logró que los ingleses se rindieran en Yorktown en 1781. Bajo las condiciones del **Tratado de París** (1783), Inglaterra reconoció la independencia estadounidense, y renunció a todas las tierras entre el Río Misisipí y la costa del Atlántico, desde los Grandes Lagos hasta la Florida.

El comandante británico en la rendición después de la batalla de Saratoga

◆ LOS ARTICULOS DE CONFEDERACION: EL PRIMER GOBIERNO DE LA NACION

Después de lograr la independencia, cada una de las antiguas colonias vino a ser un estado independiente. Pronto se dieron cuenta de la necesidad de alguna forma de gobierno nacional (*central*). Al mismo tiempo, temían establecer un gobierno central que fuese demasiado fuerte. Ya habían tenido la mala experiencia con el poderoso gobierno central británico. En 1781, los trece estados adoptaron los **Artículos de la Confederación**, que establecían un gobierno central laxo. Los gobiernos estatales, no el central, eran los que tenían el más poder. La mayoría de las acciones del gobierno central requerían la cooperación de los estados. Por ejemplo, el gobierno central no podía recoger impuestos, allanar disputas entre estados, controlar el comercio ni hacer cumplir las leyes. Cada estado tenía que aplicar las leyes aprobadas por el Congreso de la Confederación.

LOS ARTICULOS DE LA CONFEDERACION: ALGUNOS ALCANCES

Los Artículos de la Confederación mantuvieron unida la nueva nación y establecieron el método de admitir nuevos estados. Después de lograr la independencia, los Estados Unidos estaban en posesión de tierras al norte del Río Ohio y al este del Misisipí. El Congreso de la Confederación promulgó la **Ordenanza del Noroeste de 1787**, ley que dividía este territorio en partes más pequeñas, y estableció los procedimientos para admitirlos en la Unión como nuevos estados.

ORDENANZA DEL NOROESTE DE 1787

LOS NUMEROSOS PROBLEMAS BAJO LOS ARTICULOS

Muchas personas creían que el nuevo gobierno central no tenía el poder suficiente para funcionar de forma apropiada. Por ejemplo, no tenía el poder de gravar impuestos o de pedir préstamos directamente. Tenía que pedirles dinero a los estados. Cada estado emitía su propia moneda lo que dificultaba el comercio con los otros. El gobierno central tampoco tenía un ejército nacional. Algunos antiguos soldados de la Guerra Revolucionaria perdían sus granjas porque no podían pagar los impuestos. Cuando una pequeña insurrección, conocida como la **Rebelión de Shays** estalló en Massachusetts en 1786, no había un ejército nacional que restaurara el orden. Muchos individuos, especialmente los mercaderes y terratenientes, comenzaron a exigir un gobierno nacional más fuerte.

NOTA: *En algunos exámenes comprensivos, hay varios tipos de preguntas basadas en datos. La presentación de distintas clases de datos y cómo interpretarlos, es un rasgo que aparece con regularidad en cada capítulo de contenido de este libro. La sección que sigue trata de un tipo de datos —la caricatura política. Te conviene saber interpretarlas ya que pueden aparecer en las pruebas en tu clase o en los exámenes estatales.*

DESARROLLO DE DESTREZAS: INTERPRETACION DE CARICATURAS

¿Qué es una caricatura política?

Una caricatura política es un dibujo que expresa una opinión sobre un tema o cuestión. Muchas son humorísticas, pero la observación que hacen es generalmente seria.

Claves para la comprensión de una caricatura

Primero fíjate en sus componentes principales:

El medio. Los caricaturistas quieren llamar tu atención a un asunto específico, o quieren persuadirte a ver un problema o cuestión tal como los ven ellos. Con este fin, usan la dimensión y el tipo de objetos, las expresiones fisionómicas, la exageración o las palabras de los personajes.

Símbolos. A menudo se usan símbolos para representar otra cosa. Con frecuencia, los símbolos toman la forma de animales; el oso representaba la antigua Unión Soviética, el elefante representa el Partido Republicano.

Former Soviet Union	United States	Republican Party
Democratic Party	Liberty	Congress

¿Puedes nombrar otros símbolos? _____

_____

Personas. A veces, se muestran ciertos individuos porque se los asocia estrechamente con una cuestión particular. Por ejemplo, a menudo aparecen los presidentes de los EE.UU. Te conviene reconocerlos a ellos y a otras personas importantes.

G. Washington	T. Roosevelt	F. D. Roosevelt
Nixon	Reagan	Bush

El velero simboliza el gobierno central bajo los Artículos de la Confederación.

■ ¿Qué situación se muestra en el dibujo? El barco navega en aguas borrascosas y parece hundirse.

■ ¿Qué elementos en el dibujo están exagerados o recalcados? Se recalcan los problemas resultantes de los Artículos de la Confederación.

■ ¿Cuál es la idea principal de la caricatura? El gobierno bajo los Artículos de la Confederación está inundado de problemas.

LA ASAMBLEA CONSTITUCIONAL

En 1787, los representantes de los estados se reunieron en Filadelfia para revisar (*cambiar*) los Artículos de la Confederación. Asistieron cincuenta y cinco de los jefes de la nación —incluyendo a George Washington, Benjamin Franklin, James Madison y Alexander Hamilton. En poco tiempo, los representantes decidieron que se necesitaba una nueva **constitución** (*plan de gobierno*) para reemplazar los Artículos de la Confederación. Estaban de acuerdo que había necesidad de un gobierno central más fuerte. Este gobierno sería dirigido por un jefe ejecutivo, tendría una legislatura nacional y un sistema nacional de cortes. Muchos representantes también creían que el gobierno central debía tener la autoridad de cargar impuestos y establecer un ejército. Sin embargo, también había desacuerdos que llevaron a los delegados a hacer compromisos. Dos de los compromisos principales alcanzados en la Asamblea, trataban de la esclavitud y de la representación en el gobierno nacional.

LOS COMPROMISOS CONSTITUCIONALES PRINCIPALES

PROBLEMA: *¿Cómo deben ser representados los estados en la legislatura nacional?*

EL GRAN COMPROMISO. Los trece estados variaban en sus dimensiones. Los estados más grandes, como Virginia, querían tener más voz en el gobierno nacional. Los estados más pequeños, como Georgia, querían una voz igual. Al fin, se llegó al compromiso basado en las dos "cámaras" de la legislatura. En la **Cámara de Representantes**, los estados serían representados de acuerdo a su número de habitantes. Esto permitía que los estados con una población más grande tuviesen más representantes. En el **Senado**, cada estado, sea grande o pequeño, sería representado por dos senadores. Esto dejó satisfechos a los estados de población más reducida. Para proclamar una ley, se necesitaba la aprobación de las dos cámaras del Congreso.

PROBLEMA: *¿Cómo debían ser contados los esclavos?*

EL COMPROMISO DE LOS TRES QUINTOS. Los estados del Sur querían que los esclavos fuesen contados como parte de su población y así aumentar el número de sus diputados en la Cámara de Representantes, pero no para impuestos. Los estados norteños querían que los esclavos fuesen contados para los impuestos, pero no para la representación. El compromiso entre los estados fue que cada 5 esclavos contarían como 3 personas libres, tanto para los impuestos como para la representación.

LOS ESTADOS DEBATEN LA RATIFICATION

Se decidió que, antes de que la Constitución llegara a ser la ley de la nación, tendrían que **ratificarla** (*aprobarla*) nueve estados. Los habitantes de cada estado tenían firmes opiniones con respecto a la aceptación o rechazamiento del nuevo sistema de gobierno.

LAS RAZONES PARA LA ACEPTACION

A continuación, hay algunas razones presentadas para aceptar la Constitución:

- Se necesitaba un gobierno central más fuerte para reemplazar los Artículos de la Confederación. Ese gobierno tendría que tener un jefe nacional (como un presidente) y más poderes para proteger mejor a la nación contra ataque de enemigos extranjeros. Un sistema nacional de cortes era necesario para allanar disputas entre los estados.

- No había razón para temer que un gobierno central usaría su autoridad contra el pueblo. La Constitución estipulaba que los poderes estarían divididos entre los estados y el gobierno central, y separados entre las diferentes **ramas** (*partes*) del gobierno central. Ninguna de las ramas sería demasiado fuerte.

LAS RAZONES PARA EL RECHAZO

Estas fueron algunas de las razones dadas para rechazar la Constitución:

- Un gobierno central fuerte quitaría la libertad al pueblo. Podría establecer un ejército fuerte y luego usarlo para recoger impuestos impopulares.

- En la Constitución propuesta no había una declaración de derechos para proteger las libertades individuales, como el derecho a un juicio justo y libertad de palabra.

Para el fin de 1788, once estados votaron por aceptar la Constitución. En muchos se ganó su apoyo con la promesa de que pronto se agregaría a la Constitución una declaración de derechos. En 1789, George Washington fue inaugurado como el primer presidente de los Estados Unidos.

EN RESUMEN: DE COLONIAS A NACION INDEPENDENTE

Los habitantes de las colonias británicas establecieron muchas tradiciones democráticas importantes. Descontentos con los impuestos ingleses, los colonos declararon su independencia de Inglaterra. La Declaración de la Independencia fue promulgada para explicar las acciones de los colonos. Aunque la Revolución Estadounidense fue lograda, había muchos problemas en el nuevo gobierno establecido bajo los Artículos de la Confederación. Para remediar estos problemas, en 1787 los Artículos de la Confederación fueron reemplazados por la nueva Constitución.

VUELVE A PENSAR

En tu opinión **ahora**, ¿qué dificultades puede haber en formar un nuevo gobierno?

_____

_____

VERIFICA TU COMPRENSION

Instrucciones: Completa las siguientes tarjetas. Luego contesta las preguntas de selección múltiple.

DECLARACIÓN DE LA INDEPENDENCIA

¿Qué era? _____

Ideas principales: _____

Importancia: _____

ARTÍCULOS DE CONFEDERACIÓN

¿Qué era? _____

Aspectos positivos: _____

Problemas: _____

REVOLUCIÓN ESTADOUNIDENSE

¿Qué fue? _____

Causa principal: _____

Resultado principal: _____

EL GRAN COMPROMISO

¿Qué era? _____

Importancia: _____

_____

---

1 El problema principal de los recién independizados trece estados era
   1 atraer a las naciones extranjeras a construir fábricas en los EE.UU.
   2 reducir los impuestos
   3 establecer una forma de gobierno central
   4 establecer una Corte Suprema

2 ¿Cuál documento fue culpado de no dar suficiente poder al gobierno central?
   1 los Artículos de la Confederación
   2 la Constitución de los EE.UU.
   3 la Declaración de la Independencia
   4 la Declaración de Derechos

3 El derecho del pueblo a derribar un gobierno que abusa su poder es el tema principal
   1 del Acuerdo de Mayflower
   2 de los Artículos de la Confederación
   3 de la Declaración de la Independencia
   4 de la Constitución de los EE.UU.

4 Uno de los argumentos principales para la autonomía en la Declaración de la Independencia era que
   1 los ingleses se negaron a comprar los productos de sus colonias norteamericanas
   2 un gobierno dirigido por un rey era malvado
   3 las colonias eran superiores a los británicos
   4 la gente tiene derechos naturales como seres humanos

5 ¿Cuál documento contiene la frase "todos los hombres nacen iguales"?
   1 la Carta Magna
   2 el Acuerdo de Mayflower
   3 la Ley del Timbre
   4 la Declaración de la Independencia

6 El propósito principal de la Declaración de la Independencia era
   1 describir un método para derrotar a los ingleses en la guerra
   2 justificar las acciones de los colonos en derribar la dominación británica
   3 proveer planes para un gobierno nuevo
   4 formar nuevos gobiernos estatales

7   De acuerdo a la Declaración de la Independencia, el poder del gobierno viene
1 de los estados
2 del pueblo
3 de la Constitución de los EE.UU.
4 de las leyes aprobadas por el Congreso

8   En la Asamblea Constitucional de 1787, el acuerdo conocido como el "Gran Compromiso" trataba principalmente de
1 la representación estatal en el Congreso
2 la cuestión de los esclavos
3 los poderes del presidente
4 el control del comercio

PERFILES EN LA HISTORIA

LA PRINCESA POCAHONTAS

En 1607, John Smith llegó de Inglaterra a Virginia para establecer un poblado en Jamestown. En poco tiempo fue capturado por los indios, y llevado ante el Jefe Powhatan. La joven Pocahontas, hija del jefe, intervino para obtener la libertad de Smith. Luego ayudó a otros colonos al traerles víveres y otras provisiones. En 1614, se casó con John Rolf, un colono de Jamestown. Pocahontas murió de la viruela a los 21 años de edad, cuando estaba de visita en Londres.

Pocahontas vestida al estilo Europeo

FRAY JUNIPERO SERRA

En 1769, Junípero Serra, fraile franciscano que vivía en México, se juntó a una expedición que iba al norte, a lo que hoy es California. Participó en la fundación de la misión de San Diego, el primer poblado europeo en California. Después de unos años, Fray Serra estableció misiones a través de California; éstas servían para cristianizar a los indígenas, y para enseñarles el cultivo de nuevas plantas, la cría del ganado y la construcción de caminos y puentes.

ANNE HUTCHINSON

Anne Hutchinson vivía en Massachusetts. Como mujer religiosa de buen entendimiento, creía que cada persona debía comunicarse con Dios directamente. También creía que no eran necesarias las iglesias ni los pastores. Tales opiniones le causaron dificultades con los jefes puritanos, que veían sus creencias como un intento de destruir la Iglesia Puritana. Fue expulsada de la colonia de Massachusetts y tomó refugio en Rhode Island. Se la considera una líder en el desarrollo de la libertad religiosa en las colonias norteamericanas.

Estatua de Anne Hutchinson

CRISPUS ATTUCKS

Crispus Attucks murió en 1770, abaleado por una banda de soldados británicos, cuando participaba en una manifestación contra el dominio inglés en las colonias. Antiguo esclavo, Attucks fue el primero que perdió la vida en la venidera lucha por la independencia. Es un símbolo de la oposición al régimen represivo impuesto por los ingleses en las colonias. En Boston hay un monumento conmemorativo de Attucks y los otros cuatro patriotas asesinados el mismo día.

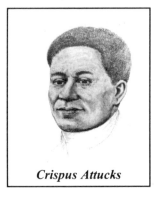

Crispus Attucks

RESUMEN DE TU COMPRENSION

Instrucciones: Confirma tu comprensión de los siguientes términos y conceptos al hacer una señal al lado de los que sabes explicar. Si tienes dificultad en recordar algo, consulta la página indicada.

LISTA DE VERIFICACION

❑ Indígenas americanos (7)   ❑ Trata del Atlántico (14)   ❑ Mercantilismo (19)
❑ Mayas, aztecas, incas (8)   ❑ Democracia (16)   ❑ Artículos de Confederación (22)
❑ Acuerdo de Mayflower (13)   ❑ Declaración de la Independencia (20)   ❑ Gran Compromiso (25)
❑ Sirvientes contratados (14)   ❑ Revolución Estadounidense (22)   ❑ Asamblea Constitucional (25)

Instrucciones: Llena la información pedida en los siguientes cuadros sinópticos.

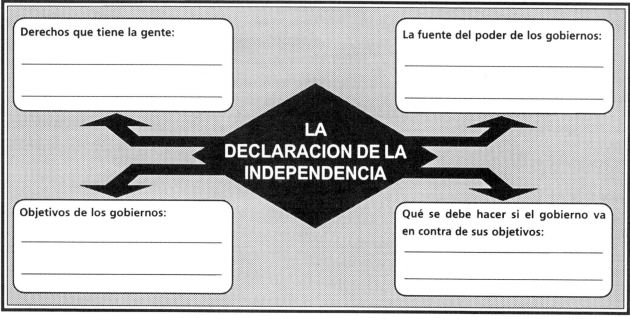

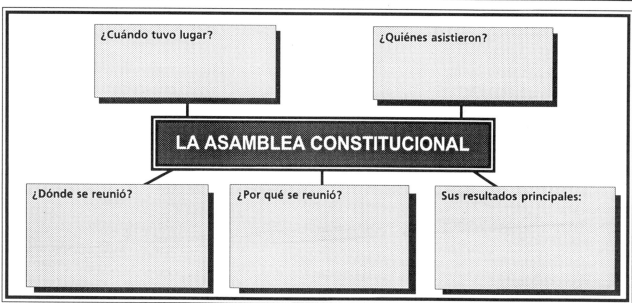

Cada capítulo de este libro termina con una prueba. Antes de cada una de ellas hay una sección especial Perspectivas; ésta te ayudará a encontrar nuevas formas de pensar en el contenido de cada capítulo. En cada sección de Perspectivas se explora un tema importante que reaparece en el capítulo. En esta sección se examina la investigación de la historia.

PERSPECTIVAS   UN EXAMEN DE LA HISTORIA

¿QUE ES LA HISTORIA?

La palabra *historia* se refiere a lo que sucedió en el pasado. Los historiadores tratan de comprender y explicar sucesos específicos; se interesan en las ideas, planes y acciones humanas, y en sus consecuencias.

LA IMPORTANCIA DE LA HISTORIA

Tu propia vida te causaría confusión ni no recordaras quién eres ni lo que has hecho. Cada pueblo también depende de su historia para tener un sentido de identidad. La historia ayuda a la sociedad recordar lo que es y la dirección en la que va. El conocimiento de la historia también nos ofrece la percepción de lo que puede ocurrir, o puede servirnos de guía para nuestras acciones futuras.

LOS CAMPOS DE LA HISTORIA

Hay muchos tipos de historiadores. Algunos investigan la política, la diplomacia y las guerras; otros se interesan en las economías del pasado; aún otros se dedican a la historia de las artes, de la cultura, vida de familia y / o ideas. Algunos historiadores narran series de sucesos, otros tratan de establecer teorías sobre una época histórica. Algunos se interesan en un solo país, otros, en una civilización o en todo el mundo.

EL SURGIMIENTO DE LA HISTORIA MULTICULTURAL

En el pasado, un reducido grupo de personas, gobernantes, funcionarios del gobierno y jefes religiosos, llevaban la mayoría de las crónicas; generalmente, lo escrito reflejaba sus intereses. En los Estados Unidos, muchos escritos históricos también enfatizaban la historia europea. Las personas de origen europeo eran el grupo más numeroso de la población, y también fueron ellos los que establecieron la mayoría de las instituciones importantes del país. Hoy, muchos historiadores acceden a que ese enfoque en la parte más fuerte del pueblo ofrece un solo punto de vista histórico. Por eso, comenzaron a investigar las experiencias de un granjero pobre, un obrero de fábrica o un esclavo; también se interesan en la vida de la mujer y del niño. Además, los historiadores del presente, tratan de comprender los sucesos desde diferentes puntos de vista. Por ejemplo, no miramos los viajes de Colón sólo desde la perspectiva europea, sino también nos fijamos en su significado para los indígenas americanos. Este intento de comprender los sucesos desde diferentes puntos de vista a veces se llama **historia multicultural**.

COMO TRABAJAN LOS HISTORIADORES: EL METODO HISTORICO

Igual que la literatura, la historia tiene que ser bien escrita para comunicar ideas, y como la ciencia, tiene que ser exacta.

LAS FUENTES HISTORICAS Y SU INTERPRETACION

Generalmente, el historiador comienza con la formulación del problema. Por ejemplo: ¿Cómo se trataba a las mujeres durante la Revolución Estadounidense? ¿Cómo era la vida de los esclavos en el Sur? Una vez formulado el problema, el historiador copila la información necesaria para resolverlo. Hay dos tipos de fuentes de información:

FUENTES PRIMARIAS	FUENTES SECUNDARIAS
Son relatos originales de los sucesos estudiados. Incluyen documentación de los testigos, crónicas oficiales del tiempo del suceso, textos de discursos y anuncios, cartas de los que participaron en el suceso, diarios, fotografías, grabados y cintas video, etc. La mayoría de los datos usados para reconstruir acontecimientos históricos viene de fuentes primarias.	Son los escritos e interpretaciones de los historiadores y otros escritores. A menudo estas fuentes, como libros y artículos, ofrecen un resumen conveniente de la información derivada de las fuentes primarias. Los historiadores también leen estos escritos para conocer las ideas de otros historiadores.

El uso de fuentes históricas presenta muchos problemas. Las fuentes primarias a veces son incompletas y el historiador no puede saber con exactitud lo que sucedió. Por lo tanto, la historia depende en la interpretación de las fuentes que aún existen, y esto puede ser truculento. El trabajo del historiador se parece al del detective. Cuando se descubre una anotación particular, el historiador tiene que interpretarlo. Por ejemplo: ¿Es auténtico o apócrifo (*falso*) el documento? ¿Es de veras lo que parece ser? Debido a los desacuerdos en la interpretación de las fuentes, hay muchas opiniones sobre lo que realmente habrá sucedido.

LA SELECCION E INTERPRETACION DE HECHOS IMPORTANTES

De los miles de trozos de información, ¿cuáles son importantes en la narración de un suceso del pasado? Al seleccionar los hechos que deben incluirse y rechazar otros, los historiadores presentan su opinión sobre lo que creen ser importante. Otros podrán estar en desacuerdo con estas opiniones. Por lo tanto, la historia presenta problemas tanto en la interpretación de actas y documentos específicos, como en decidir cuáles son los hechos importantes. Estos problemas causan controversias (*disputas*) históricas. La información que encuentras en tu manual es a menudo sólo un resumen de los momentos importantes sobre los que algunos historiadores están de acuerdo.

COMPRUEBA TU COMPRENSION

Instrucciones: Contesta las preguntas de selección múltiple. Luego dirígete a los ensayos.

Basa tus respuestas a las preguntas 1 y 2 en la caricatura y en tu conocimiento de estudios sociales.

1   La persona que da la orden de "saltar" representa
   1 los tratantes coloniales de esclavos
   2 el Acuerdo de Mayflower
   3 los gobiernos estatales
   4 el gobierno nacional

2   ¿Cuál es la idea principal de la caricatura?
   1 Los Artículos de la Confederación otorgaron demasiado poder al presidente.
   2 El gobierno bajo los Artículos de la Confederación no podía ser cambiado.
   3 Bajo los Artículos de la Confederación eran los gobiernos estatales los que tenían el verdadero poder.
   4 En gobierno central tenía la autoridad para hacer que los estados le obedecieran.

3   De acuerdo a la Declaración de la Independencia, el propósito del gobierno es
   1 proteger los derechos de los individuos
   2 proveer una gran fuerza militar
   3 mantener la autoridad del jefe
   4 establecer un sistema de cortes

4   Los "derechos inalienables" mencionados en la Declaración de la Independencia se refieren a
   1 los derechos de los acusados
   2 el derecho de votar en todas las elecciones
   3 los derechos que no pueden quitarse
   4 las leyes de derecho al trabajo

5   Uno de los objetivos de la Declaración de la Independencia fue
   1 establecer las leyes fundamentales de los EE.UU.
   2 justificar la sublevación de los colonos norteamericanos contra Inglaterra
   3 otorgar a las mujeres el derecho al voto
   4 garantizar derechos humanos a todos los estadounidenses

6   Un defecto de los Artículos de la Confederación fue que
   1 se estableció un gobierno nacional débil
   2 se negó a formar un gobierno democrático
   3 estableció un sistema nacional de cortes
   4 formó demasiados partidos políticos

7   Los autores de los Artículos de la Confederación querían
   1 establecer un gobierno central fuerte
   2 proporcionar un sistema de control mutuo dentro del gobierno central
   3 limitar el poder del gobierno central
   4 moldear el gobierno central estadounidense de acuerdo al gobierno británico

8   En la Asamblea Constitucional el "Compromiso de tres quintos" y el "Gran Compromiso" trataban de
   1 las enmiendas a la Constitución
   2 la representación en el Congreso
   3 los derechos de los acusados
   4 los poderes del presidente

9   En la Asamblea Constitucional las diferencias sobre la representación se allanaron al
   1 establecer un sistema judicial
   2 tener un solo presidente
   3 crear una legislatura bicameral
   4 crear un gobierno de tres ramas

10 A fines de la década de 1780, algunos estados fueron persuadidos a ratificar la Constitución con la promesa de
1 impuestos bajos
2 un sistema nacional de cortes
3 una declaración de derechos
4 derecho del voto para las mujeres

11 El objetivo principal de la Ordenanza del Noroeste de 1787 era
1 limitar el poder del gobierno nacional
2 establecer un método de admitir nuevos estados
3 hacer que todos pagaran impuestos iguales
4 proteger los derechos de la gente de un gobierno poderoso

ENSAYOS

Además de preguntas de selección múltiple, en los exámenes a menudo se te pide que escribas un ensayo. Muchas preguntas de ensayo siguen una norma semejante. Por ejemplo:

La Declaración de la Independencia contiene muchos principios fundamentales que son importantes para los ciudadanos estadounidenses.

Parte A

Nombra **dos** principios fundamentales que se encuentran en la Declaración de la Independencia.

1. _____   2. _____

Presenta **una** razón por la que estos principios son importantes para el pueblo de esta nación.

_____

Parte B
En tu respuesta a la Parte B, debes usar la información que diste en la Parte A. Sin embargo, puedes también incluir información adicional o distinta.

Escribe un ensayo que comience con la siguiente oración temática:

La Declaración de la Independencia contiene muchos principios fundamentales que son importantes para los ciudadanos estadounidenses.

Nota que en esta pregunta de ensayo, como en muchas otras, hay tres partes.

1. Se comienza con una aseveración general: **La Declaración de la Independencia contiene muchos principios fundamentales que son importantes para los ciudadanos estadounidenses.**

2. Luego, en la **Parte A**, se te pide que des información sobre la aseveración general:

- **Enumera dos principios fundamentales encontrados en la Declaración de la Independencia.**
- **Presenta una razón por la que esos principios son importantes para el pueblo de este país.**

3. Finalmente, en la **Parte B**, se te pide que: **Utilices la información que diste en la Parte A para escribir un ensayo sobre la aseveración general.**

En este capítulo se tratará sólo de las respuestas a la **Parte A**. En el siguiente, se tratará de la respuesta a la **Parte B**.

ESTRATEGIAS PARA RESPONDER A LA PARTE A

El propósito de la **Parte A** es hacer un "bosquejo" de los hechos importantes relacionados al tema. Luego esta información se usa para escribir el ensayo en la **Parte B**. Hay cuatro palabras principales de "acción" usadas en la **Parte A**. Estas son: **nombrar, enumerar, declarar** y **presentar**.

➤ **nombrar** algo generalmente se usa cuando se te pide una o más causas, rasgos o cambios. Por ejemplo,

   nombra una institución democrática de las colonias norteamericanas: (**Respuesta**) La Casa de los Burgueses de Virginia

➤ **enumerar** requiere declarar o nombrar algo sin explicarlo. Por ejemplo,

   enumera dos poderes que el gobiero central no tenía bajo los Artículos de la Confederación: (**Respuesta**) declarar guerra, pedir préstamos

➤ **declarar** significa que tienes que escribir una oración sobre algo. Es más que la simple enumeración. Por ejemplo,

   declara una razón por la que los estados querían aprobar la nueva Constitución: (**Respuesta**) se necesitaba un gobierno central más fuerte para proteger el país de ataques extranjeros.

➤ **presentar** se parece a "nombrar". Sin embargo, generalmente se usa para pedir un ejemplo. Por ejemplo,

   presenta un ejemplo de impuestos británicos a los que se oponían los colonos: (**Respuesta**) La Ley del Timbre

Fíjate en estas palabras de "acción". Nota que la **Parte A** se concentra en los términos y conceptos, y los problemas, causas, efectos y características relacionados a ellos. Por lo tanto, presta atención especial a las palabras en **letra oscura** en cada capítulo de este libro.

Comprueba ahora tu comprensión de la sección sobre la **Parte A. Escribe sus respuestas en una hoja aparte:**

   Nombra un compromiso en la Asamblea Constitucional de 1787.
   Enumera dos efectos de la Declaración de la Independencia.
   Declara una característica de gobierno democrático.
   Presenta dos ejemplos de los argumentos usados contra la ratificación de la Constitución de los EE.UU

TAREAS PRACTICAS

USO DE FUENTES PRIMARIAS DE INFORMACION COMO EVIDENCIA

En este capítulo estudiaste la historia estadounidense desde los tiempos más remotos hasta la proclama de la Declaración de la Independencia. También te enteraste de la naturaleza de la historia y cómo trabajan los historiadores.

DESCRIPCIÓN DE LA TAREA: Debes encontrar una **fuente primaria** sobre la historia estadonidense. Para completar la tarea, el maestro podrá dividir a los estudiantes en distintos grupos.

FUENTES PRIMARIAS QUE PUEDES USAR

- ➤ citas de la Constitución Iroquesa
- ➤ fragmentos del diario de Cristóbal Colón
- ➤ descripción de Cortés de su primer encuentro con Montezuma
- ➤ el Acuerdo de Mayflower
- ➤ descripciones de la esclavitud
- ➤ narraciones en los periódicos sobre la Guerra Revolucionaria Estadounidense
- ➤ correspondencia de George Washington, Thomas Jefferson o Benjamin Franklin
- ➤ debates sobre la ratificación de la Constitución de los EE.UU.

TU TAREA: Contesta las siguientes preguntas con respecto a la fuente primaria escogida:

¿Qué documento es? _____ ¿Cuándo fue escrito? _____

¿Quién lo escribió? _____ ¿Por qué fue escrito? _____

_____

¿Qué dice? _____

_____

¿Por qué es importante este documento? _____

_____

DONDE ENCONTRAR FUENTES: En algunos manuales se incluyen citas de las fuentes primarias. Las biografías y libros de historia a menudo contienen material de fuentes primarias. Los libros escritos por los que participaron en estos sucesos también son fuentes primarias. Finalmente, debes usar la biblioteca pública o de la escuela. El bibliotecario podrá ayudarte a encontrar algunas colecciones de documentos originales.

CAPITULO 3

EL SISTEMA CONSTITUCIONAL DEL GOBIERNO DE LOS EE.UU.

Principios de la Constitución de los EE. UU.
A. Los problemas de formar un gobierno nacional
B. La organización de la Constitución de los EE. UU.
C. Los principios constitucionales

El gobierno federal
A. El Congreso: rama legislativa
B. La presidencia: rama ejecutiva
C. Las cortes federales: rama judicial
D. La constitución implícita

La protección constitucional de los derechos individuales
A. La Declaración de Derechos
B. La Enmienda Catorce
C. Otros derechos importantes

SECCIÓN 1

LOS PRINCIPIOS DE LA CONSTITUCION

En esta sección se trata de las ideas fundamentales
contenidas en la Constitución de los EE.UU.

PARA PENSAR

Describe una forma en la que te afecta cada nivel del gobieno:

Gobierno nacional: _____

Gobierno estatal: _____

Gobierno local: _____

Términos y conceptos importantes: Al leer esta sección, fíjate en las siguientes expresiones:

- ✦ Soberanía popular
- ✦ Preámbulo
- ✦ Federalismo
- ✦ Poderes delegados
- ✦ Poderes reservados

- ✦ Poderes concurrentes
- ✦ Separación de poderes
- ✦ Control mutuo
- ✦ Cláusula elástica
- ✦ Enmiendas

Para ayudarte a encontrar estos términos, esta señal ✦ aparece en el margen de la página
donde se explica la expresión por primera vez.

Para arreglar los problemas de los Artículos de la Confederación, los autores de la Constitución
de los EE.UU. tenían que volver a definir la idea de lo que debe ser el gobierno.

LOS PROBLEMAS DE FORMAR UN GOBIERNO

¿QUE ES EL GOBIERNO?

Los seres humanos son sociables; necesitan vivir con otros dentro de grupos o comunidades. En
consecuencia, las comunidades tienen que establecer reglas para allanar los desacuerdos entre sus
miembros y proteger a la sociedad de los que quebrantan esas reglas. La organización establecida
para estos propósitos es el **gobierno**. Igual que el capitán dirige un barco, el gobierno dirige a los
miembros de la comunidad en su trato uno con otro y con los extranjeros. Todo gobierno recibe
los poderes para desempeñar su autoridad sobre los miembros de la sociedad. Estos poderes incluyen:

el poder legislativo
para formular leyes

el poder ejecutivo
para aplicar leyes

el poder judicial
para interpretar leyes

¿QUE FORMA DE GOBIERNO DEBE ESTABLECERSE?

El establecimiento del gobierno tiene mucha importancia para cada uno de nosotros. ¿Cuánto poder podemos otorgar al gobierno sin que éste llegue a amenazar nuestras libertades? Esta pregunta nos ayuda a apreciar la dificultad con la que se encontraron los que establecieron el gobierno de los EE.UU. En 1787, los miembros de la Asamblea Constitucional podían escoger entre varias formas distintas de gobierno:

Una persona	**Monarquía** (gobierno por un rey o reina)
Un grupo selecto	**Oligarquía** (gobierno por unos cuantos ciudadanos ricos y poderosos)
Todos los ciudadanos	**Democracia** (gobierno por los representantes elegidos por el pueblo)

Los delegados a la Asamblea Constitucional estaban dedicados a la **democracia** —el poder permanecería en las manos del pueblo que escogería a sus propios representantes. Después de hacer esta decisión, los delegados tenían que pensar en cuánto poder iba a ser compartido entre el gobierno nacional y los gobiernos estatales. Finalmente, los autores de la Constitución tenían que decidir cuáles iban a ser los objetivos del nuevo gobierno nacional, cómo iban a ser elegidos los representantes y los poderes especiales que tendrían.

LOS OBJETIVOS DEL GOBIERNO DE LOS ESTADOS UNIDOS

Los objetivos del gobierno nacional se presentaron claramente en dos documentos: la Declaración de la Independencia y la Constitución. La Declaración anunciaba que el propósito principal del gobierno debía ser la protección de los derechos de los miembros de la comunidad, especialmente los derechos a "la vida, la libertad y la busca de felicidad". El Preámbulo a la Constitución declaraba los objetivos específicos del gobierno nacional —asegurar la paz interna, fomentar el bienestar general, proporcionar la defensa de la nación y establecer la justicia.

EQUILIBRIO ENTRE EL PODER DEL GOBIERNO Y LA LIBERTAD INDIVIDUAL

Cuando los autores de la Constitución establecieron los objetivos del gobierno, tenían que organizar uno que los realizara. Trataron de llegar a un equilibrio entre los poderes del gobierno y los derechos del individuo. La cuestión fundamental en la formación del gobierno era:

> *¿Cuánto poder debe darse a los funcionarios del gobierno —para que puedan cumplir con sus obligaciones— sin despojar al pueblo de sus libertades?*

LA ESTRUCTURA DE LA CONSTITUCION DE LOS EE.UU.

El plan final del gobierno establecido en la Asamblea Constitucional se encuentra en el documento llamado la Constitución de los Estados Unidos (*el plan escrito del gobierno*). Comienza con un preámbulo que enumera los objetivos principales del gobierno. El resto de la Constitución está dividido en siete artículos; conviene verlos como capítulos de un libro. Además, se aprobaron 27 enmiendas (*cambios, arreglos*) desde que se adoptó la Constitución. La **Enmienda XXVII** trata de aumentos de sueldo de los miembros del Congreso. Fue propuesta hace casi 200 años y fue ratificada por los estados hace muy poco, y puede ser desafiada en las cortes.

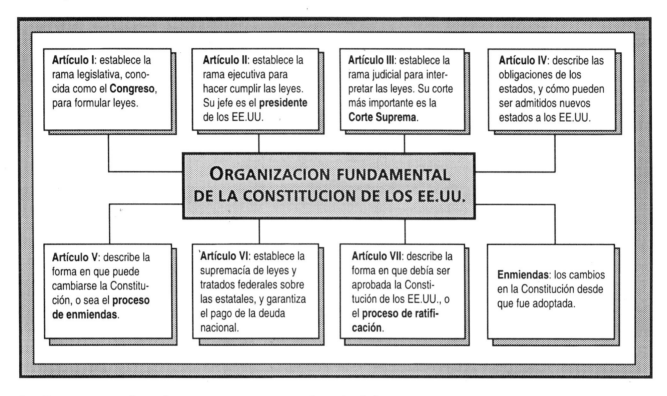

La Constitución ha sido muy importante en la vida del país..

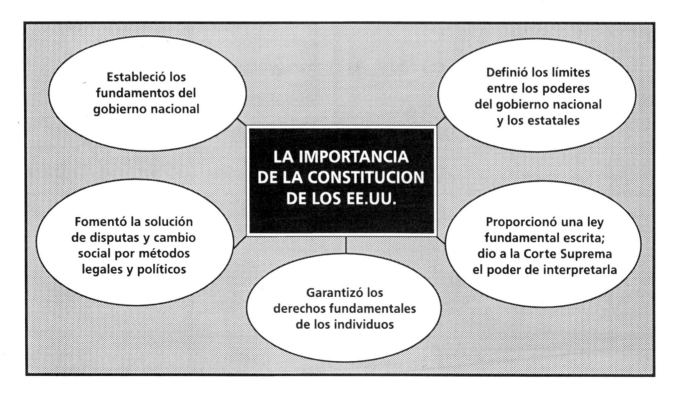

LOS PRINCIPIOS CONSTITUTIONALES

El sistema de gobierno establecido por la Constitución de los EE.UU. se basa en ciertos principios importantes.

SOBERANIA POPULAR

La Constitución es considerada la ley suprema de la nación. Se basa en el concepto de **soberanía popular** (*la voluntad del pueblo*) por la cual es el pueblo que decide lo que quiere por medio del gobierno de la mayoría. Este principio se declara en el ◆ **Preámbulo** (*introducción*), la primera parte de la Constitución. Sus primeras palabras, "Nosotros, el pueblo..." dicen que el derecho de establecer un gobierno viene del pueblo; los autores de la Constitución actuaban como representantes del pueblo estadounidense. El resto del Preámbulo declara lo que , en la opinión de sus autores, debían ser los objetivos del nuevo gobierno.

> *Nosotros, el pueblo de los Estados Unidos, a fin de formar una Unión más perfecta,*
> * establecer la justicia,*
> * garantizar la tranquilidad nacional,*
> * proveer para la defensa común,*
> * fomentar el bienestar general,*
> * y asegurar los beneficios de la libertad para nosotros y para nuestra posteridad, promulgamos y establecemos esta Constitución para los Estados Unidos de América.*

◆ FEDERALISMO

Los autores de la Constitución sabían que bajo los Artículos de la Confederación el gobierno nacional era demasiado débil. Sin embargo, temían darle demasiado poder al recordar la amarga experiencia con el gobierno inglés fuerte, que les cargaba impuestos sin su consentimiento. Decidieron establecer un sistema en el que el poder se *compartía* por el gobierno nacional y los estatales. Esta división de poderes se llama **federalismo**. El gobierno nacional trata de asuntos que afectan todo el país y de las relaciones entre los estados. Los términos "nacional", "federal" y "central" se refieren todos al gobierno en Washington, D. C. Los gobiernos estatales se ocupan de los asuntos locales.

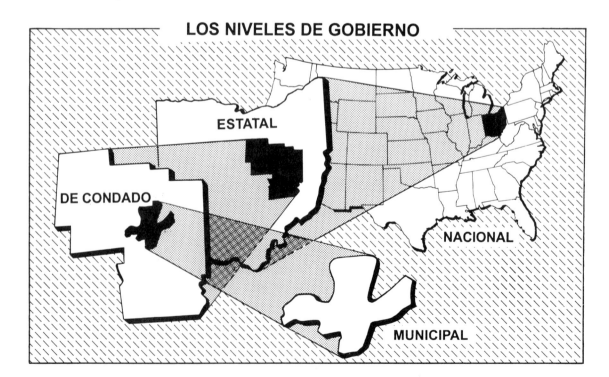

LOS NIVELES DE GOBIERNO

ESTATAL

DE CONDADO

NACIONAL

MUNICIPAL

La autoridad para gobernar se comparte de la siguiente manera:

Poderes delegados: los poderes que la Constitución otorga exclusivamente (*sólo*) al gobierno ✦ nacional.

Poderes reservados: los poderes que fueron reservados (*retenidos*) por los estados y pertenece ✦ exclusivamente a los gobiernos estatales.

Poderes concurrentes: los poderes compartidos por los gobiernos estatales y el gobierno nacional. ✦

FEDERALISMO: LA DIVISION DE PODERES

PODERES DELEGADOS (NACIONAL)
- declarar la guerra; aprobar tratados
- emitir moneda
- reglamentar comercio interestatal
- levantar un ejército

PODERES CONCURRENTES (AMBOS)
- recoger impuestos
- definer crímines y castigos
- determinar calificaciones del voto
- pedir préstamos

PODERES RESERVADOS (ESTATAL)
- reglamentar la educación y ventas dentro del estado
- otorgar licencias
- proporcionar policía y bomberos

Los autores de la Constitución de los EE.UU. se daban cuenta que, al establecer un gobierno nuevo, había posibilidad de conflictos entre el gobierno nacional y los diferentes gobiernos estatales. Anticipando tales conflictos, agregaron el Artículo VI, conocido como la **Cláusula de supremacía**. Esta declara que la Constitución es la ley de la nación. Fue a base de esta cláusula que la Corte Suprema declaró que las leyes nacionales estaban por encima de las leyes estatales.

El templete en los Archivos Nacionales que contiene la Declaración de la Independencia, la Constitución y la Declaración de Derechos

DESARROLLO DE DESTREZAS: INTERPRETACION DE LECTURA

Ya que en los exámenes a menudo aparecen trozos escogidos de lectura, te conviene saber interpretarlos.

¿Qué es un trozo de lectura?

Un trozo escogido consiste en aseveraciones sobre un tema específico. Puede ser una cita breve o un párrafo.

Interpretación de una lectura escogida

El objetivo principal de una lectura es presentar las ideas de una persona sobre un tema dado. Comienza por hacerte las siguientes preguntas:

- ¿Qué sabes del escritor?
- ¿Qué tema o situación se discute por el escritor?
- ¿Qué dice el autor sobre el término, concepto o situación?
- ¿Cuál es la idea principal del trozo?
- ¿Por qué fue escrito?

Las preguntas sobre una lectura escogida a menudo se relacionan a la idea principal del trozo. Generalmente, la primera oración contiene la idea principal. Por lo tanto, préstale atención especial. Sin embargo, a veces la idea principal se presenta en otras oraciones.

Practica tu comprensión de estos principios al leer el siguiente trozo y contestar las preguntas que le siguen:

...Nuestro país es demasiado grande para que todos sus asuntos sean dirigidos por un solo gobierno. Creo de veras que si el gobierno central tomara to-dos los poderes de los gobienos estatales, elimi-nando la necesidad de estados, el gobierno central sería el gobierno más corrupto del mundo ...
— Thomas Jefferson

1   La idea principal de la lectura es que
1   los poderes del gobierno deben ser compartidos
2   todos los gobiernos son corruptos
3   los gobiernos estatales y el nacional deben unirse en un solo gobierno
4   el poder del gobierno viene del pueblo

La respuesta correcta es #1. En la primera oración, Jefferson dice "Nuestro país es demasiado grande para que todos sus asuntos sean dirigidos por un solo gobierno". Da a entender que si la nación es demasiado grande para un gobierno, los poderes deben compartirse entre el gobierno nacional y los estados.

2   ¿Qué tipo de gobierno probablemente apoyaría el autor?
1   comunismo   3   monarquía
2   federalismo   4   imperialismo

La respuesta correcta es #2. Jefferson advierte que si existiera un solo gobierno, se volvería corrupto. Entre las cuatro posibilidades, hay una sola que implica la existencia de dos niveles de gobierno que comparten el poder —el federalismo. Sabemos de la lectura que Jefferson estaría en favor del federalismo. El comunismo, la monarquía y el imperialismo requieren un solo gobierno central. Por lo tanto, son respuestas incorrectas.

SEPARACION DE PODERES

Ya que autores de la Constitución temían dejar demasiado poder en las manos de un solo gobierno, también **separaron** los tres poderes principales del gobierno nacional en ramas distintas —la **legislativa** (*el poder de formar leyes*), la **ejecutiva** (*el poder de aplicar leyes*) y la **judicial** (*el poder de interpretar leyes*). Esta separación hizo difícil que una sola persona o rama del gobierno se volviese demasiado poderosa. Los gobiernos estatales, como el del estado de Nueva York, también separan el poder entre tres ramas.

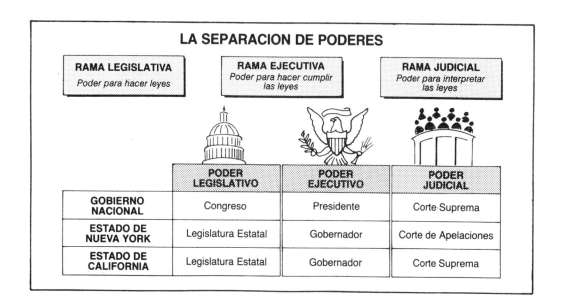

LA SEPARACION DE PODERES

RAMA LEGISLATIVA
Poder para hacer leyes

RAMA EJECUTIVA
Poder para hacer cumplir las leyes

RAMA JUDICIAL
Poder para interpretar las leyes

	PODER LEGISLATIVO	PODER EJECUTIVO	PODER JUDICIAL
GOBIERNO NACIONAL	Congreso	Presidente	Corte Suprema
ESTADO DE NUEVA YORK	Legislatura Estatal	Gobernador	Corte de Apelaciones
ESTADO DE CALIFORNIA	Legislatura Estatal	Gobernador	Corte Suprema

La sala de tribunal donde se presentan los casos ante los nueve magistrados de la Corte Suprema

SISTEMA DE CONTROL MUTUO

Para impedir que cualquiera de las tres ramas llegara a ser demasiado fuerte, la Constitución otorgó a cada una métodos para "controlar" las otras ramas. Por ejemplo, el Senado tiene que aprobar la mayoría de los nombramientos presidenciales, mientras que el presidente puede vetar proyectos de ley aprobados por el Congreso. De este modo, el poder queda en "equilibrio" entre las ramas.

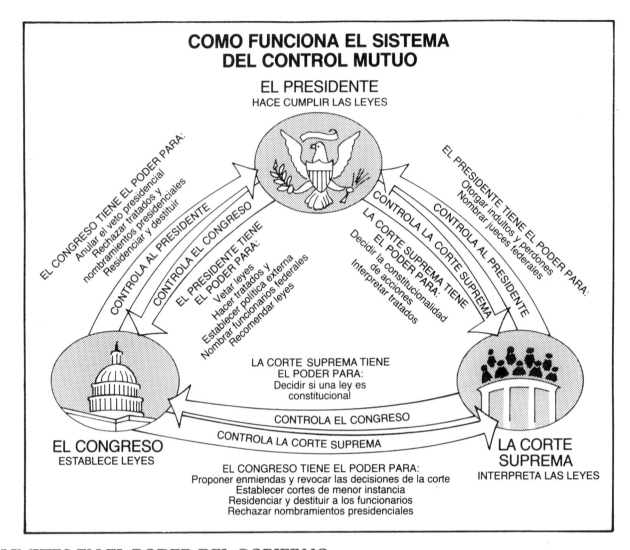

LIMITES EN EL PODER DEL GOBIERNO

Los autores de la Constitución pusieron mucho cuidado en delinear los poderes del gobierno federal.

■ El gobierno federal puede usar sólo los poderes que le fueron **delegados** (*específicamente otorgados por la Constitución*). A continuación hay ejemplos de algunos poderes importantes de la rama legislativa (*el Congreso*):

El Congreso tiene el poder de:	Esto significa que:
Reglamentar el comercio interestatal	El Congreso puede controlar el comercio entre los estados
Imponer y cobrar impuestos	El Congreso puede establecer y recoger impuestos
Emitir moneda	El Congreso puede imprimir billetes y acuñar moneda metálica

La Constitución permite al gobierno federal a "extender" sus poderes delegados hasta cierto punto. El gobierno puede tomar acciones no nombradas que sean "necesarias y apropiadas" para que el Congreso pueda ejercer sus poderes delegados. Esta cláusula de lo "necesario y apropiado" a veces se llama **Cláusula elástica** porque "estira" los poderes del Congreso. Por ejemplo, la Constitución no otorga al Congreso el poder específico de establecer un banco nacional. Pero le da el poder de recoger impuestos y reglamentar el comercio interestatal. Para ejercer estos poderes, el Congreso podría decidir que es "necesario y apropiado" establecer un banco nacional, aunque el poder para hacerlo no está específicamente mencionado en la Constitución.

ANALISIS

¿Qué otros poderes "necesarios y apropiados" puedes nombrar que el Congreso usa para ejercer los poderes delegados en la Constitución? _____

_____

_____

■ La Constitución también declara que tanto el gobierno nacional como los estatales no pueden tomar ciertas acciones:

Poderes denegados al gobierno federal	Poderes denegados al gobierno federal y gobiernos estatales	Poderes denegados a los gobiernos estatales
• Suspender el auto de *habeas corpus* • Gastar dinero sin aprobación congresional • Dar preferencia a un estado sobre otro	• Promulgar leyes *ex post facto* • Promulgar *leyes de attainder* • Otorgar títulos de nobleza • Cargar impuestos de exportación • Privar a alguien del proceso justo de la ley	• Emitir moneda • Hacer tratados • Cargar impuestos de importación • Cargar impuestos en el gobierno federal • Declarar la guerra

FLEXIBILIDAD

Aunque fue escrita hace más de 200 años, la Constitución pudo amoldarse a las necesidades cambiantes del país. Los cambios en la interpretación, especialmente por la Corte Suprema de los Estados Unidos, adaptaron la Constitución a nuevas situaciones. Por ejemplo, el Congreso tiene el poder delegado de reglamentar el comercio interestatal; esto se interpretó que también puede promulgar una ley de sueldo mínimo ya que los bienes producidos en un estado pueden venderse en otro. La Constitución marcha con el tiempo también por medio del proceso de **enmiendas** ◆ (*adiciones o cambios en el texto*). Para impedir cambios por razones sin importancia, el proceso de enmiendas se hizo mucho más difícil que la promulgación de una ley ordinaria. Las enmiendas se ratifican sólo cuando hay una demanda general de cambio. Un ejemplo de esto fue la exigencia popular en los años 1970 de que los individuos de 18 años tuviesen el derecho al voto.

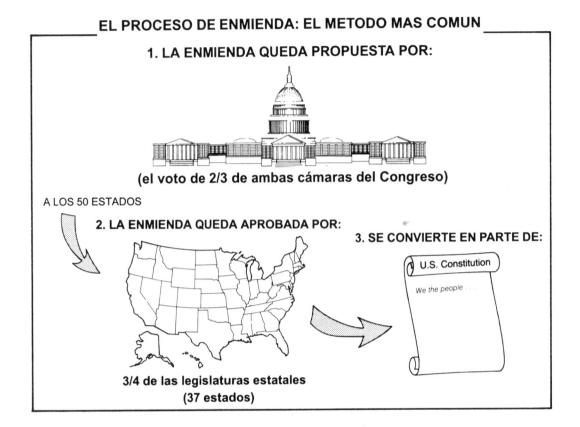

EL PROCESO DE ENMIENDA: EL METODO MAS COMUN

1. LA ENMIENDA QUEDA PROPUESTA POR:

(el voto de 2/3 de ambas cámaras del Congreso)

A LOS 50 ESTADOS

2. LA ENMIENDA QUEDA APROBADA POR:

3. SE CONVIERTE EN PARTE DE:

U.S. Constitution

We the people

3/4 de las legislaturas estatales
(37 estados)

EN RESUMEN: LOS PRINCIPIOS DE LA CONSTITUCION

La Constitución de los EE.UU. contiene varios principios importantes. Estos principios incluyen la soberanía popular, el federalismo, separación de poderes, control mutuo, limitación de los poderes del gobierno y flexibilidad de adaptación a nuevas situaciones.

VUELVE A PENSAR

Ahora que acabas de leer esta sección, ¿crees que hay algunas otras responsabilidades que debe tener cada nivel del gobierno?

Gobierno nacional:_____

Gobierno estatal:_____

Gobierno local:_____

VERIFICA TU COMPRENSION

Instrucciones: Completa las siguientes tarjetas. Luego contesta las preguntas de selección múltiple.

FEDERALISMO

Definición: _____

Un ejemplo: _____

_____

SEPARACIÓN DE PODERES

Definición: _____

Un ejemplo: _____

_____

PODERES CONCURRENTES

Definición: _____

Un ejemplo: _____

_____

SISTEMA DE CONTROL MUTUO

Definición: _____

Un ejemplo: _____

_____

---

1 De acuerdo al principio de "soberanía popular", el poder político se encuentra en
  1 la Corte Suprema
  2 el Congreso
  3 el presidente
  4 el pueblo

2 ¿Cuál es un ejemplo de "poder delegado" del gobierno nacional?
  1 limitar la velocidad en carreteras estatales
  2 construir escuelas
  3 reglamentar comercio interestatal
  4 determinar el precio de productos

3 Un ejemplo de "poder reservado" retenido por los gobiernos estatales es el poder de
  1 establecer oficinas postales
  2 establecer requisitos de matrimonio
  3 emitir moneda
  4 levantar un ejército

4 Un ejemplo de "poder concurrente" tanto del gobierno estatal como del nacional es
  1 recoger impuestos
  2 declarar la guerra
  3 formular política externa
  4 emitir moneda

5 La "cláusula elástica" de la Constitución de los EE.UU. se refiere a los poderes
  1 de los estados
  2 del presidente
  3 del Congreso
  4 de la Corte Suprema

6 El propósito fundamental del control mutuo constitucional es
  1 proteger a los estados de la invasión por gobiernos extranjeros
  2 impedir que una de las ramas del gobierno federal se vuelva demasiado fuerte
  3 hacer posible que aumente el poder del gobierno federal
  4 proporcionar una garantía escrita de los derechos de cada ciudadano

7 Las leyes estatales referentes al manejo de autos por los jóvenes en diferentes partes de los EE. UU. son un ejemplo de
  1 control mutuo
  2 soberanía popular
  3 poder reservado
  4 poder delegado

8 Una característica fundamental de un sistema "federal" de gobierno es que
  1 se castiga a todos los ciudadanos que rompen la ley
  2 se divide el poder entre el gobierno federal y los estatales
  3 hay un sistema nacional de cortes elegidas
  4 se asegura que todas las minorías reciben sueldo igual

SECCIÓN 2

EL GOBIERNO FEDERAL

En esta sección se examina la forma en que está
organizado el gobierno de los Estados Unidos.

PARA PENSAR

La Constitución divide los poderes del gobierno en partes o ramas separadas: la legislativa,
ejecutiva y judicial. En tu opinión, ¿cuál es la función principal de cada una?

Legislativa:—————————— Ejecutiva: —————————— Judicial: ——————————

Términos y conceptos importantes: Al leer esta sección, fíjate en las siguientes expresiones:

- ✦ **Ramas de gobierno**
- ✦ **Colegio electoral**
- ✦ **Examen jurídico**
- ✦ **Constitución implícita**

✦ El gobierno federal se divide en tres **ramas** (*partes*): la legislativa, ejecutiva y judicial.

RAMA	OBLIGACIONES	INSTITUCION
Legislativa	Establece leyes	Congreso
Ejecutiva	Hace cumplir leyes	Presidente
Judicial	Interpreta leyes	Corte Suprema

Vamos a examinar con detalle cada una de estas ramas del gobierno.

EL CONGRESO: LA RAMA LEGISLATIVA

LA COMPOSICIÓN DEL CONGRESO: La rama legislativa del gobierno federal se llama Congreso. El
Congreso consta de dos partes, llamadas "cámaras": el **Senado** y la **Cámara de Representantes**.

	CAMARA DE REPRESENTANTES	SENADO
Total de miembros	435 miembros	100 miembros
Determinados por	Población; cuanto más grande la población, tantos más representantes tiene el estado	Dos de cada estado sin considerar el número de habitantes del estado
Calificaciones	• tiene que tener 25 años de edad • tiene que ser ciudadano de los EE.UU. por 7 años • tiene que ser residente del estado	• tiene que tener 30 años de edad • tiene que ser ciudadano de los EE.UU. por 9 años • tiene que ser residente del estado
Plazo	2 años	6 años
Poderes especiales	• residencia a funcionarios federales • introduce proyectos de leyes fiscales • elige al presidente si el Colegio Electoral no lo hace	• conduce juicios de residencia • aprueba nombramientos presidenciales • ratifica (aprueba) tratados

LOS PODERES DEL CONGRESO

El Congreso tiene el poder de establecer leyes. Todas las leyes comienzan como **proyectos de ley ("bills")**.

COMO UN PROYECTO SE CONVIERTE EN LEY

Introducción de un proyecto. Los proyectos pueden iniciarse en una de las dos cámaras del Congreso. Todos los *proyectos de gastos* tienen que iniciarse en la Cámara de Representantes. Una vez propuesto, el proyecto va a una comisión (*grupo de legisladores que tratan con asuntos específicos, como asuntos externos*).

Etapa de comisión. Los miembros de la comisión investigan el proyecto y debaten si debe aprobarse, modificarse o anularse ("matarse"). Si se aprueba, el proyecto se debate por toda la cámara.

Consideración del proyecto. El proyecto se debate por la cámara entera. Luego queda aprobado o vetado. Si es aprobado, el proyecto procede al Senado para ser examinado por una comisión. Si la comisión lo aprueba, el proyecto va a la otra cámara.

Consideración por la otra cámara. El proyecto vuelve a debatirse en la otra cámara. Es allí donde queda aprobado o vetado. Si la misma versión del proyecto queda aprobada por las dos cámaras, la recibe el presidente.

O

El presidente. Si el presidente firma el proyecto, éste se convierte en ley. Si el presidente lo **veta** (*rechaza*), el veto puede ser contrarrestado.

Comisión de conferencia. Si hay diferencias en las versiones del Senado y de la Cámara de Representantes, la comisión de conferencia, compuesta de miembros de ambas cámaras, allana las diferencias. Luego envía el proyecto al presidente.

Contrarresto del veto. El Congreso puede contrarrestar (anular) el veto presidencial. Se requiere que dos terceras partes de los miembros de cada cámara vuelvan a votar en favor del proyecto.

El proceso se hizo deliberadamente complejo; así, sólo los proyectos bien apoyados llegarían a ser leyes. Si el proyecto de ley queda aprobado, se convierte en parte de las leyes del país. Todos los ciudadanos la deben obedecer. Los que no lo hacen pueden ser multados o hasta encarcelados.

LA PRESIDENCIA: LA RAMA EJECUTIVA

El **poder ejecutivo** —de hacer cumplir las leyes— lo tiene el presidente.

LOS REQUISITOS Y EL TERMINO DEL CARGO

El presidente tiene que haber nacido en los Estados Unidos o ser de padres que sean ciudadanos de los EE.UU. y tener por lo menos 35 años de edad. El presidente queda elegido por un término de cuatro años. Como resultado de la **Enmienda XXII** de 1944, se limita la presidencia a dos plazos.

LA SELECCION DE CANDIDATOS PRESIDENCIALES

El sendero a la presidencia es largo y difícil. Generalmente, una persona tiene que ser nominada por uno de los dos partidos principales —el Demócrata o el Republicano. Con este propósito, los candidatos participan en las elecciones **primarias** (*o preliminares, dentro del estado, en las que compiten rivales del mismo partido*). Cuántas más elecciones primarias gana el candidato, tantos más votos de delegados tendrá en la **convención nacional**. Para ser nominado, el candidato tiene que recibir la mayoría del voto delegado en la asamblea nacional.

LA CAMPAÑA PRESIDENCIAL

Los candidatos hacen discursos y se hacen conocer en la televisión, radio y los periódicos en una **campaña** de gran alcance. Esta termina el día de elecciones, el primer martes de noviembre, cuando los ciudadanos a través del país eligen a su próximo presidente.

Las elecciones. En noviembre, el candidato tiene que ganarse suficientes votos populares en un adecuado número de estados para recibir la mayoría (270) de votos del Colegio Electoral.

Campaña. El candidato comienza una campaña de 12 a 15 semanas, haciendo discursos, apareciendo en persona y tratando de ser mencionado en las noticias.

Convención nacional. El candidato tiene que ganar la mayoría de los votos de los delegados en la asamblea; hace un discurso de aceptación que unifica el partido.

Cortejo de delegados. El candidato entra en las más posibles elecciones preliminares, tratando de ganarse votos de delegados en la asamblea nacional.

Entrada en la competición. A principios de enero del año de elecciones presidenciales, la persona "oficialmente" anuncia su candidatura.

LOS MOMENTOS IMPORTANTES EN LA SENDA A LA CASA BLANCA

✦ EL COLEGIO ELECTORAL ELIGE AL PRESIDENTE

En 1787, los miembros de la Asamblea Constitucional no confiaban por completo a la gente común la elección directa del presidente. Por eso asignaron la selección del presidente a un grupo especial conocido como **electores**. El día de las elecciones, aunque los votantes creen que están escogiendo al candidato para presidente, en realidad están votando por electores. Los electores escogidos de cada estado forman el **Colegio Electoral**. Su función principal es la elección del presidente.

■ El número de electores de cada estado es igual al número de sus respresentantes en la Cámara de Representantes combinado con el número de senadores. Para llegar a ser presidente, el candidato tiene que recibir la mayoría (270) de los votos del Colegio Electoral.

■ Si ninguno de los candidatos recibe la mayoría de los votos electorales, la elección se decide en la Cámara de Representantes; se necesita la mayoría de los votos estatales (26) para elegir al presidente. Cada estado tiene un solo voto.

LAS FUNCIONES DEL PRESIDENTE

Hoy, el presidente desempeña muchas funciones. Los **politólogos** (*especialistas en política*) dicen que el presidente "lleva muchos sombreros, uno para cada función".

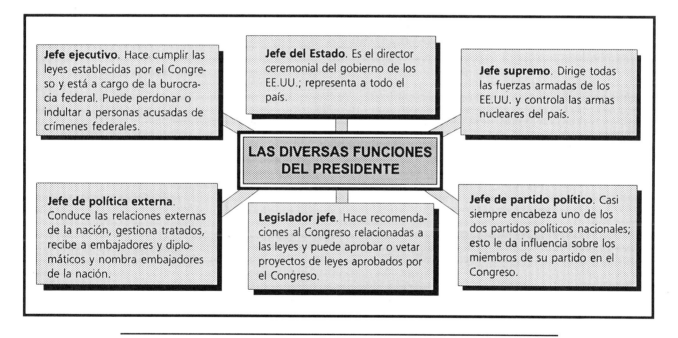

Jefe ejecutivo. Hace cumplir las leyes establecidas por el Congreso y está a cargo de la burocracia federal. Puede perdonar o indultar a personas acusadas de crímenes federales.

Jefe del Estado. Es el director ceremonial del gobierno de los EE.UU.; representa a todo el país.

Jefe supremo. Dirige todas las fuerzas armadas de los EE.UU. y controla las armas nucleares del país.

LAS DIVERSAS FUNCIONES DEL PRESIDENTE

Jefe de política externa. Conduce las relaciones externas de la nación, gestiona tratados, recibe a embajadores y diplomáticos y nombra embajadores de la nación.

Legislador jefe. Hace recomendaciones al Congreso relacionadas a las leyes y puede aprobar o vetar proyectos de leyes aprobados por el Congreso.

Jefe de partido político. Casi siempre encabeza uno de los dos partidos políticos nacionales; esto le da influencia sobre los miembros de su partido en el Congreso.

LAS CORTES FEDERALES: LA RAMA JUDICIAL

La **Corte Suprema** y las otras cortes federales forman la rama judicial. Su responsabilidad es interpretar las leyes y juzgar casos relacionados a las leyes federales. El presidente nombra a los magistrados, pero éstos tienen que ser aprobados por el Senado. La corte más alta del país, la Corte Suprema, tiene nueve miembros. Igual que todos los jueces federales, sus magistrados tienen cargo vitalicio para proteger sus decisiones de intromisión política. El poder más importante de la Corte Suprema se conoce como **examen jurídico**; esto permite a la Corte decidir si las leyes o acciones del gobierno están de acuerdo a la Constitución. Si la Corte Suprema decide que una ley está en contra de la Constitución, la ley se vuelve nula y no puede ser aplicada.

LA ORGANIZACION DE LAS CORTES FEDERALES Y ESTATALES

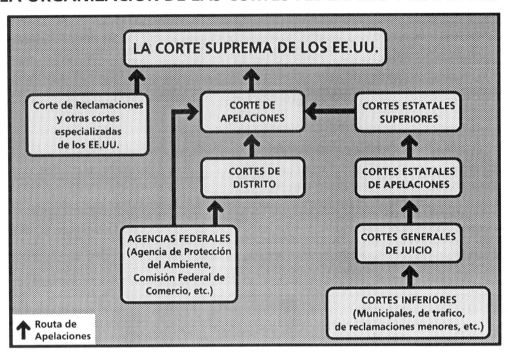

LA CONSTITUCION IMPLICITA

El funcionamiento del gobierno de los EE.UU. hoy día se basa en muchas costumbres, tradiciones y prácticas que no se encuentran escritas en la Constitución. Esto se llama la **constitución implícita,** y es una parte importante del sistema actual del gobierno.

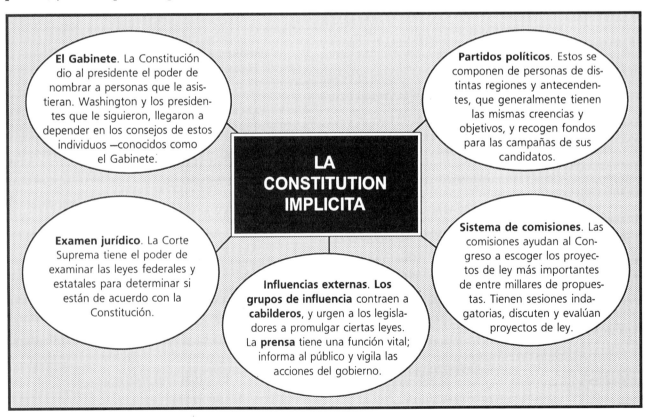

EN RESUMEN: EL GOBIERNO FEDERAL

El gobierno de los Estados Unidos se compone de tres ramas. La rama legislativa, el **Congreso**, establece leyes. La rama ejecutiva, encabezada por el **presidente**, hace cumplir las leyes. La rama judicial, dirigida por la **Corte Suprema**, interpreta las leyes.

VUELVE A PENSAR

¿Nombraste correctamente las funciones de cada rama del gobierno? _____ Si no, ¿qué escribirías ahora?

Legislativa: _____

Ejecutiva: _____

Judicial: _____

VERIFICA TU COMPRENSION

Instrucciones: Completa las siguientes tarjetas. Luego contesta las preguntas de selección múltiple.

RAMAS DEL GOBIERNO

¿Cuántas hay? _____

¿Cuál es la función de cada una? _____

_____

EXAMEN JURÍDICO

¿Qué es?_____

¿Por qué es importante? _____

_____

COLEGIO ELECTORAL

¿Cuál es su función principal?_____

¿Qué sucede si ningún candidato recibe el voto

de la mayoría? _____

_____

CONSTITUCIÓN IMPLÍCITA

¿Qué es? _____

Nombra 3 ejemplos: 1._____

2._____

3._____

1 El Senado de los EE.UU. tiene el poder de
   1 interpretar las leyes federales
   2 aprobar los nombramientos presidenciales
   3 vetar legislación
   4 declarar las leyes como inconstitucionales

2 Las leyes pueden definirse como
   1 reglas que tienen que obedecer los criminales
   2 multas por haber cometido crímines
   3 obligaciones que tiene que cumplir el Congreso
   4 reglas que rigen a la gente en la sociedad

3 La formulación de la política externa nacional
   es principalmente la responsabilidad
   1 del presidente   3 del Colegio Electoral
   2 de los estados   4 de la Corte Suprema

4 El jefe supremo de todas las fuerzas militares de
   los EE.UU. es el
   1 vicepresidente
   2 president de la Corte Suprema
   3 presidente
   4 secretario del Estado

5 ¿Quién nombra a las personas que van a servir
   en la Corte Suprema?
   1 el presidente   3 el Congreso
   2 los partidos políticos   4 los estados

6 La rama ejecutiva es responsable por
   1 interpretar leyes   3 establecer leyes
   2 aplicar leyes   4 anular leyes

7 Un tratado no puede entrar en vigor hasta que
   sea ratificado por
   1 la Cámara de Representantes   3 el Senado
   2 el presidente   4 la Corte Suprema

8 Una gran parte de la autoridad de la Corte Suprema se basa en su poder de
   1 proponer leyes al Congreso
   2 imponer gobierno militar
   3 interpretar la Constitución de los EE.UU.
   4 sugerir enmiendas constitucionales

9 La función principal de un partido político es
   1 representar a las minorías en una elección
   2 nombrar candidatos y conducir campañas
      políticas
   3 dirigir el gobierno durante las elecciones
   4 asegurar que los candidatos son honestos y
      obedecen la ley

10 Bajo la Constitución de los EE.UU., el objetivo
   del sistema de control mutuo es
   1 explicar los poderes presidenciales de hacer
      tratados
   2 impedir que cualquier rama del gobierno lle-
      gue a ser demasiado fuerte
   3 delinear el procedimiento de introducir
      proyectos de ley en el Congreso
   4 permitir a cada rama del gobierno a vetar
      leyes que no les gusten

SECCIÓN 3 — LA PROTECCIÓN CONSTITUCIONAL DE LOS DERECHOS INDIVIDUALES

En esta sección se examina cómo la Constitución protege
nuestros derechos individuales y nuestras libertades.

PARA PENSAR

En tu opinión, ¿cuáles son tus derechos principales protegidos por la Constitución de los EE.UU.?

Términos y conceptos importantes: Al leer esta sección, fíjate en las siguientes expresiones:

- ◆ Leyes ex post facto
- ◆ Auto de habeas corpus
- ◆ Declaración de derechos
- ◆ Enmienda Catorce
- ◆ Derechos de proceso debido
- ◆ Derechos de igual protección

LA DECLARACION DE DERECHOS

Una de las características más importantes de la Constitución es la protección que da a las libertades individuales. Estas libertades están específicamente nombradas y garantizadas.

LOS DERECHOS PROTEGIDOS EN LA CONSTITUCION ORIGINAL

Algunos derechos eran protegidos por la Constitución original. Por ejemplo, se prohibía la promulgación de ciertas leyes:

✦ **Leyes "ex post facto".** Ni el gobierno federal ni los gobiernos estatales pueden castigar a un individuo por hacer algo que no era crimen en el tiempo en que sucedió.

✦ **Suspensión del "auto de habeas corpus", excepto en casos de invasión o rebelión.** Ese auto es una orden de la corte para liberar al prisionero arrestado sin ser apropiadamente acusado de un crimen.

Decretos que permitieran castigo sin juicio (de "attainder"). Se prohibe la promulgación de leyes que condenen a individuos de crímenes específicos.

LA NECESIDAD DE UNA DECLARACION DE DERECHOS (1791)

Cuando se envió la Constitución a los estados para ser aprobada, muchos ciudadanos temían que el nuevo gobierno nacional usaría sus poderes contra el pueblo. Exigieron que se le agregara a la Constitución una "declaración de derechos" que garantizara libertades individuales. La Constitución fue ratificada sin esa declaración, pero en poco tiempo, las diez enmiendas se ratificaron y se convirtieron en parte de la Constitución. Ya que muchas de nuestras libertades son protegidas por estas enmiendas, se las llama **Declaración de Derechos**.

✦

DECLARACION DE DERECHOS	
Enmienda I	Garantiza la libertad de religión, palabra y prensa y los derechos de asamblea y petición
Enmienda II	Garantiza el derecho de poseer y portar armas
Enmienda III	Prohibe acuartelar tropas en los hogares de las personas
Enmienda IV	Prohibe registros y detenciones "irracionales"
Enmienda V	Contiene garantías y prohibiciones: • ningún ciudadano puede ser privado de vida, libertad o propiedad sin el **debido proceso de ley** (*procedimientos llevados a cabo de acuerdo a reglas establecidas, tales como un juicio justo*) • en crímenes serios se requiere un **gran jurado** (*acusación formal*) • prohibe la **doble exposición** (*juicio repetido por el mismo crimen*) • prohibe la **autoincriminación** (*a nadie se le puede obligar a dar testimonio contra sí mismo*)
Enmienda VI	Garantiza a los acusados de un crimen el derecho a: • juicio pronto por un jurado • enfrentarse con los que le acusan • ser representado por un abogado
Enmienda VII	Garantiza el juicio por jurado en muchos casos civiles
Enmienda VIII	Prohibe fianza excesiva y castigos crueles y extraordinarios
Enmienda IX	El pueblo goza de otros derechos no enumerados en la Constitución
Enmienda X	Reserva para los estados y para el pueblo todos los derechos no delegados al gobierno federal

LA ENMIENDA CATORCE

La Declaración de Derechos originalmente protegía a los individuos sólo de las acciones del gobierno federal. No tenía efecto en los gobiernos estatales y no ofrecía protección contra sus acciones. Después de la Guerra Civil, el Congreso propuso la **Enmienda Catorce** (1868), para proteger a los ciudadanos de los abusos de gobiernos estatales. Esto se logró de dos modos:

■ **Derechos de proceso debido.** De acuerdo a la Enmienda XIV, los gobiernos estatales deben seguir los mismos procedimientos que el gobierno federal en arrestar, registrar y condenar a las personas sospechadas de un crimen. Los estados no pueden negar la libertad de expresión excepto por las mismas razones limitadas que lo puede hacer el gobierno federal. Los derechos al proceso debido incluyen también el "derecho a la discreción" . Muchos partidarios de la política de pro-elección en la cuestión del aborto, por ejemplo, dicen que las leyes contra el aborto quebrantan los derechos de "proceso debido" a la discreción.

■ **Derechos de protección igual.** La Enmienda XIV garantiza "protección igual de la ley". Esto quiere decir que los gobiernos no pueden tratar a algunos grupos de una forma distinta, a menos que haya una razón contrarrestante seria. Por ejemplo, los gobiernos pueden negar el derecho al voto a los niños de tres años porque no son suficientemente maduros, pero no pueden negar el derecho del voto a las mujeres.

OTROS DERECHOS IMPORTANTES

Aparte de la Declaración de Derechos y de la Enmienda XIV, varias otras enmiendas contribuyen a la protección de derechos individuales importantes. Por ejemplo, la Enmienda XIII prohibió la esclavitud. Otras enmiendas que garantizaban derechos adicionales incluyen:

LOS DERECHOS DEL VOTO	
Enmienda XV	Dio el derecho del voto a los esclavos liberados
Enmienda XVII	Cambió la elección de senadores por las legislaturas estatales a elección directa por los votantes
Enmienda XIX	Dio a las mujeres el derecho al voto
Enmienda XXIII	Dio a los residentes de Washington, D.C. el derecho de votar en las elecciones presidenciales
Enmienda XXIV	Prohibió impuestos de capitación en elecciones federales
Enmienda XXVI	Dio a los individuos el derecho al voto a la edad de 18 años

EN RESUMEN: LA PROTECCION CONSTITUCIONAL DE DERECHOS INDIVIDUALES

La Constitución de los EE.UU. extendió su protección de derechos individuales al agregar la Declaración de Derechos. A lo largo del tiempo, otras enmiendas llegaron a proteger derechos adicionales de los que gozan los habitantes del país.

VUELVE A PENSAR

¿Cuál consideras ser tu derecho más importante? _____

¿Por qué? _____

_____

VERIFICA TU COMPRENSION

Instrucciones: Completa las siguientes tarjetas. Luego contesta las preguntas de selección múltiple.

DECLARACIÓN DE DERECHOS

¿Qué es? _____

Algunos derechos que protege: 1._____

2._____   3._____

ENMIENDA CATORCE

¿Qué es? _____

¿Cómo protege a las personas? _____

_____

---

1 El propósito de las primeras diez enmiendas a la Constitución de los EE.UU. era
   1 proporcionar una rama judicial fuerte
   2 proteger los derechos de los individuos
   3 asegurar a los ciudadanos elecciones justas
   4 mantener un ejército fuerte

2 La Declaración de Derechos se agregó a la Constitución para proteger a
   1 las corporaciones   3 los estados
   2 los individuos   4 los gobiernos extranjeros

3 ¿Cuál derecho se garantiza por la Declaración de Derechos?
   1 voto   3 asistencia a la escuela
   2 trabajo   4 hablar libremente

4 La expresión "proceso debido de ley" se refiere
   1 al derecho de la Corte Suprema de declarar inconstitucionales las leyes
   2 a la autoridad de la policía de arrestar a individuos sospechosos
   3 a la protección de los ciudadanos contra acciones injustas del gobierno
   4 a los "bills" aprobados por el Congreso

5 La Enmienda XIV es importante porque, además de otorgar la ciudadanía a los antiguos esclavos,
   1 garantiza a las mujeres el derecho al voto
   2 eliminó el impuesto de capitación
   3 garantiza la protección igual bajo la ley
   4 ofrece protección contra registros ilegales

6 La Enmienda XIV resultó en
   1 la protección de la gente contra acciones injustas del gobierno
   2 la pérdida de derechos iguales de las minorías
   3 el aumento del poder de los estados a cargar impuestos
   4 la limitación de las funciones del gobierno federal

7 La Enmienda XIV era importante porque
   1 extendió las protecciones de la Declaración de Derechos a las acciones de los gobiernos estatales
   2 permitió a los estados a definir la ciudadanía estadounidense dentro de sus fronteras
   3 hizo menos democráticos los gobiernos estatales
   4 redujo el control del gobierno federal sobre los estados

RESUMEN DE TU COMPRENSION

Instrucciones: Confirma tu comprensión de los términos y conceptos en este capítulo. Haz una señal al lado de los que sabes explicar. Si tienes dificultad en recordar algo, consulta la página indicada.

LISTA DE VERIFICACION

- ❑ Constitución (37)
- ❑ Gobierno (37)
- ❑ Poder legislativo (38)
- ❑ Poder ejecutivo (38)
- ❑ Poder judicial (38)
- ❑ Soberanía popular (40)
- ❑ Federalismo (40)
- ❑ Poderes delegados (40)
- ❑ Poderes reservados (40)

- ❑ Poderes concurrentes (40)
- ❑ Cláusula de supremacía (41)
- ❑ Separación de poderes (43)
- ❑ Control mutuo (43)
- ❑ Cláusula elástica (44)
- ❑ Enmienda (45)
- ❑ Asamblea nacional (50)
- ❑ Colegio Electoral (51)
- ❑ Exámen jurídico (51)

- ❑ Constitución implícita (52)
- ❑ Gabinete (52)
- ❑ Partidos políticos (52)
- ❑ Leyes ex post facto (55)
- ❑ Auto de habeas corpus (55)
- ❑ Declaración de Derechos (55)
- ❑ Enmienda Catorce (56)
- ❑ Derechos de proceso debido (56)
- ❑ Leyes de igualdad de protección (56)

Instrucciones: Llena la información pedida en los siguientes cuadros sinópticos.

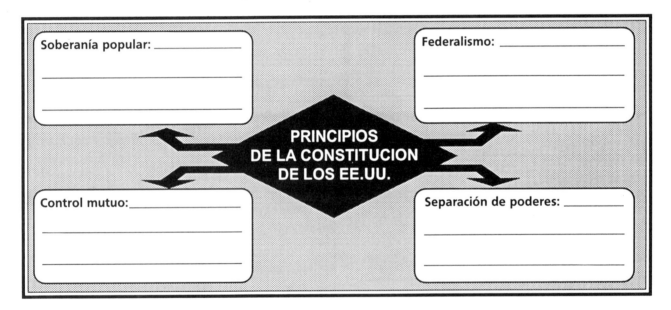

Soberanía popular: _____

Federalismo: _____

PRINCIPIOS DE LA CONSTITUCION DE LOS EE.UU.

Control mutuo: _____

Separación de poderes: _____

LIBERTADES PROTEGIDAS POR LA DECLARACION DE DERECHOS

PERSPECTIVAS

UN EXAMEN DEL GOBIERNO

A menudo en los exámenes se te pide que escribas un ensayo sobre el gobierno estadounidense. Para prepararte para estas preguntas, en esta sección se repasan los principios del gobierno sobre los que leíste en este capítulo.

Se ha visto que es difícil delinear un sistema de gobierno nacional. El problema principal para los miembros de la Asamblea Constitucional era: *¿Cuánto poder debe darse al gobierno nacional —para que pueda cumplir con sus objetivos— sin privar al pueblo de sus libertades?*

Para enfrentarse con este desafío, los delegados a la Asamblea desarrollaron los principios de la Constitución de los EE.UU. Establecieron las ramas que, en su opinión, harían el gobierno lo bastante fuerte como para cumplir con los objetivos nacionales, pero no tan potente como para poner en riesgo las libertades individuales. También adoptaron los siguientes procedimientos:

- **Federalismo**: dividió el poder entre el gobierno federal y los gobiernos estatales.

- **Separación de poderes**: distribuyó el poder entre tres ramas del gobierno federal, la legislativa, ejecutiva y judicial.

- **Control mutuo**: cada rama del gobierno federal tenía poderes especiales de verificar o detener a las otras.

- **Gobierno limitado**: el gobierno federal podía ejercer sólo los poderes que le fueron otorgados por la Constitución.

- **Derechos individuales**: la Declaración de Derechos no era parte de la Constitución original, sino que se le agregó en 1791. Estos derechos protegen a los ciudadanos de las acciones injustas del gobierno federal.

El sistema nacional de gobierno cambió con el tiempo. Las enmiendas constitucionales, decisiones de la Corte Suprema y prácticas políticas informales, tuvieron una función importante en adoptar el sistema del gobierno a los cambios sociales. A menudo, las preguntas de ensayo sobre el gobierno se concentran en estos cambios, y sobre los siguientes temas y asuntos:

- ¿Cuáles son los principios fundamentales de la Constitución?

- ¿Cómo llegó la Constitución a adaptarse a las necesidades de la sociedad?

- ¿Cuál fue la función de la Corte Suprema en la interpretación de los derechos individuales y los poderes del gobierno nacional?

- ¿Cómo aumentó el poder de la presidencia en los tiempos recientes?

- ¿Cómo se controlan una a otra las diferentes ramas del gobierno federal?

COMPRUEBA TU COMPRENSION

Instrucciones: Contesta las preguntas de selección múltiple. Luego dirígete a los ensayos.

Basa tu respuesta a las preguntas 1 y 2 en el siguiente trozo de lectura y en tu conocimiento de estudios sociales.

> *El presidente tiene muchos poderes que le fueron otorgados por la Constitución. Pero el poder principal que tiene el presidente es de reunir a la gente y usar la persuasión. Esto es lo que hago la mayor parte del tiempo. Es aquí que radica el poder del presidente.* —Harry Truman

1 La idea principal del trozo es que el
  1 presidente tiene más poder que cualquier otra persona
  2 poder presidencial se encuentra sólo en la Constitución
  3 poder principal del presidente es el de la persuasión
  4 presidente no depende de nadie

2 ¿Cuál aseveración describe mejor la opinión de Truman sobre el poder presidencial?
  1 El presidente necesita compartir el poder con el Congreso.
  2 Se debe dar más poder a la Corte Suprema
  3 El presidente no es tan potente como algunos pueden creer.
  4 Los jefes federales deben negarse a compartir el poder.

3 El veto presidencial, la anulación de vetos por el Congreso y el examen jurídico son todos ejemplos de
  1 leyes que limitan la libertad de palabra
  2 procedimientos electorales
  3 poderes estatales
  4 control mutuo

4 La nación puede tratar con cambios porque en la Constitución se permite
  1 establecer la libertad de religión
  2 dirigir las elecciones locales
  3 proporcionar la defensa nacional
  4 aprobar enmiendas

5 Los autores de la Constitución creían firmemente que
  1 el presidente debe residenciar a los funcionarios de gobierno corruptos
  2 el gobierno debe tener poderes limitados
  3 el presidente debe controlar el Congreso
  4 los esclavos y las mujeres deben votar

6 En los EE.UU., la relación entre el gobierno nacional y los estatales se conoce como
  1 democracia   3 federalismo
  2 proceso electoral   4 control mutuo

7 ¿Cuál es la declaración acertada sobre las enmiendas a la Constitución de los EE.UU.?
  1 Las enmiendas generalmente tratan de relaciones internacionales.
  2 La mayoría de las enmiendas no son necesarias.
  3 Se aprobaron relativamente pocas enmiendas.
  4 El proceso de enmendar la Constitución es fácil.

8 El Preámbulo a la Constitución enumera
  1 los poderes del gobierno federal
  2 las libertades civiles de cada ciudadano
  3 los objetivos del gobierno federal
  4 los poderes de los gobiernos estatales

9 ¿Cuál es un poder concurrente compartido por el gobierno federal y los estatales?
  1 aprobar tratados   3 declarar la guerra
  2 recoger impuestos   4 emitir moneda

10 El hecho que el estado de Nueva York controla sus escuelas públicas es un ejemplo de
  1 federalismo   3 acción inconstitucional
  2 examen jurídico   4 control mutuo

11 La ley suprema de los Estados Unidos reside en
   1 la constitución de cada estado
   2 la Declaración de la Independencia
   3 la Constitución de los EE.UU.
   4 el presidente de los Estados Unidos

12 El propósito de las elecciones preliminares en la mayoría de los estados es
   1 decidir quién será el candidato en las elecciones generales
   2 establecer la suma del impuesto de capitación
   3 ratificar los tratados aprobados por el Congreso
   4 aprobar las decisiones de la Corte Suprema

13 La Declaración de Derechos se refiere a
   1 la Declaración de la Independencia
   2 las primeras diez enmiendas a la Constitución
   3 la separación de poderes en el gobierno federal
   4 la emancipación de los esclavos

14 En los EE.UU., ¿quién puede declarar una ley federal como inconstitucional?
   1 el presidente
   2 la Corte Suprema
   3 el gobernador de cualquier estado
   4 el Colegio Electoral

15 El objetivo de la mayoría de las enmiendas a la Constitución era
   1 garantizar los derechos individuales civiles y políticos
   2 asegurar el buen funcionamiento del sistema de control mutuo
   3 fortalecer la autoridad de los gobiernos estatales
   4 aumentar el poder de la presidencia

16 La Constitución de los EE.UU. estableció la forma federal de gobierno para
   1 proteger a los individuos de la autoincriminación
   2 dividir el poder entre el gobierno central y los gobiernos estatales
   3 equilibrar el poder entre los estados y sus ciudadanos
   4 facilitar el control de la gente

17 Los jueces federales tienen cargo vitalicio para
   1 impedir que sean influidos por la política del partido
   2 permitirles adquirir experiencia
   3 eliminar la necesidad de elecciones inútiles
   4 premiar a los abogados leales al presidente

18 De acuerdo a la Constitución, si el presidente nombra a alguien para un puesto en el gobierno, el Senado tiene que aprobar ese nombramiento. Esto muestra el principio de
   1 examen jurídico   3 control mutuo
   2 privilegio ejecutivo   4 derechos minoritarios

19 ¿Cuál es un ejemplo de una parte de la "constitución implícita"?
   1 partidos políticos   3 poderes delegados
   2 Colegio Electoral   4 proceso de enmiendas

20 La Declaración de Derechos en la Constitución incluye la garantía al derecho de
   1 votar en las elecciones
   2 asamblea pacífica
   3 tener empleo
   4 ponerse en huelga contra el empresario

ENSAYOS

En el capítulo anterior aprendiste a contestar la **Parte A** de ciertos tipos de preguntas de ensayo. Ahora aprenderás a responder a la **Parte B**. En la Parte B se requiere que escribas un ensayo basado en la información que ya diste en tu respuesta a la Parte A. En la Parte B, se te pide que muestres que comprendes la frase de introducción; tienes que dar información que la apoya. Te conviene saber cómo *organizar* el ensayo. Para ayudarte en la organización de la Parte B, trata de imaginarte que tu respuesta es un "cheeseburger" que consiste del panecillo de arriba, las tajadas de queso, los albondigones y el panecillo de abajo:

- El **panecillo de arriba** ("top bun") es la *oración temática*, en la que volverás a expresar la declaración inicial que introduce la Parte B de la pregunta.

- La **tajada de queso** ("cheese slice") es la *oración conectiva*. Ayuda al lector a moverse de la primera sección de tu ensayo a la siguiente.

- Luego vienen los **albondigones** ("meat patties"): la información que ya diste en la Parte A.

- El **panecillo de abajo** ("bottom bun") viene al último. Vuelve a declarar la oración inicial. La única diferencia es que se introduce con expresiones como "por lo tanto" o "en conclusión, se puede ver que ..."

Vamos a responder a una pregunta de ensayo para mostrar cómo funciona este método:

Los principios de la Constitución de los EE.UU. contribuyen a la protección de nuestra libertad.

Parte A

Principios

Federalismo	Flexibilidad
Control mutuo	Soberanía popular
Separación de poderes	Gobierno limitado

Escoge *un* principio:_____

Nombra *una* forma en la que este principio contribuye a proteger nuestra libertad: _____

Escoge *otro* principio: _____

Nombra una forma en la que este principio también contribuye a proteger nuestra libertad:_____

Parte B
En tu respuesta a la Parte B, debes usar la información que diste en la Parte A. Sin embargo, puedes también incluir información adicional o distinta.

En un ensayo describe cómo los principios de la Constitución contribuyen a proteger nuestra libertad.

Tu respuesta a la **Parte A** debe parecerse a lo siguiente:

Escoge un principio:
  (Respuesta) *Federalismo*

Nombra una forma en la que este principio contribuye a proteger nuestra libertad:
  (Respuesta) *El federalismo divide los poderes del gobierno entre el gobierno nacional y muchos gobiernos estatales. Esto impide que un gobierno se vuelva demasiado fuerte. Ya que el gobierno no es demasiado fuerte, nuestras libertades están protegidas.*

Escoge otro principio:
  (Respuesta) *Control mutuo*

Nombra una forma en la que este principio también contribuye a proteger nuestra libertad:
  ((Respuesta) *El control mutuo da a cada rama del gobierno los poderes de verificar o impedir que otras ramas se vuelvan demasiado poderosas. Ya que las ramas del gobierno no son demasiado fuertes, nuestras libertades individuales están protegidas.*

Ahora estás listo a escribir tu respuesta a la **Parte B**. Tu primera oración debe ser idéntica a la declaración inicial. Todo lo que haces es reiterar la introducción a la pregunta. Al colocarla al principio de tu ensayo dices al lector de qué vas a escribir. Es fácil reconocer la declaración inicial en el planteo del ensayo porque siempre aparece en **letra oscura**. El uso del método del "cheeseburger" se parece a lo siguiente:

Top Bun

Oración temática: *Los principios de la Constitución de los EE.UU. contribuyen a proteger nuestra libertad.*

La "tajada de queso" u oración conectiva, une la idea principal de la oración temática con la información específica que vas a usar. Ayuda al lector a seguir tus pensamientos al indicar la conexión.

Cheese

Oración conectiva: *esto puede mostrarse al examinar dos principios importantes en la Constitución de los EE.UU.*

Hay muchas otras frases conectivas que puedes usar. Por ejemplo: *"La información siguiente apoya esta aseveración"* o *Primero voy a examinar el principio constitucional del federalismo. Luego, examinaré el principio constitucional de control mutuo."*

La sección que sigue es una reiteración de la información que diste en la **Parte A**. En ella se explica la oración temática ofreciendo ejemplos y hechos. Puedes dar información adicional o presentar una explicación más amplia.

Oraciones principales del ensayo:

Meat Patties

El principio del federalismo divide los poderes del gobierno entre el gobierno nacional y los gobiernos estatales. Por ejemplo, el gobierno nacional formula la política externa, pero cada estado establece sus propios programas de educación. Esta división de poderes impide que cualquier gobierno tenga demasiado poder y maltrate a sus ciudadanos. Dividido el poder, las libertades individuales están más seguras.

El principio de control mutuo da a cada rama del gobierno federal el poder de verificar o detener la acción de otra rama del gobierno. Por ejemplo, el Congreso aprueba leyes, pero el presidente las puede vetar. Este sistema de verificaciones y equilibrio impide que cualquier rama se vuelva demasiado fuerte. Cada rama del gobierno puede usar sus poderes para impedir el abuso de los derechos de la gente.

La última oración debe ser idéntica a la oración inicial, excepto que se expresa en forma de conclusión. Se usa para recordar al lector lo que se acaba de explicar. Hay varios métodos que se pueden usar. Por ejemplo, *"Por lo tanto, podemos ver que ...* o *"Así vemos que ..."*

Bottom Bun

Oración conclusiva: *En conclusión, vemos que los principios de la Constitución de los EE.UU. contribuyen a proteger nuestra libertad.*

A continuación hay otro ejemplo de pregunta de ensayo. Trata de responder usando el método del "cheeseburger".

Los autores de la Constitución separaron las funciones del gobierno en tres ramas —la legislativa, ejecutiva y judicial.

Parte A

Declara la función de cada rama del gobierno y nombra un poder que cada rama tiene sobre otra. (**Nota:** *Al escribir tus respuestas a la Parte A, usa las mismas respuestas para llenar las diferentes partes del "cheeseburger": la oración temática, la oración conectiva, las oraciones principales y la oración conclusiva.*)

	FUNCIÓN	PODER SOBRE OTRA RAMA
Legislativa:		
Ejecutiva:		
Judicial:		

Parte B

En tu respuesta a la Parte B, debes usar la información que diste en la Parte A. Sin embargo, puedes también incluir información adicional o distinta.

Escribe un ensayo discutiendo cómo los autores de la Constitución de los EE.UU. separaron las funciones principales del gobierno en tres ramas.

Top Bun

Cheese

Meat Patties

Bottom Bun

TAREAS PRACTICAS

**PROPUESTAS DE
ENMIENDAS CONSTITUCIONALES**

En este capítulo estudiaste el sistema constitucional del gobierno estadounidense. También llegaste a saber lo importante que es otorgar al gobierno nacional suficiente poder como para que cumpla con sus objetivos pero sin dejar lugar al abuso de las libertades del pueblo.

DESCRIPCIÓN DE LA TAREA: Supone que eres delegado a una asamblea que va a revisar la Constitución de los EE.UU. Se propusieron cuatro enmiendas:

ENMIENDAS CONSTITUCIONALES PROPUESTAS

- **LIMITACIÓN DE TÉRMINOS:** Cualquier individuo elegido como representante a la Cámara de Representantes no servirá más que seis términos, o un máximo de doce años.

- **PRESUPUESTO EQUILIBRADO:** La Cámara de Representantes no aprobará presupuesto para el gobierno de los EE.UU. en el que los gastos sean más grandes que el dinero recogido.

- **ABOLICIÓN DEL COLEGIO ELECTORAL:** El Colegio Electoral se abolirá. El candidato que reciba más votos populares será declarado ganador y presidente de los Estados Unidos.

- **LIMITACIÓN DE TÉRMINOS PARA LOS MAGISTRADOS DE LA CORTE SUPREMA:** Los jueces de la Corte Suprema serán nombrados por un plazo de catorce años.

TU TAREA: Escoge una de las enmiendas propuestas. Para la enmienda escogida, prepara una declaración **en favor o en contra de la enmienda.** En tu presentación debes explicar cómo esta enmienda cambiaría el sistema actual. Luego explica por qué este cambio sería una buena o mala idea. Cuando completes tu declaración, el maestro podrá pedirte que expliques tus opiniones a tus compañeros en la clase.

DONDE ENCONTRAR INFORMACIÓN: El bibliotecario de tu escuela puede ayudarte a encontrar información sobre estos asuntos. Te puedes servir de algunos libros y enciclopedias. También puede haber artículos sobre estos temas en los diarios y revistas. La *Reader's Guide to Periodical Literature* te puede servir para encontrar artículos sobre estos temas. El bibliotecario te explicará cómo usar este libro de consulta.

CAPITULO 4

LA CONSTITUCION SE PONE A PRUEBA

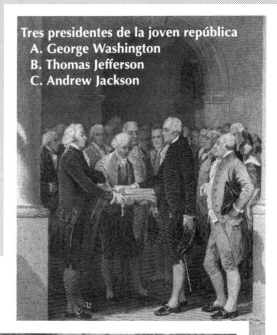

Tres presidentes de la joven república
  A. George Washington
  B. Thomas Jefferson
  C. Andrew Jackson

La guerra civil
  A. Causas
  B. Momentos importantes

La Reconstrucción
  A. Planes de Reconstrucción
  B. Sus efectos en el Sur
  C. Líderes afro-estadounidenses

LINEA CRONOLOGICA DE SUCESOS HISTORICOS						
1789	1803	1828	1861	1863	1865	1877
George Washington elegido presidente	Jefferson compra el Territorio de Luisiana	Andrew Jackson elegido presidente	Comienzo de la Guerra Civil	Proclama de la Emancipación	Termina la Guerra Civil	Termina la Reconstrucción

SECCIÓN 1

TRES PRESIDENTES DE LA JOVEN REPÚBLICA

En esta sección se trata de tres presidentes de la
nueva nación. Sabrás cómo bajo su dirección
el país vino a crecer y desarrollarse.

PARA PENSAR

Los historiadores sostienen que George Washington, Thomas Jefferson y Andrew Jackson
eran los tres presidentes estadounidenses más importantes. ¿A cuál lo consideras más importante?_____ ¿Por qué? _____

_____

Términos y conceptos importantes: Cuando leas esta sección, fíjate en las siguientes expresiones:

- ✦ Gabinete
- ✦ Plan financiero de Hamilton
- ✦ Partidos políticos
- ✦ Aranceles proteccionistas

- ✦ Neutralidad
- ✦ Discurso de despedida de Washington
- ✦ Compra de Luisiana
- ✦ Guerra de 1812

Para ayudarte a encontrar estos términos, esta señal ✦ aparece en el margen de la página
donde se explica la expresión por primera vez.

LA PRESIDENCIA DE GEORGE WASHINGTON: 1789-1797

Una vez ratificada la Consitución, George Washington fue elegido como el primer presidente de la nación. Sus dos problemas más importantes eran formar un gobierno y la falta de fondos en la tesorería nacional

LA POLITICA INTERNA DE WASHINGTON

> **Nota**: *La política interna se refiere a las medidas que
> toma el presidente para solucionar los problemas y
> mejorar la situación dentro del país. La política ex-
> terna son las relaciones con otros países.*

LA FORMACION DEL GOBIERNO (1789)

La Constitución permitía al presidente nombrar a los jefes de departamentos ejecutivos, pero sin
indicar cuáles eran esos departamentos. Así, para facilitar sus muchas funciones, Washington estableció cuatro departamentos ejecutivos. Nombró un secretario de hacienda, de estado, de guerra y un procurador general. Estos comenzaron a reunirse en un grupo que vino a conocerse como

✦ el **Gabinete**. Desde entonces, todos los presidentes siguieron esta práctica. Con el tiempo, a medida que el gobierno asumía nuevas obligaciones, se establecían nuevos departamentos.

ANALISIS

¿Sabes los nombres de los miembros del Gabinete presente?
Apunta los que conoces. Usa el almanaque para buscar los otros.

EL GABINETE PRESIDENCIAL CORRIENTE

Departmento	Establecido por	Año	¿Quién ocupa el puesto ahora?
Estado	Washington	1789	
Hacienda	Washington	1789	
Justicia	Washington	1789	
Interior	Taylor	1849	
Agricultura	Harrison	1889	
Comercio	T. Roosevelt	1903	
Trabajo	Wilson	1913	
Defensa	Truman	1947	
Vivienda y Desarrollo Urbano	Johnson	1965	
Transportación	Johnson	1966	
Energía	Carter	1977	
Salud y Servicios Humanos	Carter	1977	
Educación	Carter	1979	
Asuntos de Veteranos	Bush	1989	
Ambiente	Clinton	1993	

Nota: El vicepresidente también es miembro del Gabinete.

PROBLEMAS ECONOMICOS

La nueva nación se encontró ante la enorme deuda de la Guerra Revolucionaria. La tarea de encontrar las soluciones a los problemas económicos le tocó al recién nombrado Secretario de Hacienda, **Alexander Hamilton**. Hamilton preparó un plan financiero compuesto de cuatro partes.

✦

EL PLAN FINANCIERO DE HAMILTON

PAGO DE DEUDAS
Hamilton quería que el gobierno federal pagara sus deudas y las estatales para establecer el crédito de la nueva nación.

BANCO NACIONAL
Se establecería un banco nacional para recibir depósitos de impuestos, proporcionar moneda estable y hacer préstamos al gobierno federal.

TARIFA PROTECTORA
Hamilton quería que el Congreso estableciera altos aranceles (impuestos de importación) para proteger las industrias del país contra competencia extranjera.

IMPUESTO EN EL WHISKY
Hamilton propuso un impuesto en el whisky. Este impuesto proporcionaría ingresos para el gobierno nacional.

El Secretario del Estado Thomas Jefferson se oponía al plan. El y sus partidarios creían que beneficiaba a los individuos adinerados y perjudicaba a la mayoría de los estadounidenses que eran granjeros.

LA FORMACION DE PARTIDOS POLITICOS

Iban aumentando las diferencias entre los partidarios de Hamilton y Jefferson. Esta diferencia de opinión sobre cómo debía funcionar el gobierno, hizo que Jefferson y Hamilton organizaran los primeros **partidos políticos** del país. Estos grupos tratan de colocar ◆ a sus miembros en el gobierno para poder introducir leyes que reflejan sus ideas. Los simpatizantes de Hamilton se conocían como **federalistas** y los de Jefferson se llamaron **republicanos-demócratas.**

Alexander Hamilton

LA DERROTA DE LA TARIFA PROTECTORA

Aumque el Congreso aprobó la mayor parte del plan de Hamilton, no llegó a introducirse la **tarifa protectora**. El aumento de los ◆ aranceles resultaría en precios más altos de los productos extranjeros, favoreciendo a los fabricantes estadounidenses. Sin embargo, los estados del Sur se opusieron a la idea porque creían que sólo se beneficiaría el Norte industrial.

LA REBELION DEL WHISKY

Los granjeros al oeste de los Apalaches a menudo destilaban whisky de grano ahorrando en el costo de transporte de sus cosechas al otro lado de las montañas. El impuesto sobre el whisky causó mucho resentimiento. Cuando los granjeros en la frontera de Pennsylvania se negaron a pagar el impuesto, Washington envió la milicia y Hamilton mismo la dirigió para reprimir la rebelión.

LA POLITICA EXTERNA DE WASHINGTON

LA PROCLAMACION DE NEUTRALIDAD (1793)

Como una nación joven, los EE.UU. eran débiles militarmente y temían perder su independencia en favor de una nación europea fuerte. Cuando estalló la guerra entre Inglaterra y Francia (como resultado de la Revolución Francesa), muchos estadounidenses temían que su país podría quedar enmarañado. Para calmar esos temores, Washington adoptó la política de **neutralidad**. Anunció ◆ que los EE.UU. no participarían en las disputas europeas ni en guerras extranjeras.

LOS TRATADOS CON LAS POTENCIAS EUROPEAS

A pesar de haber firmado un tratado de paz con sus antiguas colonias en 1783, los ingleses siguieron deteniendo barcos estadounidenses en busca de desertores de su marina. Temiendo una guerra con Gran Bretaña, Washington envió a **John Jay** a Londres para solucionar esas dificultades. Se firmó un tratado, pero Inglaterra hizo pocas concesiones. El tratado no mencionó el apresamiento de los marineros estadounidenses como desertores británicos. En un tratado con los Estados Unidos, España se puso de acuerdo sobre el límite norte de la Florida con los EE.UU.; también les dio permiso para navegar el Misisipí y el derecho del depósito de productos en los muelles de Nueva Orleáns. Estos derechos fueron muy importantes para los granjeros del Oeste porque les facilitaron el transporte de sus productos al mercado.

Cuando tuvo lugar la Revolución Estadounidense aún no existía la cámara fotográfica. Sin embargo, el pueblo vio una serie de sucesos en las pinturas de John Trumbull. Sus cuadros daban un toque romántico y dramático a las batallas de la revolución. Los colonos revolucionarios aparecían siempre como héroes. Trumbull también es bien conocido por sus inspirados retratos de los primeros jefes de la nación.

EL DISCURSO DE DESPEDIDA DE WASHINGTON

Después de dos plazos en la presidencia, Washington decidió no ser candidato por tercera vez. Al fin de su término, Washington aconsejó al Congreso que los Estados Unidos debían cuidarse de entrar en alianzas permanentes con otros países. Quería que la nación desarrollara su comercio y asumiera el liderato del Hemisferio Occidental. Ese mensaje vino a conocerse como el **Discurso de despedida de Washington.**

LA PRESIDENCIA DE THOMAS JEFFERSON: 1801-1809

Jefferson fue el jefe del Partido Republicano. De joven, había redactado la Declaración de Independencia. Entre 1784 y 1789, presenció los acontecimientos que llevaron a la Revolución Francesa. Aparte de ser político, fue filósofo, escritor, arquitecto e inventor.

EL CONCEPTO JEFFERSONIANO DEL GOBIERNO

Jefferson llamó su elección la **revolución de 1800**, porque creía que indicaba un cambio del rumbo en que iba el país. Opinaba que el mejor gobierno era el que intervenía menos. Se oponía a los privilegios especiales para los ricos, y prometió democratizar el gobierno al hacerlo más representativo de los intereses de los ciudadanos ordinarios. Simpatizaba con los granjeros porque creía en la justicia igual para todos. Al asumir la presidencia, Jefferson puso alto al planeado aumento de la marina y se propuso reducir el tamaño del ejército y los gastos del gobierno.

✦ LA COMPRA DE LUISIANA (1803)

Jefferson siempre soñó con unos Estados Unidos grandes y tuvo la oportunidad de realizar su sueño con la compra del Territorio de Luisiana. Napoleón el emperador de Francia, la ofreció a los EE.UU. por $15 millones. Aunque Jefferson no estaba seguro si la Constitución permitía al gobierno comprar territorios, procedió con la adquisición. Envió a Meriwether Lewis y William Clark a explorar la región y darle cuentas sobre los indígenas que encontraran. La expedición duró dos años, y llegó hasta el Océano Pacífico.

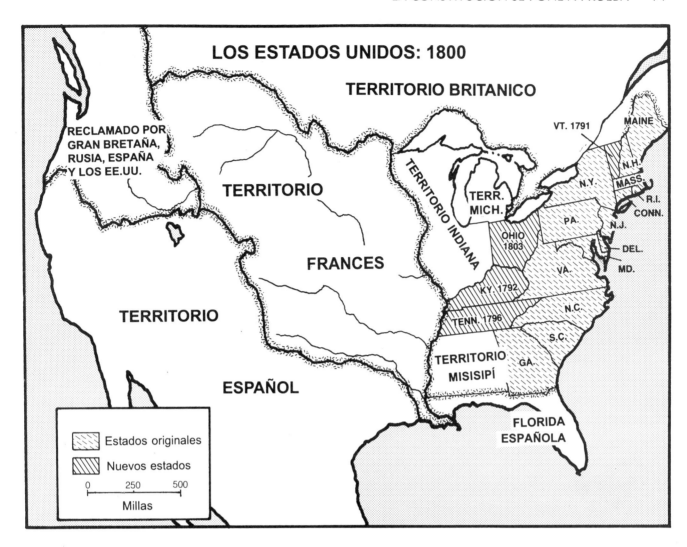

LOS ESTADOS UNIDOS: 1800

LA LEY DE EMBARGO DE 1807

Los buques de guerra británicos, en busca de desertores de su marina, seguían deteniendo barcos estadounidenses. Esta práctica era humillante para los estadounidenses que presionaron a que Jefferson actuara. Tratando de evitar una guerra, el Congreso promulgó la Ley de Embargo: los barcos estadounidenses dejaron de llevar comestibles a Europa. Se esperaba que esto obligara a los europeos a respetar los derechos de los EE.UU. como nación neutral. La diplomacia de Jefferson logró que los EE.UU. evitaran la guerra durante su presidencia.

LA PRESIDENCIA DE ANDREW JACKSON: 1829-1837

LA GUERRA DE 1812

Tres años después de terminar la presidencia de Jefferson, los EE.UU. finalmente quedaron involucrados en un conflicto con Gran Bretaña en la **Guerra de 1812.** Las fuerzas estadounidenses sin éxito trataron de invadir el Canadá. Las tropas inglesas ocuparon Washington, D.C. por un breve tiempo y quemaron la Casa Blanca. En 1815, se firmó un tratado de paz que dejaba las cosas tal como estaban antes, excepto que los ingleses prometieron no detener barcos estadounidenses en busca de sus desertores. Uno de los grandes héroes de la guerra fue el General Andrew Jackson que contribuyó a la derrota de las fuerzas británicas en la **Batalla de Nueva Orleáns** en 1815.

JACKSON LLEGA A LA PRESIDENCIA

La elección de Andrew Jackson en 1828 fue un punto crítico en la historia del país. Fue el primer presidente que no provenía de la clase acomodada. Por ser de Tenesí, también fue el primero que no había nacido en un estado del Este.

LA EDAD DE LA DEMOCRACIA JACKSONIANA

La mayoría de los autores de la Constitución, temían un "régimen del populacho". Creían que sólo los individuos más educados debían ejercer cargos públicos. Contaban con varias medidas para impedir que el nuevo gobierno llegase a ser controlado por personas incultas e ignorantes. Por ejemplo, la mayoría de los estados tenían leyes que permitían el voto sólo a los varones blancos, dueños de propiedades. Esto cambió con la elección de Jackson que, a causa de los muchos cambios que introdujo, vino a llamarse la **Revolución de 1828**. Jackson creía ser representante directo del pueblo.

Andrew Jackson

CAMBIOS DEMOCRATICOS INTRODUCIDOS POR JACKSON

Derechos al voto. Después de la elección de Jackson, los estados eliminaron los requisitos de propiedad para el voto. De este modo, podía votar la mayoría de los varones blancos adultos.

Elección del presidente. La selección de candidatos presidenciales por los jefes del partido fue reemplazada por las asambleas nacionales de nominación. los miembros ele-gidos por el voto popular de cada partido elegían a su candidato.

Nuevo método en las campañas. Con el aumento del número de votantes, surgieron nuevos métodos en las campañas electorales. Los candidatos arreglaban cenas, reuniones y mitines públicos.

JACKSON ESTABLECE UNA PRESIDENCIA VIGOROSA

Jackson creía que el presidente era el portavoz más importante del pueblo en el gobierno. Por lo tanto, favorecía una presidencia vigorosa. Cuando fue elegido, introdujo lo que llegó a llamarse el **sistema de botín**. Así, los funcionarios que servían bajo un presidente previo quedaban reemplazados por los individuos que se esforzaron a elegir al nuevo presidente. Jackson sostenía que las obligaciones en los puestos públicos eran tan sencillas, que cualquier individuo inteligente podía cumplir con ellas. Creía que era bueno cambiar a los funcionarios porque así más personas podrían tener experiencia en el gobierno. Finalmente, Jackson creía que un grupo de oficiales permanentes estaba más expuesto a la corrupción.

JACKSON DECLARA LA GUERRA CONTRA EL BANCO

Washington introdujo el Banco Nacional como parte del plan financiero de Hamilton. A Jackson no le gustaba la idea del banco porque creía que ofrecía un monopolio injusto a los ricos y poderosos. Aunque la Corte Suprema decidió que el Banco Nacional era constitucional, Jackson decidió eliminarlo. Al ser reelegido en 1832, Jackson ordenó el retiro de todos los depósitos federales y esto arruinó el Banco Nacional. Los fondos federales fueron colocados en los bancos estatales; Jackson estaba convencido que éstos estarían más inclinados a hacer préstamos a los granjeros, y también corrían menos riesgo de corrupción.

ANALISIS

La siguiente caricatura de Andrew Jackson apareció durante su presidencia en los años 1830.

Responde a las siguientes preguntas basadas en esta caricatura:

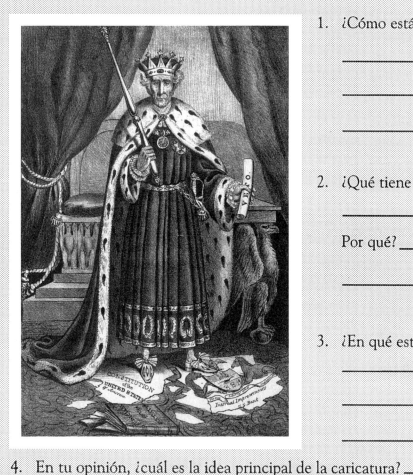

1. ¿Cómo está vestido el Presidente Jackson?

    _____

    _____

    _____

2. ¿Qué tiene en las manos?

    _____

    Por qué? _____

    _____

3. ¿En qué está parado?

    _____

    _____

    _____

4. En tu opinión, ¿cuál es la idea principal de la caricatura? _____

    _____

    _____

EL SURGIMIENTO DE LA CLASE OBRERA

Durante la presidencia de Jackson, surgió en los EE.UU. la nueva sociedad industrial. Aumentó el uso de maquinaria; en vez de trabajar en casa y en pequeños talleres, la gente estaba empleada en las fábricas. Este fenómeno, conocido como la **revolución industrial**, llevó al desarrollo de nuevas industrias y del transporte y a la rápida expansión de las ciudades. Los obreros vieron favorablemente esa revolución, ya que había más trabajo y mejor pago. Sin embargo, para las décadas de 1830 y 1840, las condiciones de trabajo comenzaron a empeorar a medida que los obreros dependían cada vez más de los fabricantes. A menudo, los obreros tenían que trabajar 16 horas al día en las fábricas atestadas, mal iluminadas y peligrosas. A medida que aumentaba el descontento de los trabajadores, surgieron las orga-

Las primeras fábricas a menudo se construyeron a lo largo de los ríos para utilizar la fuerza hidráulica.

nizaciones laborales que intentaban mejorar los sueldos y las condiciones de trabajo. Andrew Jackson era popular entre estos primeros sindicatos obreros porque se creía que representaba los intereses del hombre ordinario.

LA EDAD DE LA REFORMA

En el tiempo de la democracia jacksoniana surgieron en el país varios movimientos de reforma. **Horace Mann** ayudó a establecer escuelas públicas elementales gratuitas. **Dorothea Dix** luchó por un trato mejor de los enfermos mentales y por reformas en las prisiones: exigía mejores condiciones en las cárceles y la eliminación del azote y encarcelamiento por las deudas vencidas.

EN RESUMEN: TRES PRESIDENTES DE LA JOVEN REPUBLICA

Cuando George Washington vino a ser el primer presidente de la nueva república, esperaba unificar la nación y evitar alianzas con los países extranjeros las que pudieran arriesgar la reciente independencia. Thomas Jefferson ayudó a la nación a prosperar, y duplicó sus dimensiones. Bajo la presidencia de Andrew Jackson, se introdujeron varias reformas democráticas.

VUELVE A PENSAR

Ahora que acabas de leer esta sección, indica cuál en tu opinión fue el presidente más grande, y explica por qué:

❏ George Washington: _____

❏ Thomas Jefferson: _____

❏ Andrew Jackson: _____

VERIFICA TU COMPRENSION

Instrucciones: Completa las siguientes tarjetas. Luego contesta las preguntas de selección múltiple.

NEUTRALIDAD

Definición: _____

¿Por qué la recomendaba Washington? _____

_____

COMPRE DE LUISIANA

¿Qué fue? _____

¿Cuál fue su resultado? _____

_____

---

1 ¿Cuál es la aseveración correcta con respecto al Gabinete presidencial?
   1 Sus miembros son elegidos por los votantes.
   2 Sus proporciones permanecieron iguales.
   3 El presidente tiene que seguir sus decisiones.
   4 A lo largo de los años se le agregaron nuevos departamentos.

2 ¿Cuál declaración resume con más acierto una convicción del Presidente Thomas Jefferson?
   1 Sólo los ricos deben servir en el gobierno.
   2 La nación debe tener un gobierno central fuerte.
   3 Todos tienen derecho a la igualdad de justicia.
   4 Los Estados Unidos deben ser un líder mundial.

3 La Revolución Estadounidense y la Guerra de 1812 se parecían porque las dos
   1 llevaron al principio de "no a la tasación sin representación"
   2 contribuyeron al declive del Partido Federalista
   3 la lucha fue contra los ingleses
   4 representaban una derrota para los Estados Unidos

4 Un partidario de la democracia jacksoniana probablemente habría apoyado
   1 el gobierno por una familia real
   2 puestos oficiales abiertos a todos
   3 la eliminación de todo entrenamiento ocupacional
   4 la reducción de los gastos federales

5 El sistema de botín puede describirse como el
   1 reemplazar de los funcionarios públicos con miembros del partido victorioso
   2 impedir que una rama del gobierno llegue a ser demasiado poderosa
   3 limitar el tiempo de cargo de los candidatos presidenciales
   4 permitir que la gente vote por sus representantes en el Congreso

6 ¿Cuál aseveración representa mejor el consejo dado por George Washington en su Discurso de despedida? Los Estados Unidos debían
   1 establecer un ejército fuerte
   2 levantar un imperio mundial
   3 hacer muchas alianzas militares
   4 evitar la participación en alianzas europeas

SECCIÓN 2

LA GUERRA CIVIL: 1861-1865

En esta sección se trata de la Guerra Civil y de los cambios que
causó en el país. Quedó logrado su objetivo principal de conservar
la unidad nacional y poner fin a la esclavitud, pero con
una tremenda pérdida de vidas y propiedad.

PARA PENSAR

En tu opinión, ¿cuál fue la causa principal de la Guerra Civil de los EE.UU.? _____

_____ ¿Por qué? _____

Términos y conceptos importantes: Al leer esta sección, fíjate en las siguientes expresiones:

- ✦ Guerra Civil
- ✦ Regionalismo
- ✦ Abolicionistas
- ✦ Decisión Dred Scott
- ✦ Enmienda Trece
- ✦ Proclama de Emancipación

LAS CAUSAS DE LA GUERRA CIVIL

✦ La **Guerra Civil** fue una de las más sangrientas en la historia del país. Los sucesos de esta importancia generalmente tienen muchas causas. Aquí se examinan brevemente algunas de ellas: el regionalismo, la esclavitud, los derechos estatales y el derrumbamiento de un convenio.

EL REGIONALISMO

A principios del siglo XIX, las regiones del Noreste, Sur y Noroeste desarrollaron sus propias normas de vida.

EL NORESTE	EL SUR	EL NOROESTE
Esta región se convirtió en el centro de manufactura, transporte marítimo, pesca y pequeñas granjas. Fue allí donde surgió primero la nueva clase de obreros industriales. Las fábricas y ciudades comenzaron a cambiar drásticamente el estilo de vida.	La mayoría de los sureños no tenían esclavos. Sin embargo, una gran parte de la economía de la región se basaba en los beneficios obtenidos mediante el trabajo de los esclavos en las grandes plantaciones y en el cultivo de productos de exportación como el algodón.	Esta región —Wisconsin, Illinois, Indiana, Michigan y Ohio actuales— era el granero del país. Las cosechas se enviaban por ríos y canales al Noreste y al Sur. La mayoría de la población del Noroeste eran agricultores de pequeña escala.

✦ El resultado de estas diferencias fue el **regionalismo**. Este llegó a ser tan fuerte que mucha gente sentía más lealtad hacia su propia región que al país entero. En consecuencia, el regionalismo fue una causa importante de la Guerra Civil.

EL DESACUERDO SOBRE LOS DERECHOS ESTATALES

Muchos sureños eran partidarios de los **derechos estatales**. Señalaban que fueron los estados los que formaron el gobierno federal, y por lo tanto, cada uno podía rechazar una ley federal dentro de su territorio y hasta separarse de la Unión (*los EE.UU.*) si lo deseaba. Los norteños argumentaban a su vez que la Constitución era la obra de todo el pueblo estadounidense, y ningún estado tenía el derecho de apartarse de la Unión.

LA ESCLAVITUD

Una de las prácticas importantes en el Sur fue la esclavitud. También fue la cuestión más explosiva. Los **abolicionistas**, que querían acabar con la esclavitud, tuvieron un papel importante en convencer a muchas personas de la perversidad de esa práctica. Los abolicionistas más conocidos eran Frederick Douglass, Sojourner Truth, Harriet Tubman y William Lloyd Garrison.

En los años 1840, los Estados Unidos llegaron a controlar nuevos territorios como resultado de la guerra con México. Pronto surgió la cuestión si en esos territorios debía permitirse la esclavitud. Los sureños creían que sólo al extender la esclavitud allí podrían mantener en el Senado el equilibrio entre los estados esclavistas y los libres. En su mayoría, los norteños estaban escandalizados ante la posibilidad de extender la esclavitud.

Harriet Beecher Stowe, escritora

ENFOQUE EN LAS ARTES

En 1852, Harriet Beecher Stowe escribió *La cabaña del tío Tom*, una novela sobre un esclavo leal y cariñoso. Su amo, a causa de problemas financieros, se ve obligado a vender a Tom a un tratante de esclavos. El libro termina con la muerte de Tom, causada por el trato cruel y depravado de su nuevo amo. Aunque la novela fue tildada como melodrama, al describir la brutalidad de la esclavitud afectó a millones de lectores dentro el país y alrededor del mundo. Muchos vieron la inmoralidad de que un individuo pudiera ser "dueño" de otro.

EL DERRUMBAMIENTO DEL CONVENIO

Para mantener intacta la Unión, los estados accedieron a una serie de convenios desde 1820 en adelante. El **Convenio de Misuri de 1820** y el **Convenio de 1850** temporeramente conservaron la paz. Sin embargo, en la década de 1850, ciertos acontecimientos anularon estos convenios. Esto hizo inevitable un conflicto entre el Norte y el Sur.

- **La ley Kansas-Nebraska**. En 1854, el Congreso introdujo una ley que permitía que los colonos en estos dos estados votaran si querían la esclavitud o no. Esto resultó en muertes y derrame de sangre entre los partidarios y adversarios de la esclavitud.

- **La decisión Dred Scott**. En 1857, la Corte Suprema declaró que el Congreso no podía prohibir la esclavitud en ninguno de los nuevos territorios. La Corte dijo que los esclavos eran propiedad, y el Congreso no tenía derecho a tomar esa propiedad de su dueño.

- **La Incursión de John Brown**. En 1859, John Brown, un abolicionista, inició una revuelta de esclavos. El alzamiento pronto fue sofocado, pero ese intento causó un sentido de alarma entre los sureños. El temor de futuras revueltas hizo que muchos abandonaran la idea de compromisos como método de solucionar conflictos.

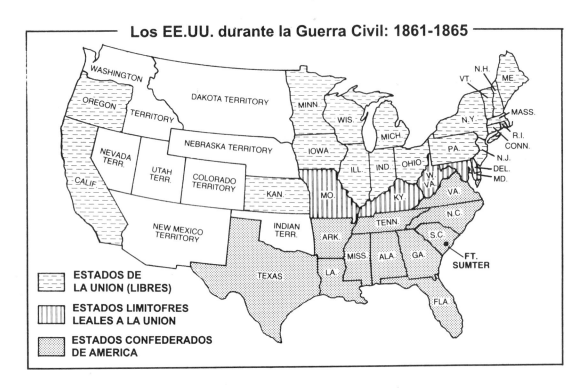

Los EE.UU. durante la Guerra Civil: 1861-1865

ESTADOS DE
LA UNION (LIBRES)

ESTADOS LIMITOFRES
LEALES A LA UNION

ESTADOS CONFEDERADOS
DE AMERICA

MOMENTOS IMPORTANTES DE LA GUERRA CIVIL

En 1860, **Abraham Lincoln** fue elegido presidente. Hizo campaña tanto contra la decisión Dred Scott como la extensión de la esclavitud a los nuevos territorios. Aunque Lincoln dijo que no desafiaría la práctica de la esclavitud donde ya existía, la mayoría de los sureños no le creían. Poco después de su elección, los estados sureños declararon que ya no eran parte de los Estados Unidos. Tomaron el nombre de **Estados Confederados de América** y formaron su propio gobierno. Lincoln dijo que tomaría todas las medidas necesarias para mantener juntos los Estados Unidos. La lucha comenzó en 1861 cuando las tropas confederadas atacaron el Fuerte Sumter en Carolina del Sur. La Guerra Civil dividió a muchas familias del país; a veces, sus miembros luchaban en lados opuestos.

El Sur tenía la ventaja de llevar una guerra defensiva, pero el Norte era superior en población, recursos y transportación. A pesar de esto, pasaron cuatro años antes de que las fuerzas de la Unión (*nombre dado al Norte*) derrotaran la Confederación.

Abraham Lincoln

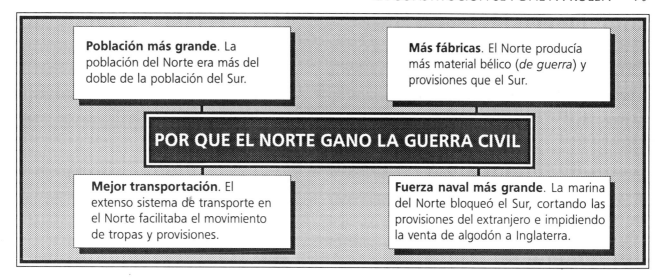

Población más grande. La población del Norte era más del doble de la población del Sur.

Más fábricas. El Norte producía más material bélico (*de guerra*) y provisiones que el Sur.

POR QUE EL NORTE GANO LA GUERRA CIVIL

Mejor transportación. El extenso sistema de transporte en el Norte facilitaba el movimiento de tropas y provisiones.

Fuerza naval más grande. La marina del Norte bloqueó el Sur, cortando las provisiones del extranjero e impidiendo la venta de algodón a Inglaterra.

Uno de los acontecimientos más importantes de la Guerra Civil fue la **Proclama de la Emancipación** por Lincoln en 1862. De acuerdo a ella, quedarían libres todos los esclavos que vivían en los estados que luchaban contra la Unión. Esto dejó intacta la práctica de la esclavitud en los estados limítrofes que permanecieron en la Unión: Misuri, Kentucky, Virginia del Oeste, Maryland y Delaware. Lincoln tenía varias razones para hacer esta proclama importante:

- Ofrecía un propósito moral a la guerra, haciendo difícil que Inglaterra y Francia apoyaran la Confederación.

- Liberó a los esclavos sólo en la Confederación, estimulando a los estados esclavistas limítrofes a permanecer en la Unión.

- Debilitaba la Confederación al alentar a los esclavos a fugarse y juntarse a las fuerzas de la Unión.

- Hizo que la guerra se viese más que una lucha para conservar la Unión —llegó a ser una lucha para poner fin a la esclavitud.

No era claro si Lincoln tenía el derecho constitucional de emancipar a los esclavos. Por eso, el Congreso propuso la **Enmienda Trece**; su ratificación en 1865 abolió la esclavitud a través de todos los Estados Unidos.

Matthew Brady, fotógrafo

ENFOQUE EN LAS ARTES

A mediados del siglo XIX se comenzó a usar la fotografía en la documentación de sucesos. Cuando comenzó la guerra, Matthew Brady recibió permiso para viajar con los soldados de la Unión. Se dispuso a crear una crónica fotográfica de la Guerra Civil. Su notable colección de fotografías muestra a la gente y los sucesos que tuvieron lugar en la "Guerra entre los Estados". Las imágenes permitieron que las futuras generaciones presenciaran con sus propios ojos el sufrimiento y la destrucción causada por la guerra.

EN RESUMEN: LA GUERRA CIVIL

La guerra conservó la Unión y puso fin a la esclavitud, pero a costo de miles de muertos y heridos y la devastación del Sur. Progresó la industrialización del Norte, pero surgieron serias disputas sobre cómo debía reconstruirse el Sur.

VUELVE A PENSAR

Ahora que acabas de leer esta sección, ¿cuál crees que fue la causa principal de la Guerra

Civil? _____ ¿Por qué? _____

_____

VERIFICA TU COMPRENSION

Instrucciones: Completa las siguientes tarjetas. Luego contesta las preguntas de selección múltiple.

ABOLICIONISTAS

¿Qué creían? _____

Nombra a dos abolicionistas: 1._____

_____   2._____

GUERRA CIVIL

¿Qué era? _____

Nombra una causa y un resultado de la Guerra Civil:
Causa: _____ Resultado: _____

1   El término "abolicionista" describe a una persona que
   1 creía en el librecambio
   2 se oponía a las alianzas extranjeras
   3 quería poner fin a la esclavitud
   4 favorecía la adquisición de colonias

2   En el término "Guerra Civil", la palabra "civil" se refiere a
   1 un motín en la sociedad
   2 los ciudadanos del mismo país
   3 la conducta cortés
   4 un tipo de gobierno

3   Un resultado importante de la Guerra Civil fue que
   1 la esclavitud llegó a su fin
   2 los EE.UU. lograron su independencia
   3 los estados lograron el derecho a separarse
   4 las mujeres obtuvieron el derecho al voto

4   El propósito principal de la Proclama de la Emancipación era
   1 derrotar a los ingleses en la revolución
   2 justificar las acciones políticas del Sur
   3 liberar a los esclavos en la Confederación
   4 formar nuevos gobiernos estatales

5   Una causa importante de la Guerra Civil era la cuestión
   1 de enviar a los negros a Africa
   2 de los impuestos pagados sobre esclavos
   3 del derecho de los estados a separarse
   4 de los raptos de marineros estadounidenses

6   La Enmienda XIII fue importante porque
   1 abolió la esclavitud en los Estados Unidos
   2 dio a las mujeres el derecho al voto
   3 abolió el impuesto de capitación
   4 garantizó a todos la libertad de palabra

SECCIÓN 3

LA RECONSTRUCCIÓN Y SUS CONSECUENCIAS

En esta sección se trata de la Era de Reconstrucción, nombre dado al período que siguió la Guerra Civil. Durante este tiempo, la nación dedicó mucha de su energía a la reconstrucción del Sur.

PARA PENSAR

La Sección 3 está dividida en cuatro partes principales. En tu opinión, ¿de qué se trata en cada parte? Busca las respuestas en las páginas 82-85. (*Si tienes dificultad en preparar un bosquejo, consulta el* Desarrollo de destrezas *que sigue.*)

Parte I _____   Parte III_____

Parte II _____   Parte IV_____

Términos y conceptos importantes: Al leer esta sección, fíjate en las siguientes expresiones:

✦ **Planes de reconstrucción**   ✦ **Leyes Jim Crow**
✦ **Códigos Negros**   ✦ **Plessy vs. Ferguson**

DESARROLLO DE DESTREZAS: INTERPRETACION DE BOSQUEJOS

¿Qué es un bosquejo?

El bosquejo es un resumen breve que muestra cómo un tema (*idea principal*) queda dividido en unidades más pequeñas. Su propósito principal es mostrar las relaciones entre el tema principal y los secundarios. Un bosquejo también es un plan para guiar el pensamiento del escritor.

Claves para la comprensión de un bosquejo

Para comprender o preparar un bosquejo, debes prestar atención a sus partes principales:

El título. El título es como un paraguas o visión general que abarca el tema principal.

La forma. Los bosquejos siguen una forma específica que te permite comprender fácilmente cómo queda dividido el tema. Generalmente las primeras divisiones se denominan con números romanos (I, II, III). Si estos temas secundarios se subdividen, llevan letras mayúsculas (A, B, C). Si estas subdivisiones se dividen aún más, se les da números arábigos (1, 2, 3). Como ejemplo, veamos cómo se organizó la Sección 2 de este capítulo:

LA GUERRA CIVIL: 1861-1865

Podríamos escribir muchas cosas distintas sobre esta época de la historia. Para limitar lo que vamos a tratar, en un bosquejo usamos temas secundarios como:

I. Las causas de la Guerra Civil

Ahora el bosquejo nos indica que vamos a examinar las causas de la Guerra Civil. Pero, ¿qué se dirá de esas causas?

I. Las causas de la Guerra Civil
   A. Regionalismo
   B. Desacuerdos sobre los derechos estatales
   C. Esclavitud
   D. Derrumbamiento del convenio

El bosquejo muestra ahora que la Guerra Civil tenía por lo menos cuatro causas. Para decir más sobre cualquiera de estas causas, se necesita agregar al bosquejo subdivisiones adicionales:

I. Las causas de la Guerra Civil
   A. Regionalismo
      1. En el Noreste se establecen fábricas
      2. El Sur exporta algodón
      3. Los granjeros del Noroeste producen comestibles

Nota cómo el desarrollo del bosquejo nos muestra los detalles que apoyan o explican las ideas o hechos "grandes".

Interpretación de un bosquejo

Recuerda que en un bosquejo se comienza por una idea general y se la divide en unidades cada vez más específicas. En nuestro ejemplo, cada unidad más pequeña contribuye al desarrollo del concepto más grande. Te conviene comprender bosquejos para poder contestar preguntas basadas en datos. También es un método práctico de organizar tus pensamientos al escribir un ensayo.

Las preguntas basadas en bosquejos pueden tener la siguiente forma:

En un bosquejo, uno de los siguientes es el tema principal y los otros son secundarios. ¿Cuál es el tema principal?

1 La elección de Abraham Lincoln
2 Las causas de la Guerra Civil
3 El regionalismo
4 La esclavitud

Recuerda que el tema principal es el que abarca todos los temas secundarios. La respuesta a la pregunta sobre el tema principal es "Las causas de la Guerra Civil"; los otros tres elementos eran los motivos para la guerra. Ahora que sabes lo necesario sobre los bosquejos, te resultará más fácil ver cómo fue organizada esta sección. Después de leerla, llena el bosquejo en blanco en la página 88.

EL DESACUERDO SOBRE LOS PLANES DE RECONSTRUCCION ✦

Al fin de la Guerra Civil, el Sur estaba en escombros. Uno de los problemas del gobierno nacional de los Estados Unidos fue decidir bajo qué condiciones debían ser readmitidos a la Unión los estados del Sur.

Fotografía de Matthew Brady de las ruinas de Charleston, Carolina del Sur

EL PLAN PRESIDENCIAL

El Presidente Lincoln creía que los estados del Sur debían ser tratados de forma benévola para recobrar su lealtad y restablecer la unidad nacional. Lincoln no realizó su plan porque fue asesinado apenas terminó la guerra. Su sucesor, el Presidente **Andrew Johnson**, trató de seguir el plan propuesto por Lincoln.

Entretanto, los estados sureños demoraban en extender el derecho del voto a los **libertos** (*esclavos liberados por la Enmienda XIII*). Se promulgaron los **Códigos Negros**, leyes estatales ✦ que reglamentaban la vida de los antiguos esclavos. Su propósito fue conservar la estructura social sureña a pesar de la abolición de la esclavitud. Los Códigos Negros, entre otros, prohibían a los libertos tener puestos públicos, viajar libremente o servir en jurados.

EL PLAN CONGRESIONAL

Los norteños estaban escandalizados por los Códigos Negros. En consecuencia, el Congreso se negó a reconocer los nuevos gobiernos estatales en el Sur. Los **republicanos radicales**, un grupo de miembros del Congreso, querían que los negros tuvieran igualdad completa. Su plan incluía la promulgación de una Ley de Derechos Civiles y la imposición de un régimen militar en el Sur. El Presidente Johnson se oponía al plan congresional, convencido que el presidente tenía la responsabilidad de decidir las condiciones de readmisión de los estados sureños. Muchos miembros del Congreso estaban en desacuerdo con Johnson, sosteniendo que la Constitución otorgaba al Congreso, y no al presidente, la autoridad de admitir estados a la Unión.

LA POLITICA DE LA RECONSTRUCCION

LA PROMULGACION DE LA ENMIENDA CATORCE

Para asegurarse que la Ley de Derechos Civiles no iba a ser declarada inconstitucional, los republicanos radicales en el Congreso la redactaron de nuevo como la **Enmienda Catorce**. Esta otorgaba la ciudadanía a los antiguos esclavos. También prohibía que los estados negaran a cualquier estadounidense los "derechos y privilegios" de ciudadano, inclusive la igual protección por la ley. Antes de ser readmitidos a la Unión, los estados sureños fueron obligados a ratificar esta enmienda.

EL CONGRESO TRATA DE RESIDENCIAR AL PRESIDENTE

Cuando el Congreso aprobó la ley que prohibía que el presidente despidiera a los miembros de su Gabinete, Johnson despidió a su secretario de guerra. El Congreso trató de **residenciar** a Johnson, o sea apartarlo de su cargo. La Cámara de Representantes votó por la destitución, pero en el Senado no hubo votos suficientes para eso. Johson permaneció en su puesto hasta el fin de su plazo.

LOS GOBIERNOS DE RECONSTRUCCION EN EL SUR

Mientras el Sur permaneció bajo la ocupación militar, nuevos líderes tomaron control de los gobiernos estatales de la región. Algunos venían del grupo de norteños, apodados **maleteros** (o *policastros*). Estos vinieron al Sur sea esperando mejorar la situación de los negros o en busca de nuevas oportunidades de negocios. Los otros

El primer senador y representantes negros

líderes eran los **scalawags**, blancos sureños opuestos a la Confederación durante la Guerra Civil. El tercer grupo de líderes se componía de libertos que durante la Reconstrucción podían votar y ocupar puestos públicos. Los nuevos gobiernos estatales fueron tanto elogiados como criticados. Entre los alcances de los gobiernos de la Reconstrucción fue el establecimiento de nuevas escuelas, la reconstrucción de ferrocarriles y carreteras, y leyes que prohibían la discriminación racial. La crítica surgió porque algunos líderes deshonrosos trataron de apropiarse de fondos públicos; otros desperdiciaron dinero en programas inútiles.

LOS EFECTOS DE LA RECONSTRUCTION EN EL SUR

En 1877, la Reconstrucción llegó a su fin cuando las tropas del Norte se retiraron del Sur. Los sureños blancos volvieron a controlar los gobiernos estatales; actuaron para impedir que los negros votaran y participaran en el gobierno.

LOS EFECTOS ECONOMICOS

Sin la labor de los esclavos, se deshizo el sistema de plantaciones y cambió la economía del Sur. Después de la Guerra Civil los libertos no recibieron sus propios lotes de tierra. Esto resultó en que en su mayoría siguiesen dependientes de sus antiguos amos. Muchos vinieron a ser **aparceros**. El dueño de las tierras proporcionaba una cabaña, una mula, herramientas y un lote de tierra. A su vez, el aparcero daba al hacendado una gran porción de sus cosechas. En la agricultura del Sur hubo cambios y adelantos graduales; los nuevos métodos aumentaron las cosechas. Los norteños invirtieron grandes sumas en la construcción de ferrocarriles y fábricas en el Sur. En consecuencia, la gente comenzó a mudarse desde el campo a las ciudades en busca de empleo.

LOS EFECTOS SOCIALES

El sistema social que se desarrolló después de la Era de Reconstrucción en el Sur era la **segregación** (*separación de blancos y negros en la sociedad*) y la supremacía de los blancos. La mayoría de los libertos no eran instruídos, y esto redujo su capacidad de competir con los blancos en términos iguales. Las sociedades secretas como el **Ku Klux Klan** aterrorizaban con amenazas y violencia a los negros sureños que trataban de ejercer sus derechos.

El Ku Klux Klan aterrorizaba a los negros después de la Reconstrucción

LOS EFECTOS POLITICOS

Después de la Reconstrucción, los gobiernos estatales sureños sistemáticamente despojaron a los negros de sus derechos fundamentales políticos y civiles.

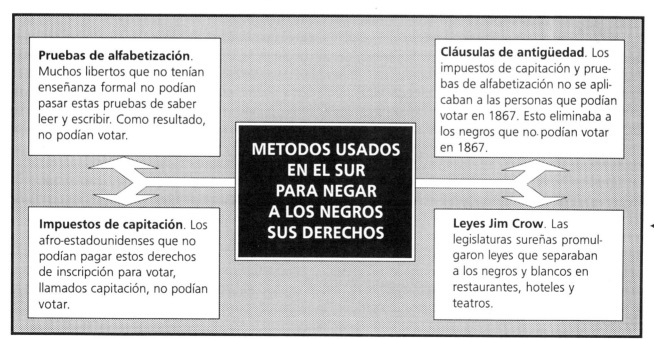

Pruebas de alfabetización. Muchos libertos que no tenían enseñanza formal no podían pasar estas pruebas de saber leer y escribir. Como resultado, no podían votar.

Cláusulas de antigüedad. Los impuestos de capitación y pruebas de alfabetización no se aplicaban a las personas que podían votar en 1867. Esto eliminaba a los negros que no podían votar en 1867.

METODOS USADOS EN EL SUR PARA NEGAR A LOS NEGROS SUS DERECHOS

Impuestos de capitación. Los afro-estadounidenses que no podían pagar estos derechos de inscripción para votar, llamados capitación, no podían votar.

Leyes Jim Crow. Las legislaturas sureñas promulgaron leyes que separaban a los negros y blancos en restaurantes, hoteles y teatros.

◆ En el caso de **Plessy vs. Ferguson** (1896), la Corte Suprema sostuvo la segregación racial de las leyes Jim Crow. En consecuencia, los blancos y negros en los estados sureños asistían a escuelas distintas, viajaban en vagones separados, comían en diferentes restaurantes, usaban distintas fuentes de agua y excusados públicos y se bañaban en diferentes playas.

LOS LIDERES AFRO-ESTADOUNIDENSES TOMAN LA VOZ

Los afro-estadounidenses reaccionaron de diferentes formas a esas injusticias. Muchos comenzaron a mudarse al Norte. Dos líderes negros y portavoces importantes de ese tiempo eran Booker T. Washington y W.E.B. Du Bois.

BOOKER T. WASHINGTON

Booker T. Washington nació esclavo, poco antes de la Guerra Civil. En 1881, fundó en Alabama el Instituto Tuskegee, dedicado a la enseñanza práctica relacionada al trabajo. En su libro, *Up From Slavery* (Ascenso desde la esclavitud), aconsejaba a los negros que antes de procurar igualdad racial completa, primero se prepararan a ganarse una buena vida. Esto lo podrían alcanzar al adiestrarse en ocupaciones específicas. Opinaba así porque temía que los inmigrantes que venían al país tomarían los empleos disponibles.

Booker T. Washington

W.E.B. Du Bois

W.E.B. DU BOIS

W.E.B. Du Bois recibió un doctorado en historia de la Universidad Harvard en 1895, y llegó a ser un erudito prominente. A diferencia de Booker T. Washington, Du Bois creía que los negros debían comenzar su lucha por derechos iguales inmediatamente y no contentarse con una posición social y económica inferior. En 1909, Du Bois participó en la formación de la "**N.A.A.C.P.**" (*Asociación Nacional para el Progreso de Gente de Color*). Fue también su director por veinte años y editor de su publicación oficial *The Crisis*. La N.A.A.C.P., al actuar en las cortes, tomó varias medidas en la lucha por los derechos de los afro-estadounidenses.

EN RESUMEN: LA RECONSTRUCCION Y SUS CONSECUENCIAS

Durante la Era de Reconstrucción, la nación dedicó su energía a levantar el Sur de la ruina y solucionar los grandes problemas políticos, económicos y sociales causados por la Guerra Civil. Aunque los afro-estadounidenses quedaron liberados de la esclavitud, los gobiernos estatales del Sur los privaban de sus derechos civiles y políticos cuando terminó la Reconstrucción.

VUELVE A PENSAR

Ahora que acabas de leer esta sección, llena los espacios en el bosquejo incompleto que sigue. Si necesitas repasar las técnicas de componer bosquejos, vuelve a leer el Desarrollo de destrezas en las páginas 81 y 82.

LA RECONSTRUCCION Y SUS CONSECUENCIAS

I. LOS DESACUERDOS SOBRE LOS PLANES DE RECONSTRUCCION

    A. EL PLAN PRESIDENCIAL

    B. _____

II. _____

    A. _____

    B. _____

    C. _____

III. LOS EFECTOS DE LA RECONSTRUCCION EN LOS ESTADOS SUREÑOS

    A. _____

    B. _____

    C. _____

        1. Pruebas de alfabetización

        2. _____

        3. _____

        4. _____

IV. LOS LIDERES AFRO-ESTADOUNIDENSES TOMAN LA VOZ

    A. _____

    B. _____

VERIFICA TU COMPRENSION

Instrucciones: Completa las siguientes tarjetas. Luego contesta las preguntas de selección múltiple.

PLANES DE RECONSTRUCCIÓN

Nombra dos: 1. _____

2. _____

¿Cómo diferían? _____

LEYES JIM CROW

¿Qué eran? _____

¿Cómo lograron su objetivo? _____

_____

---

1 Un trabajo que contiene los temas de "leyes Jim Crow", "maleteros" y "Ku Klux Klan" probablemente trata de
1 las trece colonias
2 la Revolución Estadounidense
3 la Guerra Civil
4 la Era de Reconstrucción

2 Booker T. Washington creía que los negros debían
1 ser todos enviados a Africa
2 concentrarse en entrenamiento vocacional para mejorar su vida
3 usar la fuerza para obtener sus derechos civiles
4 rechazar todo intento de integración

3 Después de la Guerra Civil, un asunto importante de los Estados Unidos fue la
1 promulgación de la Declaración de Derechos
2 eliminación de la esclavitud
3 reconstrucción del Sur
4 formación de un gobierno nacional

4 Las leyes sureñas de segregación trataron de
1 elevar el nivel de enseñanza de los negros
2 dar a los afro-estadounidenses ciudadanía completa
3 aumentar el número de negros en el Congreso
4 mantener a los negros separados de los blancos

5 La Era de Reconstrucción fue el tiempo en que
1 se redactó la Constitución de los EE.UU.
2 George Washington era presidente
3 el Norte y el Sur estaban en guerra
4 el Sur se rehacía de la ruina

6 El objetivo principal del Ku Klux Klan era
1 residenciar al Presidente Lincoln
2 continuar la segregación en el Sur
3 ayudar en la desegregación del Sur
4 promover la igualdad de todos los ciudadanos

7 ¿Cuál acontecimiento fue la causa de los otros tres?
1 el comienzo de la Era de Reconstrucción
2 la victoria del Norte en la Guerra Civil
3 los derechos al voto otorgados a los libertos
4 la participación en el gobierno por los afro-estadounidenses

8 Los Códigos Negros y las leyes Jim Crow se parecían porque trataron de
1 aumentar la autoridad del gobierno nacional
2 negar a los negros trato igual con los blancos
3 reducir la autoridad de los gobiernos estatales
4 impedir la segregación

PERFILES EN LA HISTORIA

BENJAMIN FRANKLIN
(HOMBRE DE ESTADO)

Benjamin Franklin participó en la redacción de la Declaración de la Independencia y de la Constitución, pero también era un hombre de ciencia. Condujo experimentos que resultaron en el invento del pararrayos, lentes bifocales y una estufa de calefacción. Redactó el *Poor Richard's Almanack*. Fue embajador en Francia y el primer director general de correos de la nación.

ANTONIO JOSE MARTINEZ
(SACERDOTE)

Antonio José Martínez nació en 1793 en el Territorio de Nuevo México. Estableció allí la primera escuela pública que aumentó en importancia y popularidad, y atrajo a estudiantes de todo el territorio. En 1835, el Padre Martínez instaló la primera imprenta de la región, usándola para publicar un periódico. El periódico apoyaba la libertad de la religión, la separación del estado y la iglesia, y la causa de los granjeros necesitados de protección contra los abusos de los latifundistas.

HENRY DAVID THOREAU
(ENSAYISTA)

Thoreau creía que era su obligación desobedecer las leyes injustas. En protesta contra la guerra con México, Thoreau se negó a pagar sus impuestos, y fue encarcelado. Opinaba que los individuos debían seguir su conciencia cuando estaban en desacuerdo con las leyes del gobierno. Más tarde, sus ideas sobre la desobediencia civil fueron adaptadas por Martin Luther King y el movimiento por los derechos civiles de los afro-estadounidenses.

GEORGE WASHINGTON CARVER
(BOTANISTA)

Carver era un investigador negro que se entrenó en el Instituto Tuskegee. Sus descubrimientos contribuyeron a revolucionar la agricultura con métodos científicos. Los agricultores aprendieron a alternar los cultivos para prevenir la erosión del suelo. Carver también les enseñó a plan-

tar el maní, la batata, el trébol y otros vegetales para enriquecer el suelo. Se le atribuye el desarrollo de centenares de productos nuevos; contribuyó a que el Sur acabara su dependencia del algodón.

NOTA: Comenzando con este, al fin de cada capítulo habrá una sección llamada **La Constitución en marcha.** Estas secciones se concentran en las enmiendas, leyes y casos ante la Corte Suprema de mayor importancia de cada período histórico.

LA CONSTITUCION EN MARCHA

Durante esta época se agregaron a la Constitución tres enmiendas, a menudo llamadas **Enmiendas de la Guerra Civil.**

ENMIENDA TRECE (1865)
Prohibió la esclavitud.

ENMIENDA CATORCE (1868)
Otorgó la ciudadanía de los EE.UU. a los antiguos esclavos. También requería que todos los estados proporcionasen a sus ciudadanos, inclusive los antiguos esclavos, el "debido proceso de ley" e "igual protección de la ley".

ENMIENDA QUINCE (1870)
Dio el derecho al voto a todos los los varones afro-estadounidenses, inclusive a los que hayan sido esclavos.

ENMIENDAS IMPORTANTES

LEYES JIM CROW (1881-1890)
Las leyes "Jim Crow", promulgadas por muchos estados sureños, obligaban a los negros y blancos a vivir aparte. Esta separación de las razas se llamaba **segregación**. Se llevó a cabo con el establecimiento de escuelas, parques, campos de deporte, playas y secciones separadas en los tranvías para los blancos y negros.

LEYES IMPORTANTES

John Marshall fue Presidente de la Corte Suprema desde 1801 hasta 1835. Contribuyó a la expansión de la autoridad del gobierno nacional sobre los gobiernos estatales; también estableció la base para la importancia de las cortes federales. Las decisiones en los dos casos presentados a continuación, dan a entender que los EE.UU. eran una nación y no un grupo de estados individuales. Entre las decisiones más importantes de Marshall se encuentran:

MARBURY vs. MADISON (1803)
En este caso, la Corte declaró por primera vez que tenía el derecho de anular una ley federal que creía ser **inconstitucional** (*en contra de los principios y las reglas de la Constitución*). Este derecho, conocido como **examen jurídico**, aumentó mucho la autoridad de la Corte.

Mc CULLOCH vs. MARYLAND (1819)
La Corte sostuvo que un estado no puede recoger impuestos en una organización (en este caso un banco) que es parte del gobierno federal. Marshall dijo que la Constitución era la ley suprema del país; cuandoquiera que hubiese conflicto entre las leyes federales y las estatales, debía seguirse la ley federal.

HABLA LA CORTE

El siguiente caso fue juzgado cuando Marshall ya no era Presidente de la Corte.

PLESSY vs. FERGUSON (1896)
Plessy, un afro-estadounidense, fue arrestado cuando se negó a salir de un vagón de tren "sólo para blancos". Sostenía que de acuerdo a la Enmienda XIV tenía el derecho de viajar en cualquier vagón. El estado decía que el ferrocarril proporcionaba vagones "separados pero iguales" para pasajeros de diferentes razas. La Corte Suprema se puso de acuerdo, diciendo que, con tal que las condiciones en el tren fuesen iguales, el estado podía segregar a sus pasajeros. Este caso alentó a los sureños a practicar la segregación en muchos aspectos de la vida.

RESUMEN DE TU COMPRENSION

LISTA DE VERIFICACION

Instrucciones: Confirma tu comprensión de los términos y conceptos importantes de este capítulo. Haz una señal al lado de los que sabes explicar. Si tienes dificultad en recordar algo, refiérete a las páginas indicadas.

❑ Gabinete (68)
❑ Plan financiero de Hamilton (68)
❑ Partidos políticos (69)
❑ Tarifa protectora (69)
❑ Neutralidad (69)
❑ Discurso de despedida de Washington (70)

❑ Compra de Luisiana (70)
❑ Guerra Civil (76)
❑ Regionalismo (76)
❑ Abolicionistas (77)
❑ Decisión Dred Scott (77)
❑ Enmienda XIII (79)

❑ Proclama de la Emancipación (79)
❑ Planes de Reconstrucción (83)
❑ Códigos Negros (83)
❑ Segregación (85)
❑ Leyes Jim Crow (90)
❑ *Plessy vs. Ferguson* (90)

Instrucciones: Llena la información pedida en los siguientes cuadros sinópticos.

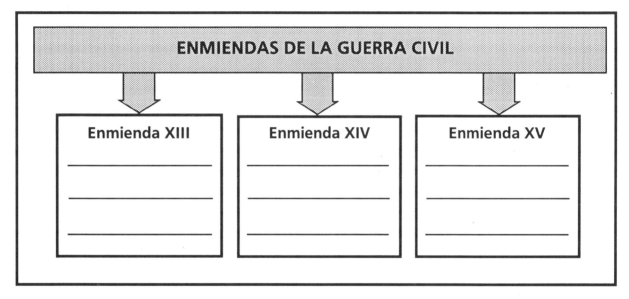

ENMIENDAS DE LA GUERRA CIVIL

Enmienda XIII

Enmienda XIV

Enmienda XV

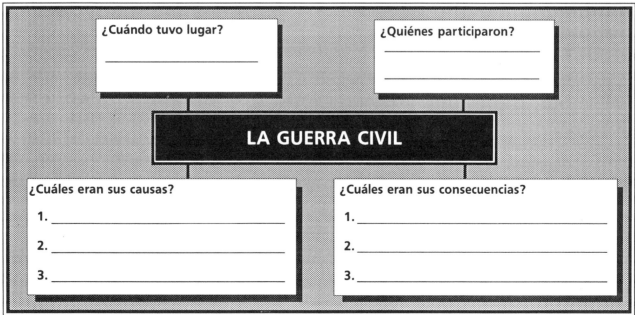

¿Cuándo tuvo lugar?

¿Quiénes participaron?

LA GUERRA CIVIL

¿Cuáles eran sus causas?
1. _____
2. _____
3. _____

¿Cuáles eran sus consecuencias?
1. _____
2. _____
3. _____

PERSPECTIVAS — LAS CUESTIONES CONSTITUCIONALES DURADERAS

Ciertas cuestiones constitucionales resurgen continuamente a lo largo de la historia del país. Esto se debe a que los distintos grupos están en desacuerdo con respecto a la aplicación apropiada de la autoridad del gobierno. Los partidos en desacuerdo, a menudo se tornan a la Constitución en busca de soluciones. Debes familiarizarte con estas cuestiones y tenerlas presentes a medida que leas las otras partes de este libro.

LAS CUESTIONES CONSTITUCIONALES DURADERAS

LA CUESTION DURADERA	LAS PREGUNTAS QUE SURGEN
1. LA AUTORIDAD NACIONAL	¿Cuánta autoridad debe tener el gobierno nacional sobre la sociedad?
2. EL FEDERALISMO	¿Cuáles poderes deben otorgarse al gobierno nacional, y cuáles deben otorgarse a los gobiernos estatales?
3. LA JUDICATURA	¿Cuánta autoridad debe tener la Corte Suprema en definir y proteger los derechos de los ciudadanos?
4. LAS LIBERTADES CIVILES	¿Cuáles son nuestras libertades civiles y qué límites deben imponerse en ellas?
5. LOS DERECHOS DE LOS ACUSADOS	¿Cómo se puede tener derechos que protejan a los acusados, que pueden ser inocentes, y al mismo tiempo proteger a la sociedad al desalentar el crimen?
6. LA IGUALDAD	¿Hasta qué punto debe el gobierno tratar de forma igual a todos los ciudadanos, y hacerlos iguales?
7. LOS DERECHOS FEMENINOS	¿Deben las mujeres tener igualdad de derechos con los hombres?
8. LOS DERECHOS DE GRUPOS ETNICOS Y RACIALES	¿Deben todos los grupos étnicos y raciales tener los mismos derechos?
9. LA AUTORIDAD PRESIDENCIAL	¿Cuánto poder debe otorgarse al presidente sobre asuntos externos en tiempo de guerra?
10. LA SEPARACION DE PODERES	¿Cuánto poder debe tener cada rama del gobierno?
11. LA REPRESENTACION	¿Hasta qué punto es representativo el gobierno nacional?
12. LOS DERECHOS A LA PROPIEDAD	Al adaptarse la Constitución a situaciones nuevas y tiempos cambiantes, ¿habrá cambiado su forma?

A medida que leas este libro, verás que estas **trece cuestiones duraderas** vuelven a aparecer constantemente. También verás que algunas de estas cuestiones predominan en ciertos períodos específicos. Por ejemplo, la Cuestión 2, el federalismo, estuvo a prueba especialmente durante la Guerra Civil.

COMPRUEBA TU COMPRENSION

Instrucciones: Contesta las preguntas de selección múltiple. Luego dirígete a los ensayos.

Basa tu respuesta a la pregunta 1 en la siguiente caricatura y en tu conocimiento de estudios sociales.

1 ¿Cuál sería el mejor título para esta caricatura?
1 *La Unión ya no se puede salvar*
2 *La lealtad puede salvar la Unión*
3 *Lincoln puede salvar la Unión*
4 *Algunas cuestiones contribuyen a unificar la nación*

Basa tus respuestas a las preguntas 2 a 4 en el siguiente bosquejo y en tu conocimiento de estudios sociales.

Se omitieron cuatro elementos del bosquejo. Para cada espacio en blanco en el bosquejo, escoge el número del elemento más apropiado para ese espacio.

ELEMENTOS

1. Proclama de la Emancipación
2. Causas de la Guerra Civil
3. Compra de Luisiana
4. Esclavitud

LA GUERRA CIVIL

2 I. _____
    A. Regionalismo
3   B. _____
    C. Derrumbe del convenio

   II. Momentos importantes de la Guerra Civil
    A. El comienzo de la guerra
    B. Por qué ganó el Norte
4   C. _____

5 Booker T. Washington y W.E.B. Du Bois se parecían porque ambos creían que el éxito de los afro-estadounidenses dependía
1 del progreso por medio de la educación
2 de una restructuración completa de la sociedad estadounidense
3 de que los negros recibieran las tierras que labraban como esclavos
4 de mayores beneficios de los gobiernos estatales sureños

6 El propósito del Gabinete, tal como lo estableció Washington, era
1 proteger los derechos de los ciudadanos
2 aprobar tratados y nombramientos
3 aconsejar al presidente
4 allanar disputas con países extranjeros

7 Las leyes que fomentaban el establecimiento de la segregación, generalmente trataban de
1 dar igualdad completa a ls negros
2 hacer que los negros regresaran a Africa
3 separar a los negros de los blancos
4 proporcionar mejores empleos a los negros

8 ¿Cuál derecho está protegido por la Enmienda XIV?
1 libertad de palabra
2 igualdad de protección de la ley
3 libertad de religión
4 derecho a tener armas

9 La decisión de la Corte Suprema sobre *Plessy vs. Ferguson* tenía que ver principalmente con la
1 palabra libre
2 supremacía nacional
3 segregación
4 libertad de religión

10 ¿Qué época en la historia de los EE.UU. incluía la promulgación de leyes Jim Crow, la aparcería y el surgimiento del Ku Klux Klan?
1 la época colonial
2 el tiempo de la Guerra Revolucionaria
3 el período de la Guerra Civil
4 la Era de Reconstrucción

ENSAYOS

1 La forma en que los distintos grupos allanan sus diferencias, a menudo afecta las generaciones futuras de la sociedad.

Grupos
Estados grandes / Estados pequeños — en la Asamblea Constitucional
El Norte / El Sur — antes de la Guerra Civil

Parte A
Escoge *un* grupo de la lista dada. Nombra *una* de sus diferencias, y *un* resultado de ellas.

GRUPO	DIFERENCIA	RESULTADO

Parte B
En tu respuesta a la Parte B, debes usar la información que diste en la Parte A. Sin embargo, puedes también incluir información adicional o distinta.

En un ensayo discute cómo la forma en que ciertos grupos allanan sus diferencias a menudo afecta las generaciones futuras.

2 A veces los presidentes son juzgados de acuerdo a lo que lograron durante su presidencia.

Presidentes
Washington   Jefferson
Jackson   Lincoln

Parte A
Escoge a *un* presidente de la lista: _____
Enumera *dos* logros o fracasos que ocurrieron durante su presidencia.
a. _____
b. _____
¿Qué nota le darías a ese presidente?
  Excelente: 90-100   Muy bueno: 80-90   Bueno: 70-80   Mediocre: 60-70   Deficiente: 10-60

Parte B
En tu respuesta a la Parte B, debes usar la información que diste en la Parte A. Sin embargo, puedes también incluir información adicional o distinta.

Escribe un ensayo de evaluación de un presidente; explica por qué diste esa nota al presidente en cuestión.

TAREAS PRACTICAS

PRODUCCION DE UN DIARIO PARA EL PASADO

En este capítulo llegaste a saber cómo la Constitución se puso a prueba durante los primeros años de la república, la Guerra Civil y la Reconstrucción. También te enteraste de las trece cuestiones duraderas.

DESCRIPCIÓN DE LA TAREA: Para esta actividad, el maestro dividirá la clase en grupos. Cada uno preparará un periódico imaginario sobre un período de la historia estadounidense. Tu grupo deberá escoger una fecha para esta tirada. A continuación se encuentran los posibles titulares, uno de los que debe encabezar el artículo principal del diario producido por tu grupo:

SUGERENCIAS PARA TITULARES DE PERIODICO

➤ Washington Pronuncia Discurso de Despedida (1796)
➤ Jefferson Anuncia Compra de Luisiana (1803)
➤ EE.UU. Declaran Guerra Contra Gran Bretaña (1812)
➤ Presidente Monroe Anuncia Nueva Doctrina (1823)
➤ Andrew Jackson Elegido Presidente (1828)
➤ Corte Suprema Proclama Decisión del Caso Dred Scott (1857)
➤ Fuerzas Rebeldes Atacan Fort Sumter (1861)
➤ Presidente Lincoln Proclama la Emancipación (1863)
➤ Rendición del Sur en Appomatox: Fin de Guerra Civil (1865)

TU TAREA: En cada diario se debe incluir los siguientes:

- por lo menos un artículo especial de noticias
- por lo menos un artículo editorial o de opinión sobre el suceso de la lista
- una entrevista con el presidente o un personaje histórico de la época
- un discurso sobre el acontecimientom presentado en el Congreso
- una crítica de un drama, libro u obra de arte
- una "Carta al editor" escrita por un lector sobre el suceso
- un anuncio local de propaganda comercial

DONDE ENCONTRAR INFORMACIÓN: Para encontrar información para tu periódico tendrás que visitar la biblioteca pública o escolar. Tu maestro o bibliotecario te ayudará a encontrar libros de historia, biografías y artículos de enciclopedias que te proporcionen información sobre el suceso escogido por tu grupo. Las fuentes primarias de información (como colecciones de documentos, periódicos antiguos o narraciones individuales) te darán el sabor de la época.

CAPITULO 5

LA INDUSTRIALIZACION DE LOS ESTADOS UNIDOS

El desarrollo de la industria en los Estados Unidos
   A. El sistema de libre empresa
   B. Los EE.UU. se transforman en un coloso industrial
   C. Los grandes líderes de empresas: ¿héroes o villanos?
   D. La reglamentación de la competencia

La frontera estadounidense
   A. La población de la frontera
   B. La importancia de la frontera
   C. La ocupación de las Grandes Llanuras
   D. Los indígenas y el gobierno de los EE.UU.

Surge el movimiento obrero
   A. Los trabajadores se enfrentan con nuevos problemas
   B. El surgimiento de los sindicatos laborales
   C. Las tácticas usadas por los obreros y por la gerencia
   D. Los obreros aspiran a una voz nacional
   E. Cambio de la actitud del gobierno hacia los sindicatos

LINEA CRONOLOGICA DE SUCESOS HISTORICOS

Años 1750	1869	1876	1885	1887	1887	1890	1947
Revolución industrial en Inglaterra	Fundación de los Caballeros del Trabajo	Bell inventa el teléfono	Gompers elegido presidente de la AFL	Promulgación de la Ley de Comercio Interestatal	El Congreso aprueba la Ley Dawes	Sanción de la Ley Sherman contra Trusts	Sanción de la Ley Taft-Hartley

EL DESARROLLO DE LA INDUSTRIA EN LOS EE.UU.

En esta sección se describe cómo los EE.UU. se
transformaron de una nación agrícola en uno de
los países industriales más importantes del mundo.

PARA PENSAR

Examina la calle en la que vives; nota con cuidado lo que ves. Luego cierra los ojos e imagínate que miras la misma calle pero hace 150 años. Apunta cuatro cosas que ves hoy pero que no habías visto allí hace 150 años.

- _____   - _____

- _____   - _____

¿Cuál podrá ser la razón para estos cambios? _____

_____

Términos y conceptos importantes: Al leer esta sección, fíjate en las siguientes expresiones:

✦ Revolución industrial   ✦ Monopolio
✦ Capitalismo   ✦ Capitalismo de laissez-faire
✦ Corporación   ✦ Ley Sherman contra Trusts

Para ayudarte a encontrar estos términos, esta señal ✦ aparece en el margen de la página donde se explica la expresión por primera vez.

EL SISTEMA DE LIBRE EMPRESA

La **revolución industrial** que comenzó en Inglaterra en los años 1750, cambió el método de producir bienes. En vez de ser hechos en casa a mano, ya se producían a máquina en las fábricas. En el período que siguió la Guerra Civil, los Estados Unidos vinieron a ser una de las naciones industriales más importantes del mundo.

Uno de los factores que fomentó la industrialización de los Estados Unidos fue su sistema económico —el **capitalismo**, a veces llamado **sistema de libre empresa**. En ese sistema, el capital (*dinero*) está bajo el control de individuos y no del gobierno. Los inversionistas arriesgan su dinero en empresas que esperan les rindan **beneficios** (*ganancias que quedan después de pagar los gastos del negocio*). A su vez, los consumidores tienen la libertad de escoger lo que quieren comprar. Después de la Guerra Civil, muchos factores llevaron a los empresarios a invertir en la industria estadounidense.

FACTORES PRINCIPALES DE LA REVOLUCION INDUSTRIAL

Las ciudades

Los trabajadores se mudaban a las ciudades para buscar empleo en las fábricas. En los años 1850, la mayoría de la población vivía en el campo y se dedicaba a la agricultura. Para 1900, la mitad de los estadounidenses vivían en las ciudades.

Sistema de las fábricas

La gente ahora trabajaba en las fábricas, usando grandes y fuertes máquinas activadas por agua y vapor. Los obreros trabajaban largas horas en condiciones peligrosas y recibían bajos sueldos.

Producción en masa

La productividad aumentó tremendamente cuando se introdujeron métodos de producción en masa. A medida que aumentó la producción, bajaron los precios de productos manufacturados. Esto aumentó la demanda de más bienes.

LOS EE.UU. SE CONVIERTEN EN UN COLOSO INDUSTRIAL

Los Estados Unidos llegaron a ser un coloso industrial por varias razones.

LA EXPANSION DE LOS FERROCARRILES

La clave para el desarrollo de la industria del país fue la construcción de ferrocarriles. En 1869, se completó la ruta transcontinental que vinculó las costas de los dos océanos. Los ferrocarriles influyeron en casi todos los aspectos de la vida del país. Llevaban a los colonos desde el este a la frontera. Transportaban las cosechas de las granjas y productos de las fábricas a ciudades distantes. La propaganda de las ferroviarias, que describía las nuevas oportunidades, atrajo a muchos inmigrantes a los Estados Unidos.

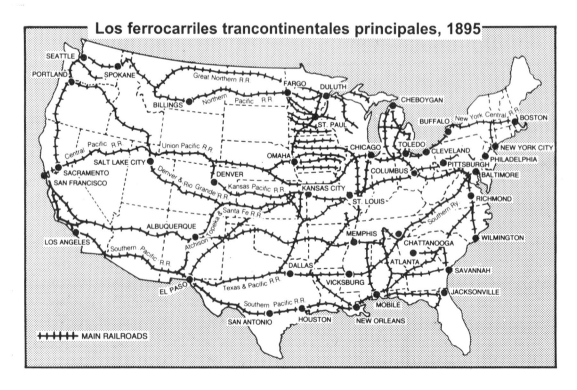

Los ferrocarriles trancontinentales principales, 1895

EL AUMENTO DE LA POBLACION Y DEL MERCADO NACIONAL

Entre 1860 y 1900 se duplicó la población de los Estados Unidos. Este aumento de población fue favorable para las empresas; había más consumidores y más obreros industriales. Los bienes producidos en una parte del país podían ser enviados a otras regiones estableciendo un mercado nacional. Esto era importante para las grandes empresas que así podían vender más productos. Los nuevos métodos de ventas, como las ventas por correo y las tiendas de departamentos fueron el resultado de la existencia de un mercado nacional.

LOS NUEVOS INVENTOS Y METODOS DE PRODUCCION

Las nuevas técnicas, innovaciones e inventos contribuyeron a la expansión económica de fines del siglo XIX. Por ejemplo, **Alexander Graham Bell** inventó el teléfono (1876), y **Thomas Edison** la bombilla eléctrica (1879). Para 1900, se usaba la electricidad para activar motores, tranvías y subterráneos.

LAS NUEVAS FORMAS DE ORGANIZACION DE EMPRESAS: LA CORPORACION

Antes de la Guerra Civil, la mayoría de las empresas pertenecían a un solo individuo o a socios. Después de la guerra, se hicieron muy populares las sociedades. Una **corporación** es una compañía que legalmente se trata como una persona aparte. Su ventaja principal es que puede reunir grandes cantidades de dinero al vender **acciones** (*porciones de la empresa*) a cualquier individuo que las quiera comprar. Las personas que compran acciones se llaman **accionistas**. Cada una de ellas es en parte dueño de la corporación, pero no es responsable por las deudas de la empresa que excedan su propia inversión.

Como resultado de los factores descritos, la cantidad y las proporciones de las empresas estadounidenses aumentaron rápidamente después de la Guerra Civil.

> *Si tienes dificultad en comprender esta gráfica de barras, lee la sección de* Desarrollo de destrezas.

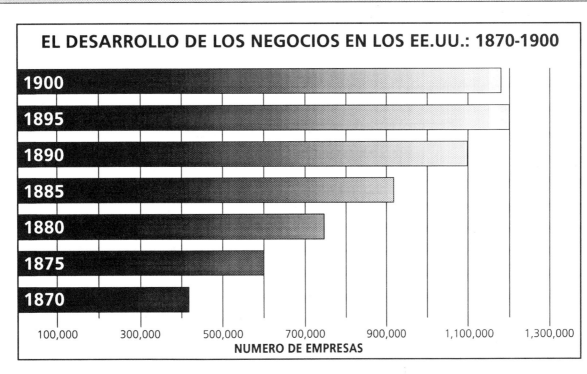

EL DESARROLLO DE LOS NEGOCIOS EN LOS EE.UU.: 1870-1900

	NUMERO DE EMPRESAS
1900	
1895	
1890	
1885	
1880	
1875	
1870	

100,000 300,000 500,000 700,000 900,000 1,100,000 1,300,000

Fuente: Estadísticas históricas de los EE.UU.

DESARROLLO DE DESTREZAS: INTERPRETACION DE GRAFICAS DE BARRAS

A veces en los exámenes aparecen preguntas basadas en gráficas de barras. En este *Desarrollo de destrezas* aprenderás a interpretar las gráficas de barras y a contestar preguntas basadas en ellas.

¿Qué es una gráfica de barras?

En una gráfica de barras se usan listas paralelas para mostrar la comparación entre dos o más elementos.

Claves para la comprensión de una gráfica de barras

Primero fíjate en sus componentes principales:

El título. El título declara el tema general. Por ejemplo, en la gráfica de la página anterior, el título es **"El desarrollo de los negocios en los EE.UU.: 1870-1900"**. Por lo tanto, la gráfica muestra cómo el número de empresas en los EE.UU. aumentó desde 1870 hasta 1900.

La leyenda. Cuando se usa más de un tipo de barra, la leyenda explica lo que representa cada color o diseño. Sin embargo, como en nuestra gráfica hay un solo tipo de barra (*que muestra el número de empresas*), no hay neacesidad de leyenda.

Los ejes verticales y horizontales. Las gráficas de barras contienen un **eje vertical** (*de abajo hacia arriba*) y un **eje horizontal** (*de un lado a otro*). En la gráfica de la página anterior, el eje vertical muestra los años examinados (1870-1900), y el eje horizontal indica el número de empresas en los EE.UU. (*en miles*).

Nota: Algunas gráficas muestran las barras en la posición horizontal. En una gráfica vertical, con la misma información usada antes, el eje horizontal indica los años, y el vertical el número de empresas.

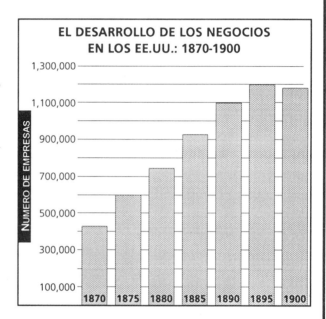

Interpretación de una gráfica de barras

Fíjate en el título para saber qué información se da en la gráfica. Para saber información específica, examina las barras individuales. Por ejemplo, ¿Cuántas empresas había en los EE.UU. en 1880? Para encontrar la respuesta, mueve el dedo a lo largo del eje horizontal hasta llegar a la barra que representa el año 1880. Mueve el dedo hasta lo alto de esa barra y luego, en línea recta, hacia la izquierda hasta encontrar los números en el eje vertical. Si te fijas en la escala de números a lo largo del eje vertical, verás que la barra termina aproximadamenete en 75.000. Por lo tanto, la respuesta a la pregunta —¿Cuántas empresas había en los EE.UU. en 1880?— es aproximadamente 750.000.

LOS GRANDES JEFES DE EMPRESAS: ¿HEROES O VILLANOS?

Como consecuencia del desarrollo de los negocios entre 1865 y 1900, algunos individuos se enriquecieron mucho. Esto les dio una gran influencia en la forma de vida estadounidense. Muchos veían a estos hombres de negocios como héroes, otros los consideraban villanos.

ANDREW CARNEGIE (1835-1919)

Andrew Carnegie, inmigrante escocés pobre, llegó a ser uno de los hombres más ricos en los Estados Unidos. Dominó la industria siderúrgica porque vendía acero a precios muy bajos y así eliminó a sus competidores. Sus empleados trabajaban largas horas a sueldos bajos, y Carnegie no les permitía ser miembros de sindicatos. Más tarde, Carnegie dio grandes sumas de dinero para apoyar la educación, la investigación médica y las actividades culturales.

Andrew Carnegie

JOHN D. ROCKEFELLER (1839-1937)

John D. Rockefeller estableció la Standard Oil Company. Al controlar la mayor parte de la industria petrolera, obligó a que las compañías ferroviarias le cobraran tarifas más bajas por el transporte de sus productos, mientras que sus competidores pagaban más. Para 1900, Rockefeller tenía control casi total de la industria petrolera. Igual que Carnegie, en su edad avanzada donó millones a la educación y las ciencias.

REGLAMENTACION DE LA COMPETENCIA

A medida que el país se industrializaba a fines del siglo XIX, muchos creían que se debía permitir que las grandes empresas se desarrollaran sin la intervención del gobierno. Esta idea se llama **capitalismo de laissez-faire**. Muchos líderes del gobierno creían que al permitir la operación de ◆ los negocios con pocas reglas, llevaría a la producción de bienes de la mejor calidad y precio. Además, los partidarios del capitalismo de laissez-faire, opinaban que la Constitución no otorgaba al gobierno el derecho de controlar a las empresas.

En consecuencia, las compañías de Carnegie, Rockefeller y otros, llegaron a ser muy grandes porque eliminaron del campo las empresas más pequeñas. En otros casos, los negocios que ofrecían productos semejantes se fundían y así establecían monopolios. **Monopolio** es una empresa ◆ que controla todo o la mayor parte de los negocios en un campo específico. El objetivo de un monopolio es eliminar toda competencia para poder controlar los precios. Una vez que el monopolio es el único proveedor de un producto, sus clientes tienen que pagar el precio pedido. Para los años 1890, los monopolios vinieron a dominar algunas de las industrias más importantes de los Estados Unidos.

Siderúrgica Carnegie en Pennsylvania

Muchas personas opinaban que el gobierno tenía que hacer algo para controlar las grandes empresas. Sostenían que éstas, con poca o ninguna competencia, no estaban motivadas a bajar sus precios. También creían que al eliminar a las compañías pequeñas, las grandes empresas obligaban al público a pagar precios más altos. En consecuencia, el Congreso finalmente aprobó dos leyes importantes para remediar la situación:

Ley de Comercio Interestatal (1887)

Esta ley prohibió ciertas prácticas de las compañías ferroviarias, como los acuerdos hechos con otras compañías para controlar las tarifas. Se estableció la Comisión de Comercio Interestatal para asegurar que se cumplían las condiciones de la ley.

Ley Sherman contra Trusts (1890)

Se estableció para detener el desarrollo de los monopolios. Prohibió muchas acciones de las compañías que se llevaban el comercio de sus competidores. La ley mostró que el Congreso creía que era necesario poner fin a las prácticas de mala fe de muchas empresas grandes.

EN RESUMEN: EL DESARROLLO DE LA INDUSTRIA

En los últimos 150 años los Estados Unidos se convirtieron en la potencia industrial más grande del mundo. El desarrollo de la industria y de las grandes empresas ayudó al país en muchas formas; sin embargo, también llevó a serios problemas como las prácticas de mala fe por algunas compañías grandes.

VUELVE A PENSAR

Con los ojos cerrados imagínate tu calle 150 años desde ahora. Enumera 4 cosas que podrías ver:

- _____
- _____
- _____
- _____

VERIFICA TU COMPRENSION

Instrucciones: Completa las siguientes tarjetas. Luego contesta las preguntas de selección múltiple.

REVOLUCIÓN INDUSTRIAL

¿Qué fue? _____

Dos de sus características principales:

1._____ 2. _____

CAPITALISMO

Definición: _____

¿Cómo funciona? _____

_____

---

1 Un resultado importante de la revolución industrial en los Estados Unidos fue
   1 la reducción del número de fábricas
   2 la reducción de la población
   3 el aumento en el número de ciudades
   4 el gran aumento en los precios de todos los productos

2 El sistema económico de los EE. UU. a fines del siglo XIX puede mejor describirse como
   1 comunismo   3 mercantilismo
   2 socialismo   4 capitalismo

3 ¿Cuál de las formas de organización de empresas puede reunir la cantidad más grande de capital?
   1 cooperativa   3 corporación
   2 sociedad   4 comuna

4 El objetivo principal de la Ley Sherman contra Trusts era
   1 fomentar la libre competencia
   2 poner fin al desarrollo de las corporaciones
   3 aumentar el poder de la gerencia sobre los obreros
   4 desmembrar las grandes corporaciones

5 El crecimiento y desarrollo de las grandes ciudades estadounidenses fue el resultado de la
   1 Revolución Estadounidense
   2 Guerra Civil
   3 Reconstrucción
   4 industrialización

6 ¿En cuál de los sistemas económicos hay competencia por ingresos de las empresas?
   1 capitalismo   3 comunismo
   2 socialismo   4 imperialismo

7 En un esquema, uno de los siguientes es el tema principal y los otros son secundarios. ¿Cuál es el tema principal?
   1 Causas de la industrialización
   2 Aumento de la población
   3 Nuevos inventos
   4 Nuevas formas de organización de negocios

8 El objetivo principal de un monopolio es
   1 eliminar toda competencia
   2 bajar los precios
   3 fomentar la competencia
   4 controlar los precios de las acciones

SURGEN LAS ORGANIZACIONES LABORALES

En esta sección se examina cómo a causa de las malas condiciones de trabajo los trabajadores comenzaron a organizarse en sindicatos obreros.

PARA PENSAR

En tu opinión, ¿deben los trabajadores tener derechos? ¿Cuáles?

• _____   • _____

Términos y conceptos importantes: Al leer esta sección, fíjate en las siguientes expresiones:

✦ Sindicatos obreros   ✦ Talleres cerrados
✦ Convenio colectivo   ✦ Federación Estadounidense de Trabajo ("A.F.L.")

LOS OBREROS SE ENCUENTRAN ANTE NUEVOS PROBLEMAS

Aunque la revolución industrial resultó en aumento de beneficios para los empresarios y más bienes para los consumidores, los obreros a menudo sufrían adversidades.

Malas condiciones de trabajo. El trabajo a menudo era extremadamente peligroso. Había pocas guardas de seguridad alrededor de la maquinaria. Cada año miles de obreros quedaban lisiados o morían en accidentes.

Largas jornadas. Según las normas de hoy, las horas de trabajo, eran increíblemente largas. Los obreros trabajaban seis días por semana, entre 10 y 14 horas diarias.

LOS PROBLEMAS ENFRENTADOS POR OBREROS INDUSTRIALES

Sueldos bajos. Los empresarios contrataban a los que trabajasen por los sueldos más bajos posibles. Los peor pagados eran especialmente las mujeres y los niños. Los niños estaban privados del sol, aire libre, juego y la mejora de su vida con la educación.

Falta de garantía de empleo. El obrero podía ser despedido en cualquier momento por cualquier razón. No había seguro contra desempleo; tampoco había seguro de salud, pensiones de retiro ni pago por días de fiesta o de enfermedad.

Tareas repetitivas, aburridas. Cuando los industriales trataron de alcanzar mayor rapidez y eficacia, el obrero vino a ser una máquina humana. El trabajo requería menos destreza y se hizo más repetido, monótono y fastidioso.

EL SURGIMIENTO DE SINDICATOS OBREROS

Individualmente, los obreros industriales del fin del siglo XIX no tenían el poder de hacer que una empresa grande subiera su sueldo o mejorara las condiciones de trabajo. Ya que la mayoría del trabajo requería pocas destrezas, los obreros podían ser reemplazados fácilmente. Con el tiempo, los trabajadores se dieron cuenta que al juntarse en **sindicatos obreros** (*grupos organizados con objetivos comunes*) tendrían más poder. Si un empresario rechazaba sus demandas, los miembros podían ponerse en huelga (*negarse a trabajar*). Además, los sindicatos podían usar sus recursos y el poder de votación para persuadir al gobierno a promulgar leyes favorables a los trabajadores.

TACTICAS USADAS POR LOS OBREROS Y POR LA GERENCIA

Los intentos de formar sindicatos o de mejorar las condiciones de trabajo a menudo ponían a los obreros en oposición a los directores. Cada lado usaba una serie de tácticas diferentes para lograr sus objetivos.

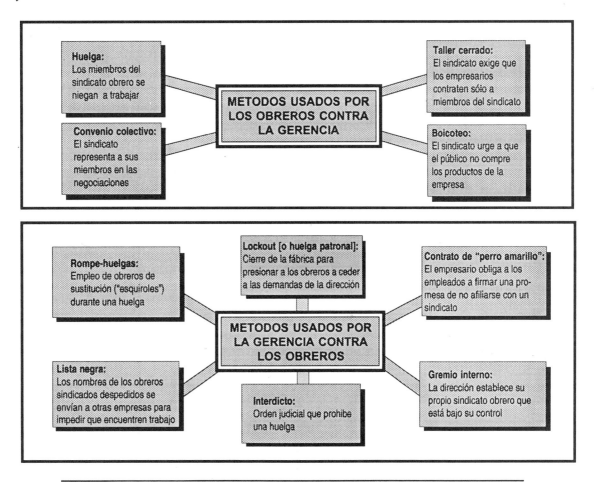

LOS OBREROS ASPIRAN A UNA VOZ NACIONAL

Hacia el fin del siglo XIX, muchos obreros se dieron cuenta de que la única forma de sobrellevar sus problemas era unirse en un sindicato nacional de todos los trabajadores.

LOS CABALLEROS DEL TRABAJO

En 1869 se fundó la organización de Los Caballeros del Trabajo. Sus fundadores esperaban formar un sindicato grande que incluiría a todos los trabajadores, adiestrados o no. Los Caballeros exigieron una jornada de 8 horas, sueldos más altos y reglas de seguridad en las fábricas. También proponían leyes que limitaran la inmigración; creían que los inmigrantes competían por sus puestos. Después de perder varias huelgas, los Caballeros del Trabajo se dispersaron. Una razón de su fracaso fue que muchos trabajadores adiestrados no querían estar agrupados con los que no lo eran.

✦ LA FEDERACION ESTADOUNIDENSE DE TRABAJO

Samuel Gompers

La **Federación Estadounidense de Trabajo ("A.F.L.")** fue fundada en 1881 por **Samuel Gompers**. Gompers esperaba formar un sindicato poderoso al unir a los trabajadores con los mismos intereses económicos. La A.F.L. reunió en una sola federación nacional varios sindicatos pequeños de obreros adiestrados (como carpinteros, cigarreros, zapateros). Los objetivos de la A.F.L. incluían sueldos más altos, jornadas de 8 horas y mejores condiciones de trabajo. Sus tácticas más eficaces eran las huelgas. Los obreros en huelga recibían dinero de los fondos especiales reunidos por el sindicato. La A.F.L. también intentó establecer **talleres cerrados**. La A.F.L. surgió como la voz principal de los trabajadores organizados. Sin embargo, la federación fue debilitada porque en sus primeros años años excluía a los obreros no especializados.

LOS TRABAJADORES PIDEN LA ATENCION DEL GOBIERNO

Un problema encontrado por los primeros sindicatos fue que en ese tiempo los jefes del gobierno favorecían a las empresas en vez de los sindicatos. Esto sucedía por varias razones:

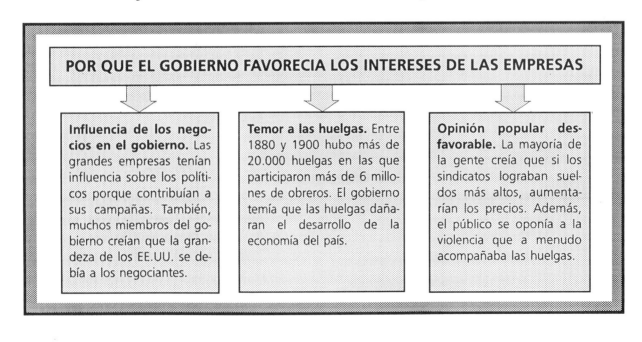

POR QUE EL GOBIERNO FAVORECIA LOS INTERESES DE LAS EMPRESAS

Influencia de los negocios en el gobierno. Las grandes empresas tenían influencia sobre los políticos porque contribuían a sus campañas. También, muchos miembros del gobierno creían que la grandeza de los EE.UU. se debía a los negociantes.

Temor a las huelgas. Entre 1880 y 1900 hubo más de 20.000 huelgas en las que participaron más de 6 millones de obreros. El gobierno temía que las huelgas dañaran el desarrollo de la economía del país.

Opinión popular desfavorable. La mayoría de la gente creía que si los sindicatos lograban sueldos más altos, aumentarían los precios. Además, el público se oponía a la violencia que a menudo acompañaba las huelgas.

EL GOBIERNO CAMBIA SU ACTITUD HACIA LOS SINDICATOS

Al comienzo del siglo XX, comenzó a cambiar la actitud del gobierno y del público hacia los sindicatos.

CONSCIENCIA PUBLICA DE LAS CONDICIONES DE LOS OBREROS

En 1911, en el incendio en la Triangle Shirtwaist Factory en Nueva York, murieron 146 personas, mujeres en su mayoría. La investigación mostró que fue imposible escapar el fuego en esa fábrica de ropa porque había una sola ruta de escape y no se podía abrir las otras puertas. Después de esta tragedia, el público comenzó a exigir que el gobierno tomara acción. En 1913, se estableció el **Departamento del Trabajo** para investigar los problemas de los trabajadores y proponer soluciones.

Muchachos de corta edad, obreros de una mina de hulla (1911)

LOS TRABAJADORES Y LA DEPRESION

La Gran Depresión y la Segunda Guerra Mundial tuvieron un efecto importante en la función de los sindicatos obreros en la vida del país. Durante la Gran Depresión que comenzó en 1929, había tremendo desempleo. En 1933, al asumir la presidencia, Franklin D. Roosevelt trató de ayudar a los obreros. Se promulgó la **Ley Wagner** que les garantizaba el derecho a sindicalizarse y al **convenio colectivo**. Este requiere que la dirección de una empresa discuta sueldos, horas y condiciones de trabajo con el sindicato que representa a sus empleados. Con la Ley Wagner aumentó mucho el número de miembros de sindicatos.

Niñas trabajando en una fábrica de ropa en Nueva York

PROMULGACION DE LA LEY TAFT-HARTLEY (1947)

Para el tiempo en que terminó la Segunda Guerra Mundial, muchos opinaban que los sindicatos se volvían demasiado poderosos. Había temor de que algunas huelgas llegaran a perjudicar el país. El Congreso promulgó la **La Ley Taft-Hartley** que prohibió ciertas actividades sindicales. Lo más importante fue que el gobierno recibió, bajo ciertas condiciones, la autoridad de demorar la huelga de un sindicato por un "período de mitigación". Se esperaba que en este tiempo el sindicato y el empresario resolvieran sus diferencias.

LAS ORGANIZACIONES LABORALES EN EL PRESENTE

Las organizaciones laborales tuvieron una gran influencia en la sociedad estadounidense. Los trabajadores tienen mejores sueldos y condiciones de trabajo que en los tiempos anteriores a la sindicalización. Algunos sostienen que la sindicalización elevó excesivamente el costo de la producción de bienes dentro del país. La fabricación en el extranjero, donde la mano de obra es más económica, resulta en la pérdida de empleos en los EE.UU. Actualmente, sólo un 16% de los trabajadores estadounidenses están sindicados. Esto se debe a que muchos de ellos trabajan en sitios donde la gente generalmente no se sindica: empresas pequeñas o en el **sector de servicios** (*donde se presta un servicio en vez de producir bienes*).

***Miembros de United Auto Workers en una planta
de la Ford Motor Company en Louisville, Kentucky***

Thomas Nast, caricaturista

ENFOQUE EN LAS ARTES

El artista Thomas Nast alcanzó fama nacional con sus caricaturas políticas. Elevó la caricatura política al nivel de arte serio. Las ilustraciones de Nast enfocaban la situación política del país después de la Guerra Civil. Sus caricaturas destacaban la corrupción en la política neoyorquina. Siguen siendo populares sus símbolos, el burro para el Partido Demócrata y el elefante para el Republicano.

VUELVE A PENSAR

Si fueses líder laboral en el presente, ¿qué objetivos tendrías para los trabajadores? _____

_____

_____

EN RESUMEN: EL SURGIMIENTO DE SINDICATOS LABORALES

Los trabajadores comenzaron a organizar sindicatos para luchar para mejorar lsus sueldos y condiciones de trabajo. Al principio, el gobierno favorecía las grandes empresas en vez de los sindicatos. Con el tiempo, tomó medidas que permitieron el desarrollo de los gremios. En consecuencia, los obreros recibieron más poder y mejoraron su vida. Luego el gobierno dio pasos para asegurar que los sindicatos no usaran su poder en una forma que pudiera arriesgar el bienestar de la nación.

VERIFICA TU COMPRENSION

Instrucciones: Completa las siguientes tarjetas. Luego contesta las preguntas de selección múltiple.

SINDICATOS OBREROS

Definición: _____

¿Cuáles eran sus objetivos? _____

_____

CONVENIO COLECTIVO

Definición: _____

¿Qué temas pueden discutirse? _____

_____

---

1 El proceso de convenio colectivo se usa para determinar
   1 las condiciones de los contratos entre la gerencia y los trabajadores
   2 el nivel del desempleo en una industria
   3 el nivel del desarrollo de ciertas industrias
   4 los bienes de consumo que deben producirse

2 ¿Qué táctica a menudo usan los obreros cuando hay desacuerdos sobre contratos con la gerencia?
   1 huelgas   3 lockouts
   2 expulsiones   4 listas negras

3 Los trabajadores generalmente se afilian con sindicatos para
   1 adelantar la productividad
   2 mejorar las condiciones de trabajo
   3 reducir los precios pagados por el consumidor
   4 poner fin a la discriminación

4 Los Caballeros del Trabajo y la Federación Estadounidense de Trabajo querían
   1 propiedad gubernamental de la industria
   2 mejores sueldos para los directores
   3 jornadas más cortas para los obreros
   4 reducir los beneficios médicos

5 El resultado principal del desarrollo de sindicatos laborales es que
   1 los obreros tienen mejores condiciones de trabajo
   2 se eliminó la pobreza en los EE.UU.
   3 se destruyó la economía de mercado libre
   4 aumentó el comercio con las naciones europeas

6 ¿Cuál suceso está correctamente pareado con uno de sus efectos principales?
   1 Guerra de la Revolución Estadounidense — liberación de millares de esclavos
   2 Guerra Civil — las mujeres reciben el sufragio
   3 Revolución industrial — desarrollo de sindicatos obreros
   4 Reconstrucción — independización de los EE.UU.

7 ¿Cuál suceso fue el resultado de los otros tres?
   1 malas condiciones de trabajo en las fábricas
   2 formación de sindicatos obreros
   3 jornadas de 12 horas
   4 sueldos bajos de los obreros

SECCIÓN 3

LA FRONTERA ESTADOUNIDENSE

En esta sección se examina cómo desaparecieron las regiones silvestres a medida que los pobladores y granjeros se encaminaron hacia el
oeste. Un resultado importante de esto fue que los indígenas quedaron desplazados de las tierras que ocupaban por siglos enteros.

PARA PENSAR

¿Qué imágenes evoca para tí el término "Oeste"? _____

_____

Términos y conceptos importantes: Al leer esta sección, fíjate en las siguientes expresiones:

◆ **Frontera**   ◆ **Ley de Heredades Familiares**
◆ **Indígenas**   ◆ **Ley Dawes**

LA COLONIZACION DE LA FRONTERA: 1860-1890

Igual que la vida de las ciudades estaba afectada por la revolución industrial, cambiaba también
la vida en otras partes del país, especialmente en la **frontera**. La frontera fue la línea que separaba los territorios ocupados por los **indígenas** (*amerindios*) y las regiones pobladas por gente de origen europeo, africano y asiático.

El mapa en la página siguiente muestra cómo desde la época colonial la frontera se desplazó hacia
el oeste. Este movimiento fue espe-
cialmente rápido a fines de los años
1800. Los terrenos colonizados entre
1850 y 1875 eran las **Grandes Llanuras**; sus tierras cubiertas de hierba
sustentaban a millones de búfalos y a
los indígenas que vivían de ellos. En
treinta años (aproximadamente
1860–1890), fueron destruidas las
manadas de búfalos por cazadores
armados de rifles, y los indígenas
fueron obligados a vivir en las **reservaciones** (*tierras asignadas por el gobierno*). Al completarse las vías férreas
transcontinentales llegaron nuevos
pobladores. Las Grandes Llanuras
fueron divididas en granjas y hacien-
das.

La mudanza de un poblado indígena

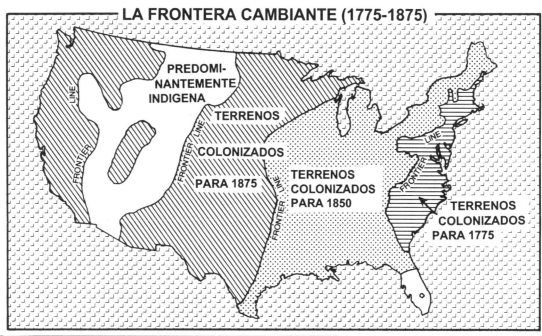

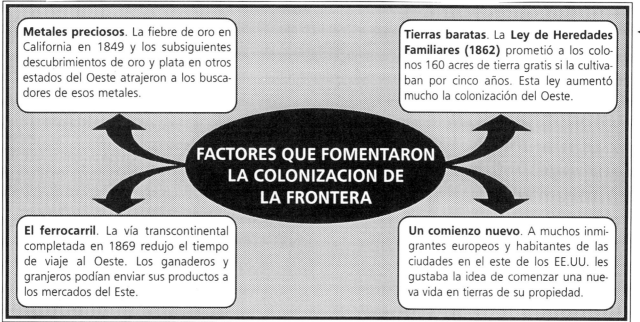

LA IMPORTANCIA DE LA FRONTERA EN LA VIDA ESTADOUNIDENSE

Algunos historiadores sostenían que la frontera tenía gran importancia en formar el carácter y los valores del pueblo. Razonaban que la frontera:

- ■ **Era una válvula de escape.** Permitía que la gente que vivía en las ciudades atestadas en el Este se mudara al Oeste donde existía más libertad y franqueza.

- ■ **Fomentaba la autodependencia.** En la frontera cada familia tenía que aprender a sobrevivir por sí misma. Esto fomentó la autodependencia y el individualismo (*el seguir ideas propias en vez de la muchedumbre*).

- ■ **Promovió el desarrollo de la democracia.** En la frontera no existían las divisiones sociales rígidas del Este. Las dificultades formaron un espíritu de cooperación. Por eso la vida en la frontera promovía la libertad personal y democracia. En los años 1820, la democracia jacksoniana se asociaba con el ánimo de la frontera. Más tarde, Wyoming y Colorado fueron los dos primeros estados que dieron a las mujeres derechos completos de votación.

LA COLONIZACION DE LAS GRANDES LLANURAS

Los cambios en las Grandes Llanuras resultaron de las diferentes actividades económicas.

PUEBLOS MINEROS
El descubrimiento de oro y plata atrajo a los exploradores y a las compañías mineras. Al descubrirse metales preciosos, surgían poblados de un día a otro.

LOS VAQUEROS Y EL CAMPO ABIERTO
En las Grandes Llanuras el ganado podía pacer libremente en las tierras públicas sin cercados. Los vaqueros ("cowboys") juntaban las manadas y las dirigían hacia el norte a las líneas ferroviarias en Kansas. Las reses se enviaban en tren a los mataderos en Chicago y la carne se enviaba en vagones refrigerados a las ciudades del Este. Los "cowboys" aprendieron de los vaqueros mexicanos muchas técnicas de cabalgar, enlazar y marcar el ganado.

Los colonos en la frontera

LA LLEGADA DE LOS AGRICULTORES
La **Ley de Heredades familiares** daba derecho a cada familia de colonos a 160 acres de tierra gratis si la cultivaban por cinco años. La tierra era seca, pero los granjeros cavaban pozos profundos y usaban cercos de alambre de púa para proteger sus cultivos del ganado. La llegada de los agricultores señaló el fin del campo abierto.

> **Una nota sobre el uso de denominaciones:** Los primeros pobladores del Hemisferio Occidental (América del Norte, Sur y Central) recibían diferentes nombres a lo largo del tiempo. Colón los llamó **indios** porque creía haber llegado a la India. Más tarde, el término "amerindios" aclaró el concepto del origen. **"Indígenas"** puede referirse a un pueblo natural de cualquier lugar.

LOS INDIGENAS Y EL GOBIERNO DE LOS EE.UU.: 1790-1990

Los indígenas comprendían muchos grupos diferentes que hablaban centenares de lenguas y tenían distintas formas de vida. En un tiempo, varios grupos ocupaban todo el territorio de los Estados Unidos de hoy. Sin embargo, el avance de los colonos de los estados del este y de los inmigrantes extranjeros, los desplazó hacia el oeste. Además, las muertes por enfermedades como la viruela redujeron el número de la población indígena.

Dos culturas en choque en las Grandes Llanuras

LA ANTIGUA POLITICA DEL GOBIERNO

Durante el siglo XIX, el gobierno estadounidense siguió una política que desplazó a los indios de sus tierras hacia los terrenos en el Oeste, de propiedad gubernamental. Repetidas veces el gobierno rompía sus promesas y permitía a sus ciudadanos a ocupar los terrenos indígenas, desplazándolos más hacia el oeste. La ocupación total de esos terrenos fue fomentada con el acto de completar el ferrocarril transcontinental en 1869 y por una serie de guerras entre los indígenas y las tropas federales. Los indios que se sometieron a la política federal, fueron radicados en las reservaciones. Sin embargo, estas terrenos generalmente eran pequeños y poco deseables.

Situación de las reservaciones indígenas principales: 1895

RESERVACIONES INDIGENAS PRINCIPALES

ENFOQUE EN LAS ARTES

George Catlin, pintor

Los cuadros de Catlin se concentraban en la vida de la frontera. Trató de presentarla en toda su animación. Fue el primer pintor que mostró la vida de los indios en el Oeste. Sus cuadros los captan cazando, cabalgando y llevando a cabo ceremonias rituales. Las pinturas de Catlin son tan exactas que ahora son una de las mejores fuentes de información sobre muchas tribus indígenas. En los años 1850, Catlin viajó a la América del Sur para pintar las escenas de la vida indígena de la región.

✦ LA LEY DAWES (1887)

Muchas personas creían que los indígenas debían renunciar su forma tradicional de vida y adoptar las costumbres semejantes al resto de la población del país. Con este fin, el gobierno promulgó la **Ley Dawes** que oficialmente abolió la autoridad de las **tribus**, y cada familia recibió tierra para cultivo. Con el tiempo, esto llevó a la ciudadanía estadounidense y el derecho al voto. Sin embargo, la ley ponía en peligro la cultura tradicional indígena. Por ejemplo, fomentaba la propiedad individual de granjas y esto iba en contra de las tradiciones indias de compartir tierras tribales. Además, la mayoría de los indígenas eran cazadores, no agricultores. Finalmente, muchas de las tierras que recibieron no se prestaban para el cultivo. En las reservaciones las escuelas eran inadecuadas, y los habitantes padecían de pobreza, desnutrición y otros problemas de salud.

Retrato de joven amerindia pintado por Catlin

EL CAMBIO EN LA POLITICA DEL GOBIERNO DE LOS EE.UU.

La política del gobierno hacia los indígenas cambió varias veces. A veces, trató de alentarlos a conservar sus tradiciones al restaurar los gobiernos tribales y detener el desmembramiento de sus tierras. En otras ocasiones, trató de hacer que los indígenas se fundieran a la corriente social estadounidense por medio de entrenamiento y programas de empleo. En los años 1970, se proporcionaron fondos federales para viviendas, cuidado de salud, educación y adelanto económico. Hasta ahora, los programas federales tuvieron poco éxito en mejorar la vida de los amerindios.

LOS INDIGENAS EXIGEN DERECHOS (los 1960-Presente)

Desde los años 1970, los indígenas se volvieron más enérgicos en demandar derechos que les tocan. Algunos organizaron el **Movimiento de Indios Estadounidenses ("A.I.M.")**, y ocuparon temporalmente ciertos sitios públicos como la Isla de Alcatraz en California y el monumento de Wounded Knee en Dakota del Sur. Además, sugirieron programas para restablecer el orgullo de los indígenas. Por ejemplo, A.I.M. protesta contra los textos, programas de televisión y películas que muestran prejuicio contra los indígenas.

LOS PROBLEMAS DE LOS INDIGENAS EN EL PRESENTE

Hoy día, hay cerca de 1,4 millones de indios, más de cuatro veces los que había en 1890. A pesar de su aumento, la población indígena aún se encuentra con problemas muy serios:

LOS PROBLEMAS DE LOS INDIGENAS EN EL PRESENTE

La vida en las reservaciones. Cerca de 25% de los indígenas viven en las reservaciones. Los que se encuentran allí tienen ingresos que están entre los más bajos del país. Aparte de la pobreza, en las reservaciones hay un alto nivel de desempleo, alcoholismo, suicidios y mortalidad infantil.

La crisis cultural. Los indios tienen que escoger entre su cultura tradicional o la de la sociedad general. Su cultura tiene orientación comunal y la cultura estadounidense general es individualista. Los indios tratan de conservar la tierra en su estado natural, mientras que las empresas a menudo la quieren explotar.

La frustración con el gobierno. Las diferentes tribus compiten por fondos federales. A diferencia de otros grupos étnicos, los amerindios pueden citar tratados que garantizan sus derechos. Como resultado, los indígenas creen que se les debe un trato más justo porque perdieron sus tierras y sufrieron mucho.

VUELVE A PENSAR

Después de leer esta sección, ¿cambió tu opinión del "Oeste"?_____

Explica tu respuesta._____

_____

EN RESUMEN: LA FRONTERA ESTADOUNIDENSE

Algunos creen que la vida en la frontera tuvo gran importancia en moldear los valores del pueblo estadounidense. La industrialización llevó, con el tiempo, al cierre de la frontera. Esta fue colonizada en etapas sucesivas por los mineros, ganaderos y agricultores. Esto causó mucho sufrimiento a los indígenas. A lo largo del tiempo, había muchos cambios en la política del gobierno de los EE.UU. hacia los indios que se encuentran con problemas serios aún en el presente.

PERFILES EN LA HISTORIA

THOMAS EDISON
(INVENTOR)

Muchas personas consideran a Edison el inventor más grande de la historia estadounidense. Después de su primer invento a la edad de 22 años, estableció un laboratorio en Nueva Jersey, donde junto con

sus ayudantes inventó más de 1.000 aparatos que incluyen el fonógrafo, la bombilla incandescente y el proyector de películas.

ALEXANDER GRAHAM BELL
(INVENTOR)

Alexander Graham Bell, maestro de dicción,

inventó el teléfono en 1876. Este invento, al transmitir la voz humana por los alambres del telégrafo, ayudó a vincular a la gente en diferentes y distantes regiones del país. Bell dedicó su vida a mejorar y perfeccionar su invento.

CYRUS MCCORMICK
(INVENTOR)

En 1831 McCormick inventó la segadora, máquina tirada por caballos usada para segar cereales. Anteriormente, había que hacer la cosecha a mano. Ya que en el Oeste escaseaba la mano de obra, la segadora permitió a los agricultores aumentar las cosechas con menos trabajo. El invento de McCormick contribuyó a estimular la colonización del Oeste.

La segadora de McCormick

GERONIMO
(JEFE APACHE)

Gerónimo, se negó a vivir en una reservación, lejos de las tierras tradicionales de su tribu. En los llanos del Sudoeste luchó contra los colonos que trataron de apodérarse de las tierras de su pueblo. Gerónimo fue capturado en 1886.

A. PHILIP RANDOLPH
(LÍDER OBRERISTA)

Randolph era organizador de obreros y líder importante en los derechos civiles de los negros. En 1925, fundó la Hermandad de Camareros de Coches Cama que logró aumentos de sueldo y menos horas de trabajo. Más tarde luchó por la igualdad de los negros en los empleos federales y en las fuerzas armadas. En 1941, amenazó con llevar 100.000 manifestantes a Washington, D.C. Consecuentemente, el Presidente F. D. Roosevelt dio órdenes que promovían la contratación de las minorías en los empleos gubernamentales.

VERIFICA TU COMPRENSION

Instrucciones: Completa las siguientes tarjetas. Luego contesta las preguntas de selección múltiple.

LEY DE HEREDADES FAMILIARES (1862)

¿Qué establecía? _____

Su impacto: _____

_____

LEY DAWES (1887)

¿Qué establecía? _____

Su impacto: _____

_____

---

1 Un colono sin tierra, rumbo al Oeste en los años 1870, más probablemente apoyaría la promulgación de la Ley
   1 Dawes
   2 Sherman contra Trusts
   3 de Heredades Familiares
   4 Taft-Hartley

2 A diferencia de las otras minorías en los EE.UU., los derechos de los indígenas eran garantizados en
   1 la Declaración de Derechos
   2 tratados con el gobierno federal
   3 la Enmienda Catorce
   4 las constituciones estatales

3 El término "amerindios" abarca a los habitantes de origen
   1 indígena
   2 hispano
   3 italiano
   4 africano

4 ¿Qué tendencia tuvo lugar en los EE.UU. entre los años 1830 y 1890?
   1 Disminuyó la productividad de la industria
   2 Los indios fueron desplazados a las reservaciones.
   3 El gobierno tomó control de la mayoría de las empresas.
   4 La gente se mudaba a los suburbios.

LA CONSTITUCION EN MARCHA

LEY NACIONAL DE RELACIONES DE TRABAJO (1935)

Esta ley, a menudo llamada Ley Wagner, contribuyó al desarrollo de los sindicatos laborales. Protegía el derecho a la sindicalización, y garantizaba el derecho de los gremios al convenio colectivo con los patronos.

LEY TAFT-HARTLEY (1947)

La tendencia general de esta ley era la limitación de algunas prácticas de los sindicatos. Prohibía excesivos costos de la iniciación de los miembros, ciertos tipos de huelgas y la participación en boicoteos secundarios.

LEYES IMPORTANTES

IN RE DEBS (1895)

Fondo: Eugene Debs, un funcionario sindicalista, se negó a respetar un mandato judicial que le ordenaba detener una huelga de obreros ferroviarios. Argumentó que el gobierno federal no tenía derecho de impedir huelgas.

Decisión / Importancia: La Corte sostuvo el derecho del gobierno federal a promulgar interdictos para detener una huelga. La decisión permitió a los patronos usar las cortes federales como un medio de impedir huelgas sindicales.

HABLA LA CORTE

RESUMEN DE TU COMPRENSION

Instrucciones: Confirma tu comprensión de los términos y conceptos de este capítulo. Señala los términos que sepas explicar. Si tienes dificultad en recordar algo, consulta las páginas indicadas.

LISTA DE VERIFICACION

❑ Revolución industrial (97)
❑ Capitalismo (97)
❑ Corporación (99)
❑ Monopolio (101)
❑ Capitalismo de laissez-faire (101)

❑ Ley Sherman contra Trusts (102)
❑ Sindicatos laborales (105)
❑ Fed. Est. de Trabajo ("A.F.L.") (106)
❑ Taller cerrado (106)
❑ Convenio colectivo (107)

❑ Frontera (110)
❑ Indígenas (110)
❑ Ley de Heredades Familiares (111)
❑ Ley Dawes (114)
❑ A.I.M. (114)

Instrucciones: Llena la información pedida en los siguientes cuadros sinópticos.

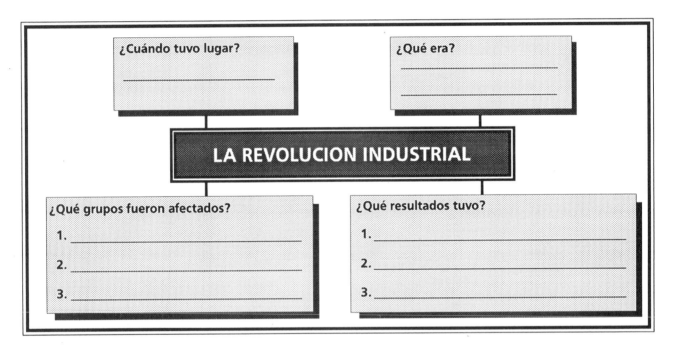

¿Cuándo tuvo lugar?

¿Qué era?

LA REVOLUCION INDUSTRIAL

¿Qué grupos fueron afectados?
1.
2.
3.

¿Qué resultados tuvo?
1.
2.
3.

FUNDAMENTOS DE LA POTENCIA INDUSTRIAL DE LOS EE.UU.

PERSPECTIVAS   UN EXAMEN DE CAMBIOS ECONÓMICOS

La revolución industrial inició un período de gran desarrollo y cambio en la historia de la humanidad. Para comprender mejor la revolución industrial y su influencia en la vida de los estadounidenses, en esta sección se examina la economía, cómo funciona la economía de mercado, y las causas y efectos principales de cambios económicos.

QUE ES LA ECONOMIA?

No hay límites a lo que quiere la mayoría de la gente. Estos deseos no se pueden realizar completamente; tenemos a nuestra disposición recursos **limitados** para satisfacer los deseos **ilimitados**. Por ejemplo, en la Ciudad de Nueva York, todos quieren tener casas nuevas, pero no hay espacio, materiales o dinero suficiente para construirlas. En vez de eso, tiene que haber alguna forma de decidir cuántas casas deben construirse y quién las tendrá. Cada sociedad tiene que hacer decisiones semejantes al contestar tres preguntas fundamentales sobre la economía:

¿Qué se debe producir?

¿Cómo se debe producir?

¿Quién recibe lo producido?

La **economía** es el estudio de cómo las sociedades usan recursos limitados para satisfacer deseos ilimitados.

COMO FUNCIONA EL MERCADO LIBRE

Todas las sociedades tienen que buscar respuestas a las preguntas económicas fundamentales. En los Estados Unidos existe la **economía de mercado libre** que responde a todas esas preguntas. La gente tiene la libertad de producir lo que quiera, y de comprar lo que permiten sus medios. El **motivo del lucro** da a la gente el incentivo de producir bienes y proporcionar servicios. La competencia y las leyes de oferta y demanda determinan cuánto se produce y los precios que se piden. Sin embargo, hasta en la economía de mercado libre hay cierta influencia del gobierno. Este proporciona condiciones estables y un sistema de leyes bajo las que se pueden conducir los negocios. El gobierno actúa como un "policía" del mercado, asegurando que los consumidores y las empresas se tratan de forma justa.

¿QUE LLEVA A LOS CAMBIOS Y AL DESARROLLO DE LA ECONOMIA?

Los economistas identifican varias causas importantes del cambio económico.

LA INNOVACION TECNICA

Uno de los factores más importantes que influyen en la economía es la **tecnología** —el uso de conocimientos, destrezas e instrumentos en hacer y producir las cosas. La revolución industrial fue uno de los momentos críticos en el desarrollo de la tecnología. Se aprendió a usar nuevas fuentes de energía para reemplazar la fuerza humana y animal. En las fábricas las máquinas reemplazaron el trabajo manual en la producción de bienes.

LA INVERSION DE CAPITAL Y LA PRODUCTIVIDAD

Cuando la sociedad invierte trabajo y recursos para construir viviendas, caminos, escuelas, fábricas y equipo, sus trabajadores y negocios se vuelven más productivos. A medida que adelanta la tecnología y aumenta la inversión en los instrumentos usados por los trabajadores, éstos pueden producir más en el mismo plazo de tiempo. Esto resulta en aumento de la **productividad.**

LAS NUEVAS FORMAS DE ORGANIZACION DE EMPRESAS

El desarrollo de nuevas formas de organizar empresas y finanzas hizo posible que se juntaran grandes cantidades de trabajo y de **capital** (*dinero*). Esto facilitó la producción en masa de bienes que satisfacen las necesidades de las empresas y de los consumidores. Por ejemplo, en el siglo XIX, el surgimiento de las corporaciones en los Estados Unidos hizo posible que se reunieran grandes caudales de capital privado.

LOS RECURSOS NATURALES

Los recursos naturales son fuentes de energía y materias primas para la agricultura y manufactura. El descubrimiento de nuevos recursos o el desarrollo de nuevos métodos de usar los recursos existentes puede estimular cambio económico. Por ejemplo, durante las primeras etapas de la revolución industrial, el uso intensivo de hulla y hierro aceleró la industrialización.

LOS CONTACTOS CON OTRAS SOCIEDADES

Esos contactos pueden introducir nuevos productos, mercados o métodos de producción. Sin embargo, los contactos con otras sociedades a menudo llevan a disputas y guerras lo que puede tener consecuencias económicas importantes.

LAS POLITICAS DEL GOBIERNO

Las políticas gubernamentales también pueden afectar mucho la economía nacional. Establecen las condiciones bajo las que funcionan los negocios. Los gobiernos pueden gastar dinero, proporcionar empleos, gravar impuestos, aumentar aranceles, y establecer leyes y reglas.

EL CAMBIO ECONOMICO Y LA SOCIEDAD ESTADOUNIDENSE

NIVEL DE VIDA. Los adelantos económicos elevan el **nivel de vida** (*lo bien que vive la gente*). Las desventajas son los daños al ambiente. Surgieron los problemas serios del desecho de basura y de contaminación del aire.

OPORTUNIDADES Y ESTILO DE VIDA. El sistema económico bajo el que vive la gente afecta la disponibilidad de oportunidades. La selección de carreras es muy diferente y más diversa hoy de lo que fue hace 100 años.

LA VIDA DEL HOGAR. Anteriormente, la mayoría de la gente vivía con sus abuelos, padres y parientes. Después de la industrialización y la mudanza a las ciudades, la gente comenzó a vivir en familias más pequeñas (sólo las parejas y sus hijos).

RELACIONES CON OTRAS SOCIEDADES. Los nuevos métodos de producción requerían materias primas que había en otros países. Esto llevó a la competencia por recursos y mercados. También resultó en mayor interdependencia entre las naciones.

COMPRUEBA TU COMPRENSION

Instrucciones: Contesta las preguntas de selección múltiple. Luego dirígete a los ensayos.

Basa tus respuestas a las preguntas 1 y 2 en la siguiente gráfica de barras y en tu conocimiento de estudios sociales.

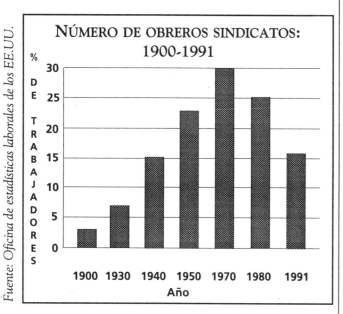

Fuente: Oficina de estadísticas laborales de los EE.UU.

NÚMERO DE OBREROS SINDICATOS: 1900-1991

% DE TRABAJADORES / Año

1 ¿Qué porcentaje de los trabajadores en los EE.UU. eran miembros de sindicatos en 1980?
1 15,5 %   3 2,8 %
2 16,1 %   4 25,1 %

2 ¿Cuál aseveración es la más acertada?
1 El número de miembros permaneció igual.
2 El número de miembros siguió aumentando.
3 Los miembros de sindicatos ahora trabajan más duro que antes.
4 Recientemente, el número de miembros disminuyó.

3 ¿Cuál término describe mejor el sistema económico de los Estados Unidos?
1 mercantilismo   3 comunismo
2 capitalismo   4 imperialismo

4 La Ley Dawes fue un intento del gobierno federal de ocuparse de
1 los antiguos esclavos
2 los indígenas
3 las mujeres
4 la inmigración asiática

5 El derecho al convenio colectivo permite a los
1 patronos a despedir a los obreros en huelga
2 obreros a influir en el gobierno
3 funcionarios del gobierno a establecer sueldos mínimos
4 trabajadores a formar sindicatos para negociar con los patronos

6 Los trabajadores se sindicalizan principalmente para
1 mejorar sus condiciones de trabajo
2 lograr igualdad para las minorías
3 eliminar los ingresos de las corporaciones
4 mejorar la calidad de los bienes producidos

7 Las huelgas, boicoteos y piquetes se utilizan por
1 los sindicatos contra la gerencia
2 los sindicatos contra los empleados
3 las empresas contra los sindicatos
4 las corporaciones contra el gobierno

8 En el proceso de convenio colectivo las decisiones incluyen
1 a los líderes laborales y el Congreso
2 a los trabajadores y la dirección
3 a los productores y consumidores
4 al gobierno y los sindicatos

9 ¿Cuál es la aseveración más acertada sobre la Ley Sherman contra Trusts?
1 Dio a los estados la autoridad de controlar el presupuesto de los EE.UU.
2 Prohibió muchos monopolios en los negocios.
3 Estableció el Departamento de Trabajo.
4 Estableció la Comisión de Comercio Interestatal.

10 La ventaja más grande de la producción en masa es que
1 los trabajadores ganan menos
2 sube el nivel de productividad
3 se hace más fácil el trabajo de los obreros
4 suben los precios de los productos

ENSAYOS

1   A fines del siglo XIX, los obreros en los EE.UU. lucharon por sobrellevar sus problemas.

Parte A

Enumera *dos* problemas enfrentados por los obreros a fines del siglo XIX, y describe *un* método que usaron para sobrellevar estos problemas.

PROBLEMAS	METODO USADO PARA SOBRELLEVARLOS
1._____	_____
2._____	_____

Parte B

En tu respuesta a la Parte B, debes usar la información que diste en la Parte A. Sin embargo, puedes también incluir información adicional o distinta.

En un ensayo discute los problemas encontrados por los obreros estadounidenses a fines del siglo XIX y sus intentos de sobrellevar estos problemas.

2   Los trabajadores y la gerencia usan diferentes tácticas cuando están en desacuerdos entre sí.

Tácticas laborales		Tácticas de la gerencia	
Huelga	Boicoteo	Interdicto	Lockout
Taller cerrado	Convenio colectivo	Sindicato libre	Lista negra

Parte A

Escoge *dos* tácticas laborales y *dos* tácticas de la gerencia, y define cada una.

TACTICA LABORAL	DEFINICION
1._____	_____
2._____	_____

TACTICA DE LA GERENCIA	DEFINICION
1._____	_____
2._____	_____

Parte B

En tu respuesta a la Parte B, debes usar la información que diste en la Parte A. Sin embargo, puedes también incluir información adicional o distinta.

En un ensayo explica cómo los trabajadores y la gerencia usan distintas tácticas cuando tienen disputas entre sí.

TAREAS PRACTICAS

INVESTIGACION DE LOS INVENTOS PRINCIPALES DE LOS ULTIMOS 150 AÑOS

En este capítulo aprendiste cómo los Estados Unidos se convirtieron en un país industrial a fines del siglo XIX. También estudiaste las impulsos que llevaron al cambio económico.

DESCRIPCIÓN DE LA TAREA: En este ejercicio supone que eres un historiador ocupado en un proyecto importante. El presidente de los Estados Unidos nombró varias comisiones de historiadores para investigar el cambio económico y redactar un informe sobre los factores que lo promueven. Tu comisión está a cargo de investigar los inventos más importantes del siglo XIX y principio del XX en los Estados Unidos.

INVENTOS PRINCIPALES

- barco de vapor
- generador eléctrico
- máquina de coser
- ascensor
- máquina de escribir
- vagones frigoríficos
- segadora McCormick

- ferrocarril
- fonógrafo
- bombilla eléctrica
- telégrafo
- teléfono
- automóvil
- antibióticos

TU TAREA: Escoge uno de los inventos mencionados. Escribe un informe de 2 a 3 páginas presenta la información siguiente sobre ese invento:

- la vida y la época de la persona que inventó el artículo

- el invento y cómo funciona

- los efectos del invento dentro del país y a través del mundo

- lo que nos enseña este invento sobre cómo se deben alentar otros inventos

DONDE ENCONTRAR INFORMACIÓN: Pídele al bibliotecario en la escuela que te ayude a encontrar la información necesaria. Además, para más ayuda en esta tarea considera el uso de:

- **artículos en las enciclopedias** sobre el invento o inventor específico

- **revistas** en que se discute el invento o el inventor

- **libros** de historia, ciencia y tecnología.

CAPITULO 6

LA TRANSFORMACION DE LOS EE.UU.

El movimiento por los derechos femeninos
A. Cambia el papel de la mujer
B. La lucha por el derecho al voto
C. Se aprueba la Enmienda Diecinueve

La urbanización y la inmigración
A. La urbanización
B. La inmigración
C. Cambio en las corrientes inmigratorias

El movimiento de La Granja y el populista
A. Los EE.UU: una nación de agricultores
B. El movimiento de La Granja
C. El movimiento populista

El movimiento progresista
A. Sus objetivos
B. Sus alcances
C. Los presidentes progresistas

LINEA CRONOLOGICA DE SUCESOS HISTORICOS

1867	1892	1901	1906	1912	1917	1920	Años1920
Se establece el movimiento de la Granja	Formación del Partido Populista	Theodore Roosevelt toma la presidencia	Se promulga la Ley de Pureza de Alimentos y Drogas	Elección de Woodrow Wilson	Los EE.UU. entran en la Primera Guerra Mundial	Las mujeres reciben el sufragio	Se promulgan leyes para limitar la inmigración

SECCIÓN 1

EL MOVIMIENTO POR LOS DERECHOS FEMENINOS

En esta sección se trata de la lucha por la igualdad de las mujeres en el siglo XIX y a principios del XX.

PARA PENSAR

En tu opinión, ¿qué importancia tiene el derecho al voto? _____

¿Por qué? _____

Términos y conceptos importantes: Al leer esta sección, fíjate en los siguientes:

✦ **Asamblea de Seneca Falls**   ✦ **Enmienda Diecinueve**

Para ayudarte a encontrar esos términos, este símbolo ✦ aparece en el margen de la página donde se explica la expresión por primera vez.

CAMBIOS EN EL PAPEL DE LA MUJER: 1840-1914

¿COMO SE TRATABA A LAS MUJERES A MEDIADOS DEL SIGLO XIX?

Posición legal	Posición económica	Posición social
A las mujeres se les negaba la igualdad completa de ciudadanía. No tenían derecho del voto, de servir en los jurados ni tener función pública.	Cuando la mujer se casaba, su marido tomaba control de sus ingresos y propiedades. Las mujeres recibían sueldos más bajos que los hombres por el mismo trabajo. Las mujeres no tenían acceso a los empleos bien pagados.	Se esperaba que las mujeres se ocuparan del hogar y de la crianza de los niños. Recibían poca instruccción. Las universidades no querían admitirlas.

Como se ve, a mediados del siglo XIX, las mujeres tenían pocos derechos y oportunidades limitadas. Muchos creían que las mujeres eran inferiores en inteligencia y capacidad. Sin embargo, como resultado de la revolución industrial, hubo muchos cambios en la condición de las mujeres.

LAS MUJERES Y LA EDUCACION

Desde los mediados del siglo XIX, había escuelas públicas elementales gratuitas tanto para los muchachos como para las chicas. A fines del siglo XIX, un pequeño número de mujeres comenzó a recibir educación universitaria. Estas mujeres eran mejor preparadas para llenar el creciente número de puestos abiertos por la industrialización.

LAS MUJERES Y LAS CIUDADES

Como resultado de la industrialización, muchas familias se mudaron a las ciudades en busca de empleo. Allí las mujeres se encontraron con nuevas ideas y productos. Había un nuevo concepto de su papel en la familia y en la sociedad; las mujeres comenzaron a trabajar fuera de casa, casarse más tarde y tener familias más pequeñas. A principio del siglo XX, los nuevos aparatos como la lavadora y la aspiradora redujeron el trabajo doméstico.

Mary Cassatt, pintora

ENFOQUE EN LAS ARTES

La obra de Mary Cassatt, pintora estadounidense, se produjo a fines de los años 1800 y principio de los 1900. Cassatt vivió mucho tiempo en Francia donde fue discípula de los pintores franceses. Es una de las artistas más conocidas de los Estados Unidos. Sus temas favoritos eran las mujeres y los niños. Sus pinturas son admiradas por su sencillez y el uso agradable de colores suaves. Algunas de sus obras más conocidas son "Madre y niño", "Una dama en la mesa " y "Mujeres modernas".

LA LUCHA POR EL SUFRAGIO: 1840-1870

Para mejorar su vida, las mujeres comenzaron a organizarse para introducir cambios.

LAS LIDERES PRESIONAN POR CAMBIOS

Entre las primeras líderes por los derechos femeninos estaban **Lucretia Mott** y **Elizabeth Cady Stanton**. En 1848, Stanton y Mott organizaron una asamblea por los derechos femeninos en Seneca Falls, Nueva York. Allí se establecieron varias resoluciones que proclamaban que las mujeres eran iguales a los hombres. La **Asamblea de Seneca Falls** señaló el comienzo del movimiento por los derechos femeninos.

LA ORGANIZACION PARA OBTENER EL SUFRAGIO

A fines del siglo XIX, el objetivo principal del movimiento por los derechos femeninos era el **sufragio** (*derecho al voto*) que las mujeres ya tenían en varios estados del Oeste. Los partidarios de derechos femeninos no pudieron hacer que se aprobara una enmienda constitucional que obligase a todos los estados a otorgar a las mujeres ese derecho. Bajo la di-

Lucretia Mott

rección de Elizabeth Cady Stanton y **Susan B. Anthony** varios grupos feministas se unieron para formar la **Asociación Nacional Estadounidense por el Sufragio Femenino**.

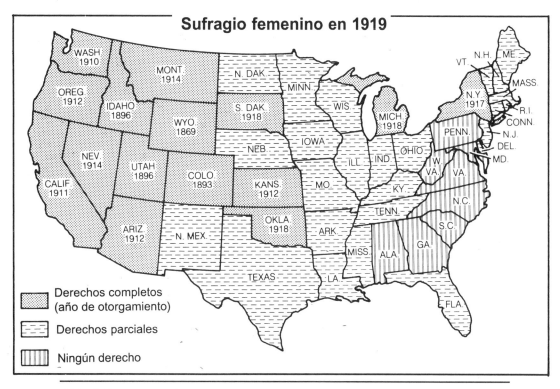

Sufragio femenino en 1919

Derechos completos (año de otorgamiento)

Derechos parciales

Ningún derecho

SE APRUEBA LA ENMIENDA DIECINUEVE: 1920

Cuando los hombres fueron a luchar en Europa durante la Primera Guerra Mundial, las mujeres tomaron sus puestos en las fábricas, hilanderías y minas. Después de la guerra, a los adversarios del sufragio femenino se les hizo difícil negar la igualdad a las mujeres. En consecuencia, fue aprobada la **Enmienda Diecinueve**; ésta declaraba que ningún estado podía negar al ciudadano el ◆ derecho al voto por razón de su sexo. Esta enmienda fue un paso adelante en hacer de los Estados Unidos una verdadera democracia para todo su pueblo. Sin embargo, la enmienda no resultó en igualdad económica entre los sexos tal como lo esperaban sus partidarios. Las mujeres siguieron encontrándose con la discriminación y generalmente recibían sueldos más bajos que los hombres en el mismo empleo.

Manifestación de sufragistas ante la Casa Blanca

VUELVE A PENSAR

¿Por que crees que el movimiento por los derechos de la mujer logró obtener el sufragio femenino?

_____

_____

EN RESUMEN: EL MOVIMIENTO POR LOS DERECHOS FEMENINOS

Por muchos años las mujeres no tenían igualdad de derechos con los hombres. A fines del siglo XIX, los grupos feministas se organizaron, concentrando sus esfuerzos en obtener el sufragio. Después de mucho luchar, en 1920 se aprobó la Enmienda XIX que dio a las mujeres el derecho al voto.

VERIFICA TU COMPRENSION

Instrucciones: Completa las siguientes tarjetas. Luego contesta las preguntas de selección múltiple.

ASAMBLEA DE SENECA FALLS
¿Por qué se reunió?_____
Nombra dos líderes del movimiento feminista:
1. _____ 2. _____

ENMIENDA DIECINUEVE
¿Qué dispuso? _____
Sus efectos en la sociedad estadounidense:
1. _____ 2. _____

1 El objetivo principal del movimiento por los derechos femeninos a principios del siglo XIX fue obtener
 1 puestos en el Gabinete para las mujeres
 2 reformas en las prisiones
 3 derechos civiles para todas las minorías
 4 sufragio femenino

2 "Sufragio" puede mejor definirse como
 1 derecho al voto
 2 libertad de palabra
 3 libertad de religión
 4 igualdad económica

3 El propósito de la Enmienda Diecinueve era
 1 dar derechos civiles completos a los negros
 2 dar a las mujeres el derecho al voto
 3 otorgar la libertad de palabra
 4 ofrecer mejores empleos a las mujeres

4 ¿Cuál aseveración describe con más exactitud la condición de las mujeres durante los años 1800?
 1 Las mujeres recibían trato igual con los hombres.
 2 La mayoría de las mujeres trabajaban fuera de casa.
 3 A las mujeres se las trataba como inferiores a los hombres.
 4 La mayoría de las mujeres estaban activas en la política.

LA URBANIZATION Y LA INMIGRATION

A medida que los Estados Unidos se industrializaban,
había más inmigrantes del extranjero
y crecían las ciudades.

PARA PENSAR

En tu opinión, ¿qué presenta más dificultad en adaptarse a la vida en un país extranjero?

_____

Términos y conceptos importantes: Al leer esta sección, fíjate en los siguientes:

◆ **Urbanización**   ◆ **Pluralismo cultural**
◆ **Ghettos**   ◆ **Nativistas**
◆ **Asimilación**   ◆ **Refugiados**

LA URBANIZACION

En 1865, la mayoría de los estadounidenses vivían en el campo. Para 1920, la mitad de la población se encontraba en los centros urbanos (*ciudades*) como Chicago y Nueva York. Este movimiento de la gente a las ciudades se llama **urbanización**.

LAS RAZONES PARA LA URBANIZACION

La gente se mudaba a las ciudades por varias razones. Se construían allí nuevas fábricas que atraían a la gente en busca de trabajo. Muchas personas venían del campo donde la nueva maquinaria había eliminado sus empleos. Otros se mudaban a las ciudades atraídos por el interés ofrecido por los teatros, los museos y las bibliotecas. A fines de los años 1800, cada vez más inmigrantes europeos llegaban a las ciudades. Para los años 1900, muchos negros sureños rurales iban a las ciudades del Noreste en busca de una mejor vida.

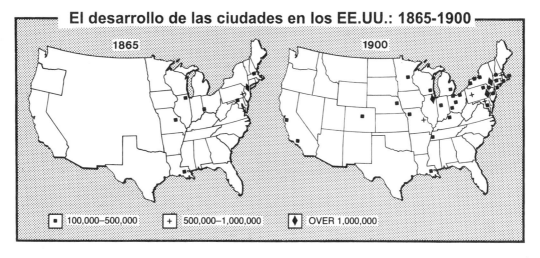

El desarrollo de las ciudades en los EE.UU.: 1865-1900

POBLACION DE LOS EE.UU. RESIDENCIA Y EDAD MEDIA: 1840-1910				
Año	Población total	% de población urbana	% de población rural	Promedio de edad
1840	17 milliones	11%	89%	18
1850	23 milliones	15%	85%	19
1860	31 milliones	20%	80%	19
1870	40 milliones	26%	74%	20
1880	50 milliones	28%	72%	21
1890	63 milliones	35%	65%	22
1900	76 milliones	40%	60%	23
1910	92 milliones	46%	54%	24

Fuente: *Abstracto Histórico de los EE.UU.*

¿Tienes dificultad en comprender esta tabla? El siguiente Desarrollo de destrezas te ayudará.

DESARROLLO DE DESTREZAS: INTERPRETACION DE TABLAS

A veces los exámenes tienen preguntas de interpretación de la información encontrada en una tabla. En esta sección se explica cómo contestar este tipo de preguntas.

¿Qué es una tabla?

Una tabla es la ordenación de palabras o números en columnas y líneas horizontales. Se usa para organizar una gran cantidad de información para poder encontrar y compararla fácilmente.

Claves para la comprensión de una tabla

Para comprender una tabla de información fíjate en sus elementos principales:

El título. El título presenta el tema general de la tabla. Por ejemplo, el título de la tabla que precede es "Población de los EE.UU., residencia y edad media: 1840-1910". Se compara la población total de los EE.UU. que residía en las regiones urbanas y rurales entre 1840 y 1910.

Categorías. Las categorías de información aparecen en diferentes columnas. Los nombres de las categorías se encuentran en la parte alta. En nuestra tabla, las categorías son "año", "población total" del país, el porcentaje de personas de residencia "urbana" y "rural", y la "edad media".

Interpretación de una tabla

Comienza por fijarte en el título; éste te dará el sentido general de la información presentada. Para encontrar información específica, tienes que buscar dónde se cruzan las líneas horizontales y las columnas de categorías. Por ejemplo, si quieres saber el porcentaje de la población rural en 1880, comienza en lo alto de la columna de "% de población rural" y baja el dedo hasta la línea horizontal del año "1880". El punto de intersección muestra que en 1880, 72% de la población vivía en regiones rurales.

ANALISIS

A veces, en una pregunta basada en tablas se te puede pedir que identifiques una **tendencia** (*dirección general*). Puedes darte cuenta de la tendencia al fijarte en la información en la tabla. Por ejemplo, una tendencia indicada en nuestra tabla es que la población urbana aumentaba anualmente. Nombra dos otras tendencias basadas en esta tabla:

1. La edad media de los estadounidenses _____

2. _____

LAS CIUDADES SE ENFRENTAN A NUEVOS PROBLEMAS

A medida que las ciudades crecían, comenzaron a surgir nuevos problemas. Estos a menudo eran difíciles de solucionar.

PROBLEMAS DE LAS CIUDADES EN DESARROLLO

Los servicios públicos. Las ciudades carecían de suficientes hospitales, escuelas, policías y bomberos, y facilidades de recolección de basura. Las familias se atestaban en **conventillos** (*viviendas de un solo cuarto*), a menudo sin luz ni calefacción.

Las tensiones sociales. Los ricos vivían al lado de los muy pobres. El ver los lujos de los ricos hacía más difícil a los pobres aguantar su condición miserable. Esto aumentaba las tensiones de la vida en la ciudad.

La corrupción política. Muchas ciudades eran administradas por jefes políticos corruptos. Estos ofrecían empleos y servicios a los inmigrantes a cambio de sus votos.

Una calle atestada de Chicago en 1915, típica de la vida urbana a principios del siglo XX

LA INMIGRACION

Una de las causas del rápido desarrollo de las ciudades fue el influjo de inmigración. La mayoría de los inmigrantes venían a los Estados Unidos por las siguientes razones:

POR QUE LA GENTE EMIGRABA A LOS ESTADOS UNIDOS

Escape. Algunos venían para escapar de la horrible pobreza en su país. Por ejemplo, el hambre que resultó de las malas cosechas de papas en los años 1840, trajo a los Estados Unidos a muchos irlandeses.

Busca de libertad. Algunos venían para escapar la persecución religiosa y política. Por ejemplo, los judíos rusos vinieron en los años 1880 para escapar la violencia contra ellos respaldada por el gobierno.

Una mejor vida. Muchos venían porque supieron de las mejores condiciones de vida y la disponibilidad de empleos. Por ejemplo, muchos polacos, húngaros, austríacos, suecos y chinos vinieron en busca de empleos mejor pagados.

LOS PROBLEMAS DE GANARSE LA VIDA

La mayoría de los inmigrantes que llegaron después de 1880 eran pobres, y generalmente se radicaban en las ciudades. Además de tener que contender con la pobreza, tenían que aprender un nuevo idioma y nuevas costumbres. La mayoría de ellos tenían que trabajar como peones largas jornadas a bajo sueldo. Además, a menudo vivían en condiciones de atestamiento y mala salubridad.

LA ASIMILACION A UNA NUEVA VIDA

Ya que la mayoría de los inmigrantes no hablaban inglés y tenían diferentes costumbres a las locales, se encontraban con la discriminación. Para sentirse más cómodos en el nuevo ambiente, a menudo se radicaban en **ghettos** (*comunidades de personas de la misma nacionalidad*). Sin embargo, la vida en los ghettos les dificultaba la "asimilación" —aprender el inglés y las costumbres del país. En las escuelas públicas, eran sus hijos los que aprendían el idioma y las costumbres estadounidenses.

¿Deben los inmigrantes asimilarse a la cultura estadounidense o mantener la identidad de su cultura nacional original?

ASIMILACIÓN	PLURALISMO CULTURAL
La teoría del "crisol" dice que al adoptar las costumbres estadounidenses y el idioma inglés, los inmigrantes "se funden" en la cultura del país. A lo largo de ese proceso, muchas costumbres se convierten en parte de la vida estadounidense, como se ve en las comidas, la música y algunas expresiones adoptadas a la lengua.	Al aplicar la teoría del "cuenco de ensalada", los EE.UU. no tienen una cultura uniforme. Cada grupo inmigrante retiene con orgullo su propia identidad, y al mismo tiempo comparte ciertos valores con los otros grupos que componen la nación. Con el pluralismo cultural, muchos pueblos diversos viven lado a lado en vez de "fundirse".

LOS CAMBIOS EN LAS CORRIENTES INMIGRATORIAS

INMIGRANTES "ANTIGUOS" Y "NUEVOS"

En los primeros cien años después de su independencia, los Estados Unidos no tenían leyes que limitaran la inmigración. La mayoría de los inmigrantes venían del norte de Europa, especialmente Gran Bretaña, Irlanda y Alemania. Generalmente eran protestantes, a excepción de los irlandeses que eran católicos. En su mayoría, hablaban el inglés y se los conoce como los "**inmigrantes antiguos**". En los años 1800, cambiaron las corrientes inmigratorias. Los inmigrantes ahora venían de Europa del sur y del este, especialmente de Italia, Grecia, Polonia, Austria-Hungría y Rusia. Eran católicos o judíos más bien que protestantes. A menudo eran muy pobres, no sabían inglés, o apenas lo conocían, y vestían de modo diferente de la mayoría de los estadounidenses. Por esto fueron llamados los "**nuevos inmigrantes**".

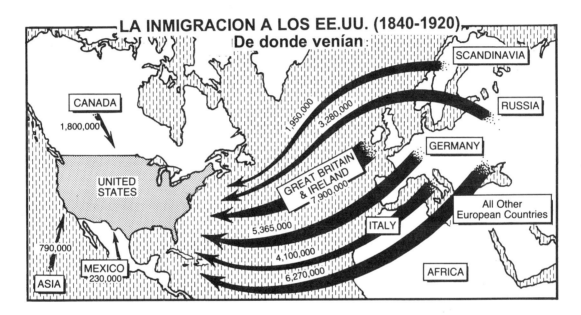

INTENTOS DE LIMITAR LA INMIGRACION (1880-1965)

A medida que aumentó el número de inmigrantes a fines del siglo XIX, muchos estadounidenses se pronunciaron en contra de la inmigración continua. Estos adversarios de la inmigración se conocían como "**nativistas**". A menudo fueron acusados de ser **etnocéntricos**. Etnocentrismo es la convicción de que la raza y la cultura de uno es superior a otras. Los nativistas argumentaban que debía limitarse o detener la inmigración; temían que los "nuevos inmigrantes", con sus costumbres y lenguas extrañas, eran tan diferentes de la gente que vivía en el país que nunca llegarían a amoldarse a la sociedad estadounidense. También sostenían que los inmigrantes tomarían los empleos de otros individuos porque aceptaban empleos a sueldos más bajos.

A medida que se esparció el sentimiento nativista, el Congreso aprobó leyes para limitar la inmigración. Las primeras estaban dirigidas contra los asiáticos. En los años 1920, las leyes también limitaron la inmigración de Europa del sur y del este.

- La **Ley de Exclusión de Chinos (1882)** y el **Acuerdo entre Caballeros (1907)** eran las medidas que limitaban la inmigración desde China y del Japón.

- Las **Leyes de Inmigración de 1921, 1924, 1929** limitaron muchísimo la inmigración desde el sur y del este de Europa. En gran medida, estas leyes fueron promulgadas como resultado del prejuicio étnico contra los tan llamados nuevos inmigrantes.

LA INMIGRACION DESDE 1965

Las leyes de inmigración cambiaron mucho en 1965. Actualmente, las personas que ya tienen parientes en los Estados Unidos, que tienen destrezas especiales o que son **refugiados** políticos (*escapan la persecución en su país*) reciben permiso de entrar en los EE.UU. antes que otros grupos.

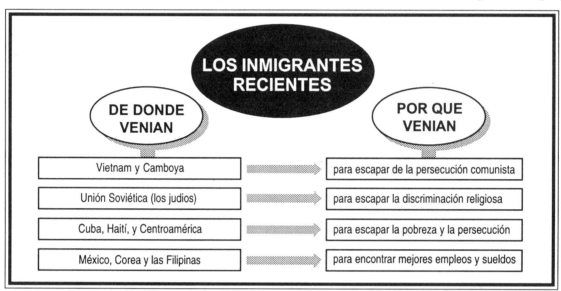

Ya que los EE.UU. tratan de limitar el número total de inmigrantes, había un gran aumento de inmigración ilegal. Quizás hasta un millón de extranjeros entran ilegalmente en el país cada año. Desde 1965, en su mayoría vienen de Latinoamérica y de Asia, y muy pocos de Europa. El hecho que tantas personas quieren venir a los EE.UU. crea problemas.

ANALISIS

El tremendo aumento de la inmigración lleva a algunas preguntas importantes. Responde de acuerdo a tu opinión:

- ¿Deben los Estados Unidos imponer algunos límites en la inmigración? _____

- ¿Cuántas personas deben admitirse? _____

- ¿Qué grupos deben ser admitidos? _____

- ¿Con qué severidad deben aplicarse las leyes contra la inmigración ilegal? _____

VUELVE A PENSAR

Ahora que acabas de leer esta sección, ¿cuál crees ser la dificultad más grande para la

mayoría de los inmigrantes?_____

Explica tu punto de vista. _____

EN RESUMEN: URBANIZACION E INMIGRACION

Con el desarrollo de la industria, crecieron las ciudades al atraer a la gente que buscaba trabajo. A fines del siglo XIX y principios del XX, llegaban muchísimos inmigrantes a los EE.UU. Escapaban las condiciones políticas y económicas de sus países y esperaban encontrar una vida mejor. Se encontraban con muchos problemas. Desde entonces, los EE.UU. limitaron el número de inmigrantes legales. El país sigue atrayendo a la gente de otras partes y es difícil establecer una política de inmigración.

VERIFICA TU COMPRENSION

Instrucciones: Completa las tarjetas siguientes. Luego contesta las preguntas de selección múltiple.

URBANIZACIÓN

Definición:_____

Enumera dos de sus causas:

1._____

2._____

NATIVISTAS

Definición: _____

Enumera dos razones de su oposición a que continuara la inmigración:

1. _____

2. _____

1 ¿Cuál aseveración describe con acierto la experiencia compartida por la mayoría de los inmigrantes en los EE.UU.?

   1 A menudo se encontraban ante la hostilidad y el resentimiento.

   2 Se radicaban solamente en las regiones agrarias donde había tierras baratas.

   3 Adoptaron el modo de vivir estadounidense inmediatamente.

   4 Pronto se matricularon en las universidades para hacer estudios.

2 ¿Cuál suceso fue la causa de los otros tres?

   1 Mucha gente que vivía en Europa pasaba por malos tiempos.

   2 Aumentó la inmigración a los Estados Unidos.

   3 Los inmigrantes se radicaron en las ciudades estadounidenses.

   4 Muchos inmigrantes tenían dificultad en amoldarse a la vida en los EE.UU.

3 El movimiento de la gente de las regiones rurales a las ciudades se llama
   1 nativismo   3 urbanización
   2 imperialismo   4 comunismo

4 ¿Cuál es la declaración más exacta sobre la inmigración a los Estados Unidos?
   1 Los inmigrantes siempre adoptaban costumbres y tradiciones estadounidenses.
   2 Con el tiempo, los inmigrantes llegaban de países diferentes que antes.
   3 Actualmente, los Estados Unidos admiten a todos los que quieran venir aquí.
   4 Los inmigrantes raramente se encuentran con problemas cuando llegan a los Estados Unidos.

5 ¿Cuál es la mejor explicación del hecho que se promulgaron leyes de inmigración en los años 1920?
   1 La industrialización redujo la demanda de labor de los inmigrantes.
   2 Muchos grupos nativistas se oponían a la continua inmigración.
   3 Los sindicatos laborales estaban en favor de inmigración ilimitada.
   4 La urbanización estaba en declive.

6 Tanto la Ley de Exclusión de Chinos como el Acuerdo entre Caballeros trataron de
   1 aumentar la inmigración europea
   2 establecer intercambio cultural con Asia
   3 limitar la inmigración asiática
   4 atraer trabajadores asiáticos adiestrados

SECCIÓN 3

EL MOVIMIENTO DE LA GRANJA Y EL POPULISTA

En esta sección se examina cómo se formaron nuevos partidos políticos con el fin de que el gobierno ayudara a los agricultores y a otros grupos.

PARA PENSAR

Supongamos que la compañía de utilidad pública —la única en la ciudad (un monopolio)— pide el doble del precio por la electricidad. ¿Qué acciones podrías tomar en respuesta a eso?

Términos y conceptos importantes: Al leer esta sección, fíjate en los siguientes:

- ◆ Movimiento de la Granja
- ◆ Ley de Comercio interestatal
- ◆ Partido Populista
- ◆ Terceros partidos

LOS EE.UU.: UNA NACION DE AGRICULTORES

Actualmente, menos de un 2% de la población de los EE.UU. trabaja en las granjas. Sin embargo, la vida era bastante diferente en los años 1870 cuando la mayoría de los habitantes eran agricultores.

LOS PROBLEMAS DE LOS AGRICULTORES: 1870-1900

A fines del siglo XIX, los granjeros pasaron por grandes dificultades; los precios de los comestibles bajaban cada·vez más mientras que los gastos de los granjeros seguían altos. Esto fue la consecuencia de varias causas.

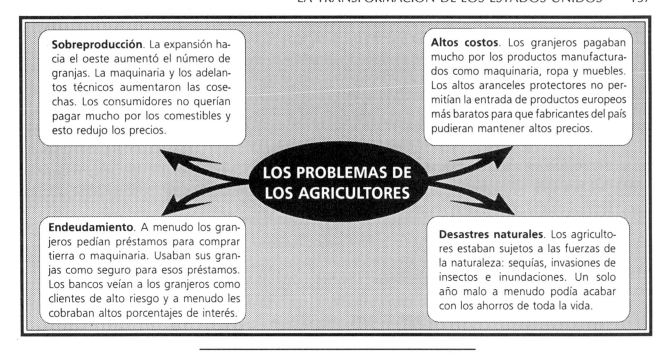

Sobreproducción. La expansión hacia el oeste aumentó el número de granjas. La maquinaria y los adelantos técnicos aumentaron las cosechas. Los consumidores no querían pagar mucho por los comestibles y esto redujo los precios.

Altos costos. Los granjeros pagaban mucho por los productos manufacturados como maquinaria, ropa y muebles. Los altos aranceles protectores no permitían la entrada de productos europeos más baratos para que fabricantes del país pudieran mantener altos precios.

LOS PROBLEMAS DE LOS AGRICULTORES

Endeudamiento. A menudo los granjeros pedían préstamos para comprar tierra o maquinaria. Usaban sus granjas como seguro para esos préstamos. Los bancos veían a los granjeros como clientes de alto riesgo y a menudo les cobraban altos porcentajes de interés.

Desastres naturales. Los agricultores estaban sujetos a las fuerzas de la naturaleza: sequías, invasiones de insectos e inundaciones. Un solo año malo a menudo podía acabar con los ahorros de toda la vida.

EL MOVIMIENTO GRANJERO

Muchos agricultores comenzaron a organizarse para tratar con sus problemas. En 1867 se estableció el **movimiento de la Granja**. La Granja fue una asociación nacional de clubes de agricultores. Inicialmente, el grupo se concentraba en las actividades sociales como jiras, conferencias y bailes. Cuando aumentaron los problemas de los agricultores, se convirtió en un grupo cuyo objetivo era influenciar al gobierno para elevar el nivel de vida de los agricultores.

La mayoría de los agricultores culpaban a las compañías ferroviarias como la causa principal de sus dificultades; costaba mucho llevar las cosechas al mercado. En varios estados del Medio Oeste, los granjeros eligieron candidatos que aprobaron **leyes granjeras** (*favorables a los agricultores*) que controlaban los precios que los ferrocarriles podían cobrar a los agricultores. Con el tiempo, la Corte Suprema declaró como inconstitucionales muchas de estas leyes porque interferían con el comercio interestatal (*entre estados*). Los granjeros entonces se dirigieron al Congreso pidiendo su apoyo. En 1887, el Congreso aprobó la **Ley de Comercio Interestatal** que estableció una agencia del gobierno para reglamentar los ferrocarriles y el comercio entre diferentes estados.

Thomas Eakins, pintor

ENFOQUE EN LAS ARTES

Eakins fue un pintor dedicado al detalle y al realismo. Presentaba a la gente en las actividades diarias con exactitud fotográfica. Eakins estaba tan preocupado por el realismo que disecaba animales para conocer mejor su anatomía antes de pintarlos. Uno de sus cuadros, "La clínica Gross", muestra a un cirujano que hace una pausa de la operación para hablar a los estudiantes de medicina. Algunas personas consideraron esta pintura como vulgar porque mostraba instrumentos quirúrgicos y sangre.

EL PARTIDO POPULISTA

Aunque el Movimiento de la Granja tuvo un cierto éxito, los agricultores seguían en aprietos. En 1892, juntaron fuerzas con un nuevo partido político llamado **Partido Populista**. Los populistas representaban a los agricultores, labradores y obreros industriales en su lucha contra los intereses bancarios y ferroviarios. Estaban convencidos de que las grandes empresas tenían demasiada influencia en el gobierno. Creían que ya no podían contar con los dos partidos principales —el Demócrata y el Republicano— para introducir los cambios necesarios. Los populistas querían que el gobierno federal asumiese más responsabilidad por el bienestar de la gente.

EL PROGRAMA POPULISTA

En 1892, los populistas escogieron un candidato para la presidencia. El programa populista incluía muchas ideas nuevas:

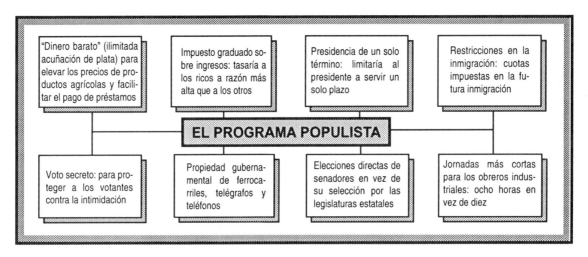

"Dinero barato" (ilimitada acuñación de plata) para elevar los precios de productos agrícolas y facilitar el pago de préstamos

Impuesto graduado sobre ingresos: tasaría a los ricos a razón más alta que a los otros

Presidencia de un solo término: limitaría al presidente a servir un solo plazo

Restricciones en la inmigración: cuotas impuestas en la futura inmigración

EL PROGRAMA POPULISTA

Voto secreto: para proteger a los votantes contra la intimidación

Propiedad gubernamental de ferrocarriles, telégrafos y teléfonos

Elecciones directas de senadores en vez de su selección por las legislaturas estatales

Jornadas más cortas para los obreros industriales: ocho horas en vez de diez

LAS CAMPAÑAS ELECTORALES

Con el mayor apoyo en el Sur, el Noroeste y los estados montañosos, los populistas se esforzaron para que sus candidatos fuesen elegidos a puestos públicos. En 1892, el candidato presidencial populista recibió más de un millón de votos. En 1896, el Partido Demócrata propuso a **William Jennings Bryan** después de su discurso en la asamblea electoral. Bryan censuraba a los banqueros por tratar de "poner a la humanidad en una cruz de oro". Como defendía los intereses de los agricultores con vigor, los populistas decidieron apoyarlo. En consecuencia, los demócratas adoptaron una gran parte del programa populista, y un partido populista aparte ya no parecía ser necesario. Sin embargo, Bryan perdió las elecciones en favor del candidato republicano **William McKinley**. En 1900, Bryan volvió a ser candidato, pero McKinley fue reelegido. La segunda derrota de Bryan y mejores condiciones para los agricultores llevaron al final del movimiento populista.

En esta caricatura se atacó a Bryan por usar simbolismo religioso en su discurso de la "cruz de oro"

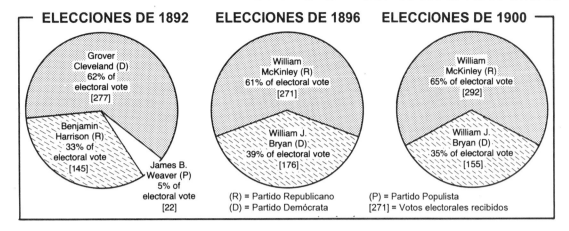

ELECCIONES DE 1892 · ELECCIONES DE 1896 · ELECCIONES DE 1900

Grover Cleveland (D) 62% of electoral vote [277]

Benjamin Harrison (R) 33% of electoral vote [145]

James B. Weaver (P) 5% of electoral vote [22]

William McKinley (R) 61% of electoral vote [271]

William J. Bryan (D) 39% of electoral vote [176]

William McKinley (R) 65% of electoral vote [292]

William J. Bryan (D) 35% of electoral vote [155]

(R) = Partido Republicano
(D) = Partido Demócrata

(P) = Partido Populista
[271] = Votos electorales recibidos

EL PAPEL DE LOS TERCEROS PARTIDOS

A lo largo de la historia de los EE.UU. existieron dos partidos políticos principales. Los partidos menores generalmente se conocen como los "**terceros partidos**". Los populistas muestran la función de los terceros partidos en la política del país —ofrecer a las minorías la oportunidad de expresar sus quejas, originar nuevas ideas, proponer nuevas soluciones e informar al público.

- **La formación de los terceros partidos**. Los movimientos de tercer partido generalmente tienen lugar cuando los partidos principales no hacen caso a una cuestión pública importante. Entre esas cuestiones estaban el sufragio femenino y el aborto.

- **La influencia de los terceros partidos**. Si el tercer partido tiene éxito, uno o ambos partidos principales adoptan sus ideas —como en el caso de los demócratas que adoptaron el programa populista. El mejor ejemplo de la influencia de los terceros partidos es que muchas de sus propuestas se han convertido en ley. Algunas de las ideas populistas que vinieron a ser leyes eran el **impuesto sobre ingresos graduado** (*porcentaje más alto en los ingresos grandes*), las **elecciones directas de senadores** (*elegidos por los votantes en vez de los miembros de legislaturas estatales*) y el **voto secreto** (*sin que otros se enteren de cómo uno ha votado*).

EN RESUMEN: LOS MOVIMIENTOS DE LA GRANJA Y EL POPULISTA

Desde los años 1870 hasta el comienzo del siglo XX, empeoró la vida de los agricultores. Recibían menos por sus cosechas y pagaban más por la maquinaria, provisiones y transporte. En un esfuerzo de mejorar su vida, los agricultores organizaron el movimiento de La Granja. Con el tiempo, juntaron sus fuerzas con otros grupos para apoyar el nuevo Partido Populista. Aunque ninguno de sus candidatos vino a ser presidente, muchas de las ideas populistas se convirtieron en leyes.

VUELVE A PENSAR

En respuesta al doble precio de la electricidad, ¿cambiarías ahora tus acciones? _____

Explica tu respuesta. _____

_____

VERIFICA TU COMPRENSION

Instrucciones: Completa las siguientes tarjetas. Luego contesta las preguntas de selección múltiple.

EL MOVIMIENTO DE LA GRANJA

¿Qué era? _____

Nombra una de sus demandas:

_____

_____

EL MOVIMIENTO POPULISTA

¿Qué era? _____

Enumera dos de las demandas de los populistas:

1. _____
2. _____

---

1 El objetivo principal tanto de la Granja como del movimiento populista fue
  1 hacer que el gobierno tomase posesión de los ferrocarriles
  2 llevar a que el gobierno pusiera fin a la inflación
  3 promulgar leyes que aumentaran la reglamentación federal de los monopolios
  4 apoyar la inmigración ilimitada de los asiáticos

2 Un partidario del movimiento de la Granja probablemente estaría en favor de
  1 la reglamentación de ferrocarriles
  2 precios más bajos de productos agrícolas
  3 interés más alto en los bancos
  4 tarifas protectoras más altas en los artículos manufacturados

3 ¿Cuál declaración describe mejor muchas de las reformas propuestas por el Partido Populista?
  1 Eran sólo promesas de campaña.
  2 La mayoría de los votantes se oponían a las ideas populistas.
  3 No eran deseables en una democracia.
  4 Más tarde fueron logradas por otros partidos políticos.

4 En los Estados Unidos, los terceros partidos generalmente llevaron
  1 a la disminución de la participación de los ciudadanos en la política
  2 al fin del gobierno democrático
  3 a nuevas ideas en el gobierno
  4 al fin de toda inmigración a los EE.UU.

5 Los granjeros y los populistas se interesaron más en ayudar a los
  1 grupos indígenas
  2 afro-estadounidenses
  3 negociantes y políticos
  4 agricultores y obreros

6 Muchas de las reformas inicialmente propuestas por los terceros partidos fueron luego adoptadas por los dos partidos principales. Esto sugiere que
  1 los partidos principales apoyan a todos los terceros partidos
  2 los terceros partidos pueden influir en los partidos políticos principales
  3 los partidos políticos principales no existirán en el futuro
  4 los asuntos de los terceros partidos no afectan a los partidos políticos principales

7 El movimiento de la Granja estaba más interesado en solucionar los problemas de
  1 los agricultores   3 los negociantes
  2 los veteranos   4 las mujeres

8 Una característica importante del impuesto graduado sobre ingresos es que
  1 lo pagan sólo las corporaciones y no los individuos
  2 es recogido sólo por el gobierno federal
  3 lo pagan sólo los ricos
  4 se basa en los ingresos de la persona

EL MOVIMIENTO PROGRESISTA: 1900-1920

En esta sección se trata del movimiento progresista y
sus esfuerzos de introducir nuevas reformas en el
gobierno local, estatal y federal.

PARA PENSAR

En tu opinión, ¿qué injusticias hay en la sociedad estadounidense en el presente? _____

_____

Términos y conceptos importantes: Cuando leas esta sección, fíjate en los siguientes:

- ✦ **Movimiento progresista**
- ✦ **Rastrilladores de mugre**
- ✦ **Iniciativa**
- ✦ **Referéndum**

- ✦ **Destitución**
- ✦ **Ley de Pureza de Alimentos y Drogas**
- ✦ **Impuesto graduado sobre ingresos**
- ✦ **Ley Clayton contra Trusts**

LOS OBJETIVOS DE LOS PROGRESISTAS

Entre 1900 y 1920 floreció el **movimiento progresista**. Sus partidarios recibieron ese nombre ✦
porque su objetivo era el **progreso** que esperaban al enderezar los abusos políticos y económicos
que resultaron de la industrialización rápida del país. Los progresistas querían utilizar la autoridad
del gobierno para poner fin a estos abusos para que todo el pueblo pudiera gozar de una vida mejor. Para lograr esto, los progresistas creían que tenían que reformar el gobierno que quedó
corrompido por las grandes empresas y los "caciques" políticos. Aunque tomaron algunas ideas de
los populistas, los progresistas eran un grupo muy diferente. Sus partidarios eran principalmente
la clase media urbana, mientras que los populistas eran agricultores y labradores rurales. Las reformas progresistas apartaron a los EE.UU. de la economía de laissez-faire; en adelante, la
reglamentación por el gobierno impediría algunos de los abusos del poder económico.

LOS ALCANCES DE LOS PROGRESISTAS

LOS PROBLEMAS

Algunas ciudades se desarrollaron con tanta rapidez que no podían hacer frente a los problemas
de viviendas atestadas, escuelas inadecuadas y sanidad deficiente. En busca de soluciones, la gente se dirigía al jefe local de uno de los partidos, conocido como **jefe político**. Estos jefes ayudaban
a la gente a encontrar empleos, viviendas y hasta préstamos. A cambio, esperaban que la gente
votara por los candidatos que ellos recomendaban. Una vez elegido el candidato, el jefe a menudo
aprovechaba sus contactos en el gobierno para robar dinero de los fondos públicos o sacar otros
beneficios ilícitos.

LOS "RASTRILLADORES DE MUGRE" (ESCRITORES DE DENUNCIA)

Entre los primeros progresistas los que tenían más influencia estaban los periodistas y escritores conocidos como **rastrilladores de mugre**. Se los llamó así porque, en busca de noticias, "rastrillaban" por la "mugre" de la vida del país. Escribían sobre la gente que había sufrido como resultado de la industrialización; también informaban al público sobre las prácticas fraudulentas y corruptas del gobierno y de las grandes empresas. En el presente, algunos reporteros de periódicos, revistas y televisión actúan como rastrilladores modernos; exponen problemas y promueven reformas.

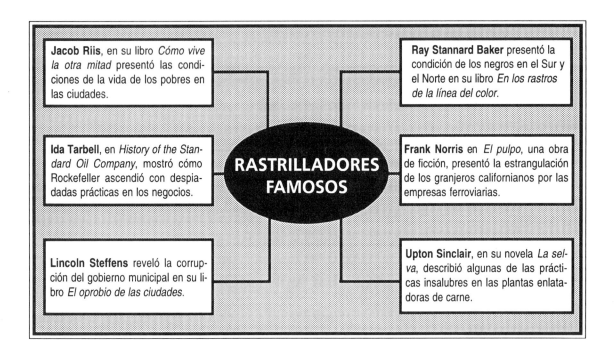

Jacob Riis, en su libro *Cómo vive la otra mitad* presentó las condiciones de la vida de los pobres en las ciudades.

Ida Tarbell, en *History of the Standard Oil Company*, mostró cómo Rockefeller ascendió con despiadadas prácticas en los negocios.

Lincoln Steffens reveló la corrupción del gobierno municipal en su libro *El oprobio de las ciudades*.

RASTRILLADORES FAMOSOS

Ray Stannard Baker presentó la condición de los negros en el Sur y el Norte en su libro *En los rastros de la línea del color*.

Frank Norris en *El pulpo*, una obra de ficción, presentó la estrangulación de los granjeros californianos por las empresas ferroviarias.

Upton Sinclair, en su novela *La selva*, describió algunas de las prácticas insalubres en las plantas enlatadoras de carne.

LAS REFORMAS PROGRESISTAS

Muchos estadounidenses creen que la sociedad puede mejorarse por medio de reformas. El movimiento progresista, igual que anteriormente el movimiento abolicionista y el de derechos femeninos, fue otro ejemplo de la gente que trataba de superar problemas por medio de reformas.

Los progresistas creían que las grandes empresas tenían una influencia corruptora en los políticos, e impedían los intentos de solucionar los problemas de la industrialización. Fue una época en que la falsedad y el robo eran comunes en el gobierno federal. Una gran parte de la corrupción resultaba del **sistema de botín**. Los puestos oficiales no se otorgaban a los individuos más aptos sino a los que contribuían con dinero o trabajo al partido victorioso. Algunos presidentes comenzaron a favorecer el **sistema de méritos** en el servicio civil. En 1883, el Congreso aprobó una ley que estableció la **Comisión de Servicio Civil**. Más tarde, los puestos se otorgaban de acuerdo a los resultados que los candidatos tenían en exámenes especiales.

Los progresistas apremiaban aún más reformas políticas y sociales. El cuadro que sigue presenta las reformas aprobadas durante el movimiento progresista en el nivel estatal y nacional.

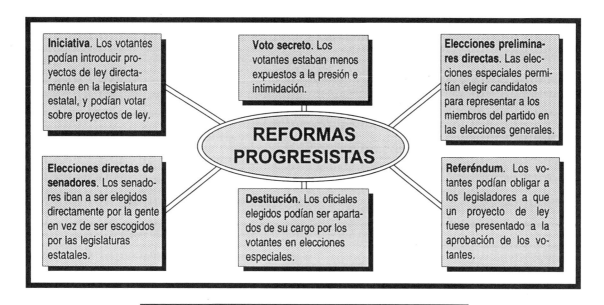

Iniciativa. Los votantes podían introducir proyectos de ley directamente en la legislatura estatal, y podían votar sobre proyectos de ley.

Voto secreto. Los votantes estaban menos expuestos a la presión e intimidación.

Elecciones preliminares directas. Las elecciones especiales permitían elegir candidatos para representar a los miembros del partido en las elecciones generales.

REFORMAS PROGRESISTAS

Elecciones directas de senadores. Los senadores iban a ser elegidos directamente por la gente en vez de ser escogidos por las legislaturas estatales.

Destitución. Los oficiales elegidos podían ser apartados de su cargo por los votantes en elecciones especiales.

Referéndum. Los votantes podían obligar a los legisladores a que un proyecto de ley fuese presentado a la aprobación de los votantes.

LOS PRESIDENTES PROGRESISTAS

Theodore Roosevelt y Woodrow Wilson eran los presidentes que se identifican con el movimiento progresista. Trataron de usar la autoridad presidencial para introducir reformas importantes para remediar algunos problemas creados por la industrialización.

THEODORE ROOSEVELT (1901-1910)

Theodore "Teddy" Roosevelt vino a ser presidente en 1901 cuando fue asesinado el Presidente **William McKinley**. Roosevelt creía que el presidente, el único funcionario que representaba a *todo* el pueblo, debía actuar con vigor en defensa de los intereses de la gente.

■ **Roosevelt como "reventador de trusts"**. El modo en que Roosevelt vino a aplicar sus convicciones se vio en su trato de las empresas llamadas **trusts** (*compañías fundidas para limitar la competencia*). Creía que había trusts "buenos" y "malos" (véase el dibujo). Los "malos" actuaban contra los intereses públicos. Por ejemplo, "reventó" la Standard Oil Company de John D. Rockefeller porque su control de toda la industria petrolera la hacía un "trust malo". Roosevelt, que se ganó la reputación de "reventador de trusts", no llegó a desmembrar tantos de ellos; sin embargo, estableció la idea de que el gobierno podía deshacer los trusts dañinos.

■ **Legislación del Trato Justo**. Roosevelt prometió al pueblo un "Trato Justo". Esto quería decir justicia y oportunidades iguales. Para cumplir con esto, emprendió a:

• **Proteger la salud pública**. La **Ley de Pureza de Alimentos y Drogas** y la **Ley de Inspección de Carne** se promulgaron en 1906 para proteger al consumidor. Establecieron la inspección gubernamental de las carnes, otros alimentos y drogas.

- **Reglamentar el transporte y las comunicaciones.** Se expandió la autoridad de la Comisión del Comercio Interestatal para proteger los intereses del público.

- **Proteger el ambiente.** Roosevelt era conocido como cazador y aficionado a la vida al aire libre. Llamó la atención a la necesidad de conservar los bosques, seres silvestres y recursos naturales. Ayudó en la formación de la Comisión Nacional de Conservación dedicada a la protección de la naturaleza y de recursos naturales.

Upton Sinclair, novelista

ENFOQUE EN LAS ARTES

Upton Sinclair, rastrillador, ayudó a llamar la atención nacional a los abusos en las plantas empacadoras de carne. En su novela *La selva*, Sinclair habló de ratas que saltaban dentro de las tolvas de mezlar carne para salchichas. A menudo, estas ratas se trituraban junto con la carne. Estas narraciones sacudieron al pueblo. El escándalo resultante llevó al Congreso a promulgar nuevas leyes que requerían inspecciones gubernamentales de toda carne y comidas preparadas.

WOODROW WILSON (1913-1921)

En 1908, **William Taft**, amigo de Roosevelt fue elegido presidente. En 1912, Taft volvió a ser nominado por el Partido Republicano. Roosevelt, que para entonces no estaba satisfecho con Taft, decidió aceptar la nominación de un nuevo tercer partido, conocido como Partido Progresista o **Partido "Bull Moose"**. Esto dividió el Partido Republicano y permitió que el candidato demócrata, Woodrow Wilson, ganara las elecciones. Igual que Roosevelt y los otros progresistas, Wilson usó su poder presidencial para controlar las grandes empresas y mejorar las condiciones de vida del pueblo. Wilson prometió al pueblo lo que él llamaba la **Nueva Libertad**. Persuadió al Congreso a promulgar varias leyes importantes apoyadas por los progresistas:

Woodrow Wilson

- **Impuesto graduado sobre ingresos (1913).** Los individuos de ingresos más altos pagan en impuestos un porcentaje más alto de sus ingresos que las personas con ingresos más bajos. Wilson introdujo el **impuesto federal graduado** como resultado de la **Enmienda XVI** a la Constitución.

- **Reglamentación de la economía.** La **Ley de la Reserva Federal (1913)** estableció 12 Bancos de Reserva Federal. Estos sirven como "bancos de banqueros", o sea hacen préstamos a otros bancos. La ley reglamentó la industria al controlar las sumas que podían prestar los bancos.

■ **Nueva legislación contra los trusts.** Bajo Wilson, el gobierno federal tomó medidas adicionales para fomentar más competencia entre las empresas. El Congreso aprobó la **Ley Clayton contra Trusts (1914)** que prohibió muchas de las prácticas usadas por algunas empresas para impedir la competencia. Se estableció la Comisión Federal de Comercio, una agencia del gobierno, para aplicar las leyes anti-trusts y proteger al consumidor contra prácticas de mala fe de las empresas.

EL MOVIMIENTO PROGRESISTA LLEGA A SU FIN

En 1914, estalló en Europa la Primera Guerra Mundial. Los EE.UU. entraron en la guerra en 1917. Precisamente al final de la guerra se establecieron el sufragio femenino y la "prohibición" de bebidas alcohólicas. Estas fueron las últimas reformas de la era progresista. Las mejores ideas progresistas se convirtieron en ley, y el movimiento perdió mucho de su atractivo. La guerra también hizo que mucha gente perdiera fe en la capacidad del gobierno de solucionar problemas sociales. En consecuencia, el movimiento progresista llegó a su fin.

EN RESUMEN: EL MOVIMIENTO PROGRESISTA

El movimiento progresista fue iniciado por los individuos que esperaban solucionar algunos de los problemas causados por la industrialización. Los escritores y líderes progresistas dentro del gobierno lograron que la gente estuviese más consciente de las condiciones que necesitaban ser corregidas. Los presidentes progresistas como Theodore Roosevelt y Woodrow Wilson encabezaron la lucha para que el gobierno tomara la acción de controlar a las grandes empresas y proteger a las personas que sufrieron más como resultado de la industrialización.

VUELVE A PENSAR

¿Qué reforma política progresista aplicarías en el caso de:

un funcionario corrupto? _____

una ley injusta? _____

la necesidad de una nueva ley? _____

VERIFICA TU COMPRENSION

Instrucciones: Completa las tarjetas siguientes. Luego contesta las preguntas de selección múltiple.

MOVIMIENTO PROGRESISTA	RASTRILLADORES DE MUGRE
¿Cuáles fueron sus objetivos? _____	Nombra a dos: _____
¿Qué reformas se introdujeron? _____	¿Qué lograron? _____

1 ¿Cuál de los siguientes fomentó el desarrollo del movimiento progresista?
1 las actividades de los rastrilladores de mugre, populistas y reformadores
2 el fracaso de la Reconstrucción
3 el conflicto racial en el Sur
4 el movimiento de la gente desde las ciudades al campo

2 Las reformas de la era progresista resultaron principalmente de los esfuerzos de
1 la Corte Suprema
2 los escritores y activistas sociales
3 los jefes políticos
4 los banqueros e industriales

3 La elección directa de senadores, el impuesto graduado sobre ingresos y las elecciones preliminares directas son medidas introducidas durante
1 la Guerra Civil
2 la Era de Reconstrucción
3 la era progresista
4 el Nuevo Trato

4 Los progresistas se preocuparon mucho por
1 proteger los negocios de los EE.UU.
2 mejorar las condiciones sociales y económicas
3 abolir la esclavitud
4 poblar la frontera estadounidense

5 A lo largo de la historia de los EE.UU. la palabra "reforma" generalmente se refería a
1 la eliminación de la democracia
2 lograr más rectitud y justicia
3 la suspensión de la Declaración de Derechos
4 la baja en los precios de comestibles

6 El propósito de las agencias como la Comisión Federal de Comercio y la Comisión de Comercio Interestatal es
1 reglamentar las empresas para el beneficio del interés público
2 fomentar la propiedad gubernamental de negocios
3 proteger los intereses de gremios obreros
4 aumentar las inversiones y la exportación

7 Inciativa, destitución y referéndum son
1 tipos de política externa
2 reformas que hicieron el gobierno más democrático
3 reglas gubernamentales para controlar las grandes empresas
4 medidas abolicionistas tomadas antes de la Guerra Civil

8 Los rastrilladores de mugre eran personas que trataron de
1 impedir la inmigración a los Estados Unidos
2 revelar prácticas corruptas en el gobierno y los negocios
3 reducir la natalidad en los Estados Unidos
4 preparar la nación para las guerras futuras

9 ¿Cuál declaración está apoyada por el examen del movimiento progresista?
1 Los progresistas querían moderar los requisitos de inmigración.
2 Los progresistas apoyaban al gobierno en los intentos de eliminar los males de la sociedad.
3 Sus partidarios se oponían a las reformas propuestas por los populistas.
4 Sus partidarios apoyaban el desarrollo de las grandes empresas.

10 El sistema bajo el que los individuos ricos pagan un porcentaje más alto de impuestos sobre sus ingresos que los otros se conoce como
1 aranceles protectores
2 impuesto en artículos de lujo
3 impuesto progresivo sobre ingresos
4 impuestos sobre las ventas

11 Un objetivo importante de los presidentes progresistas al comienzo de los años 1900 era
1 hacer que las compañías de utilidad pública fuesen propiedad estatal
2 encontrar trabajo para los desempleados
3 reemplazar a los funcionarios de las compañías
4 impedir las prácticas de mala fe en los negocios

PERFILES EN LA HISTORIA

SUSAN B. ANTHONY
(SUFRAGISTA)

Susan B. Anthony encabezó el movimiento para abolir la esclavitud y para lograr igualdad de derechos para las mujeres. En 1869, ayudó a formar la Asociación Nacional Estadounidense por el Sufragio Femenino. En 1872, puso a prueba las Enmiendas

Susan B. Anthony

XIV y XV al votar en el estado de Nueva York, por lo que pagó una multa de $100. El acto de votar le trajo insultos y acusaciones de actuar más como hombre que como mujer. En su honor, la Enmienda XIX se conoce como la "Enmienda Susan B. Anthony".

JANE ADDAMS Y LILLIAN WALD
(REFORMISTAS SOCIALES)

Jane Addams y Lillian Wald fueron reformadoras en el movimiento de centros de acción benéfica. Esos centros eran lugares donde los pobres que vivían en las ciudades podían ir a aprender a leer y escribir, y a obtener los servicios sociales que necesitaban. En 1889, Jane Addams abrió el Hull House en un barrio miserable de Chicago. Poco después, Lillian Wald abrió el Henry Street Settlement House en Nueva York. Otras personas siguieron ese ejemplo. Para muchos inmigrantes en las ciudades, estos centros representaban un lugar donde podían hacer adelantos y sentirse seguros.

IDA B. WELLS
(REFORMISTA)

Ida B. Wells fue una periodista que luchó infatigablemente contra el linchamiento (*ahorcaduras por el populacho*) en el país. Sus escritos y discursos contra el linchamiento la expusieron a amenazas personales, violen-

cia de la chusma y ataques de bombas. A pesar de esto, Wells persistió con su cruzada. También fue cofundadora de la N.A.A.C.P.

JOHN MUIR
(AMBIENTALISTA)

John Muir fue un conservador de la naturaleza y participó en la cruzada para proteger el hermoso paisaje y las maravillas naturales de los EE.UU. Amigo del Presidente Theodore Roosevelt, Muir actuó en la protección del ambiente natural. Se le recuerda el mérito de incluir el Yosemite de California en el sistema de parques nacionales. En 1892, fundó el Sierra Club, dedicado a la conservación de ciertas regiones en su estado natural.

ELIZABETH BLACKWELL
(DOCTORA)

En 1849, a pesar de la gran oposición de los varones, Elizabeth Blackwell fue la primera mujer en los EE.UU. que recibió el doctorado de medicina. Fundó la primera escuela en el país destinada al entrenamiento de enfermeras. Vino a ser una líder en el movimiento que alentaba a las mujeres a seguir carreras profesionales como abogadas, doctoras, pastoras religiosas y maestras.

LA CONSTITUCION EN MARCHA

ENMIENDA DIECISEIS (1913)

Dio al Congreso la autoridad de recoger impuestos sobre ingresos.

ENMIENDA DIECISIETE (1913)

Cambió la elección de los senadores de los EE.UU. de la selección por las legislaturas estatales a la elección directa por los votantes.

ENMIENDA DIECIOCHO

Prohibió la producción, venta, importación y transportación de bebidas alcohólicas. Fue anulada en 1933 por la Enmienda XXI.

ENMIENDA DIECINUEVE (1920)

Otorgó a las mujeres el derecho al voto.

ENMIENDAS IMPORTANTES

LEY DE COMERCIO INTERESTATAL (1887)

Prohibió que las compañías ferroviarias cobraran distintas tarifas a diferentes clientes que enviaban bienes a la misma distancia. Se formó la Comisión de Comercio Interestatal ("I.C.C.") para investigar reclamaciones y aplicar esta ley. Fue el primer paso del gobierno federal en controlar las prácticas de mala fe en los negocios. La I.C.C. fue la primera de las muchas agencias de control de empresas.

LEY DE PUREZA DE ALIMENTOS Y DROGAS (1906)

Esta ley fue el resultado de una novela de Upton Sinclair sobre las prácticas insalubres en las empacadoras de carne. La ley prohibió la venta de alimentos mal identificados.

LEYES IMPORTANTES

MUNN vs. ILLINOIS (1877)

Fondo: Los agricultores del Medio Oeste creían que los ferrocarriles y almacenadores de grano les cobraban a sobreprecio. Una ley de Illinois impuso tarifas máximas que podían cobrar los ferrocarriles y almacenadores. Las empresas ferroviarias sostenían que Illinois les privaba de su propiedad sin el "debido proceso" de ley garantizado por la Constitución.

Decisión/Significado: La Corte sostuvo el derecho estatal de reglamentar ferrocarriles y almacenes de grano porque sus tarifas estaban estrechamente relacionadas al interés público. El fallo permitió a los estados a controlar las empresas que, en su opinión, afectaban el interés público.

WABASH vs. ILLINOIS (1886)

Fondo: Illinois estableció una ley que multaba a las empresas ferroviarias si cobraban tarifas iguales o más altas por el transporte de corta distancia que por distancias más largas. La Ferroviaria Wabash sostenía que Illinois no tenía derecho de controlar precios en una línea **interestatal** aunque el transporte tuviera lugar dentro del estado.

Decisión/Significado: La Corte dijo que sólo el Congreso, y no los estados, podían reglamentar tarifas de comercio interestatal. Esto puso fin al control estatal de la mayoría de las ferroviarias, pero llevó a mayor control federal del comercio interestatal. Este fallo fue seguido por la Ley de Comercio Interestatal (*véase arriba*).

HABLA LA CORTE

RESUMEN DE TU COMPRENSION

Instrucciones: Confirma tu comprensión de los términos y conceptos de este capítulo. Señala los que sepas explicar. Si tienes dificultad en recordar algo, consulta las páginas indicadas.

LISTA DE VERIFICACION

❑ Asamblea de Seneca Falls (126)
❑ Enmienda Diecinueve (127)
❑ Urbanización (129)
❑ Ghettos (132)
❑ Asimilación(132)
❑ Pluralismo cultural (132)

❑ Nativismo (133)
❑ Movimiento de la Granja (137)
❑ Ley de Comercio Interestatal (137)
❑ Partido Populista (138)
❑ Terceros partidos (139)
❑ Movimiento progresista(141)

❑ Rastrilladores de mugre (142)
❑ Iniciativa (143)
❑ Referéndum (143)
❑ Destitución (143)
❑ Ley de Pureza de Alimentos y Drogas (143)
❑ Ley Clayton contra Trusts (145)

Instrucciones: Completa la información pedida en los siguientes cuadros sinópticos.

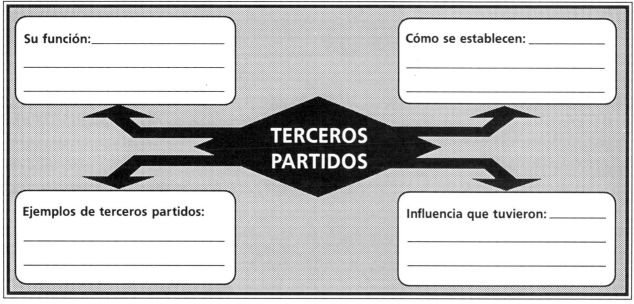

Su función:_____

Cómo se establecen: _____

TERCEROS PARTIDOS

Ejemplos de terceros partidos:

Influencia que tuvieron: _____

¿Cuándo tuvo lugar?

Sus líderes:

EL MOVIMIENTO PROGRESISTA

¿Cuáles eran sus objetivos?
1._____
2._____
3._____

¿Qué reformas pedía?
1._____
2._____
3._____

Sus alcances:
1._____
2._____
3._____

PERSPECTIVAS

UN EXAMEN DE LA DIVERSIDAD

La población de los Estados Unidos se compone de personas que proceden de muchos lugares distintos. Para ayudarte a comprender esta **diversidad** del pueblo, en esta sección se examinan las distinciones y las similitudes en la población.

Cada persona es única en su especie. Sin embargo, la mayoría de los estadounidenses tienen ciertas semejanzas con otros. A menudo usamos estas semejanzas al clasificarnos. Comencemos con la "definición" de tu persona:

Mi raza es: _____	Mi grupo étnico es: _____
Mi género (sexo) es: _____	Mi religión es: _____
Mi nacionalidad es: _____	Mi clase social es: _____

Estas categorías no son la forma más acertada de determinar cómo es la persona. Sin embargo, las personas a menudo clasifican a otras, o viven en comunidades de individuos que tienen estas características. Por esto, las categorías han tenido gran importancia en la historia de los Estados Unidos. Examinemos de cerca algunas de estas categorías:

CATEGORIAS DE DIFERENCIACION

LA RAZA

A lo largo del tiempo, los seres humanos de las distintas regiones del mundo desarrollaron ciertas diferencias físicas y genéticas como la piel más clara o más oscura. Estas diferencias sirvieron de base para clasificar a los individuos en grupos llamados **razas**. Los grupos raciales principales en los Estados Unidos son el caucásico, africano, asiático e indígena.

EL GENERO

Las personas también se pueden clasificar por **género** (*masculino/femenino*). Las divisiones por género han tenido una gran importancia en la historia de los EE.UU. Hasta el siglo XX, las mujeres tenían pocos derechos dentro de la familia; en la mayoría de los estados no podían votar, asistir a las universidades ni entrar en las profesiones. Desde la promulgación de las leyes de derechos civiles en los años 1960, se prohibieron muchas de las formas de discriminación anterior.

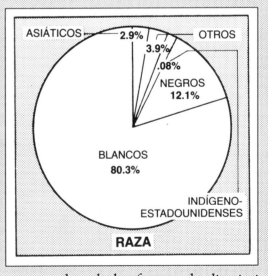

ASIÁTICOS — 2.9%   OTROS
3.9%
.08%
NEGROS
12.1%

BLANCOS
80.3%

INDÍGENO-
ESTADOUNIDENSES

RAZA

EL GRUPO ETNICO

Un grupo étnico se compone de personas que tienen origen o cultura común. La definición del grupo puede variar: sus miembros pueden ser de la misma raza (por ejemplo, los afro-estadounidenses), tener la misma religión (judeo-estadounidenses), un idioma común (hispano-estadounidenses) o ser del mismo origen nacional (ítalo-estadounidenses). El origen étnico de una persona a menudo indica su cultura (comida, costumbres de cortejo, etc.).

> **NOTA: Nacionalidad** se refiere al país de ciudadanía del individuo. **Origen nacional**, que a menudo indica el origen étnico de una persona, se refiere al país del que vinieron sus antepasados. Por ejemplo, los antepasados de un ítalo-estadounidense vinieron de Italia.

LA RELIGION

Aunque no hay una definición exacta de la "religión", la mayoría de las descripciones tienen elementos comunes: la creencia en Dios o dioses; un conjunto de costumbres y prácticas y una organización como la iglesia que dirige esas prácticas. Muchos grupos inmigraron a los Estados Unidos para escapar la persecución religiosa. En consecuencia, los habitantes del país practican una gran variedad de religiones.

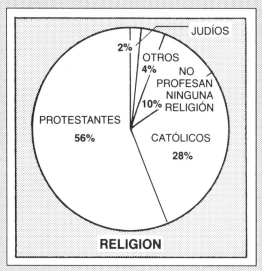

RELIGION

LA CLASE SOCIAL

La clase social es una forma adicional de clasificación. Las clases sociales son grupos de personas de educación e ingresos semejantes, que tienen empleos parecidos y viven en comunidades parecidas entre sí. Un individuo nace en la clase social de sus padres, pero puede cambiar de clase de acuerdo a su educación, trabajo y suerte.

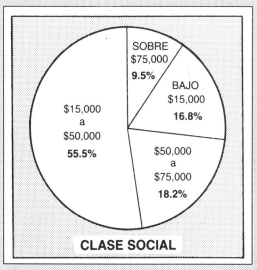

CLASE SOCIAL

◆ ANALISIS

Repasa tus respuestas al cuestionario de la página anterior. Compáralas con las respuestas de tus compañeros. Luego responde a las siguientes preguntas:

Enumera algunas diferencias entre los estadounidenses.

_____

¿Qué semejanzas hay entre los estadounidenses? _____

¿Hay una cultura específica en el país que une a los estadounidenses a pesar de sus diferencias?

Explica tu respuesta. _____

COMPRUEBA TU COMPRENSION

Instrucciones: Contesta las preguntas de selección múltiple. Luego dirígete a los ensayos.

Basa tus respuestas a las preguntas 1 y 2 en la siguiente tabla y en tu conocimiento de estudios sociales.

1 Desde 1820, la mayoría de los inmigrantes a los EE.UU. vinieron de
   1 Europa   3 Asia
   2 Las Américas   4 Africa

2 A base de la información en la tabla, ¿cuál aseveración es correcta?
   1 La cantidad de inmigrantes europeos permaneció constante.
   2 Desde 1981, la mayoría de los inmigrantes llegaron de las Américas.
   3 A lo largo del tiempo, había más inmigrantes de Australia que de Africa.
   4 Muchas personas salieron de los Estados Unidos para radicarse en otros países.

INMIGRACION A LOS EE.UU. SEGUN EL CONTINENTE DE ORIGEN

Continente	1820-1940	1941-1960	1961-1980	1981-1991
Europa	32,468,776	1,946,874	2,015,820	840,864
Asia	1,074,926	190,277	2,015,828	2,424,988
Las Américas	4,401,446	1,351,748	3,699,109	4,871,843
Africa	26,060	21,459	109,733	228,391
Australia	54,437	25,311	43,350	22,648

Fuente: Departamento de Justicia, Servicio de inmigración y naturalización

3 ¿Cuál fue una reclamación frecuente de los nativistas en los EE.UU. a fines del siglo XIX y principio del XX?
   1 El Congreso fracasó en la protección de las industrias del país.
   2 Eran demasiados los inmigrantes.
   3 Demasiados funcionarios elegidos venían de las regiones rurales.
   4 Había necesidad de reforma en la manera en que el gobierno contrataba empleados.

4 ¿Cuál de los siguientes contribuyó al establecimiento de leyes que limitaban la inmigración a los EE.UU. en los años 1920?
   1 las demandas de sindicatos laborales
   2 las quejas sobre los costos de beneficios sociales
   3 la falta de surtido adecuado de comestibles
   4 las demandas de los indígenas

5 Una convicción común de la mayoría de los progresistas a principios de los años 1900 fue que
   1 Se necesitaban más gastos gubernamentales para reformar la sociedad.
   2 Para enderezar los problemas sociales era necesario que el gobierno fuese dueño de las industrias.
   3 El retorno a un gobierno federal débil acabaría con los abusos de las grandes empresas.
   4 La legislación podía ayudar a solucionar los problemas sociales y económicos.

6 Elizabeth Cady Stanton y Lucretia Mott fueron más notables por sus esfuerzos de
   1 organizar sindicatos laborales nacionales
   2 revelar la corrupción en el gobierno
   3 asegurar el voto para las mujeres
   4 limitar la inmigración

7 En los años 1920, las leyes de inmigración a los EE.UU. ante todo trataron de
   1 aumentar el flujo de inmigrantes
   2 fomentar la diversidad cultural
   3 reducir el número de inmigrantes
   4 limitar el papel de los EE.UU. en los asuntos extranjeros

8 Las elecciones preliminares en los partidos políticos fomentaron el aumento del interés popular en las elecciones al permitir a los votantes a
   1 destituir a los funcionarios corruptos
   2 escoger candidatos del partido
   3 asistir a las asambleas del partido
   4 formular programas del partido

9 ¿Cuál de los siguientes fue un problema serio para los agricultores a fines del siglo XIX?
1 baja en los precios de productos agrícolas
2 falta del derecho al voto
3 bajas tarifas en los ferrocarriles
4 escasez de labradores

10 La rastrilladores de mugre y los periodistas investigadores del presente se parecen por su
1 lucha contra la corrupción en la sociedad
2 demande de menos control gubernamental en la economía
3 intento de fomentar el patriotismo
4 demanda de más ayuda para las naciones menos desarrolladas

ENSAYOS

1 Antes de 1920, en los EE.UU. las mujeres enfrentaban muchos problemas a causa de su posición en la sociedad.

Parte A
Enumera *dos* problemas que encontraban las mujeres antes de 1920:

1._____ 2._____

Describe *una* forma en la que las mujeres trataron de solucionar uno de estos problemas: _____

Parte B
En tu respuesta a la Parte B, debes usar la información que diste en la Parte A. Sin embargo, puedes también incluir información adicional o distinta.

En un ensayo discute los problemas enfrentados por las mujeres en los EE.UU. antes de 1920; explica cómo trataron de sobrellevar uno de esos problemas.

2 Los inmigrantes se enfrentan a muchas dificultades en los Estados Unidos.

Parte A
Enumera *dos* razones por las que los inmigrantes venían a los EE.UU., y *dos* problemas que encontraron al llegar.

POR QUE VENIAN LOS INMIGRANTES	PROBLEMAS QUE ENCONTRARON
1._____	1._____
2._____	2._____

Parte B
En tu respuesta a la Parte B, debes usar la información que diste en la Parte A. Sin embargo, puedes también incluir información adicional o distinta.

Escribe un ensayo que comienza con la siguiente oración temática: **"Los inmigrantes a los Estados Unidos se encontraban con muchas dificultades."**

TAREAS PRACTICAS

INVESTIGACION DE LA DIVERSIDAD CULTURAL DEL PAIS

En este capítulo estudiaste los diferentes efectos de la industrialización en varios grupos de la población —mujeres, habitantes de las ciudades, inmigrantes y agricultores. También llegaste a saber cómo los estadounidenses a veces se identifican de acuerdo al grupo al que pertenecen.

DESCRIPCIÓN DE LA TAREA: Escoge un grupo étnico, racial o religioso distinto al tuyo. Investiga las experiencias de este grupo en los Estados Unidos entre 1865 y 1920. En tu investigación ten en cuenta lo siguiente

---

POSIBLES CONSIDERACIONES

- ¿Cuáles son las fiestas, costumbres, creencias religiosas y/o estilos de vida de los miembros de este grupo?
- ¿Vinieron muchos miembros del grupo a los EE.UU. en ese tiempo?
- ¿Dónde vivían o a dónde se mudaban con más frecuencia?
- ¿Con qué problemas especiales se encontraron en los Estados Unidos?
- ¿Cuáles son los alcances más importantes de algunos de los miembros de este grupo?
- ¿Qué contribuciones hicieron los individuos de este grupo a la cultura y a la vida estadounidense?

TU TAREA: Escribe un breve informe basado en tu investigación. A base de la información contenida en los informes completados por los estudiantes la clase debe preparar una tabla sobre las experiencias de los distintos grupos en los Estados Unidos industriales. Utiliza la siguiente forma para la tabla:

Grupo	Número aproximado	Donde de radicaron sus miembros	Contribuciones importantes	Problemas especiales

DONDE ENCONTRAR INFORMACIÓN: Para esta tarea debes consultar una enciclopedia; busca el nombre del grupo que escogiste para tu investigación. Además, los libros sobre la historia estadounidense proporcionan información sobre las experiencias de estos grupos en el país. También pueden ser muy útiles los libros sobre temas específicos, como la inmigración o los irlandeses.

CAPITULO 7

EL SURGIMIENTO DEL PODER DE LOS EE.UU.

Comienzos de la política externa de los EE.UU.
- A. Política externa hasta 1812
- B. Los EE.UU. aseguran sus fronteras: 1812-1898
- C. La Guerra Hispano-Estadounidense

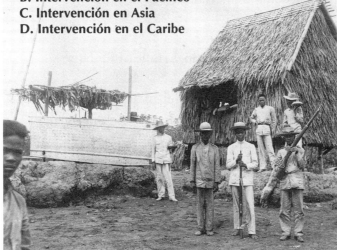

Los Estados Unidos levantan un imperio colonial
- A. Razones para el imperialismo estadounidense
- B. Intervención en el Pacífico
- C. Intervención en Asia
- D. Intervención en el Caribe

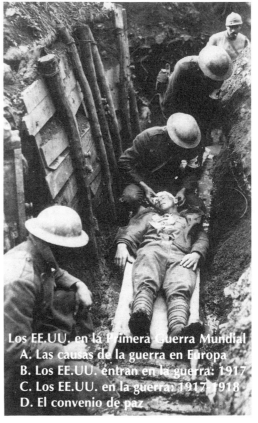

Los EE.UU. en la Primera Guerra Mundial
- A. Las causas de la guerra en Europa
- B. Los EE.UU. entran en la guerra: 1917
- C. Los EE.UU. en la guerra: 1917-1918
- D. El convenio de paz

LINEA CRONOLOGICA DE SUCESOS HISTORICOS

1796	1812	1823	1845	1898	1914	1917	1919
Discurso de despedida de Washington	Comienza la Guerra de 1812	Se promulga la Doctrina Monroe	Anexión de la República de Texas	Comienza la Guerra Hispano-Estadounidense	Comienza la Primera Guerra Mundial en Europa	Los EE.UU. entran en la Primera Guerra Mundial	Tratado de Versalles

SECCIÓN 1 — LOS COMIENZOS DE LA POLÍTICA EXTERNA DE LOS EE.UU.

Cuando los Estados Unidos eran un país joven, trataron de evitar involucrarse con Europa otras regiones del mundo. Al convertirse en una potencia mundial en 1898, su política externa cambió mucho.

PARA PENSAR

¿Qué consejo darías a un país joven y pequeño con respecto a sus contactos con otros países?

_____

_____

¿Cuál sería tu consejo para un país grande, ya establecido?

_____

_____

Términos y conceptos importantes: Al leer esta sección, fíjate en las siguientes expresiones:

✦ **Compra de Luisiana**　　✦ **Destino Manifiesto**
✦ **Doctrina Monroe**　　✦ **Guerra Hispano-Estadounidense**

Para ayudarte a encontrar estos términos, esta señal ✦ aparece en el margen de la página donde se explica la expresión por primera vez.

LA POLITICA EXTERNA DE LOS EE.UU. HASTA 1812

> **NOTA:** *La política externa son las acciones de una nación hacia otras naciones.*

En sus primeros años después de lograr la independencia, los Estados Unidos eran bastante débiles y temían ataques de parte de las naciones europeas más poderosas. Como resultado, el país seguía la política de **neutralidad** —cuando otras naciones estaban en conflicto, los EE.UU. trataban de mantenerse imparciales. Durante este tiempo, tuvieron lugar dos sucesos importantes en la política externa:

EL DISCURSO DE DESPEDIDA DE WASHINGTON (1796)

Cuando George Washington se dirigió a la nación la última vez como su presidente, dijo que los estadounidenses no debían hacer acuerdos de largo plazo con otros países, y no debían entrar en las disputas entre las naciones europeas. Dijo que era importante que la nación joven desarrollara su economía en vez de enredarse en los asuntos de otras partes del mundo.

LA COMPRA DE LUISIANA (1803)

Al lograr su independencia en 1776, los EE.UU. controlaban sólo las tierras al este del Río Misisipí. La Constitución del país no otorgó permiso directo al presidente a comprar nuevos territorios. Esto causó una controversia cuando Francia puso en venta la región que controlaba al oeste del Río Misisipí (*véase el mapa en la p. 159*). Cuando los EE.UU. compraron este territorio, Francia, una potencia europea, quedó apartada de la frontera occidental estadounidense. Aunque el Presidente Jefferson no estaba seguro si la compra era constitucional, procedió a adquirir el Territorio de Luisiana por 15 millones de dólares. Esto duplicó las dimensiones de los Estados Unidos.

LOS ESTADOS UNIDOS ASEGURAN SUS FRONTERAS: 1812-1898

LA GUERRA DE 1812

Desde 1793 hasta 1815, Gran Bretaña y Francia se encontraron en una serie de guerras. A veces, los marineros británicos desertaban de su marina y se alistaban al servicio en los barcos estadounidenses. En consecuencia, los buques de guerra británicos a menudo detenían barcos estadounidenses en busca de desertores. En contra de su política de neutralidad, en 1812, los Estados Unidos hicieron guerra a Gran Bretaña; esto fue para poner fin a la práctica británica de tomar marineros de los barcos estadounidenses en alta mar, y para proteger los derechos a la libertad de los mares. Algunos estadounidenses también pensaban usar la guerra como excusa para invadir y conquistar al Canadá. La guerra terminó en 1815 sin que hubiese vencedor; la situación permaneció igual como antes.

James Monroe

LA DOCTRINA MONROE (1823)

Entre 1810 y 1822, la mayoría de las colonias españolas en América se rebelaron con éxito contra el dominio español. Se establecieron como países independientes. Los EE.UU. los apoyaron, pero temían que España u otras naciones europeas tratarían de recuperar su dominio. Como resultado, el Presidente James Monroe proclamó la **Doctrina Monroe**. Los EE.UU. se opondrían a cualquier intento europeo de establecer nuevas colonias en el Hemisferio Occidental (*las Américas*) o reconquistar colonias antiguas que ya se independizaron. Sin embargo, no iban a interferir en las colonias europeas aún en existencia como el Canadá y Cuba. El propósito de la Doctrina Monroe era mostrar al mundo que los EE.UU. tenían intereses especiales en todo el Hemisferio Occidental. Esta doctrina más tarde se usó para justificar la intromisión estadounidense en los asuntos de algunos países en la América Central y del Sur. Durante los 50 años subsiguientes, fue la base de la política externa estadounidense en la América Latina.

> ### La Doctrina Monroe
>
> *Desde ahora, los continentes americanos no han de ser considerados como objeto de colonización por cualquier potencia europea ... consideraremos todo intento de su parte de extender su sistema a cualquier porción de este hemisferio como peligroso para nuestra paz y seguridad.*

ANALISIS

La Doctrina Monroe declara que los Estados Unidos tienen el derecho de controlar el Hemisferio Occidental. ¿Estás de acuerdo con este principio? _____

Sí, porque _____

_____

No, porque _____

_____

✦ EL DESTINO MANIFIESTO

Para la década de 1840, la frontera occidental de los EE.UU. se encontraba a lo largo de las Montañas Rocosas. Muchos querían extender el país hasta el Océano Pacífico. Sostenían que era el "**Destino Manifiesto**" de los EE.UU. de tener fronteras desde el Atlántico hasta el Pacífico. Los partidarios de la expansión estaban convencidos que los estadounidenses beneficiarían a otros con extender la democracia y otros valores nacionales. Sin embargo, esa expansión tenía riesgos, como luchas con los indígenas en las Grandes Llanuras, guerra contra México y un posible conflicto con los ingleses en la costa del Pacífico.

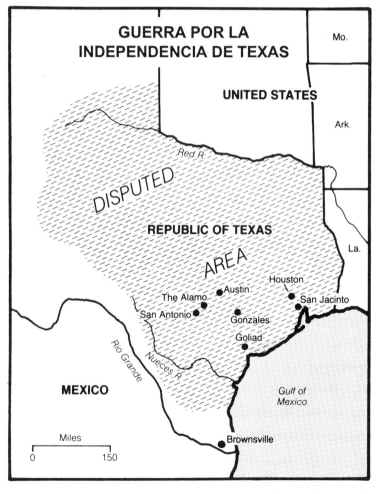

- **La anexión de Texas (1845).** Cuando México se independizó de España, su gobierno invitó a los estadounidenses a radicarse en la provincia mexicana de Texas. En poco tiempo, los 20.000 colonos estadounidenses superaron en número a los mexicanos. Una serie de desacuerdos llevó a los colonos a declarar su independencia de México. Después de un tiempo de luchas, en 1836 México reconoció la independencia de Texas. En 1845, el Congreso votó por **anexar** a Texas a los Estados Unidos.

■ **Guerra Mexicano-Estadounidense (1846-1848)**. La frontera del sur de Texas fue la causa de una disputa entre los EE.UU. y México. En la guerra que siguió, México fue derrotado. Bajo las condiciones del tratado de paz, México cedió a los EE.UU. el territorio que actualmente incluye California, Nevada, Utah, Arizona y partes de Colorado y Nuevo México. En el tratado final, los EE.UU. pagaron a México $18 millones por esos territorios.

■ **Adquisiciones adicionales.** Las siguientes adquisiciones llevaron a los Estados Unidos a sus dimensiones actuales:

- **La Compra de Gadsden (1853)**. Esta reducida franja de tierra, comprada a México, completó la expansión estadounidense en el suroeste.

- **El Territorio de Oregón (1846)**. En un acuerdo con Gran Bretaña, la línea fronteriza entre el Canadá y los EE.UU. se extendió hacia el oeste hasta el Pacífico. Los Estados Unidos recibieron los terrenos hacia el sur de esta línea divisoria.

- **Alaska (1867)**. Los Estados Unidos compraron Alaska a Rusia por $7,2 millones. En 1959, Alaska vino a ser el estado número 49.

LA GUERRA HISPANO-ESTADOUNIDENSE DE 1898   ◆

Cuba, una isla a sólo 90 millas de la costa de la Florida, era una de las últimas posesiones coloniales de España en América. Los cubanos pagaban impuestos muy altos y eran tratados muy mal bajo el control español. En 1894, se rebelaron contra España en un intento de lograr la independencia. Las tropas españolas en Cuba usaron fuerza bruta para aplastar la rebelión. El pueblo estadounidense quedó sacudido por ese maltrato y apremió al Congreso y al presidente a intervenir. Varios factores finalmente llevaron a que los Estados Unidos entraran en guerra con España:

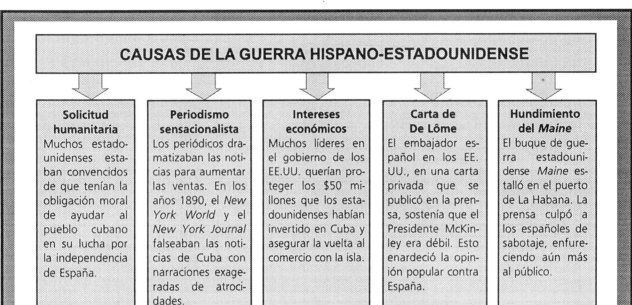

CAUSAS DE LA GUERRA HISPANO-ESTADOUNIDENSE

Solicitud humanitaria	Periodismo sensacionalista	Intereses económicos	Carta de De Lôme	Hundimiento del *Maine*
Muchos estadounidenses estaban convencidos de que tenían la obligación moral de ayudar al pueblo cubano en su lucha por la independencia de España.	Los periódicos dramatizaban las noticias para aumentar las ventas. En los años 1890, el *New York World* y el *New York Journal* falseaban las noticias de Cuba con narraciones exageradas de atrocidades.	Muchos líderes en el gobierno de los EE.UU. querían proteger los $50 millones que los estadounidenses habían invertido en Cuba y asegurar la vuelta al comercio con la isla.	El embajador español en los EE. UU., en una carta privada que se publicó en la prensa, sostenía que el Presidente McKinley era débil. Esto enardeció la opinión popular contra España.	El buque de guerra estadounidense *Maine* estalló en el puerto de La Habana. La prensa culpó a los españoles de sabotaje, enfureciendo aún más al público.

***El buque de guerra* Maine**

***Los escombros del* Maine**

CONSECUENCIAS DE LA GUERRA HISPANO-ESTADOUNIDENSE

La Guerra Hispano-Estadounidense fue un momento crítico en la política externa de los EE.UU. Los Estados Unidos derrotaron a España en poco tiempo, y en consecuencia adquirieron las Filipinas, Guam (*en el Pacífico*) y Puerto Rico (*en el Caribe*). Oficialmente, Cuba se hizo independiente, pero en realidad los Estados Unidos tomaron control de los asuntos cubanos. Los Estados Unidos, que antes no tenían colonias, se volvieron en un país con un imperio de ultramar.

EN RESUMEN: LOS COMIENZOS DE LA POLITICA EXTERNA DE LOS EE.UU.

Durante la mayor parte de su primer siglo como una nación, los EE.UU. siguieron el consejo de Washington en evitar compromisos en las alianzas y guerras europeas. La Guerra Hispano-Estadounidense señaló un cambio importante en la política externa de los EE.UU. En poco más de 100 años, los EE.UU. se transformaron de una colonia en un país con un imperio de ultramar.

VUELVE A PENSAR

¿Cambiarías el consejo anterior que diste a un país joven? _____ Explica tu respuesta. _____

_____

¿Cambiarías el consejo anterior que diste a un país grande, bien establecido? _____ Explica

tu respuesta. _____

VERIFICA TU COMPRENSION

Instrucciones: Completa las siguientes tarjetas. Luego contesta las preguntas de selección multiple.

DOCTRINA MONROE

¿Qué fue? _____

¿Qué importancia tuvo en la política externa

de los EE.UU.? _____

GUERRA HISPANO-ESTADOUNIDENSE

¿Cuáles fueron sus causas? _____

Enumera dos de sus consecuencias: 1. _____

_____ 2. _____

---

1 El propósito principal de la Doctrina Monroe fue
   1 poner fin a la venta de esclavos de Africa al Caribe
   2 impedir la intervención europea en América
   3 prevenir la entrada de los EE.UU. en la Primera Guerra Mundial
   4 proteger a los marineros estadounidenses

2 ¿Cuál término describe el deseo de muchos estadounidenses de la expansión hacia el oeste en los años 1800?
   1 neutralidad   3 Destino Manifiesto
   2 equilibrio del poder   4 apaciguamiento

3 La razón principal para la intervención estadounidense en los asuntos cubanos fue
   1 el temor al creciente poder de los rusos
   2 la solicitud humanitaria por los cubanos
   3 temor al aumento de la inmigración cubana a los Estados Unidos
   4 el deseo de ayudar a España a mantener sus colonias en el Caribe

4 Los que creían en el destino manifiesto querían que los EE.UU. se expandieran desde
   1 la costa del este al Océano Pacífico
   2 Texas al Canadá
   3 la frontera canadiense hasta la Florida
   4 California hacia Nueva York

5 En un texto de historia, la información sobre la carta de DeLôme, el hundimiento del buque *Maine* y periodismo sensacionalista estarán en el capítulo sobre
   1 los abolicionistas
   2 la Reconstrucción
   3 la Guerra Hispano-Estadounidense
   4 el Partido Populista

6 La participación de los EE.UU. en la guerra con España muestra que
   1 las naciones luchan cuando quedan atacadas
   2 en una democracia la política del gobierno puede ser afectada por la prensa
   3 las armas superiores no garantizan la victoria
   4 todas las naciones necesitan armas nucleares

SECCIÓN 2

LOS ESTADOS UNIDOS LEVANTAN UN IMPERIO COLONIAL

En esta sección se trata de la forma en que los
Estados Unidos cambiaron su política tradicional
al convertirse en un país imperialista.

PARA PENSAR

Algunos estadounidenses creen que al obtener colonias, la nación se volvió en contra de su tradición democrática de dejar que cada pueblo tenga su propio gobierno. ¿Cuál es tu opinión?_____

_____

Términos y conceptos importantes: Al leer esta sección, fíjate en los siguientes:

- ✦ Imperialismo
- ✦ Política de Libre Acceso
- ✦ Rebelión de los Boxers
- ✦ Política del Garrote
- ✦ Política del Buen Vecino
- ✦ Organización de Estados Americanos

LAS RAZONES PARA EL IMPERIALISMO DE LOS EE.UU.

En un tiempo los Estados Unidos fueron una colonia británica. Declararon su independencia en 1776, basándose en principios democráticos. Por lo tanto, algunos estadounidenses creían que era injusto imponer su dominio colonial en otros pueblos. Creían que era antidemocrático tomar control de otros países. Por el otro lado, al principio del siglo la mayoría de los estadounidenses apoyaba
✦ la política del **imperialismo** (*el control de un país por otro*). Este apoyo se basaba en varias razones:

POR QUE LOS ESTADOUNIDENSES APOYABAN LA EXPANSION COLONIAL

Razones económicas	Deseo de ser una gran potencia	Convicción de superioridad moral
Los Estados Unidos acabaron de convertirse en una potencia industrial. Las colonias proporcionarían materias primas para las fábricas y garantizarían un mercado para artículos manufacturados.	Algunas personas creían que para ser grandes y poderosos, los Estados Unidos tenían que controlar diferentes regiones alrededor del mundo, igual que lo hacían las potencias europeas.	Muchos estadounidenses creían que eran un pueblo superior y que debían dirigir a la gente menos capaz al esparcir el cristianismo y su forma de vivir.

EL COMPROMISO DE LOS EE.UU. EN EL PACIFICO

LAS FILIPINAS

Las Islas Filipinas eran una colonia española cuando comenzó la Guerra Hispano-Estadounidense. Los filipinos esperaban recibir la independencia al final de la guerra. Se rebelaron cuando los Estados Unidos anexaron las islas. Después de varios años de lucha, los filipinos fueron derrotados. Desde 1902 hasta 1946, las Filipinas estaban bajo control estadounidense. Finalmente, después de la Segunda Guerra Mundial, se les otorgó la independencia.

HAWAI, GUAM, SAMOA Y MIDWAY

Los Estados Unidos también llegaron a controlar las Islas de Hawai. Los estadounidenses, dueños de plantaciones, se rebelaron contra la reina nativa de las islas, y persuadieron al Congreso a anexarlas. Las islas menores en el Pacífico como Guam, Samoa y Midway también fueron anexadas por los Estados Unidos. Estas islas eran valiosas bases navales y puntos de provisión de combustibles para los barcos que viajaban entre Asia y los Estados Unidos. Casi 60 años más tarde, Hawai vino a ser el estado número 50.

POSESIONES DE LOS EE.UU. EN EL PACIFICO

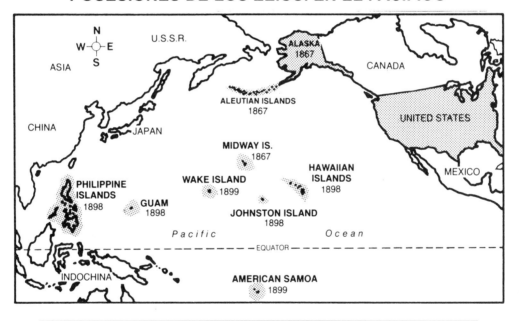

EL COMPROMISO ESTADOUNIDENSE EN ASIA

El comercio con China y el Japón aumentó después de que los Estados Unidos obtuvieran las Filipinas y Guam en la Guerra Hispano-Estadounidense.

LOS ESTADOS UNIDOS Y CHINA

En 1899, Los Estados Unidos estaban preocupados por el hecho de que las potencias europeas iban apoderándose de partes de China y apartando de allí el comercio estadounidense. En reacción a esto, los EE.UU. anunciaron la **Política de Libre Acceso** que declaraba que todas las naciones tenían iguales derechos al comercio en China. Muchos chinos se oponían a ese aumento de intervención europea y estadounidense. Un grupo conocido como "boxers" atacó a los extranjeros que vivían en China. Se organizó un ejército internacional para aplastar la **Rebelión de los Boxers**. Luego, los EE.UU. intervinieron para impedir que China fuese desmembrada por las potencias europeas.

LOS ESTADOS UNIDOS Y EL JAPON

Los jefes japoneses temían la influencia externa y durante casi 200 años no permitieron que su pueblo tuviera contacto con otras naciones. En 1853, los EE.UU. enviaron al Comodoro **Matthew Perry** a cargo de una escuadra cañonera para exigir que el Japón abriera sus puertos al comercio con los EE.UU. Temiendo el poder militar estadounidense, los jefes japoneses cedieron a la demanda. Después de abrirse al mundo, el Japón pronto adoptó la tecnología y las ideas occidentales, y vino a ser una gran potencia militar e industrial. En 1925, ante la sorpresa de una gran parte del mundo, el Japón derrotó a Rusia en la **Guerra Ruso-Japonesa**. El Presidente Theodore Roosevelt ayudó a los dos países a llegar a un acuerdo de paz.

Grupo de boxers capturados en Cantón

El Comodoro Perry "abre" el Japón, 1853

ENFOQUE EN LAS ARTES

Alfred Thayer Mahan, escritor

En un tiempo, Mahan fue rector de la Escuela Marina de Guerra. En su libro *La influencia del poder marino en la historia* apremiaba a que los EE. UU. aumentaran sus riquezas y su potencia con el desarrollo de una marina fuerte, la construcción de un canal en Panamá, y la adquisición de colonias en el Pacífico y el Caribe. Mahan creía que las colonias ayudarían a fomentar la potencia naval estadounidense. Sus escritos influyeron en las decisiones del Presidente Theodore Roosevelt.

EL COMPROMISO ESTADOUNIDENSE EN EL CARIBE

Muchos estadounidenses creían que su país tenía interés especial en la región del Caribe. Después de la guerra con España, los EE.UU. obtuvieron control directo sobre Puerto Rico e indirectamente controlaban a Cuba. La construcción del Canal de Panamá y los intereses comerciales estadounidenses en el Caribe, contribuyeron más aún a la intervención en esas regiones. Los jefes estadounidenses se empeñaron en mantener fuera de la región a otras potencias extranjeras para mantener la seguridad de los Estados Unidos.

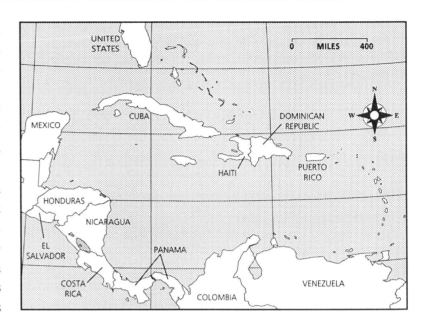

EL CANAL DE PANAMA

La Guerra Hispano-Estadounidense demostró la importancia de construir un **canal** entre los Océanos Pacífico y Atlántico. Un buque de guerra tenía que navegar 14.000 millas para llegar desde la costa occidental de los EE.UU. hasta Cuba. Para 1903, los EE.UU. decidieron construir un canal a través de Panamá en Centroamérica. En ese tiempo, Panamá formaba parte de Colombia. Los EE.UU. ofrecieron a Colombia $10 millones por los terrenos necesarios para construir el canal. Cuando Colombia demoró en aceptar la oferta, el Presidente Theodore Roosevelt negoció con los rebeldes panameños. Envió buques de guerra para ayudarles a obtener la independencia de Colombia, y los rebeldes accedieron a la venta de terrenos para el canal. Las acciones de los EE.UU. contra Colombia enojaron a muchos países latinoamericanos. Panamá logró la independencia y el canal se completó en unos diez años (1903-1914). Los EE.UU. recibieron control de la Zona del Canal de Panamá.

CUBA

Después de la Guerra Hispano-Estadounidense, los EE.UU. convirtieron a Cuba en un **protectorado** (*un país bajo la protección y control de otro*). Sus fuerzas militares permanecieron en la isla y las empresas estadounidenses hicieron grandes inversiones allí.

PUERTO RICO

Puerto Rico vino a ser posesión estadounidense después de 1898. Desde 1952, es un Estado Libre Asociado de los EE.UU. Sin embargo, hay mucha controversia en cómo Puerto Rico ha de gobernarse en el futuro.

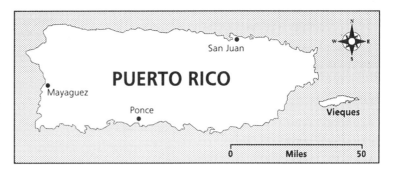

¿CUAL DEBE SER EL FUTURO DE PUERTO RICO?

ESTADO LIBRO ASOCIADO :	ESTADO:	INDEPENDENCIA:
Puerto Rico ha sido parte de la Comunidad Estadounidense por casi 100 años, y puede permanecer en esa condición. Los puertorriqueños son ciudadanos estadounidenses, que pueden viajar por donde quieran dentro del país y pueden servir en las fuerzas militares. En Puerto Rico no hay impuestos federales.	Si Puerto Rico se convierte en estado, su población podrá votar en las elecciones de los EE.UU. y ser representada en el Congreso. También recibirá más fondos federales y otros servicios sociales. Sin embargo, los puertorriqueños tendrán que pagar impuestos federales; muchas empresas se mudarán de allá porque tendrán que pagar impuestos federales sobre sus ganancias.	Los puertorriqueños se identifican culturalmente con la América Latina y el Caribe. Si Puerto Rico se hace independiente, sus ciudadanos tendrán una identidad cultural verdadera, en vez de sentirse como "ciudadanos de segunda clase" en un país más grande. El español, en vez del inglés, llegaría a ser la lengua oficial de la isla.

LA POLITICA ESTADOUNIDENSE EN EL CARIBE

A principio de los años 1900, el gobierno de los EE.UU. comenzó a tomar una parte más activa en los asuntos latinoamericanos. En 1904, el Presidente Theodore Roosevelt declaró que los Estados Unidos iban a actuar como una fuerza policial en el Hemisferio Occidental. Esta expansión del poder estadounidense en Latinoamérica se conoció como la "**Política del Garrote**". A menudo se siguió para justificar el envío de tropas a las Antillas y Centroamérica. Haití, Nicaragua, Honduras y la República Dominicana se volvieron en protectorados estadounidenses igual que Cuba. Estas intervenciones frecuentes cuausaron resentimiento hacia los Estados Unidos de parte de muchas naciones latinoamericanas.

La infantería marina estadounidense en Nicaragua, 1927

LA POLITICA DEL BUEN VECINO (1930-1945)

Hacia fines de los años 1920, los líderes estadounidenses vieron la necesidad de mejorar las relaciones con los países latinoamericanos. Los Presidentes Herbert Hoover y Franklin D. Roosevelt suplantaron la Política del Garrote con la "**Política del Buen Vecino**": los Estados Unidos no iban a intervenir en los problemas internos de los países latinoamericanos. Comenzaron a mejorar las relaciones entre los Estados Unidos y los países de la América Latina.

LA ORGANIZACION DE ESTADOS AMERICANOS (O.E.A.)

La Organización de Estados Americanos (O.E.A.) se formó en 1948 para ofrecer una forma de resolver pacíficamente los problemas en el Hemisferio Occidental. La organización sigue funcionando en la resolución de disputas en la América Latina. También sirve para fomentar el intercambio cultural.

EN RESUMEN: LOS ESTADOS UNIDOS LEVANTAN UN IMPERIO COLONIAL

A principios del siglo XX, los Estados Unidos tenían intereses y posesiones en el Caribe, en Asia y en la región del Pacífico. La expansión de ultramar causó cierta hostilidad contra los EE.UU., especialmente en las Filipinas, China y Latinoamérica. Con el tiempo, los EE.UU. cambiaron su política para mejorar sus relaciones, especialmente con sus vecinos latinoamericanos.

VUELVE A PENSAR

Ahora que acabas de leer esta sección, ¿cómo crees que los Estados Unidos deben tratar a

sus vecinos latinoamericanos? _____

_____

VERIFICA TU COMPRENSION

Instrucciones: Completa las siguientes tarjetas. Luego contesta las preguntas de selección múltiple.

IMPERIALISMO	POLITICA DE BUEN VECINO
Defínelo: _____	¿Qué era? _____
¿Qué efecto tuvo en los Estados Unidos?	¿Qué efecto tuvo en las relaciones entre los
_____	EE.UU. y Latinoamérica? _____

1 ¿Cuál titular de periódico refleja mejor el concepto del "imperialismo"?
   1 "La Corte Suprema Prohibe Segregación en Escuelas Públicas."
   2 "Encuentro del Presidente Theodore Roosevelt con Líderes Rusos."
   3 "Los Estados Unidos Compran Autos al Japón."
   4 "El Presidente McKinley Anuncia la Toma de las Filipinas."

2 Un propósito importante de la Política de Libre Acceso fue
   1 fomentar la emigración de los chinos a los Estados Unidos
   2 impedir que las potencias europeas dividieran a China
   3 desarrollar las industrias y las fábricas chinas
   4 introducir el gobierno democrático en China

3 El Canal de Panamá fue construido principalmente para
   1 aumentar la seguridad de los Estados Unidos
   2 esparcir la forma de vida estadounidense a las naciones menos desarrolladas
   3 fomentar el desarrollo económico en la América Latina
   4 detener la expansión del comunismo

4 ¿Cuál fue la característica principal de la política externa del Presidente Franklin Roosevelt en los años 1930?
   1 la mejora de las relaciones con las naciones latinoamericanas
   2 el intento de derrumbar varios gobiernos electos en la América del Sur
   3 el fomento de inmigración sin limitaciones de todos los países latinoamericanos
   4 hacer que los judíos españoles se radicaran en los Estados Unidos

5 Un "protectorado" puede definirse mejor como
   1 la protección de los derechos de los trabajadores
   2 un territorio bajo la protección y control de otro país
   3 la protección de las libertades individuales
   4 un impuesto que protege la exportación estadounidense

6 La anexión de Hawai, las Filipinas y Samoa mostró el interés de los EE.UU. en
   1 Centroamérica y América del Sur
   2 Asia y el Pacífico
   3 Europa y Africa
   4 el Medio Oriente

7 En los años 1930, los Estados Unidos trataron de mejorar sus relaciones con los países latinoamericanos por medio de la
   1 Política del Buen Vecino
   2 Política de Libre Acceso
   3 Política del Garrote
   4 Doctrina Monroe

8 La Organización de Estados Americanos
   1 trata de dar a los EE.UU. más control en las naciones latinoamericanas.
   2 es una organización militar dedicada a la defensa de los EE.UU.
   3 trata de fomentar soluciones pacíficas a los problemas en la América Latina.
   4 es una organización con muchas colonias latinoamericanas.

9 La Política de Libre Acceso tenía que ver con las relaciones de los Estados Unidos con
   1 China   3 Bélgica
   2 Panamá   4 México

10 Los Estados Unidos enviaron al Comodoro Perry al Japón para
   1 vender recursos naturales a los japoneses
   2 ayudar al Japón a recuperar de los daños sufridos en la guerra con Rusia
   3 abrir los puertos japoneses al comercio estadounidense
   4 construir bases navales en el Japón

11 En un sinóptico sobre los sucesos principales de la política externa de los EE.UU. a fines del siglo XIX y principio del XX, el tema principal sería
   1 El desarrollo del imperialismo estadounidense
   2 La construcción del Canal de Panamá
   3 La expansión en el Pacífico
   4 La Guerra Hispano-Estadounidense

LOS EE.UU. EN LA PRIMERA GUERRA MUNDIAL

En esta sección se trata de los esfuerzos de los Estados Unidos de no enredarse en la Primera Guerra Mundial en Europa. A pesar de esto, con el tiempo, el país entró en la guerra.

PARA PENSAR

¿Cómo debe la nación victoriosa tratar a la nación derrotada en la guerra?_____

_____

Términos y conceptos importantes: Al leer esta sección, fíjate en los siguientes:

- ✦ Nacionalismo
- ✦ Libertad de los mares
- ✦ Catorce Puntos
- ✦ Tratado de Versalles
- ✦ Liga de las Naciones
- ✦ Aislacionismo

CAUSAS DE LA PRIMERA GUERRA MUNDIAL EN EUROPA

El asesinato del **Archiduque Francisco Fernando**, miembro de la familia soberana de Austria-Hungría, precipitó la Primera Guerra Mundial. Este acto es un ejemplo clásico de cómo un solo suceso puede tener muchos resultados. Un grupo de conspiradores servios se enredó en el complot, y en consecuencia Austria invadió a Servia. Rusia intervino del lado de Servia con la que tenía un tratado. Luego Alemania vino a ayudar a Austria-Hungría. Francia y Gran Bretaña apoyaron a Rusia. Dentro de unas semanas, casi toda Europa se encontraba en medio de guerra. Aunque el asesinato fue lo que la precipitó, la guerra tenía muchas causas fundamentales:

■ **El nacionalismo.** El sentido de orgullo por el país de uno se llama nacionalismo. La palabra también describe la idea de que cada grupo distinto de personas que hablan el mismo idioma y tienen las mismas costumbres, o **nacionalidad**, tiene el derecho a tener su propia patria y su gobierno. Los dos tipos de nacionalismo contribuyeron a la Primera Guerra Mundial. Por ejemplo, tanto Francia como Alemania, Austria-Hungría y Rusia trataron de mostrar su importancia al desarrollar ejércitos y armamentos. El otro tipo de nacionalismo se encontraba dentro del mismo Imperio Austro-Húngaro. Sus diversos grupos nacionales querían tener su propio país y estaban preparados a usar la fuerza para lograr su fin. Algunos de estos nacionalistas eran los asesinos del Archiduque Francisco Fernando.

■ **La competencia económica y el imperialismo.** Muchas naciones europeas se esforzaban por ser grandes potencias económicas. En consecuencia había muchos conflictos. Por ejemplo, la creciente fuerza industrial de Alemania era una amenaza para Gran

Bretaña. Los intereses rusos en Europa central amenazaban al Imperio Austro-Húngaro. Los jefes europeos también estaban convencidos de que una forma de fortalecer la economía nacional era por medio del **imperialismo** (*la posesión de colonias*). A menudo las naciones europeas competían por los mismos terrenos, y esto causaba animosidades entre algunas naciones.

■ **El sistema de alianzas.** Con el fin de protección mutua en caso de guerra, se establecieron dos grandes alianzas en los años 1890. De un lado se encontraba Alemania, Italia y Austria-Hungría que formaban la **Triple Alianza** (*más tarde llamada las "Potencias Centrales"*). El otro lado se componía de Rusia, Francia y Gran Bretaña, o la **Triple Entente** (*luego llamada "Potencias Aliadas"*). Los miembros de cada alianza se prometieron ayuda mutua en caso de ataque. Por lo tanto, toda disputa con cualquiera de las naciones de estas alianzas amenazaba con involucrar a todas las otras.

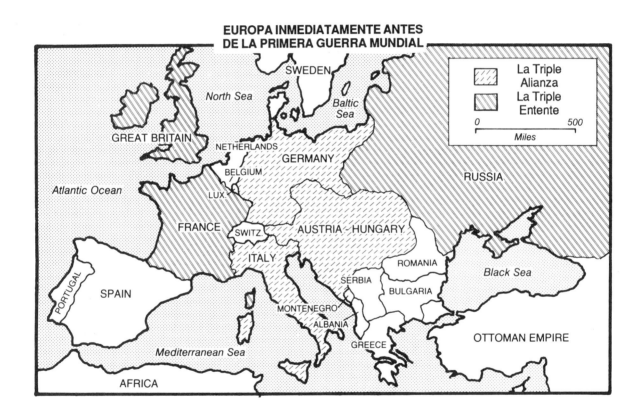

EUROPA INMEDIATAMENTE ANTES DE LA PRIMERA GUERRA MUNDIAL

La Triple Alianza
La Triple Entente

0   500
Miles

LOS EE.UU. ENTRAN EN LA GUERRA: 1917

Los Estados Unidos no estaban en ninguna de las alianzas europeas. Aunque la mayoría de los estadounidenses estaban en favor de los aliados, el Presidente Wilson pidió que el pueblo no tomara partidos. Cuando estalló la guerra, los Estados Unidos trataron de seguir la política de **neutralidad**. A pesar de todos sus esfuerzos, el país se vio involucrado en la Primera Guerra Mundial. Las siguientes fueron algunas de las razones:

RAZONES PARA LA PARTICIPACION DE LOS EE.UU. EN LA PRIMERA GUERRA MUNDIAL

Vínculos más fuertes con los aliados. Muchos estadounidenses tenían antepasados británicos. Los vinculaban el idioma y las tradiciones. Los Estados Unidos, Gran Bretaña y Francia compartían el mismo sistema político democrático.

Acciones de Alemania. Los estadounidenses estaban sacudidos cuando los alemanes violaron las leyes internacionales —invadieron a la neutral Bélgica, destruyeron edificios civiles y hundieron el barco pasajero *Lusitania*; la opinión popular del país se tornó contra Alemania.

Guerra submarina. Alemania comenzó a hundir barcos estadounidenses que llevaban provisiones a Inglaterra. Esto era una violación del principio de la **libertad de los mares** que otorga el derecho a las naciones neutrales a transportar bienes no-bélicos a los países en guerra.

Cuando en 1917 los alemanes anunciaron que usarían submarinos para hundir barcos estadounidenses que iban a Inglaterra, el Presidente Wilson finalmente pidió a que el Congreso declarara la guerra.

LOS ESTADOS UNIDOS EN LA GUERRA: 1917-1918

El Presidente Woodrow Wilson dijo al pueblo estadounidense que su objetivo en la guerra era "hacer el mundo un lugar seguro para la democracia". La participación en una guerra de ultramar llevó a muchos cambios importantes dentro del país. El Congreso dio al Presidente Wilson amplios poderes sobre las empresas y los trabajadores para permitir que acelerar la fabricación de armas y otros materiales de guerra. Una conscripción obligatoria llevó a millones de hombres a las fuerzas armadas. Las mujeres a menudo llegaron a ocupar sus empleos vacantes. Para reunir el dinero necesario, el gobierno aumentó los impuestos y vendió bonos de guerra. Se limitaron ciertos derechos fundamentales como el derecho de criticar el esfuerzo guerrero del país. Con la participación de los Estados Unidos, los aliados tuvieron una gran ventaja en la guerra. Alemania se rindió en noviembre de 1918.

George M. Cohan, compositor

ENFOQUE EN LAS ARTES

Cohan nació el cuatro de julio y escribió la canción más conocida asociada con la Primera Guerra Mundial: "Over There". Esta canción optimista elogiaba el país por entrar en la guerra y alentaba a los estadounidenses a hacer lo apropiado y alistarse en las fuerzas armadas. Cohan escribió otras canciones bien conocidas como "I'm A Yankee Doodle Dandy" y "You're A Grand Old Flag". En 1940, el Congreso le otorgó la Medalla de Honor por sus canciones patrióticas.

EL CONVENIO DE PAZ

Cuando los EE.UU. entraron en la guerra, Wilson anunció los objetivos estadounidenses en un discurso famoso. Esperaba que estos objetivos fueran la base para asegurar una paz justa y duradera.

✦ LOS CATORCE PUNTOS (1918)

Wilson se refería a los propósitos estadounidenses como los **Catorce Puntos**. Uno de los más importantes era que cada nacionalidad debía tener su propio país. Los Catorce Puntos también pedían la libertad de los mares, reducción de armamentos y el fin de tratos secretos internacionales. Wilson sugirió que se formara una **Liga de las Naciones** para resolver en el futuro las disputas entre las distintas naciones.

Wilson (a la derecha) y otros líderes en Versalles

✦ EL TRATADO DE VERSALLES (1919)

El convenio de paz, conocido como el Tratado de Versalles, era muy diferente a lo que proponía Wilson en los Catorce Puntos. El tratado fue muy riguroso con Alemania y las otras Potencias Centrales. Alemania tenía que admitir responsabilidad por haber comenzado la guerra y pagar indemnizaciones. El Imperio Austro-Húngaro quedó dividido en estados nacionales más pequeños. Sin embargo, el tratado llegó a adoptar la idea de Wilson de establecer la Liga de las Naciones.

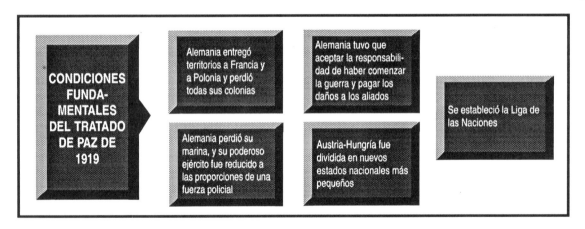

LOS EE.UU. SE NIEGAN A AFILIARSE CON LA LIGA DE LAS NACIONES

Wilson esperaba que la Liga de las Naciones fuera una organización internacional para mantener la paz, y donde las distintas naciones podrían discutir sus problemas en vez de entrar en guerra. No tenía un ejército propio, y dependía de las fuerzas de sus miembros para detener a las naciones agresivas. Sin embargo, la Liga fracasó porque muchas potencias mundiales, inclusive los E.E.UU., se negaron a afiliarse. De acuerdo a la Constitución, todos los tratados tienen que ser aprobados por un voto de dos terceras partes del Senado. Wilson pensaba que, para desalentar guerras futuras, el Senado aprobaría el Tratado de Versalles y la Liga. Sin embargo, muchísimos senadores temían el uso frecuente de las tropas estadounidenses contra los actos de agresión en el extranjero. Wilson rechazó los compromisos sugeridos por el Senado; éste votó contra el tratado, y los EE.UU. nunca llegaron a ser miembros de la Liga de las Naciones.

LOS ESTADOS UNIDOS SE RETIRAN AL AISLAMIENTO

Cuando los Estados Unidos se negaron a hacerse miembro de la Liga de las Naciones, esto indicó su regreso a la política de **aislacionismo** (*negarse a intervenir en los asuntos de otros países*). Muchos estadounidenses estaban en favor de esta política porque se encontraban descontentos con los enormes costos de la guerra y las pocas ventajas que su país sacó de ella. También estaban desilusionados porque la guerra no resultó en la esperada democratización del mundo.

ANALISIS

Si hubieras sido senador(a) de los EE.UU., ¿habrías votado en favor o en contra de afiliación con la Liga de las Naciones? _____ Presenta las razones para tu voto: _____

_____

_____

VUELVE A PENSAR

Ahora que acabas de leer esta sección, ¿cómo crees que una nación victoriosa debe tratar a la nación derrotada?_____ Explica tu respuesta:_____

_____

VERIFICA TU COMPRENSION

Instrucciones: Completa las siguientes tarjetas. Luego contesta las preguntas de selección múltiple.

EL TRATADO DE VERSALLES

Sus condiciones principales incluían:

1. _____

2. _____

3. _____

4. _____

LA LIGA DE LAS NACIONES

¿Cuáles fueron sus objetivos? _____

_____

¿Por qué los Estados Unidos se negaron a afiliarse?

_____

1 ¿Cuál fue la política externa adoptada por los Estados Unidos inmediatamente después de la Primera Guerra Mundial y el rechazo de la afiliación con la Liga de las Naciones?

1 aislacionismo 3 imperialismo
2 internacionalismo 4 contención

2 Durante la Primera Guerra Mundial el objetivo principal de los Estados Unidos fue
1 limitar la expansión del comunismo
2 invadir países latinoamericanos
3 defender la libertad de los mares
4 eliminar la necesidad de tener aliados

3 ¿Cuál fue la razón principal para formar la Liga de las Naciones?
1 la reglamentación del comercio internacional
2 el intento de llegar a la paz en el mundo
3 la organización de los Juegos Olímpicos en el futuro
4 el escarmiento de la Unión Soviética

4 Los Estados Unidos entraron en la Primera Guerra Mundial como aliados de
1 Alemania y Austria-Hungría
2 Rusia y Alemania
3 Gran Bretaña y Francia
4 Gran Bretaña y Austria-Hungría

5 ¿Por qué aumentó la autoridad del Presidente Wilson durante la Primera Guerra Mundial?
1 el Congreso no se reunió durante la guerra
2 se necesitaba acción rápida para conducir la guerra
3 la Constitución permite que el presidente actúe sólo en tiempo de guerra
4 las cortes dijeron que el Congreso no podía dirigir la política externa

6 La posición de las mujeres cambió durante la Primera Guerra Mundial principalmente porque
1 muchas mujeres servían en el ejército
2 se mandó a muchas mujeres a centros de realojamiento
3 de repente, había más oportunidades para las mujeres
4 por primera vez las mujeres fueron aceptadas en las universidades

7 La participación estadounidense en la Primera Guerra Mundial resultó en
1 la paz estable por el resto del siglo
2 el fin de los conflictos entre el pueblo estadounidense
3 la armonía racial y religiosa en Europa
4 el retorno al aislacionismo después de la guerra

8 ¿Cuál declaración describe mejor la opinión popular estadounidense cuando la Primera Guerra Mundial comenzó en Europa en 1914?
1 Los EE.UU. tenían que combatir el comunismo aunque esto llevara a la guerra con Rusia.
2 Los EE.UU. no debían intervenir en las guerras europeas.
3 Alemania debía ganar la guerra.
4 Gran Bretaña y Francia eran responsables de comenzar la guerra.

9 En un texto, la información sobre los asuntos como el hundimiento de barcos neutrales, la libertad de los mares y el asesinato del Archiduque Francisco Fernando se encuentra en la sección que trata de la
1 época anterior a la Guerra Civil
2 Epoca de Reconstrucción
3 revolución industrial
4 Primera Guerra Mundial

10 La política externa estadounidense inmediatamente después de la Primera Guerra Mundial incluyó la
1 asociación con las Naciones Unidas
2 negativa a juntarse a la Liga de las Naciones
3 proclamación de la Doctrina Monroe
4 aplicación de la política del Destino Manifiesto

11 El objetivo principal de los Estados Unidos tanto en la Guerra de 1812 como en la Primera Guerra Mundial fue
1 la adquisición de territorios adicionales
2 la derrota de los británicos
3 la protección de la libertad de los mares
4 el aumento del comercio de los EE.UU. con Asia

PERFILES EN LA HISTORIA

WILLIAM H. SEWARD
(SECRETARIO DEL ESTADO)

En 1867, William Seward (*Secretario del Estado de Lincoln*) fue informado que Rusia quería vender Alaska. Seward arregló la compra de 600.000 millas cuadradas de territorio por $7,2 millones. Sin poder anticipar el futuro descubrimiento de oro y petróleo en Alaska, la gente se burlaba de Seward; llamaban los terrenos adquiridos la "nevera de Seward", pero Alaska mostró ser muy valiosa. En 1959, vino a ser el estado número 49 de la Unión.

REINA LILIUOKALANI
(SOBERANA DE HAWAI)

En 1893, la Reina Liliuokalani trató de poner fin a la creciente influencia de los colonos estadounidenses y devolver a su pueblo el control de las Islas de Hawai. En reacción, algunos líderes de las empresas estadounidenses encabezaron una revuelta contra su gobierno. Tomaron el poder y apartaron a la reina de su trono. Los nuevos jefes de Hawai persuadieron a que el Congreso de los EE.UU. anexara las islas. La Reina Liliuokalani fue la última monarca de Hawai..

WILLIAM RANDOLPH HEARST
Y JOSEPH PULITZER (EDITORES)

El *New York Journal* de Hearst y el *New York World* de Pulitzer llevaron la delantera en el tipo de reportaje sensacionalista ("periodismo amarillo"). Los dos diarios presentaron artículos sensacionales sobre el maltrato de los cubanos bajo el dominio español. Estos artículos sacudieron al público y contribuyeron a empujar

W. R. Hearst

a los EE.UU. hacia la guerra con España en 1898. Pulitzer dejó un caudal que se usa ahora para mantener el "Premio Pulitzer", el más prestigioso en periodismo y literatura.

WALTER REED
(CIRUJANO MILITAR)

Los estadounidenses que vivían en Cuba y en la Zona del Canal de Panamá a menudo caían víctimas de la fiebre amarilla. En 1900, Reed y un equipo médico descubrieron que esa enfermedad venía de la picadura de ciertos mosquitos. En un año fueron secados los pantanos y se eliminó la fiebre.

LA CONSTITUCION EN MARCHA

SCHENCK vs. U.S.
(1919)

Fondo: Durante la Primera Guerra Mundial, Schenck fue arrestado y sentenciado por distribuir impresos que alentaban a los estadounidenses a no luchar en esa guerra. Schenck sostenía que fue violado su derecho a la libertad de palabra y prensa.

Decisión / Importancia: La Corte decidió que el derecho a la libertad de palabra no es absoluto. No protege a una persona que grita "¡fuego!" en un teatro lleno de gente si no hay fuego. El gobierno puede limitar la palabra cuando hay un "peligro claro y presente". Esta decisión vino a guiar a la Corte en determinar los límites de la libertad de palabra.

HABLA LA CORTE

RESUMEN DE TU COMPRENSION

Instrucciones: Confirma tu comprensión de los términos y conceptos en este capítulo. Señala los que sepas explicar. Si no recuerdas algo, refiérete a la página indicada.

LISTA DE VERIFICACION

- ❏ Compra de Luisiana (157)
- ❏ Doctrina Monroe (157)
- ❏ Destino Manifiesto (158)
- ❏ Guerra Hispano-Estadounidense (159)
- ❏ Imperialismo (162)
- ❏ Política de Libre Acceso (163)
- ❏ Política del Buen Vecino (167)
- ❏ O.E.A.(167)
- ❏ Nacionalismo (169)
- ❏ Libertad de los mares (171)
- ❏ Guerra submarina (171)
- ❏ Catorce Puntos (172)
- ❏ Tratado de Versalles (172)
- ❏ Liga de las Naciones (172)
- ❏ Aislacionismo (173)

Instrucciones: Llena la información pedida en los siguientes cuadro sinópticos.

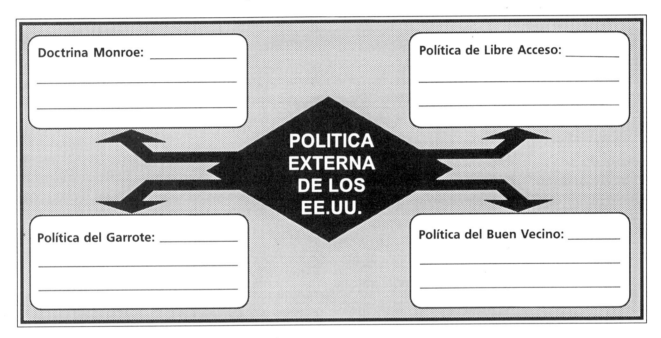

Doctrina Monroe: _____

Política de Libre Acceso: _____

POLITICA EXTERNA DE LOS EE.UU.

Política del Garrote: _____

Política del Buen Vecino: _____

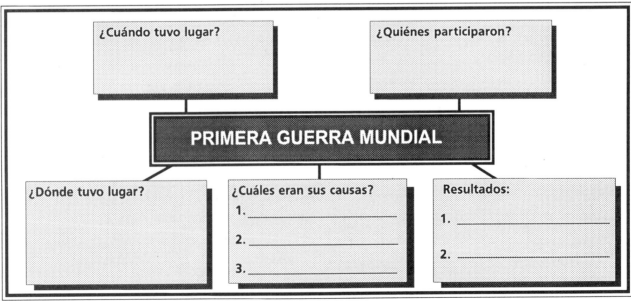

¿Cuándo tuvo lugar?

¿Quiénes participaron?

PRIMERA GUERRA MUNDIAL

¿Dónde tuvo lugar?

¿Cuáles eran sus causas?
1. _____
2. _____
3. _____

Resultados:
1. _____
2. _____

PERSPECTIVAS   UN EXAMEN DE LA POLÍTICA EXTERNA

En los exámenes sobre la historia estadounidense aparecen muchas preguntas relacionadas a la política externa. Esta sección te dará una visión general de la naturaleza de la política externa.

¿QUE ES LA POLITICA EXTERNA?

La política externa es la conducta de una nación con respecto a otras naciones. Un ejemplo de política externa es la decisión del Presidente Clinton a proporcionar fondos para ayudar a Rusia. En cambio, la política interna tiene que ver con las acciones del gobierno dentro de las fronteras del país, como en el caso del Congreso que se niega a promulgar una nueva ley de impuestos.

¿QUIENES ESTABLECEN LA POLITICA EXTERNA?

EL PRESIDENTE Y EL CONGRESO

La Constitución otorga la formulación de la política externa al gobierno federal. Para impedir que cualquier rama del gobierno se volviese demasiado fuerte, la Constitución dividió el control de la política externa entre el presidente y el Congreso. El presidente tiene el control corriente de esa política. Lo asisten el secretario de estado (*un miembro del Gabinete*) y otros funcionarios del Departamento de Estado. El presidente también tiene la asistencia de la Oficina Central de Investigaciones ("C.I.A."), el Consejo Nacional de Seguridad y los jefes de Estado Mayor. Los poderes presidenciales en la política externa incluyen:

- servir como comandante en jefe de las fuerzas armadas
- negociar tratados con países extranjeros
- nombrar embajadores y recibir a ministros extranjeros.

El Congreso también recibió cierto control sobre la política externa. Fundamentalmente, esto se hizo para servir de freno o control sobre la autoridad presidencial. Los poderes congresionales en la política externa incluyen:

- declarar la guerra
- aprobar tratados y nombramientos presidenciales (*se requiere un voto de dos tercios del Senado para aprobar un tratado*)
- decidir cuánto dinero el presidente puede gastar en la defensa nacional

Generalmente, la capacidad de actuar con rapidez permitió al presidente a convertirse en el personaje principal de formulación de la política externa de los EE.UU. Sin embargo, el Congreso a menudo trata de reafirmar su control en los asuntos externos en tiempos cuando el país no se enfrenta con una crisis militar.

OTRAS INFLUENCIAS EN LA POLITICA EXTERNA

Las decisiones del presidente y del Congreso a menudo están influidas por:

- **Grupos de intereses particulares.** Los empresarios, grupos de acción política y otros, a menudo cabildean en el Congreso o se ponen en contacto con los ayudantes del presidente para presentar su punto de vista.

- **Los medios de difusión de noticias.** Los periódicos, la televisión y la radio tienen mucha influencia ya que deciden qué noticias del extranjero se relatan y cómo se hace el reportaje.

- **La opinión popular.** El Congreso y el Presidente son muy sensibles a la opinión popular porque saben que fue el público el que los eligió.

LOS OBJETIVOS DE LA POLITICA EXTERNA

El objetivo principal de la política externa de los Estados Unidos es siempre actuar de acuerdo a los mejores intereses del país. Lo que los líderes nacionales consideran ser esos intereses se determina por muchos factores:

LA SEGURIDAD NACIONAL

El primer y supremo objetivo de la política externa de los EE.UU. es la protección del modo de vivir del pueblo. Cada nación sostiene su derecho de protegerse contra otras naciones. Los EE.UU. protegen su seguridad por medio de la preparación militar y participación en las organizaciones internacionales. Ahora, las armas nucleares protegen el país contra un ataque.

LA PROTECCION DE CIUDADANOS E INVERSIONES ESTADOUNIDENSES

Los Estados Unidos también actúan para proteger a sus ciudadanos en el extranjero. Por ejemplo, en los años 1970, la preocupación por los rehenes en Irán tuvo una gran influencia en la política externa.

EL FOMENTO DEL COMERCIO ESTADOUNIDENSE

Los Estados Unidos actúan para promover la economía del país. Por ejemplo, la promoción del comercio fue crítica en el apoyo estadounidense a la libertad de los mares.

EL ADELANTO DE LA DEMOCRACIA

Los Estados Unidos tratan activamente de esparcir su sistema político, la democracia. Por ejemplo, el país consistentemente luchó contra la expansión del comunismo en el mundo.

EL ADELANTO DE LOS DERECHOS HUMANOS Y DE LA PAZ

Los Estados Unidos apoyan las causas de moral y de paz en los asuntos internacionales; se dan cuenta de que la supervivencia de la especie humana depende de las acciones de cada país. Por eso, los Estados Unidos son miembro de las Naciones Unidas.

COMPRUEBA TU COMPRENSION

Instrucciones: Contesta las preguntas de selección múltiple. Luego dirígete a los ensayos.

Basa tu respuesta a las preguntas 1 y 2 en la siguiente caricatura y en tu conocimiento de estudios sociales.

1   El policía de la caricatura más probablemente representa a
 1 George Washington
 2 Thomas Jefferson
 3 Theodore Roosevelt
 4 Woodrow Wilson

2   ¿Qué política estadounidense está representada por la situación de la caricatura?
 1 el desarme   3 la neutralidad
 2 el aislacionismo   4 el imperialismo

3   ¿Cuál fue la razón fundamental para que los EE.UU. entraran en la Primera Guerra Mundial?
 1 su deseo de obtener colonias
 2 la defensa de la libertad de los mares
 3 las tensiones entre los EE.UU. y la Unión Soviética
 4 la invasión de Polonia por Alemania

4   ¿Cuál fue una consecuencia importante de la Primera Guerra Mundial?
 1 las tropas estadounidenses ocuparon al Japón
 2 se estableció la Liga de las Naciones
 3 Rusia controló la mayor parte de Europa
 4 Alemania obtuvo colonias

5   La declaración más acertada sobre la política externa de los Estados Unidos es que el país
 1 se guía por los intereses nacionales
 2 apoya el imperialismo de muchas naciones
 3 siempre siguió la política de aislacionismo
 4 usó fuerza militar para resolver todas las disputas

6   ¿Cuál titular es un ejemplo de la aplicación de la Doctrina Monroe?
 1 "EE.UU. Declaran Independencia de Inglaterra"
 2 "EE.UU. Promulgan Política de Libre Acceso"
 3 "EE.UU. Anuncian 'Política del Garrote'"
 4 "EE.UU. Entran Guerra en Europa"

7 Una razón importante por la que el Senado se negó a apoyar a la Liga de las Naciones fue su oposición a
1 las aranceles más bajos
2 la libertad de los mares
3 las armas nucleares
4 los futuros compromisos militares

8 ¿Cuál de los siguientes es evidencia de que los EE.UU. siguieron la política del aislacionismo después de la Primera Guerra Mundial?
1 Los EE.UU. censuraron la agresión alemana
2 Los EE.UU. rechazaron el comunismo
3 Los EE.UU. no se afiliaron a la Liga de las Naciones
4 Los EE.UU. firmaron el Tratado de Versalles

9 Al adquirir colonias a principios del siglo XX, los Estados Unidos siguieron la política de
1 aislacionismo
2 imperialismo
3 neutralidad
4 contención

10 Los EE.UU. formularon la Política del Buen Vecino para
1 vender recursos naturales
2 construir bases aéreas y navales en la América del Sur
3 mejorar las relaciones entre los Estados Unidos y Latinoamérica
4 ayudar en la reconstrucción de Asia después de los tiempos del imperialismo

11 Un resultado importante de la Política de Libre Acceso fue que
1 los extranjeros no dividieron a China
2 los EE.UU. tomaron el control del Canadá
3 los EE.UU. se extendieron hasta el Pacífico
4 México retuvo una parte de Texas

12 ¿Cuál fue una consecuencia importante de la Guerra Hispano-Estadounidense?
1 los EE.UU. llegaron a tener un imperio colonial
2 disminuyó el poder de los EE.UU.
3 Cuba llegó a ser un estado de los EE.UU.
4 terminó completamente la expansión de ultramar de los EE.UU.

DESARROLLO DE DESTREZAS: INTERPRETACION DE DEBATES

A veces, un examen de historia contiene preguntas basadas en debates. Te conviene saber en qué fijarte en una pregunta de este tipo.

¿Qué es una pregunta basada en debate?
Se presenta una serie de declaraciones hechas por diferentes oradores, generalmente denominados por una letra: A, B, C, etc.

Clave para su comprensión
Lo que dice cada orador es generalmente una opinión sobre un término, concepto o situación relacionada a estudios sociales.

Interpretación de una pregunta basada en debate
Comienza por hacerte las siguientes preguntas sobre cada orador:

- ¿Qué término, concepto o situación describe el orador?

- ¿Qué dice el orador sobre el término, concepto o situación?

- ¿Está el orador en favor o en contra de esta situación?

  Nota que generalmente los oradores están en desacuerdo.

- ¿Por qué están en desacuerdo?

- Los oradores, ¿apoyan bien sus opiniones?

- Las opiniones de los oradores, ¿te recuerdan los puntos de vista de algunos grupos o individuos que ya conoces?

Ahora que tienes una idea en qué fijarte, comprueba tu pericia en ese tipo de preguntas. Lee lo que tiene que decir cada orador y contesta las preguntas que siguen:

Orador A: Los estadounidenses deben tener cuidado en comprometerse en alianzas permanentes con las naciones extranjeras.

Orador B: Los Estados Unidos no permitirán que ninguna nación europea establezca nuevas colonias en el Hemisferio Occidental o que reconquiste colonias antiguas que ya se independizaron.

Orador C: Creo que el destino de los Estados Unidos es extender sus fronteras desde la costa del este hasta el Océano Pacífico.

Orador D: Ahora que los EE.UU. son una potencia industrial, necesitamos colonias que nos proporcionen materias primas y mercados para nuestros productos manufacturados.

1 El Orador D puede describirse mejor como
   1 imperialista   3 colonista
   2 ambientalista   4 terrorista

El **Orador D** puede describirse mejor como **imperialista**. Presenta un argumento usado a menudo por los imperialistas como Alfred Thayer Mahan. El orador recalca las ventajas que los EE.UU. sacarían de sus colonias.

2 ¿Cuál orador estaría en favor de la política conocida como la Doctrina Monroe?
   1 Orador A   3 Orador C
   2 Orador B   4 Orador D

El **Orador B** está en favor de la política que fue primero declarada en la Doctrina Monroe. Esta doctrina anunció al mundo que por tener intereses especiales en el Hemisferio Occidental, los Estados Unidos no permitirían intromisión europea en esta parte del mundo.

3 ¿Cuál orador probablemente apoyaría la compra de Luisiana a Francia y la anexión de Texas en 1845?
   1 Orador A   3 Orador C
   2 Orador B   4 Orador D

El **Orador C** argumenta en favor de extender las fronteras del país. Su punto de vista sostiene la política del Destino Manifiesto con la cual los EE.UU. se vieron alentados a extender sus fronteras a través del continente.

ENSAYOS

1 La siguiente línea cronológica muestra varias decisiones importantes en la política externa en la historia estadounidense.

LINEA CRONOLOGICA DE DECISIONES EN LA POLITICA EXTERNA DE LOS EE.UU.

1796	1823	1899	1904	1920	1933
Washington hace su Discurso de despedida	Proclamación de la Doctrina Monroe	Se anuncia la Política de Libre Acceso	Se proclama la Política del Garrote	Los EE.UU. rechazan afiliación con la Liga de las Naciones	Proclamación de la Política del Buen Vecino

Parte A

Escoge *una* decisión de política externa: _____

Declara una razón importante para esa decisión: _____

Declara uno de sus efectos en otra nación: _____

Escoge *otra* decisión de política externa: _____

Declara una razón importante para esa decisión: _____

Declara uno de sus efectos en otra nación: _____

Parte B

En tu respuesta a la Parte B, debes usar la información que diste en la Parte A. Sin embargo, puedes también incluir información adicional o distinta.

Escribe un ensayo que comienza con la siguiente oración temática:
"Las decisiones importantes en la historia de los Estados Unidos a menudo determinaban sus relaciones con las otras naciones del mundo."

2 **Un propósito fundamental de la política externa estadounidense es la protección de los intereses nacionales. El presidente de los EE.UU. tiene mucha influencia en la formulación y aplicación de esa política.**

Parte A

Escoge a *dos* presidentes de los Estados Unidos. En el caso de cada uno, describe una acción específica tomada por el presidente para proteger el interés nacional.

PRESIDENTE	ACCIÓN TOMADA PARA PROTEGER EL INTERÉS NACIONAL
1. _____	_____ _____
2. _____	_____ _____

Parte B

En tu respuesta a la Parte B, debes usar la información que diste en la Parte A. Sin embargo, puedes también incluir información adicional o distinta.

En un ensayo describe cómo los presidentes de los Estados Unidos actuaron para proteger el interés nacional.

TAREAS PRACTICAS

¿QUE LE ACONSEJARIAS AL PRESIDENTE?

En este capítulo estudiaste la política externa estadounidense. También te enteraste cómo se formula la política externa y sus objetivos.

DESCRIPCIÓN DE LA TAREA: En este ejercicio tienes que suponer que eres parte de un cuerpo de consejeros de un antiguo presidente estadounidense. Cada cuerpo escogerá un suceso histórico y hará recomendaciones sobre cómo deben actuar los EE.UU.

AÑO	PRESIDENTE	ACONTECIMIENTO
1823	Monroe	Rebelión en las colonias españolas en América
1853	Fillmore	El Japón se niega a comerciar con los Estados Unidos y con Europa
1898	McKinley	El ejército español aplasta la rebelión de campesinos en la vecina Cuba
1902	T. Roosevelt	Los rebeldes en Panamá buscan apoyo contra el gobierno de Colombia
1917	Wilson	Submarinos alemanes hunden barcos estadounidenses en el Atlántico

TU TAREA: Para el suceso escogido el equipo escribirá un breve informe al presidente. En el informe se debe (1) hacer una descripción completa del suceso; (2) considerar varias alternativas para la reacción estadounidense al suceso y (3) informar al presidente cuál probablemente sería la mejor reacción y por qué. Usa la siguiente forma para preparar el informe:

MEMORANDUM

Al: Presidente _____
Del: Cuerpo de consejeros
Sobre: (suceso escogido)

I.   Hechos de fondo: _____

_____

II. Reacciones posibles: _____

_____

III. Recomendaciones: _____

_____

DONDE ENCONTRAR INFORMACIÓN: El bibliotecario de la escuela puede ayudarte a encontrar información sobre cualquiera de estos sucesos. Comienza por consultar la enciclopedia sobre el suceso y/o el presidente de la época. También refiérete a libros de historia de los EE.UU. y biografías de los individuos que participaron en el suceso.

CAPITULO 8

LA PROSPERIDAD, LA DEPRESION Y LA GUERRA

Tiempo de prosperidad: la década de 1920
  A. Razones para la prosperidad
  B. Los presidentes republicanos de los años 1920
  C. Conflicto de los valores culturales
  D. Amenazas a las libertades civiles
  E. Regreso al aislacionismo

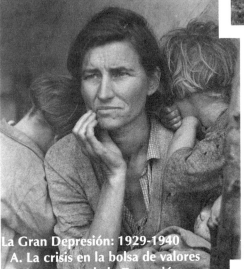

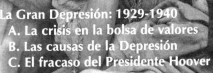

La Gran Depresión: 1929-1940
  A. La crisis en la bolsa de valores
  B. Las causas de la Depresión
  C. El fracaso del Presidente Hoover

Franklin Roosevelt y el Nuevo Trato
  A. Aumento de las responsabilidades del gobierno
  B. Legislación: relevación, recuperación, reforma
  C. Reacciones al Nuevo Trato

La Segunda Guerra Mundial: 1939-1945
  A. Comienzo de la guerra en Europa
  B. Los EE.UU. entran en la guerra
  C. La guerra contra Alemania y el Japón
  D. El trato de los países derrotados

LINEA CRONOLOGICA DE SUCESOS HISTORICOS

1927	1929	1933	1939	— 1941 —		— 1945 —	
Lindbergh vuela solo a Europa	Comienza la Gran Depresión	Comienza el Nuevo Trato	Alemania invade a Polonia: comienza la Segunda Guerra Mundial	Ataque japonés en Pearl Harbor	Los EE.UU. declaran la guerra	Bombardeo atómico de Hiroshima	Formación de las Naciones Unidas

TIEMPO DE PROSPERIDAD: LOS AÑOS 1920

En esta sección se trata de la década de 1920; En los Estados Unidos había prosperidad económica, cambios en los valores culturales, y presidentes que creían que el gobierno no debía interferir demasiado en la economía nacional

PARA PENSAR

La década de 1920 recibió varios nombres: "los estrepitosos años veinte", "los años veinte de oro" y "la edad del jazz". Basándote en estas frases, describe cómo habrá sido, en tu opinión, la vida en esa década.

_____

_____

Términos y conceptos importantes: Al leer esta sección, fíjate en los siguientes:

- ✦ Líneas de montaje
- ✦ Laissez-faire
- ✦ Individualismo robusto
- ✦ Renacimiento de Harlem

- ✦ Prohibición
- ✦ Alarmas rojas
- ✦ "Nativismo"
- ✦ Aislacionismo

Para ayudarte a encontrar estos términos, esta señal ✦ aparece en el margen de la página donde se explica la expresión por primera vez.

Al terminar la Primera Guerra Mundial, los estadounidenses comenzaron a concentrarse en ganar dinero y en divertirse.

LAS RAZONES PARA LA PROSPERIDAD DE LOS AÑOS 1920

Para muchos, los años 1920 fueron buenos. Subieron los sueldos y aumentaron las oportunidades de empleo; también prosperaron los negocios y aumentó mucho la productividad. Había muchos factores que contribuyeron a esa prosperidad.

EL SURGIMIENTO DEL AUTOMOVIL

La popularidad del automóvil fue probablemente la razón más importante del aumento de la prosperidad. En los años 1920, el número de autos subió de 7 a 23 millones. Esto influyó mucho en la vida del pueblo. Ya que la fabricación de autos requería acero, vidrio y caucho, fue fomentado el desarrollo de otras industrias. Para 1929, uno de cada diez trabajadores en el país estaba empleado en una industria relacionada al automóvil.

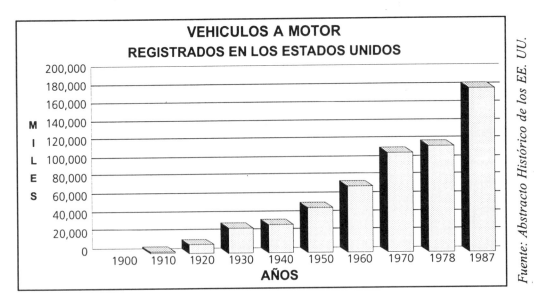

Fuente: Abstracto Histórico de los EE. UU.

EL DESARROLLO DE OTRAS INDUSTRIAS

La disponibilidad de electricidad llevó al desarrollo de otros artículos nuevos como la aspiradora, refrigeradora y tostadora. La radio y el cine se convirtieron en un gran negocio. La gente comenzó a viajar en avión. Estas nuevas industrias produjeron empleos, grandes ganancias y cambiaron el estilo de vida de los estadounidenses.

TECNICAS MAS EFICACES EN LA PRODUCCION

Durante la Primera Guerra Mundial, se hicieron adelantos en la técnicas de producción. Estos pronto se aplicaron a la producción industrial de tiempos de paz. La productividad se hizo más eficaz con el uso de componentes intercambiables y métodos ahorrativos de trabajo. Fue muy importante la introducción de **líneas de montaje**, donde los obreros tenían su sitio y tarea fija; los artículos producidos se movían de uno al otro en una banda transportadora eléctrica.

Una de las primeras líneas de montaje (Cía. Ford)

Aunque muchas personas prosperaron en ese tiempo, algunos grupos no recibieron los beneficios de los años 1920. Los agricultores, los negros, los indígenas y los obreros en ciertas industrias sufrían a causa del desempleo y de ganancias reducidas.

LOS PRESIDENTES REPUBLICANOS DE LOS AÑOS 1920

El gran éxito de los negocios en la década de 1920 se debió a la política del gobierno. Tres republicanos (Harding, Coolidge y Hoover) fueron presidentes entre 1920 y 1932. En general, siguieron una política favorable a las empresas. Cada uno creía en **laissez-faire** —la idea que el gobierno debía intervenir lo menos posible en las cuestiones de negocios.

POLITICA REPUBLICANA FAVORABLE A LOS NEGOCIOS: 1920-1932

Altas tarifas arancelarias. El Congreso elevó los **aranceles** (impuestos en los productos importados al país) para proteger a los fabricantes estadounidenses. Esto desalentaba a los extranjeros a vender sus productos en los EE.UU.

Débil aplicación de las leyes. No se aplicaron las leyes existentes contra monopolios. En consecuencia, las grandes empresas llegaron a ser todavía más grandes y más ricas.

Reducción de impuestos. Se redujeron los impuestos de las grandes empresas e individuos adinerados. Como resultado, las personas de clase media y obrera tenían que pagar impuestos más altos.

LA PRESIDENCIA DE WARREN HARDING (1921-1923)

Warren Harding fue elegido en 1920. Vino a ser popular porque abogaba por la "normalidad": menos participación en los asuntos extranjeros y menos intervención gubernamental en los negocios. Durante la presidencia de Harding, los EE.UU. se negaron a juntarse a la Liga de las Naciones, limitaron la inmigración y aumentaron los aranceles. La administración vino a ser famosa por la corrupción en el **escándalo de Teapot Dome**; los funcionarios del gobierno fueron sobornados por hombres de negocios.

LA PRESIDENCIA DE CALVIN COOLIDGE (1923-1929)

Cuando Harding murió de un ataque cardíaco en 1923, el Vicepresidente Calvin Coolidge asumió la presidencia. Vino a representar los antiguos principios como honradez y frugalidad. Siguió la política de Hoover, favorable a las empresas. Coolidge se guió por la idea de que "el negocio de los Estados Unidos es el negocio", y durante su presidencia hubo un gran desarrollo de empresas. El

Herbert Hoover pescando en el Río Klamath en Oregón

pueblo atribuía la prosperidad del país al presidente, y lo volvió a elegir en 1924. En 1928, a pesar de su popularidad, Coolidge decidió no ser candidato para otro plazo.

LA PRESIDENCIA DE HERBERT HOOVER (1929-1933)

En su campaña presidencial en 1928, Hoover pronosticó que pronto desaparecería la pobreza en el país. Creía que su prosperidad fue el resultado del carácter nacional de **"individualismo robusto"**. Estaba convencido de que la gente se beneficiaba más cuando recibía educación gratuita y oportunidades individuales, y cuando tenía deseo de éxito. Igual que Harding y Coolidge, Hoover creía que si el gobierno intervenía demasiado en los negocios, esto podría amenazar el progreso y la prosperidad del futuro. Estas ideas parecían razonables en 1928, pero dejaron a Hoover mal preparado para la crisis que iba a surgir poco después de su elección.

EL CONFLICTO DE LOS VALORES CULTURALES

El automóvil, la radio y los descubrimientos en las ciencias influyeron mucho en la vida y el pensamiento de los estadounidenses. Llegaron a estar mejor informados sobre otros países como resultado de la Primera Guerra Mundial. En consecuencia, en los años 1920 aparecieron nuevos valores que estaban en conflicto frecuente con los principios tradicionales. Algunos grupos — como las mujeres, los jóvenes y los negros— se sintieron más libres y más poderosos. Especialmente los negros y las mujeres se beneficiaron con las nuevas oportunidades de empleo resultantes de la industrialización y de la guerra.

■ **Las mujeres.** Dentro del país, las mujeres habían participado en el esfuerzo por ganar la guerra. También se promulgó la Enmienda XIX, que les otorgaba el derecho al voto, dándoles un sentido de igualdad. Los aparatos domésticos facilitaron los quehaceres, y más mujeres asistían a las universidades y trabajaban fuera de casa. La igualdad y la independencia económica resultó en cambios en los modales y en la moralidad. Las mujeres comenzaron a fumar y beber en público, y a lucir pelo y faldas más cortas.

Linotipista joven, 1920

■ **Los jóvenes y la "Generación Perdida".** Los jóvenes participaban en aficiones y chifladuras pasajeras como maratones de baile y tragarse pececillos dorados. Un grupo de escritores, conocidos como la "Generación Perdida" rechazó el deseo de los bienes materiales. Entre los más conocidos de ellos fue F. Scott Fitzgerald.

■ **El Renacimiento de Harlem.** Los negros comenzaron a migrar a las ciudades del Norte; allí surgió su orgullo de su cultura y comenzaron a exigir la igualdad. Los escritores negros como Langston Hughes, expresaban nuevas ideas. Esta época se conoció como el Renacimiento de Harlem (en la Ciudad de Nueva York). Floreció el jazz, originado en el canto religioso negro; por eso, la década de 1920 también se conoce como la **edad del jazz**, reflejando la importancia de la música afro-estadounidense

Langston Hughes, poeta

■ **Nuevos héroes populares.** Con más tiempo libre, la gente podía dedicarse a los partidos deportivos, la radio, el cine y las revistas. Esto tuvo gran influencia en la cultura popular y en las normas de conducta. Surgieron héroes populares como el boxeador Jack Dempsey y el astro del cine Rodolfo Valentino.

Estos cambios inquietaron a muchas personas; éstas creían que los principios tradicionales estaban arriesgados por el desarrollo de las ciudades y por los nuevos valores.

■ **La prohibición.** Algunos creían que el alcohol era causa de la pobreza, del crimen y de la destrucción de las familias. En 1919, los estados aprobaron la **Enmienda XVIII**, que prohibía la producción y venta de bebidas alcohólicas. Sin embargo, para 1933 se hizo claro el fracaso de la prohibición. La ley fue impopular, y una gran parte de la población se negaba a aceptar la prohibición de bebidas alcohólicas. Fue anulada por la **Enmienda XXI**, demostrando que a menudo no se puede hacer cumplir leyes impopulares.

■ **El "proceso de los monos" de Scopes.** En 1925, John Scopes, maestro de biología en Tenesí, fue llevado a juicio por enseñar la teoría de la evolución. La ley estatal requería la enseñanza de la creación de acuerdo a la Biblia. Scopes fue sentenciado y pagó una pequeña multa. Este juicio llamó la atención al conflicto entre las ciencias y la enseñanza tradicional religiosa.

LAS AMENAZAS A LAS LIBERTADES CIVILES

El surgimiento de valores e ideas nuevas a veces llevó a reacciones desafortunadas. En los años 1920, hubo ataques contra algunos derechos fundamentales de la gente. Algunos temían que las ideas extranjeras llegaran a "infectar" al país. En consecuencia, las minorías raciales y religiosas, tal como los inmigrantes recientes llegaron a ser objeto de hostilidades.

EL SURGIMIENTO DEL "NATIVISMO"

Una de las razones para los ataques contra los inmigrantes eran las **alarmas rojas**. Se temía que los comunistas se apoderarían de los Estados Unidos como lo hicieron en Rusia en 1917. En 1919 y 1920, fueron arrestadas muchísimas personas bajo la sospecha de apoyar el comunismo. En 1927, dos inmigrantes italianos, **Sacco** y **Vanzetti**, fueron ejecutados por asesinato aunque hubo muy poca evidencia de su culpa. Muchos creían que Sacco y Vanzetti murieron a causa de sus ideas políticas y no por un crimen que hayan cometido. Su juicio, igual que las alarmas rojas, contribuyó al surgimiento del "**nativismo**" (*desconfianza y antipatía hacia los extranjeros*). Se promulgaron nuevas leyes para limitar la inmigración.

EL SURGIMIENTO DEL RACISMO

También aumentó el **racismo** (*convicción que la raza de uno es superior a otras*). Muchos estadounidenses se sintieron amenazados por los cambios de la década de 1920. Desconfiaban de los que tenían apariencia, modo de hablar o prácticas religiosas distintas a las suyas. Los negros fueron víctimas del prejuicio racial y linchamientos. Se activó el **Ku Klux Klan**, aquietado por muchos años. Su influencia se esparció rápidamente por el Sur y el Medio Oeste. El Klan, que declaraba que los negros, católicos, judíos e inmigrantes eran inferiores, ganó bastante apoyo popular.

EL REGRESO AL AISLACIONISMO

En la Primera Guerra Mundial, murieron diez millones de personas y hubo veinte millones de heridos. Muchos de ellos eran estadounidenses. Para 1920, los estadounidenses estaban desilusionados con los resultados de la guerra. Aunque el país estaba del lado victorioso, el mundo no llegó a ser "un lugar seguro para la democracia", como lo había prometido el Presidente Wilson. En la década de 1920, los estadounidenses volvieron a su política tradicional de **aislacionismo** y no participaron en los problemas europeos. Se ocuparon más de los sucesos dentro de su propio país, sintiéndose seguros gracias a los océanos que los separaban de Europa y Asia. Esta fue una de las razones principales por las que los EE.UU. no se afiliaron con la Liga de las Naciones.

Los Estados Unidos se negaron a afiliarse con la Liga de las Naciones.

Muchos estadounidenses se hicieron pacifistas, renunciando la participación en cualquier guerra.

EL AISLACIONISMO DE LOS EE.UU. DESPUES DE LA PRIMERA GUERRA MUNDIAL

Los EE.UU. insistieron en cobrar las deudas de guerra de sus antiguos aliados, Gran Bretaña y Francia.

Los EE.UU. impusieron altos aranceles en los productos europeos y limitaron la inmigración europea.

Había algunas excepciones a esta tendencia general hacia el aislacionismo. En 1921, los Estados Unidos hospedaron la **Conferencia Naval de Washington**, en la cual las potencias europeas y asiáticas acordaron limitar sus marinas y armas navales. En 1928, los Estados Unidos también promovieron el **Pacto de Paz Kellog-Briand** firmado por 62 países que prometían renunciar a la guerra y resolver sus diferencias sólo por medios pacíficos. Pero los estadounidenses vacilaban ante una mayor participación, y especialmente se oponían a intervenir en cualquier guerra futura en Europa.

ANALISIS

Algunos historiadores criticaron a los EE.UU. por seguir la política de aislacionismo después de la Primera Guerra Mundial. Sostenían que el país actuaba como el proverbial avestruz que entierra la cabeza en la arena. ¿Crees que esa política fue una buena idea para los EE.UU.?
❏ Sí   ❏ No   ¿Por qué?
_____
_____

EN RESUMEN: LA PROSPERIDAD DE LOS AÑOS 1920

En los años 1920, los estadounidenses querían olvidar la Segunda Guerra Mundial. Esto llevó al retorno al aislacionismo. La década también se caracterizó por la prosperidad económica y nuevas oportunidades para muchos grupos. Estos sucesos dieron lugar a conflictos entre los valores tradicionales y los modernos, y a la creciente desconfianza de los individuos que fuesen diferentes.

VUELVE A PENSAR

Después de leer esta sección, ¿cómo crees que era la vida en los años 1920?

_____

¿Crees que las expresiones "los estrepitosos años veinte", "los años veinte de oro" y "la edad

del jazz" eran descripciones acertadas de esa época? _____ Explica tu opinión. _____

_____

VERIFICA TU COMPRENSION

Instrucciones: Completa las siguientes tarjetas. Luego contesta las preguntas de selección múltiple.

NATIVISMO
Definición: _____
Su influencia en los años 1920: _____
_____

PROHIBICIÓN
Definición: _____
¿Qué enseñó a los estadounidenses? _____
_____

1 ¿Cuál generalización está mejor apoyada con un examen de la prohibición?
   1 Las actitudes de la gente hacen que sea difícil hacer cumplir ciertas leyes.
   2 El aumento de impuestos puede afectar la forma en que la gente gasta dinero.
   3 La moralidad puede reglamentarse fácilmente.
   4 La gente hará sacrificios de buena gana para el bien común.

2 El "Renacimiento de Harlem" se refiere
   1 al estilo artístico de los primeros pobladores de Nueva York
   2 a los soldados afro-estadounidenses en la Primera Guerra Mundial
   3 al resurgimiento del orgullo negro en los años 1920
   4 al surgimiento de la cultura hispana en Nueva York durante los años 1920

3 ¿Cuál invento llevó a los cambios más importantes en el estilo de la vida en los EE.UU. en los años 1920?
   1 el ferrocarril   3 el automóvil
   2 la máquina de vapor   4 la computadora

4 Después de la Primera Guerra Mundial los EE.UU. volvieron a la política externa de
   1 contención   3 aislacionismo
   2 imperialismo   4 militarismo

5 El tren de montaje se usaba para
   1 elevar los precios de bienes manufacturados
   2 aumentar el número de agricultores
   3 proporcionar mejores empleos para los negros
   4 aumentar la productividad de las fábricas

SECCIÓN 2

LA GRAN DEPRESIÓN: 1929-1940

En esta sección se trata de la peor época económica en la historia estadounidense; la depresión comenzó con la crisis en la bolsa de valores en 1929 y duró hasta 1940.

PARA PENSAR

Cuando oyes el término Gran Depresión, ¿qué imágenes te vienen a la mente? _____

_____

Términos y conceptos importantes: Al leer esta sección, fíjate en los siguientes:

- ✦ Ciclo económico
- ✦ Gran Depresión
- ✦ Crisis de la bolsa de valores
- ✦ Cuenco de polvo

La economía generalmente pasa por buenos y malos períodos que se repiten a lo largo del tiempo. Los economistas llaman estos altibajos **ciclo económico**. Durante los tiempos buenos, los negocios se desarrollan y es fácil encontrar empleo. Los tiempos malos se llaman depresiones; se cierran muchos negocios y la gente pierde su trabajo por mucho tiempo. Cuando la gente tiene menos dinero, gasta menos. Esto lleva al derrumbe de más empresas y más desempleo. La **Gran Depresión**, fue la peor en la historia de los Estados Unidos

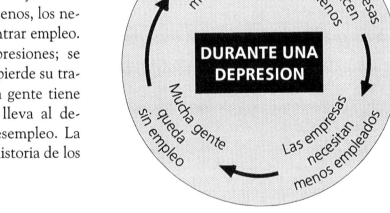

La gente gasta menos → Las empresas producen menos → Las empresas necesitan menos empleados → Mucha gente queda sin empleo

DURANTE UNA DEPRESION

✦ LA CRISIS DE LA BOLSA DE VALORES

En 1929, hubo una baja repentina en los precios de las acciones en la Bolsa de Nueva York. El 29 de octubre, la bolsa se derrumbó y los precios se precipitaron completamente. Todos querían vender acciones y nadie quería comprarlas. Dentro de unos días, el valor total de las acciones bajó más de 30 billones de dólares. Esta crisis dio principio a la Gran Depresión. Las corporaciones encontraron dificultad en obtener dinero, y muchas fracasaron. Como resultado, sus empleados perdieron sus puestos. La gente desempleada tiene poco dinero que gastar, y así llegó el fracaso de compañías adicionales. La gente pasaba hambre; algunos murieron de desnutrición; millones de personas dependían de cocinas de beneficencia y pan ofrecido por las instituciones caritativas privadas. Los individuos que perdieron su dinero en las acciones no podían pagar los préstamos tomados de los bancos; esto llevó a la quiebra de muchos bancos, y millares de personas perdieron los ahorros de toda la vida.

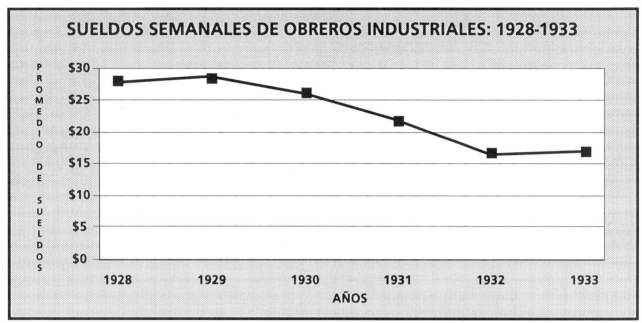

Fuente: *Estadísticas Históricas de los Estados Unidos*

LAS CAUSAS DE LA GRAN DEPRESION

La crisis de la bolsa en 1929 causó una reacción en cadena que deshizo la economía del país y causó una pesadilla nacional. En poco tiempo, la Gran Depresión llegó a Europa, demostrando que las condiciones en una región influyen en las condiciones en otras partes del mundo. Este entrelazamiento se conoce como **interdependencia mundial**.

LOS FACTORES QUE LLEVARON A LA GRAN DEPRESION

Además del derrumbe de la bolsa, había otros factores que llevaron a la Gran Depresión:

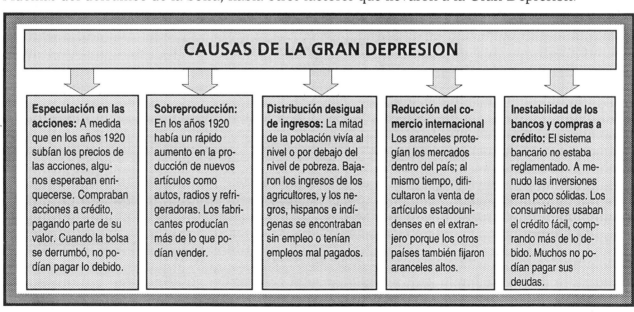

Dorotea Lange, fotógrafa

Cuando vino la depresión, Dorothea Lange trabajaba como fotógrafa en San Francisco. Poco después, obtuvo el puesto de fotógrafa en la Administración de Seguridad de Fincas. Alcanzó fama al capturar la desesperación de la vida diaria y los efectos brutales de la depresión. Una de sus fotos más conocidas, "Madre migratoria" (véase la página 184), muestra a una mujer empobrecida abrazando a sus hijos agotados. Esta imagen fue escogida por la Universidad de Misuri como una de las cincuenta mejores fotografías del siglo XX.

✦ EL CUENCO DE POLVO

En los años 1930, millares de granjeros de las Grandes Llanuras sufrieron a causa de una serie de **sequías.** Se secaron las plantaciones y el suelo se volvió en polvo. Las tormentas de polvo soplaron a través del Oeste, destruyendo cosechas y enterrando casas. Los granjeros, incapaces de cosechar lo bastante para pagar sus hipotecas, tenían que abandonar sus tierras. Más de un millón de ellos fueron dejaron en el "cuenco de polvo". Muchos se mudaron a California.

EL PRESIDENTE HOOVER FRACASA EN PONER FIN A LA DEPRESION

El Presidente Hoover creía firmemente que el gobierno no debía intervenir en la economía, y que la situación se arreglaría por sí misma. Pensaba que si los precios bajaban bastante, la gente volvería a gastar, y las empresas contratarían a más empleados. Por lo tanto, al principio de la Gran Depresión, Hoover no respondió a los pedidos que el gobierno federal diera ayuda a los desempleados y a los necesitados. Creía que las organizaciones voluntarias y privadas ofrecerían suficiente ayuda. Con el tiempo, cuando las condiciones no mejoraron, Hoover cambió de opinión. Se reunió con los empresarios principales y les pidió que no despidiesen a sus empleados. Aumentó los gastos federales en proyectos de obras públicas para dar trabajo a los desempleados. Estableció la **Corporación de Reconstrucción Financiera** para ofrecer empréstitos de emergencia a bancos y empresas. Desgraciadamente, estas prácticas eran demasiado escasas y llegaron demasiado tarde. Los fondos proporcionados no eran suficientes para remediar el problema. Muchos estaban desilusionados con el fracaso de Hoover en poner alto a la depresión. Dieron el nombre de **"Villas Hoover"** a los barrios de casuchas que aparecieron a través del país, y que servían de viviendas a los desempleados y la gente sin hogar.

EN RESUMEN: LA GRAN DEPRESION: 1929-1940

Durante la Gran Depresión, el pueblo de los EE.UU. pasó por una de las temporadas más difíciles. Había varias razones que causaron la depresión. Cuando comenzó, millones de personas quedaron sin empleo, sin hogar y pasaban hambre. El pueblo estaba frustrado cuando el Presidente Hoover no parecía hacer lo suficiente para mejorar las malas condiciones.

VUELVE A PENSAR

Después de leer esta sección, cuando alguien menciona la Gran Depresión, ¿en qué piensas?

1. _____

2. _____

VERIFICA TU COMPRENSION

Instrucciones: Llena las siguientes tarjetas. Luego contesta las preguntas de selección múltiple.

CRISIS DE LA BOLSA DE VALORES

¿Por qué tuvo lugar? _____

¿Qué impacto tuvo en la nación? _____

_____

_____

LA GRAN DEPRESIÓN

Define la Depresión: _____

¿Cuáles eran sus causas principales? _____

_____

_____

1   ¿Cuál fue una de las causas de la Gran Depresión?
    1 el abuso de crédito
    2 la falta de mano de obra
    3 la escasez de productos de consumidor
    4 la subida del precio de petróleo

2   ¿Cuál es la condición que más probablemente surge durante una depresión?
    1 las empresas privadas crean nuevos empleos
    2 el gobierno aumenta muchísimo los impuestos
    3 hay una gran reducción de empleos
    4 se establecen muchas empresas nuevas

3   Cuando hay una depresión económica, hay una gran proporción de
    1 empleos   3 empresas fracasadas
    2 interés   4 productividad

4   La información sobre los temas tales como ciclos económicos, el cuenco de polvo y Villas Hoover, se puede encontrar en un libro de historia en la sección sobre
    1 el movimiento abolicionista
    2 la Primera Guerra Mundial
    3 los años veinte estrepitosos
    4 la Gran Depresión

5   Al comienzo de la Gran Depresión, el Presidente Hoover creía que
    2 las depresiones son una parte útil de la economía
    2 el gobierno debía ofrecer trabajo a los desempleados
    3 las organizaciones voluntarias debían ofrecer alivio a los necesitados
    4 el gobierno federal debía ofrecer comida y albergue a los pobres

SECCIÓN 3

FRANKLIN D. ROOSEVELT Y EL NUEVO TRATO

En esta sección se trata del nuevo programa introducido por el Presidente Franklin D. Roosevelt para sacar al país de la Gran Depresión. El "Nuevo Trato" de Roosevelt aumentó mucho las proporciones, el poder y las responsabilidades del gobierno federal.

PARA PENSAR

Si fueras presidente durante la Gran Depresión, ¿qué medidas habrías tomado para mejorar las condiciones en el país?

_____

_____

Términos y conceptos importantes: Al leer esta sección, fíjate en los siguientes:

◆ Nuevo Trato   ◆ Corporación Federal de Seguros sobre Depósitos
◆ Ley de Seguridad Social   ◆ Plan de "rellenar" la Corte Suprema

Durante la Gran Depresión, el problema principal para el pueblo de los EE.UU. fue el gran desempleo. En las elecciones de 1932, el candidato demócrata Franklin D. Roosevelt prometió que nadie pasaría hambre, y que los nuevos programas ofrecerían trabajo a la gente. Roosevelt fácilmente derrotó a Hoover en esas elecciones.

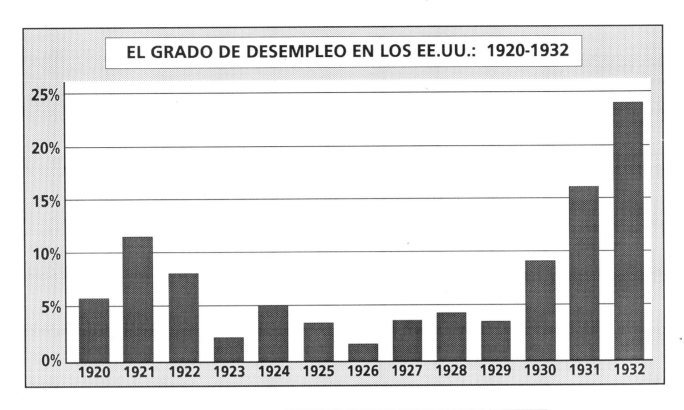

EL GRADO DE DESEMPLEO EN LOS EE.UU.: 1920-1932

EL NUEVO TRATO EXPANDE LAS RESPONSABILIDADES DEL GOBIERNO

Había más de trece millones de personas sin trabajo; millares hacían cola para recibir comida gratuita; quebraban los bancos; y los granjeros perdían sus fincas al no pagar sus hipotecas. Esta era la situación cuando el Presidente Franklin D. Roosevelt ("F.D.R.") tomó cargo en marzo de 1933. Vio la Gran Depresión como una emergencia nacional tan seria como una guerra. Creía que la tarea del presidente era llevar al retorno de la prosperidad y, a diferencia de Hoover, creía que el gobierno federal era responsable por el manejo de la economía. Inmediatamente comenzó a implementar una serie de leyes diseñadas a emplear a la gente y poner en marcha los negocios. El programa de Roosevelt, llamado **Nuevo Trato**, era históricamente importante porque estableció ◆ la idea de que el gobierno federal era responsable por la economía del país.

NEW DEAL LEGISLATION: RELIEF, RECOVERY, REFORM

F.D.R. tenía un método nuevo de solucionar problemas. Reunió un grupo de personas de mucho talento que le aconsejaron nuevas formas de proceder en la economía. Roosevelt explicaba sus ideas al pueblo en discursos informales por la radio, conocidos como "**charlas junto a la lumbre**". Trataba de reanimar la confianza del pueblo al decirle que la situación mejoraría; esperaba que sus oyentes volverían a gastar dinero y a hacer inversiones.

La legislación del Nuevo Trato, introducida por Roosevelt, fue novedosa tanto en sus proporciones como en su idea fundamental. Esta era que el gobierno federal tenía que tomar una parte más activa en dirigir la economía del país. F.D.R. explicó el Nuevo Trato en términos de tres eres: relevación, recuperación y reforma.

RELEVACION, RECUPERACION Y REFORMA

LA RELEVACION se procuró con acciones de breve duración para ayudar a la gente hasta el restablecimiento de la economía. No había seguro contra el desempleo como lo tenemos hoy, y muchas personas que no tenían vivienda ni comida necesitaban ayuda inmediata. El dinero que iban a gastar aumentó la demanda de productos.

> ➤ **Los Cuerpos Civiles de Conservación** (1933) ofrecían trabajo a los jóvenes empleados en plantar árboles, limpiar bosques y secar pantanos.

> ➤ **La Administración de Obras Públicas** (1933) proporcionó empleos en la construcción de escuelas, edificios de tribunales, correos, carreteras y puentes.

LA RECUPERACION se intentó con medidas que iban a restaurar la economía y estimular la productividad. Esto se alcanzaría con aumentar los incentivos de producción y hacer que la gente tuviera más dinero que gastar.

> ➤ **La Ley de Ajuste Agrícola ("A.A.A.")** (1933) trató de ayudar a los agricultores. El gobierno les pagaba para que sembrasen menos.

> ➤ **La Administración de Recuperación Nacional ("N.R.A.")** (1933) estableció códigos para las empresas. Estas reglas establecían normas de precios, límites de producción, jornadas de trabajo más cortas y sueldos mínimos. Más tarde, estos códigos se declararon inconstitucionales.

LA REFORMA consistía en medidas que iban a corregir los defectos en la economía para asegurar que no había jamás otra depresión. Las reformas protegían a los individuos contra riesgos que no podían enfrentar por sí mismos.

> ➤ **La Corporación Federal de Seguros sobre Depósitos ("FDIC")** (1933) aseguraba las cuentas bancarias para que la gente no perdiera sus ahorros en caso de quiebra bancaria.

> ➤ **La Ley de Seguridad Social** (1935) aseguraba a los individuos contra el desempleo y les proporcionaba algunos beneficios de jubilación. (*La Constitución en marcha*, p. 213.)

LAS REACCIONES AL NUEVO TRATO

LA POPULARIDAD DE F.D.R. Y EL NUEVO TRATO

El Nuevo Trato no puso fin inmediato a la depresión, pero el pueblo estaba contento de ver que el presidente hacía algo para remediar la situación. Hubo mejora gradual y la depresión terminó en 1940. Algunos empresarios grandes se oponían a F.D.R. diciendo que actuaba como un dictador. Sostenían que el gobierno recibió demasiado poder en asuntos económicos. Pero Roosevelt fue reelegido rotundamente en 1936, 1940 y 1944 —el único presidente elegido para más de dos plazos.

F.D.R. habla al pueblo

EL INTENTO DE ROOSEVELT DE "RELLENAR" LA CORTE (1937)

La amenaza más seria para el Nuevo Trato vino desde la Corte Suprema. En 1935-1936, la Corte declaró inconstitucionales dos programas del Nuevo Trato: la A.A.A. y la N.R.A. Roosevelt temía que pronto la Corte pudiese declarar inconstitucionales todos sus programas del Nuevo Trato. En los años 1930, igual que hoy, la Corte Suprema tenía nueve jueces. Roosevelt creía que si pudiera nombrar más jueces, sus programas quedarían a salvo. La mayoría de los jueces eran relativamente ancianos, y en 1937, Roosevelt propuso que se le permitiera nombrar un magistrado adicional por cada uno que tuviera 70 o más años. Esto permitiría que los nombrados por F.D.R. estuvieran en control de la Corte. La mayoría de la gente vio este plan como un intento peligroso de socavar la independencia del poder judicial y de alterar la separación tradicional de poderes dentro del gobierno. Como resultado, el Congreso desaprobó el plan. Aunque Roosevelt fracasó en su intento de "rellenar" la Corte Suprema, sus magistrados dejaron de revocar la legislación del Nuevo Trato.

¿Era buena o mala la influencia general del Nuevo Trato en la sociedad de los EE.UU.?

BUENA	MALA
• Se redujo el desempleo y se dio ayuda inmediata a los que no tenían vivienda ni comida.	• Aumentó la deuda nacional.
• Se completaron valiosos proyectos de obras públicas como carreteras, edificios, puentes y diques.	• Aumentaron los impuestos para costear los programas nuevos.
• Se estableció una "red de seguridad" para proteger a la gente de la ruina financiera.	• Se estableció el precedente que el gobierno nacional podía reducir el desempleo con gastar más dinero recogido de los contribuyentes de impuestos.
• Se establecieron nuevas agencias como la FDIC para proteger a los depositantes en caso de quiebras bancarias.	• El gobierno intervino en la marcha del mercado libre al aumentar la reglamentación federal de las empresas.
• Se estableció el principio de que el gobierno federal debe dirigir la marcha ventajosa de la economía del país.	• Aumentó la burocracia federal
	• Se menguó la importancia de iniciativa individual al reducir los incentivos para trabajar.

EN RESUMEN: F.D.R. Y EL NUEVO TRATO

Franklin D. Roosevelt fue un presidente muy popular. Sus programas del Nuevo Trato cambiaron mucho la función del gobierno federal en la economía; le dieron nuevos poderes y responsabilidades. Los críticos de F.D.R. se oponían a la creciente intromisión del gobierno en la economía. Sin embargo, Roosevelt fue elegido cuatro veces porque logró que el pueblo creyera que las condiciones iban mejorando. La Corte Suprema anuló algunas de las primeras leyes del Nuevo Trato; cuando Roosevelt trató de "rellenarla" con más jueces, el Congreso desaprobó ese plan.

VUELVE A PENSAR

Aparte de las medidas del Nuevo Trato, ¿qué habrías hecho para sacar el país de la Gran Depresión?

_____

_____

VERIFICA TU COMPRENSION

Instrucciones: Completa las siguientes tarjetas. Luego contesta las preguntas de selección múltiple.

EL NUEVA TRATO

¿Qué era? _____

Enumera tres de sus programas principales:

1. _____
2. _____
3. _____

EL PLAN DE RELLENAR LA CORTE

¿Qué fue? _____

_____

¿Por qué lo había sugerido F.D.R.? _____

_____

---

1 Cuando Franklin D. Roosevelt tomó la presidencia, su problema más importante fue
  1 el alto precio de artículos de consumo
  2 el desequilibrio comercial con el extranjero
  3 la superproducción de las fábricas
  4 el extenso desempleo

2 Un resultado importante del Nuevo Trato era que se
  1 eliminó la pobreza en los Estados Unidos
  2 expandió el sistema de méritos en el servicio civil
  3 destruyó el sistema de empresa libre
  4 expandió el poder del gobierno federal

3 El fin principal de la Ley de Seguridad Social era
  1 lograr la integración de las escuelas públicas
  2 proporcionar seguros para la vejez y contra el desempleo
  3 limitar el comercio internacional
  4 garantizar el establecimiento de sindicatos

4 ¿Cuál es la mejor descripción de los programas del Nuevo Trato?
  1 Redujeron el número de empleados en el gobierno.
  2 Expandieron el papel del gobierno en la economía.
  3 Exigieron dirección local en el gobierno.
  4 Aumentaron mucho el poder de las grandes empresas.

5 ¿Cuál acción se vio como intento de socavar la independencia del poder judicial?
  1 el intento de Wilson de reducir los sueldos de los magistrados de la Corte Suprema
  2 el nombramiento de Taft como magistrado
  3 los nombramientos a la Corte Suprema hechos por Hoover
  4 el plan de F.D.R. de reorganizar la Corte Suprema

6 ¿Qué sección del gobierno declaró como inconstitucionales algunas de las leyes del Nuevo Trato?
  1 el presidente   3 La Corte Suprema
  2 el Senado   4 la Cámara de Representantes

7 Muchas empresas fracasadas, gran desempleo y baja producción caracterizan de un período de
  1 depresión   3 expansión
  2 prosperidad   4 recuperación

8 El Nuevo Trato estableció la idea que
  1 los presidentes tienen poco poder para corregir los problemas sociales
  2 el gobierno tiene que ser propietario de las industrias principales del país
  3 el gobierno es responsable de corregir la economía nacional
  4 el imperialismo es el método más rápido de restituir un imperio colonial

9 El examen del Nuevo Trato indica que
  1 los trabajadores y los negocios no fueron afectados.
  2 el gobierno acabó con tener dinero de sobra.
  3 el Nuevo Trato influyó por muchos años en la política económica de los EE.UU.
  4 el Nuevo Trato hizo que la gente tomaran responsabilidad por su bienestar financiero.

10 En los años 1920, la convicción popular que la prosperidad nunca acabaría promovió
  1 nuevo interés en artículos hechos a mano
  2 aplicación más estricta de la reglamentación del gobierno
  3 esfuerzos del gobierno a aumentar las ganancias de los agricultores
  4 muchísima especulación en la bolsa de valores

LA SEGUNDA GUERRA MUNDIAL: 1939-1945

En esta sección se trata de los esfuerzos estadounidenses de evitar la participación en aún otra guerra en el extranjero. Sin embargo, el ataque japonés en Pearl Harbor puso fin a la neutralidad de los EE.UU.

PARA PENSAR

En tu opinión, ¿qué razones puede tener una nación para entrar en la guerra?

1._____   3._____

2._____   4._____

Términos y conceptos importantes: Al leer esta sección, fíjate en los siguientes:

◆ Segunda Guerra Mundial   ◆ Hiroshima / Nagasaki
◆ Pearl Harbor   ◆ Procesos de Nuremberg
◆ Korematsu vs. EE.UU.   ◆ Naciones Unidas

LAS CAUSAS DE LA SEGUNDA GUERRA MUNDIAL EN EUROPA

La **Segunda Guerra Mundial** comenzó en 1939 con la invasión de Polonia por Alemania. Este acto resultó en una guerra que puso a las **Potencias del Eje** (Alemania, Italia y el Japón) en oposición a las **Potencias Aliadas** (Gran Bretaña, Francia, la Unión Soviética y los Estados Unidos). La invasión de Polonia por Alemania fue el momento que inició la guerra. Las causas fundamentales de la guerra radicaban en las nuevas ideas políticas.

EL SURGIMIENTO DE LAS DICTADURAS

En Europa, la Gran Depresión resultó en convicciones y sistemas políticos nuevos. En Italia, **Benito Mussolini** estableció el **fascismo** — un sistema totalitario en el que el gobierno controlaba todos los aspectos de la vida, y usaba la fuerza para llevar a cabo su política. En Alemania, llegaron al poder los nazis dirigidos por **Adolfo Hitler**. El **nazismo** era un tipo de fascismo que alentaba un fuerte sentido de orgullo nacional, uso de la violencia y **antisemitismo** (*odio a los judíos*). Se aplastaron los derechos humanos; se prohibiaron todos partidos políticos de oposición y la crítica del gobierno. Una vez en el poder, los dictadores exigieron territorios de los países vecinos.

Los nazis entran en Austria, 1938

LAS CAUSAS DE LA SEGUNDA GUERRA MUNDIAL

Fracaso de la Liga de las Naciones. En violación del Tratado de Versalles, Hitler aumentaba las fuerzas militares alemanas; sin embargo, los miembros de la Liga de las Naciones no hicieron nada para detenerlo.

Expansión alemana. En negociaciones con el primer ministro británico, Hitler exigió una parte de Checoslovaquia y Gran Bretaña no se le opuso. Esto era un ejemplo de **apaciguamiento** (*concesiones para evitar la guerra*).

Ataques de las Potencias del Eje. En 1939, Alemania invadió a Polonia y comenzó la Segunda Guerra Mundial. En 1941, el Japón bombardeó la base naval de los EE. UU. en Pearl Harbor; Hitler se juntó al Japón al declarar la guerra contra los EE.UU.

EUROPA DURANTE LA SEGUNDA GUERRA MUNDIAL

El mapa dado muestra que para 1941, Alemania conquistó la mayor parte de Europa y una gran parte del Medio Oriente.

*Los exámenes de historia a menudo contienen preguntas basadas en mapas. El **Desarrollo de destrezas** que sigue trata de la interpretación de mapas.*

DESARROLLO DE DESTREZAS: INTERPRETACION DE UN MAPA

¿Qué es un mapa?

Un mapa es un diagrama de una extensión de tierra. La mayoría de los mapas muestran las divisiones entre los distintos países o los rasgos geográficos importantes de una región. Sin embargo, la información que puede aparecer en un mapa es casi ilimitada. El **atlas** es un libro que contiene diferentes mapas.

Claves para la comprensión de un mapa

Comienza por fijarte en sus elementos principales:

El título. El título indica la información que se encuentra en el mapa. Por ejemplo, el mapa de la página anterior, "EUROPA DURANTE LA SEGUNDA GUERRA MUNDIAL", muestra la extensión de las conquistas alemanas durante esa guerra.

La dirección. Para encontrar las direcciones en un mapa, fíjate en el indicador de direcciones, que a menudo tiene la forma de un compás. Este indicador muestra las cuatro direcciones principales: norte, sur, este y oeste. La mayoría de los mapas tienen el norte en la parte de arriba y el sur en la de abajo.

La escala. La escala se usa para mostrar distancias, y generalmente es una línea graduada. Por ejemplo, junto al margen de abajo del mapa, es la línea de 1 pulgada de largo; indica que en el mapa, la distancia de una pulgada en el mapa representa la distancia verdadera de 400 millas. Si la distancia entre dos puntos en el mapa es de 2 pulgadas, en realidad los lugares están a 800 millas uno del otro.

La leyenda o clave. La leyenda es la "clave" a la información en el mapa. Enumera los símbolos usados y dice el significado de cada uno. La clave en este mapa muestra que los espacios negros en el mapa representan a Alemania y sus aliados.

■ **Alemania y sus aliados**

Interpretación de un mapa

El título te da una idea del tipo de mapa presentado. Si es un mapa político, las líneas muestran las fronteras políticas entre países; para indicar ciudades principales, a menudo se usan puntos o círculos.

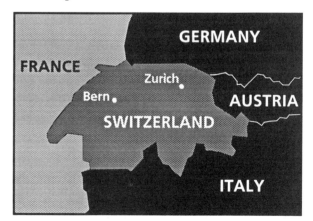

Cualquiera que sea el tipo de mapa, la leyenda o los símbolos indican su sentido. Los mapas pueden mostrar la densidad de población, el clima, los rasgos geográficos o información sobre la historia de un país.

LOS EE.UU. TRATAN DE MANTENERSE NEUTRALES

A fines de la década de 1930 los fascistas estaban en control de regiones europeas importantes; una guerra era muy probable. Los Estados Unidos se encontraron en medio de la Primera Guerra Mundial en 1917, cuando Alemania atacó barcos estadounidenses que llevaban provisiones a Gran Bretaña y Francia. Para evitar una situación parecida, el Congreso aprobó **Leyes de Neutralidad**. Estas prohibían la venta de armas a las naciones en guerra y viajes en sus barcos.

A pesar de la gran oposición popular a la guerra, comenzó los preparativos para el caso en que los EE.UU. quedasen arrastrados al conflicto. Aumentaron los gastos militares y en 1940, se aprobó el primer **reclutamiento obligatorio** de tiempo de paz para todos los varones entre los 21 y 45 años de edad. En 1941, el Congreso promulgó la ley que permitía al gobierno enviar o arrendar material bélico a los países que luchaban contra Alemania, Italia o el Japón. En poco tiempo, los buques de guerra estadounidenses protegían a los buques británicos que llevaban provisiones a Inglaterra. Fue aparente que, con el tiempo, el país iba a participar en la guerra.

LOS EE.UU. ENTRAN EN LA SEGUNDA GUERRA MUNDIAL: 1941

Sorprendentemente, no fueron los sucesos en Europa sino en Asia los que finalmente llevaron a los Estados Unidos a la guerra. En 1937, el Japón invadió a China, y más tarde se apoderó de otras partes de Asia. Roosevelt creía que la expansión japonesa amenazaba los intereses estadounidenses en Asia y la región del Pacífico. Por eso, cortó todo comercio con el Japón, prometiendo resumirlo sólo cuando los japoneses retiraran sus fuerzas de los territorios ocupados. A fines de 1941, los jefes militares japoneses decidieron lanzar un ataque por sorpresa contra los EE.UU. Creían que el país no estaba preparado, y así podrían eliminar su potencia naval en el Pacífico. El **7 de diciembre de 1941**, los aviones japoneses atacaron la Flota del Pacífico estacionada en **Pearl Harbor**. Destruyeron 200 aviones, hundieron 19 buques y mataron a más de 2.400 personas. El día siguiente, el Presidente Roosevelt pidió al Congreso a declarar la guerra contra el Japón. Poco después, Alemania e Italia, aliadas del Japón, declararon la guerra contra los EE.UU.

El buque **Shaw** *atacado por sorpresa por los japoneses en Pearl Harbor*

LA SITUACION DENTRO DEL PAIS

Los Estados Unidos se encontraron en la guerra en dos frentes: el Atlántico y el Pacífico. La preparación para la guerra tenía que ser rápida. Era esencial aumentar las fuerzas armadas y la producción para cumplir con las enormes necesidades de la lucha. Esta producción finalmente acabó con el desempleo de la Gran Depresión.

COMO SE CUMPLIO CON LOS REQUISITOS DE LA GUERRA

Una cartel de reclutamiento

Los EE.UU. establecieron el reclutamiento obligatorio de varones entre los 21 y 45 años de edad. Quince millones de individuos llegaron a servir en las fuerzas armadas, entre ellos 1 millón de negros que estaban agrupados en unidades segregadas. También, por primera vez en la historia del país, podían enlistarse las mujeres. Todos lucharon en en los Océanos Atlántico y Pacífico y en sus islas, en el Norte de Africa y en Europa. Muchos dieron la vida por su país.

Mujeres construyendo aviones de combate, 1943

Las fábricas rápidamente cambiaron de la producción de artículos de consumo a la producción de material bélico (de guerra). Cuando muchos trabajadores entraron en las fuerzas armadas, los negros y las mujeres los reemplazaron en sus puestos. La gente compraba "bonos de guerra" que serían reembolsados con interés al llegar la paz. La capacidad de producir grandes cantidades de buques, tanques, aviones y armas de fuego fue muy importante para la victoria.

EL REALOJAMIENTO FORZADO DE LOS NISEI

Un resultado secundario de la guerra fue el realojamiento forzado de los nisei, estadounidenses de origen japonés. El ataque en Pearl Harbor causó temor que los nisei pudieran espiar en favor del Japón o estorbar en la guerra de otros modos. Aunque no había evidencia que fuesen desleales, el Presidente Roosevelt ordenó el traslado obligatorio de todos los nisei a centros de reclusión; defendió esta medida como una necesidad militar. Esto demuestra como el poder presidencial a menudo aumenta en tiempo de guerra. La mayoría de los nisei se vieron obligados a vender sus propiedades en tiempo brevísimo. En los centros de realojamiento vivían atestados y en condiciones primitivas. La Corte Suprema sostuvo esos traslados en el caso de **Korematsu vs. ✦ EE.UU.** (véase *La Constitución en marcha*, página 213).

Sitios de los campos de reclusión de los nisei: 1942-1945

1. Tule Lake
2. Manzanar
3. Minidoka
4. Topaz
5. Poston
6. Gila River
7. Heart Mountain
8. Granada
9. Rohwer
10. Jerome

INTERNMENT CAMPS

LA GUERRA CONTRA ALEMANIA

Cuando los Estados Unidos entraron en la guerra, Hitler controlaba la mayor parte de Europa y del norte de Africa. Roosevelt decidió concentrar el esfuerzo en derrotar primero a los alemanes, porque creía que Alemania era una amenaza militar más seria que el Japón.

EL PLAN DE HITLER

Hitler planeaba reorganizar a Europa a lo largo de divisiones raciales. Los alemanes iban a ser la nueva clase dominante y los otros pueblos se convertirían en esclavos. Iba a exterminar en masa a los judíos, gitanos, polacos, ancianos, lisiados y mentalmente incapacitados. Este plan llevó al **Holocausto** —la matanza de más de seis millones de judíos y seis millones de otras personas en los campos de concentración donde pasaban hambre y torturas; luego se los mataba con gas tóxico y los cadáveres se quemaban en enormes hornos.

LA GUERRA EN EUROPA

Hitler derrotó a Francia y estaba en control del occidente de Europa. Anteriormente había hecho un pacto con José Stalin, jefe de la Unión Soviética; en 1941, renegó su promesa e invadió la Unión Soviética, esperando usar sus grandes recursos para ganar la guerra. Este fue uno de

Obreros esclavizados judíos en el campo de concentración en Buchenwald (1945)

sus errores más graves: la invasión alemana fue detenida por la resistencia del pueblo ruso y el invierno brutal del país. En 1943, después de dos años de lucha, los soviéticos rechazaron las tropas alemanas. Entretanto, el Presidente Roosevelt y el premier Churchill de Gran Bretaña prometieron a Stalin que abrirían en el oeste un segundo frente contra Alemania; esto aliviaría las dificultades del ejército soviético. A fines de 1942, las tropas británicas y estadounidenses desembarcaron en el norte de Africa.

LA CAIDA DE LA ALEMANIA NAZI

Después de derrotar las fuerzas alemanas en el norte de Africa, los Aliados enviaron tropas a Italia. Finalmente, el **Día D** (6 de junio de 1944), los Aliados desembarcaron en la costa de Francia. Avanzaron rápidamente, liberando París. Luego invadieron a Alemania desde el oeste mientras que los soviéticos atacaron en el este. Para la primavera de 1945, los soviéticos capturaron la ciudad capital de Berlín. Hitler se suicidó y Alemania se rindió.

LA GUERRA CONTRA EL JAPON

Entretanto, había luchas violentas en la región del Pacífico y en Asia. Después del ataque en Pearl Harbor, el Japón invadió y ocupó las Islas Filipinas y otros territorios en el Pacífico y en Asia.

LA GUERRA COMIENZA A TORNARSE CONTRA EL JAPON

En 1943, cambió la suerte de los japoneses. Las fuerzas navales estadounidenses comenzaron a superarlos, y liberaron de su control las islas del Pacífico. Después de la derrota de Alemania, los Estados Unidos se prepararon para una invasión masiva del Japón.

EL BOMBARDEO ATOMICO Y LA RENDICION DEL JAPON (1945)

Ya antes de entrar en la guerra, los EE.UU. comenzaron a desarrollar la bomba atómica. Los líderes del país temían que la Alemania nazi la llegara a tener primero. Aunque el uso de la bomba nuclear estaba destinado contra Alemania, ésta se rindió antes de que fuese necesaria. Sabiendo que la invasión del Japón podría resultar en un millón de bajas estadounidenses, el Presidente Truman decidió usar la nueva bomba contra el Japón. Se escogió como objetivos las ciudades de **Hiroshima** y **Nagasaki**, ambas centros de producción militar. En la enorme bola de fuego en Hiroshima, murieron casi 100.000 personas;

Bomba atómica lanzada en Nagasaki

en Nagasaki hubo 36.000 muertos. Millares más murieron más tarde a causa de quemaduras, heridas y radiación. El Japón se rindió como resultado de estos bombardeos. Los Estados Unidos permitieron que el emperador japonés permaneciera en el trono.

EL TRATO DE LAS NACIONES DERROTADAS

✦ LOS PROCESOS DE NUREMBERG (1945-1946)

Millones de cadáveres descubiertos durante la liberación de los campos de concentración eran clara evidencia de los crímenes nazis. En Nuremberg, Alemania, los aliados enjuiciaron a los jefes nazis por "crímenes contra la humanidad". Los acusados sostenían que sólo seguían órdenes. Esta defensa fue rechazada por los jueces que declararon que los individuos deben desobedecer órdenes que son obviamente inmorales. Se encontró culpables a muchos de los acusados. Algunos fueron ejecutados o condenados a prisión perpetua. Los Procesos de Nuremberg establecieron el principio que los individuos son responsables por sus acciones, aún en tiempo de guerra.

LA DIVISION DE ALEMANIA

Las fuerzas de los Estados Unidos, Gran Bretaña, Francia y la Unión Soviética dividieron a Alemania en cuatro zonas de ocupación. Con el tiempo, esto llevó a su división en dos estados —Alemania del Este y Alemania del Oeste— que duró 45 años.

LA OCUPACION ESTADOUNIDENSE DEL JAPON

El Japón fue despojado de su imperio de ultramar y se enjuició a sus jefes militares. El General **Douglas MacArthur** fue puesto a cargo de la reforma del gobierno y de la sociedad, y de la reconstrucción de la economía. Se introdujeron cambios importantes. El Japón renunció la guerra y el uso de armas nucleares. También se le prohibió tener un ejército y una marina grande. En 1947, entró en vigor una nueva constitución convirtiendo al Japón en un país democrático.

LOS RESULTADOS DE LA SEGUNDA GUERRA MUNDIAL

La guerra fue un desastre para una gran parte del mundo. Perdieron la vida más de 50 millones de personas. Para 1945, grandes partes de Europa, Africa y Asia quedaron en ruinas..

PERDIDAS MILITARES DE LOS EE.UU. EN LAS GUERRAS IMPORTANTES

GUERRA (duración)	PARTICI-PANTES	HERIDOS	MUERTOS	TOTAL DE BAJAS
Guerra Civil (4 años)	2,213,363	281,881	364,881	646,762
Guerra Hispano-estado-unidense (4 meses)	306,760	1,662	2,446	4,108
Primera Guerra Mundial (1 año 7 meses)	4,734,991	204,002	116,516	320,518
Segunda Guerra Mundial (3 años 8 meses)	16,112,566	670,846	405,399	1,076,245
Guerra de Corea (3 años 1 mes)	5,720,000	103,284	54,246	157,530
Guerra de Vietnam (12 años)	8,744,000	153,303	57,702	211,005

Al final de la Segunda Guerra Mundial tuvieron lugar cambios importantes.

EL EFECTO UNIVERSAL DE LA SEGUNDA GUERRA MUNDIAL

Destrucción masiva
Las luchas tuvieron lugar en el norte de Africa, Asia oriental, Europa y la Unión Soviética. Una gran parte de Europa estaba en ruinas y perdieron la vida más de 50 millones de personas.

Derrota de las dictaduras
Alemania fue dividida primero en 4 zonas de ocupación y luego en 2 países distintos. Los gobiernos en el Japón y en Alemania del Oeste se volvieron democráticos.

Declive del colonialismo
Las potencias europeas se debilitaron en la guerra. Más tarde esto les dificultó impedir que sus colonias de ultramar ganaran la independencia.

Surgimiento de las superpotencias
El decaimiento del poder europeo volvió a los EE.UU. y la U.R.S.S. en superpotencias. Sus distintas ideologías y sistemas económicos los llevaron a la guerra fría.

CAMBIOS EN LOS ESTADOS UNIDOS

La Segunda Guerra Mundial también produjo cambios importantes en los Estados Unidos. El país demostró su capacidad productiva durante la guerra, y ahora vino a ser una superpotencia económica mundial. Los estadounidenses también se dieron cuenta de que ya no podían retirarse al aislacionismo como lo hicieron antes. También había efectos sociales. Cuando los hombres estaban en las fuerzas armadas, las mujeres los reemplazaron en el trabajo, aumentando mucho el número de mujeres que trabajaban fuera de casa. Los negros de las regiones rurales del Sur migraron al Norte en busca de empleos bien pagados en las fábricas.

Norman Rockwell, artista

ENFOQUE EN LAS ARTES

Nacido en Nueva York en 1894, Rockwell fue un artista e ilustrador muy popular. Es mejor conocido por sus tiernas imágenes de la vida diaria de los pueblos pequeños. Después de años de guerra, su obra fue especialmente popular con el público del país; no trataba de asuntos internacionales, sino sociales —un baile de escolares o un niño recibiendo su primer corte de pelo. Las ilustraciones de Rockwell, de las que muchas aparecieron en las portadas de la revista *The Saturday Evening Post*, se distinguían por su realismo y detalle.

LA FORMACION DE LAS NACIONES UNIDAS

Para 1945, los líderes del mundo reconocieron la necesidad de una organización para mantener la paz. Esto llevó al establecimiento de las **Naciones Unidas**. Sus propósitos principales eran mantener la paz, promover más cooperación internacional, tratar de eliminar el hambre y las enfermedades, y adelantar la enseñanza. La O.N.U. tiene muchas ventajas sobre la antigua Liga de las Naciones, entre ellas sus propias fuerzas para mantener la paz. También, desde el principio tenía como miembros las potencias mundiales importantes como los EE.UU. y la U.R.S.S. Originalmente, tenía 51 miembros; ahora incluye a casi todas las naciones del mundo.

LA ORGANIZACION DE LAS NACIONES UNIDAS

La Asamblea General: Ofrece la oportunidad de discutir asuntos internacionales y problemas que afectan la paz mundial. También recomienda acciones al Consejo de Seguridad.

El Consejo de Seguridad: Actúa como la rama ejecutiva de la O.N.U. y lleva a cabo sus decisiones. Sus cinco miembros permanentes tienen el derecho de vetar las acciones de la O.N.U.; los diez miembros por turno, sin poder del veto, tienen plazos de dos años.

El Secretariado: Está dirigido por el Secretario General elegido por la Asamblea General por cinco años. El Secretario está a cargo de las operaciones corrientes de la O.N.U. y lleva al Consejo de Seguridad los asuntos que pudiesen amenazar la paz en el mundo.

Las agencias: Estas incluyen la Organización Mundial de la Salud, UNICEF y el Banco Mundial. Su función es mejorar la salud, enseñanza y el bienestar humano.

ANALISIS

Algunos críticos sostienen que la O.N.U. es solamente una "sociedad de debates", donde se habla mucho y se hace poco. Otros dicen que la organización es lo que ofrece más esperanza de la paz futura. ¿Cuál punto de vista crees que es acertado?

_____

¿Por qué? _____

_____

EN RESUMEN: LA SEGUNDA GUERRA MUNDIAL

Las dictaduras en Alemania y en Italia en los años 1930, pusieron a prueba la determinación de los EE.UU. de evitar la guerra. En Asia, la agresión japonesa estaba en conflicto con los intereses estadounidenses. El ataque japonés en Pearl Harbor en 1941, llevó a los EE.UU. a la guerra. Esto cambió el curso de la guerra en favor de los aliados. La potencia económica y militar de los EE.UU. llevó a la derrota de Alemania, Italia y del Japón. Esta guerra fue la más destructiva en la historia del mundo. Cuando terminó, los aliados formaron las Naciones Unidas para prevenir futuras guerras.

VUELVE A PENSAR

¿Crees que los Estados Unidos estaban justificados al declarar la guerra contra el Japon?

¿Por qué? _____

_____

VERIFICA TU COMPRENSION

Instrucciones: Completa las siguientes tarjetas. Luego contesta las preguntas de selección múltiple.

PROCESOS DE NUREMBERG

¿A quiénes se juzgó? _____

¿Qué establecieron en cuanto a la responsabilidad

individual? _____

_____

LAS NACIONES UNIDAS

¿Cuáles son sus propósitos principales? _____

_____

¿Cómo difiere la O.N.U. de la Liga de las Naciones?

_____

1 ¿Cuál fue una causa fundamental de la Segunda Guerra Mundial?
   1 las tensiones entre los EE.UU. y la U.R.S.S.
   2 las rivalidades nacionales dentro de Austria-Hungría
   3 el surgimiento del fascismo en Alemania e Italia
   4 la competencia europea por colonias en Africa

2 Cuando los EE.UU. no se afiliaron a la Liga de las Naciones esto comunicó al mundo que el país seguía la política externa de
   1 imperialismo   3 fascismo
   2 aislacionismo   4 militarismo

3 La convicción de que los EE.UU. debían cuidar sus propios intereses y no intervenir en las guerras europeas resultó en la promulgación de
   1 la Doctrina Monroe
   2 la Política de Libre Acceso
   3 la Política del Buen Vecino
   4 las Leyes de Neutralidad

4 ¿Cuál suceso provocó a los EE.UU. a declarar la Guerra en 1941?
   1 el ataque por sorpresa en Pearl Harbor
   2 la invasión de Polonia por Alemania
   3 el surgimiento del fascismo en Italia
   4 los ataques alemanes contra los barcos mercantes de los EE.UU.

5 ¿Cuál frase describe mejor la política de los EE.UU. hacia el Japón antes de 1941? Los EE.UU.
   1 apoyaban la expansión territorial japonesa
   2 se sentían amenazados por el desarrollo y el poder del Japón
   3 no se interesaban en la política del Japón
   4 eran aliados militares del Japón

6 En los años 1930, la reacción de los EE.UU. al surgimiento del fascismo en Europa fue
   1 la invasión de Alemania y de Italia
   2 la formación de alianzas con Alemania y Francia
   3 la afiliación con la Liga de las Naciones
   4 la declaración de varias leyes de neutralidad

7 Los que sufrieron las pérdidas más grandes de derechos constitucionales durante la Segunda Guerra Mundial fueron los estadounidenses de origen
1 italiano   3 alemán
2 japonés   4 chino

8 El bombardeo de Hiroshima y Nagasaki señaló
1 el comienzo de la Segunda Guerra Mundial
2 el principio de la edad atómica
3 la entrada de los EE.UU. en la guerra
4 el fin del comunismo en el mundo

9 ¿Cuál fue un resultado importante de la Segunda Guerra Mundial?
1 Gran Bretaña y Francia ayudaron a reconstruir la U.R.S.S.
2 Se formaron las Naciones Unidas.
3 Alemania tomó control de la Europa Oriental.
4 Italia fue dividida en dos países.

10 La defensa principal usada por los jefes nazis en los Procesos de Nuremberg, era que
1 seguían las órdenes de sus superiores
2 servían para el bien de la humanidad
3 trataban de impedir la pérdida de vidas inocentes
4 actuaban de acuerdo a la voluntad de su nación

11 Después de la Segunda Guerra Mundial, los EE.UU. se afiliaron con las Naciones Unidas para
1 limitar el esparcimiento del comunismo en Europa
2 mejorar las condiciones sociales y económicas del país
3 ayudar a prevenir guerras en el futuro
4 encontrar aliados contra el gobierno japonés

12 Los poderes presidenciales a menudo aumentan en tiempo de guerra porque
1 el Congreso no está en sesión
2 se suspende la Constitución de los EE.UU.
3 a menudo se necesita acción rápida
4 el presidente usa su derecho del veto

13 Una causa importante de la Segunda Guerra Mundial fue
1 la violación por los EE.UU. de los derechos de ciudadanos de origen alemán
2 la expansión y la agresividad de Alemania y del Japón
3 el realojamiento forzado de los nisei
4 la participación de los EE.UU. en la Liga de las Naciones

PERFILES EN LA HISTORIA

HENRY FORD (FABRICANTE DE AUTOS)

Ford se propuso construir autos económicos. Introdujo el tren de montaje en 1914 y aumentó la productividad de los obreros. Para 1924, Ford producía 1,6 millones de autos por año. A medida que aumentó la eficacia y la productividad, Ford redujo el precio de sus autos desde $850 en 1908 a menos de $300 en 1926.

MARCUS GARVEY (LÍDER POLÍTICO)

Jamaicano de nacimiento, Garvey fue portavoz del "nacionalismo negro" de los años 1920. Daba gran importancia a la unidad de su grupo, la educación, dependencia de sí mismo y el orgullo de ser negro. Alentaba a los negros a apoyar los negocios de propietarios de su raza y estableció préstamos para esos negocios. Más tarde, planeó un movimiento "de regreso a Africa", porque creía que los negros no recibirían trato justo en los EE.UU.

CHARLES LINDBERGH (AVIADOR)

En 1927, Charles Lindbergh fue el primero que hizo el vuelo solo a través del Atlántico a Europa. Usó un avión monomotor, *The Spirit of St. Louis*. No tenía radio y se sirvió sólo de un compás para guiarse. El viaje lo convirtió en héroe nacional y celebridad mundial.

sigue...

continuación...

ELEANOR ROOSEVELT (REFORMADORA)

Eleanor Roosevelt fue la esposa del Presidente Franklin Roosevelt. Como primera dama, vino a ser los ojos y los oídos de su marido al viajar por el país y el mundo. Promovía los derechos femeninos, ayuda a los pobres y la paz mundial. Su contribución más importante fue la ayuda en la formación de las Naciones Unidas y desde 1946 hasta 1948 presidía su Comisión de los Derechos Humanos.

ALBERT EINSTEIN (INVESTIGADOR)

Einstein fue uno de los hombres de ciencia más grandes. Su "teoría de relatividad" es la base de una gran parte de la física moderna. Einstein, un judío alemán, vino a los EE.UU. para escapar la persecución nazi. Su obra contribuyó al desarrollo de la fisión nuclear — la división de átomos que libra enorme energía. En 1939, Einstein le advirtió al Presidente Roosevelt que en Alemania se desarrollaba la bomba atómica, y Roosevelt decidió desarrollar la bomba en los EE.UU.

LA CONSTITUCION EN MARCHA

ENMIENDA XXII (1951)

Franklin Roosevelt fue el único presidente elegido a más de dos plazos. Unos años después de su muerte se aprobó la enmienda que limitaba a los futuros presidentes a sólo dos plazos por elección.

ENMIENDA IMPORTANTE

LEY DE SEGURIDAD SOCIAL (1935)

A menudo se la considera la ley más importante del Nuevo Trato. Anteriormente, la gente no tenía protección contra el desempleo, la enfermedad o la muerte del individuo que mantenía a la familia. En caso de desempleo, esta ley ofrece beneficios hasta que se encuentre trabajo o que se agoten los beneficios que le tocan a la persona. Además, hay beneficios mensuales de jubilación; el dinero viene del impuesto especial en los sueldos y de las contribuciones de los patronos.

LEY IMPORTANTE

KOREMATSU VS. U. S. (1944)

Fondo: Al comenzar la Segunda Guerra Mundial, se temió que los estadounidenses de origen japonés pudieran hacerse espías. Hubo muy poca evidencia para apoyar esta sospecha, pero F.D.R. ordenó el realojamiento de los nisei tierra adentro desde la costa del Pacífico. Korematsu se negó a mudarse y fue sentenciado por desobedecer la orden.

Decisión / Importancia: Korematsu sostenía que fueron violados sus derechos de ciudadano estadounidense. La Corte falló en contra de él al declarar que las libertades constitucionales pueden limitarse en tiempo de guerra. Sostuvo las acciones del gobierno como necesidad militar. Casi 50 años más tarde, el Congreso pidió perdón a los nisei y votó por compensar a las familias que sufrieron la injusticia.

HABLA LA CORTE

RESUMEN DE TU COMPRENSION

Instrucciones: Confirma tu comprensión de los términos y conceptos importantes de este capítulo. Señala los que sepas explicar. Si no recuerdas algo, refiérete a la página indicada.

LISTA DE VERIFICACION

- ❏ Líneas de montaje (186)
- ❏ Laissez-faire (186)
- ❏ Individualismo robusto(187)
- ❏ Renacimiento de Harlem (188)
- ❏ Prohibición (188)
- ❏ Alarmas rojas (189)
- ❏ Nativismo (189)

- ❏ Ciclo económico (192)
- ❏ Gran Depresión (192)
- ❏ Crisis de la bolsa (192)
- ❏ Cuenco de polvo (194)
- ❏ Nuevo Trato (197)
- ❏ Ley de Seguridad Social (198)
- ❏ Plan de "rellenar" la Corte (199)

- ❏ Segunda Guerra Mundial (201)
- ❏ Apaciguamiento (202)
- ❏ Pearl Harbor (204)
- ❏ *Korematsu vs. U.S.* (205)
- ❏ Hiroshima/Nagasaki (207)
- ❏ Procesos de Nuremberg (208)
- ❏ Naciones Unidas(209)

Instrucciones: Llena la información pedida en los siguientes cuadros sinópticos.

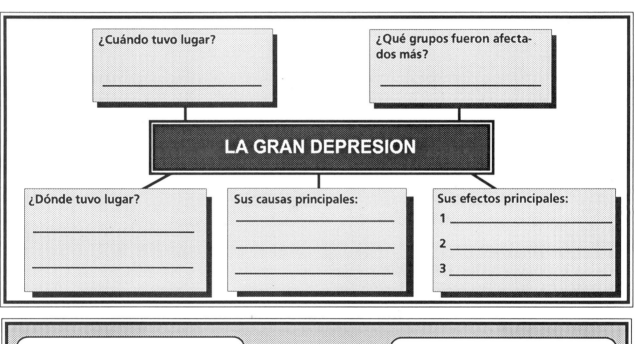

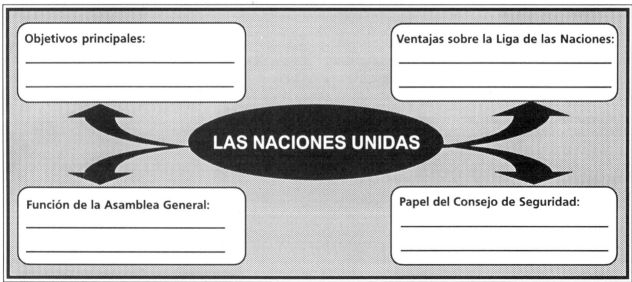

¿Cuándo tuvo lugar?

_____

¿Quiénes participaron?

_____

_____

SEGUNDA GUERRA MUNDIAL

¿Dónde se lidió?

_____

_____

_____

¿Cuáles eran sus causas?

1._____

2._____

3._____

Resultados:

1._____

2._____

3._____

PERSPECTIVAS

EXAMEN DE SUCESOS HISTÓRICOS

En la película _Back to the Future_, el protagonista viaja al pasado y se encuentra con su madre cuando ella era aún una adolescente. Esto resulta en la posibilidad de que en el futuro el protagonista no llegue a nacer. Los viajes en el tiempo son fantasía. Pero una parte del interés de la película es que sugiere algo verdadero: si pudiéramos cambiar un solo suceso pasado, podríamos cambiar todo el curso de la historia. ¿Por qué será así?

CAUSA Y EFECTO

Cada **acontecimiento** tiene sus efectos, y éstos efectos acarrean aún otros efectos. Algunos sucesos influyen en todo el desarrollo y dirección de la sociedad —su organización, gobierno y economía. Estos cambios, a su vez, influyen en lo que sucede en la sociedad más tarde. Las decisiones tomadas por los líderes en momentos críticos pueden ser especialmente importantes. Por ejemplo, si se opta por la guerra, ésta puede cambiar el sistema político, social y económico del país. Los historiadores se interesan mucho por los vínculos entre sucesos resultantes de causas y efectos.

- Las **causas** de un suceso son las condiciones o factores que lo produjeron. El suceso no habría ocurrido si no fuera por esta causa. Por ejemplo, el abrir un grifo es la causa de que corra el agua.

- Los **efectos** de algo es lo ocurre como su consecuencia —los resultados de una decisión o suceso específico. Por ejemplo, el correr del agua fue el efecto de abrir el grifo.

Causa	$\longrightarrow$	**Efecto**
Abrí el grifo.		Corrió el agua.

COMO ESCRIBIR UN ENSAYO SOBRE SUCESOS HISTORICOS

En los exámenes de historia a menudo hay preguntas de ensayo sobre sucesos históricos y sus efectos. Se te puede pedir que discutas las causas o efectos del Nuevo Trato. Las causas y los efectos están vinculados. La Gran Depresión llevó al Nuevo Trato; el Nuevo Trato resultó en una nueva relación entre el gobierno federal y la economía. Con este tipo de pregunta, primero piensa en el suceso mismo. Escribe sobre el *quién, qué, cuándo* y *dónde*. Después piensa en los resultados (o causas) del suceso. También, en el caso de cada efecto (o causa), considera el *quién, qué, cuándo* y *dónde*. Por ejemplo, tu respuesta podría ser así:

(*Causa*) La *Gran Depresión* causó el desempleo de muchos estadounidenses. Se encontraron ante la pobreza, falta de viviendas y el hambre. Cuando en 1932, Franklin D. Roosevelt fue elegido presidente, prometió ayudar a la gente y acabar con el sufrimiento causado por la Gran Depresión.

(*Efecto*) Roosevelt propuso leyes conocidas como el *Nuevo Trato*, que tuvieron efectos importantes en la sociedad del país. Con el Nuevo Trato, el gobierno federal dio pasos para mejorar la economía y proporcionar trabajo para la gente. El Congreso promulgó la Ley de Seguridad Social que beneficiaría a todos. Desde el tiempo del Nuevo Trato, el gobierno federal trata de hacer que la economía marche bien.

Ahora procede de la misma forma con el tema de la Segunda Guerra Mundial. Comienza el ensayo con la oración: **"La Segunda Guerra Mundial tuvo muchos efectos importantes."**

Sigue las indicaciones sobre *quién, qué, cuándo* y *dónde* presentadas antes; luego escribe sobre los efectos de la guerra.

COMPRUEBA TU COMPRENSION

Instrucciones: Contesta las preguntas de selección múltiple. Luego dirígete a los ensayos.

Basa tu respuesta a la primera pregunta en la caricatura y tu conocimiento de los estudios sociales.

ALL I SAID WAS "GIMME SIX MORE JUSTICES!"

Sólo dije "¡Dénme seis jueces más!"

1 ¿Cuál aseveración expresa mejor la idea principal de la caricatura?
   1 Hay muchos animales salvajes en el país.
   2 No hay justicia en los Estados Unidos.
   3 Para prevenir daños, debe enjaularse a los animales.
   4 Hay límites a la autoridad presidencial.

2 El objetivo principal del Presidente F. D. Roosevelt en su plan de "rellenar" la Corte Suprema fue
   1 aumentar el poder de la Corte Suprema
   2 preparar la nación para la guerra
   3 limitar el número de puestos en la Corte Suprema
   4 ganar control de la Corte Suprema

3 ¿Cuál es la declaración acertada sobre el programa del Nuevo Trato de F.D.R.?
   1 Dependía de un desarrollo militar rápido.
   2 Benefició por igual todos los segmentos de la población.
   3 Redujo el poder del gobierno nacional.
   4 Intentó sacar el país de la depresión.

4 Las leyes impopulares a menudo no se pueden hacer cumplir. ¿Cuál evidencia apoya esta declaración?
   1 La mayoría de la gente se niega a pagar impuestos.
   2 Algunos no votan si no les gustan los candidatos.
   3 Se anuló la enmienda que prohibía la venta de bebidas alcohólicas.
   4 A menudo se rechazan los adelantos en la técnica de producción.

5 Un resultado importante del Nuevo Trato fue
   1 la reducción de las alianzas del gobierno
   2 la resistencia a la afiliación con sindicatos
   3 el aumento en la reglamentación de la economía
   4 el aumento en el número de granjas

6 ¿Qué contribuyó a las alarmas rojas en los Estados Unidos en 1919-1920?
   1 los ataques alemanes contra barcos mercantes de los EE.UU.
   2 el extenso odio a las grandes empresas
   3 el miedo de una revolución comunista
   4 el surgimiento de la industria automovilística

7 La Ley de Seguridad Social
   1 prohibió trusts comerciales en los EE.UU.
   2 aumentó los aranceles al comenzar la Gran Depresión
   3 proporcionó ayuda a los desempleados y ancianos
   4 estableció códigos de precios en ciertas industrias

8 La idea fundamental del Nuevo Trato era que
   1 el gobierno era responsable de solucionar los problemas económicos
   2 se necesitaba aumentar el poder de los grandes negocios
   3 en el futuro, los EE.UU. tenían que mantenerse neutrales en cualquier guerra
   4 se necesitaba una enmienda sobre la igualdad de derechos para las mujeres

9 El aumento de la participación del gobierno federal en resolver problemas económicos apareció en
   1 la Era de Reconstrucción en los años 1870
   2 el imperialismo a fines de los años 1890
   3 la prosperidad republicana de los años 1920
   4 el Nuevo Trato en los años 1930

10 El Renacimiento de Harlem alentó a los afroestadounidenses a
   1 exigir el fin de la segregación
   2 apoyar la Liga de las Naciones
   3 tener orgullo de su cultura
   4 rebelarse contra el gobierno

Basa tus respuestas a las preguntas 11 y 12 en el mapa y en tu conocimiento de estudios sociales.

11 ¿A qué distancia está la Isla de Iwo Jima del Japón?
   1 cerca de 500 millas
   2 cerca de 1500 millas
   3 cerca de 2500 millas
   4 cerca de 3000 millas

12 De acuerdo al mapa, ¿qué territorios cayeron bajo control japonés?
   1 Manchuria y China
   2 China e Indochina Francesa
   3 Mongolia Exterior y Corea
   4 Corea y Manchuria

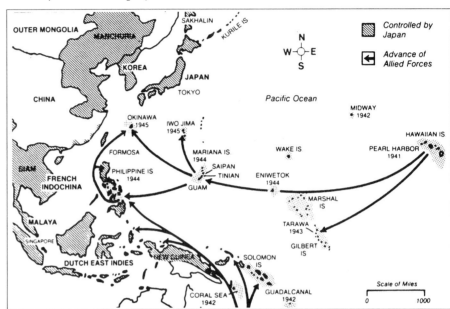

13 La razón para la formación de la ONU era
   1 permitir que las naciones resuelvan sus disputas de forma pacífica
   2 limitar el comercio internacional
   3 detener la expansión del comunismo
   4 reglamentar monopolios en los países pobres

14 Los fallos en los Procesos de Nuremberg expresaron el principio que
   1 los individuos en puestos de poder son responsables por sus acciones en tiempo de guerra
   2 las prácticas nacionales durante la guerra no pueden criticarse después de la guerra
   3 no se puede enjuiciar a los individuos por sus acciones
   4 el acto violento no es un crimen si sucede durante la guerra

15 ¿Cuál declaración describe mejor la experiencia de las mujeres en los EE.UU. durante la Segunda Guerra Mundial?
   1 Se les ordenó servir en el combate.
   2 Alcanzaron igualdad económica completa con los hombres.
   3 Muchísimas entraron en la fuerza trabajadora.
   4 Se negaron a apoyar la política estadounidense durante la guerra.

ENSAYOS

1 **Te acaban de elegir presidente de los Estados Unidos. Uno de los problemas más serios del país es una severa depresión económica.**

Parte A

Enumera *dos* problemas que tendrían los Estados Unidos como resultado de esta depresión económica; describe *dos* de tus recomendaciones para solucionar estos problemas.

PROBLEMAS	RECOMENDACIONES
1. _____	_____
2. _____	_____

Parte B

En tu respuesta a la Parte B, debes usar la información que diste en la Parte A. Sin embargo, puedes también incluir información adicional o distinta.

En un ensayo explica cómo tus recomendaciones ayudarían a resolver los problemas de una depresión económica en los Estados Unidos.

2 **Durante momentos críticos de la historia estadounidense, los presidentes a menudo habían tomado acciones importantes. A continuación hay una lista de algunas de esas acciones:**

- El Presidente Jefferson compra el Territorio de Luisiana.
- El Presidente Monroe proclama la Doctrina Monroe.
- El Presidente McKinley pide que se declare la guerra contra España.
- El Presidente Theodore Roosevelt lanza su programa de Trato Justo.
- El presidente Wilson pide que el Congreso declare la guerra contra Alemania.
- El Presidente Franklin D. Roosevelt anuncia su programa del Nuevo Trato.

Parte A

Escoge *dos* acciones presidenciales de la lista. Declara *una* razón para cada una de ellas, y *un* resultado de esa acción.

ACCIÓN	RAZÓN	RESULTADO
1. _____	_____	_____
2. _____	_____	_____

Parte B

En tu respuesta a la Parte B, debes usar la información que diste en la Parte A. Sin embargo, puedes también incluir información adicional o distinta.

En un ensayo explica cómo los presidentes de los Estados Unidos habían tomado acciones importantes en momentos críticos en la historia del país.

TAREAS PRACTICAS

¿HABRIAS APOYADO EL NUEVO TRATO?

En este capítulo estudiaste los sucesos importantes en la historia estadounidense desde el final de la Primera hasta el final de la Segunda Guerra Mundial. También estudiaste la relación entre causas y efectos.

DESCRIPCIÓN DE LA TAREA: El Nuevo Trato expandió mucho el papel del gobierno en la vida de la nación. En este ejercicio tú y tus compañeros supondrán que son miembros del Congreso a punto de votar sobre algunos de sus programas.

PROGRAMAS DEL NUEVO TRATO

➤ Cuerpo Civil de Conservación
➤ Administración de Obras Públicas
➤ Ley de Ajuste Agrícola

➤ Administración de Recuperación Nacional
➤ Ley Federal de Seguros Sobre Depósitos
➤ Seguridad Social para Ancianos y Desempleados

TU TAREA: Cada estudiante escoge uno de los programas y prepara un discurso de 3-5 minutos. Debe describirse el programa propuesto y decir por qué el Congreso debe apoyar o rechazarlo. Luego, la clase debe discutir si el Nuevo Trato en su totalidad sería bueno o malo para el país, y votar si deben aprobarse sus programas. Al preparar tu discurso usa las siguientes sugerencias:

Discursos en favor del programa	Discursos en contra del programa
1. Preséntate.	1. Preséntate.
2. Declara tu posición: "Creo que debemos aprobar (*nombre del programa*)."	2. Declara tu posición: "Creo que no debemos aprobar (*nombre del programa*)."
3. Identifica los problemas que el programa ha de remediar.	3. Explica los efectos indeseables del programa.
4. Explica cómo funcionará el programa y cómo sus ventajas serían mucho más grandes que las desventajas.	4. Muestra cómo el programa no podrá solucionar el problema, o cómo las desventajas son más grandes que las ventajas.
5. Concluye pidiendo a los miembros del Congreso que voten en favor del programa.	5. Concluye pidiendo a los miembros del Congreso que voten en contra del programa.

Puedes hacer apuntes en tarjetas para consultarlos durante tu discurso. Pero no lo leas palabra por palabra de las tarjetas. Mira a tus compañeros cuando presentes tu discurso.

DONDE ENCONTRAR INFORMACIÓN: Consulta artículos de enciclopedias y libros de historia para encontrar información específica sobre la Gran Depresión, el Nuevo Trato, Franklin D. Roosevelt y los distintos programas del Nuevo Trato. Para encontrar en los libros información específica sobre los programas o prácticas particulares busca su nombre en el índice del libro.

CAPITULO 9

LOS EE.UU. EN TIEMPOS INCIERTOS

La guerra fría
A. Las causas de la guerra fría
B. La contención en Europa y en Asia
C. La influencia en la seguridad de los EE.UU.

La edad de los derechos civiles
A. Los años de Eisenhower: 1953-1960
B. Surge el movimiento por los derechos civiles
C. Aumenta la combatividad de los negros

El tiempo de cambios: las décadas de 1960 y 1970
A. La presidencia de Kennedy: 1961-1963
B. La presidencia de Johnson: 1963-1968
C. La cultura de la juventud de los años sesenta
D. El movimiento de liberación femenina

LINEA CRONOLOGICA DE SUCESOS HISTORICOS

1947	1948	1949	1954	1962	1963	1966	1973
Se anuncia la Doctrina Truman	Se propone el Plan Marshall	Formación de la OTAN	Decisión *Brown vs. Board of Education*	Primer estadounidense en el espacio; crisis cubano de misiles	Marcha a Washington; Kennedy asesinado	Se forma la Organización Nacional Para Mujeres	Decisión *Roe vs. Wade*

LA GUERRA FRÍA

En esta sección se trata de la rivalidad que surgió
entre los Estados Unidos y la Unión Soviética.
Esta rivalidad, llamada guerra fría, duró casi
medio siglo —desde 1945 hasta 1991.

PARA PENSAR

¿Qué significa la expresión "guerra fría"? _____

_____

¿Cómo difiere de otros tipos de guerra?

_____

Términos y conceptos importantes: Al leer esta sección, fíjate en los siguientes:

- ✦ Guerra fría
- ✦ Cortina de hierro
- ✦ Doctrina Truman
- ✦ Plan Marshall

- ✦ OTAN
- ✦ La Guerra de Corea
- ✦ El juicio de los Rosenberg
- ✦ Macartismo

Para ayudarte a encontrar estos términos, esta señal ✦ aparece en el margen de la página
cuando se explica la expresión por primera vez.

✦ Los Estados Unidos y la Unión Soviética lucharon del mismo lado en la Segunda Guerra Mundial. Sin embargo, poco tiempo después de su final, se convirtieron en rivales en la **guerra fría**. La guerra fue "fría" sólo porque las dos superpotencias no llegaron a enfrentarse directamente en una guerra abierta. Sin embargo, su competencia llevó crisis y conflictos a través del mundo.

LAS CAUSAS DE LA GUERRA FRIA

Las raíces de la guerra fría se encontraban en las diferencias entre dos sistemas políticos y económicos. Los estados Unidos tenían un sistema democrático capitalista, y la Unión Soviética un sistema comunista dictatorial. Cuando terminó la Segunda Guerra Mundial, las dos potencias buscaban nuevas oportunidades de expandir su sistema y su modo de vivir. Cada una miraba con alarma y sospecha los intentos del otro. Muchos estadounidenses estaban convencidos que los comunistas trataban de llegar al poder en todo el mundo.

Los sistemas de los dos países eran muy diferentes. Examinemos algunas de las características de cada uno.

CARACTERISTICAS DE CAPITALISMO

Propiedad privada
La gente tiene el derecho a tener posesiones privadas (propiedades, fábricas, fincas, negocios) y de usar esas posesiones de acuerdo a su voluntad.

Libre empresa
Los individuos pueden participar en cualquier negocio, y a comprar y vender cualquier producto legal. Las empresas pueden esforzarse en atraer clientes: rebajar precios, ofrecer mejor calidad, hacer propaganda.

Motivo de beneficiarse
La posibilidad de sacar ganancias (*lo que queda después de pagar los costos de operaciones comerciales*) es una razón importante por la que las personas arriesgan su dinero en empresas nuevas.

Oferta y demanda
Las realidades de oferta y demanda eliminan a los productores poco eficaces y ponen fin a la producción de artículos no deseables.

CARACTERISTICAS DE COMMUNISMO*

Papel del gobierno
El gobierno hace las decisiones sobre la producción, distribución y el uso de recursos; toma en cuenta el bien de todos los trabajadores y no las exigencias de los consumidores.

No hay propiedad privada
Se elimina la propiedad privada. Todos los trabajadores son dueños de los medios de producción como las fábricas o fincas.

Cooperación
El comunismo se basa en la cooperación. Todos los miembros de la sociedad trabajan juntos y comparten los beneficios de su labor.

Objetivo principal
El propósito principal es una sociedad sin clases. Cuando se logre la igualdad completa entre todos los trabajadores, sin distinción de lo que sean ni del trabajo que hagan, el gobierno se "marchitará".

Nota: Estos eran los ideales del comunismo, pero en realidad el gobierno controlaba todos los aspectos de la vida. Los obreros nunca fueron dueños de las fábricas, no había distribución igual de los beneficios y el gobierno se expandía en vez de "marchitarse".

LOS ANTIGUOS ALIADOS SE VUELVEN ENEMIGOS EN LA GUERRA FRIA

En 1945, el Presidente Roosevelt, el Primer Ministro Winston Churchill de Gran Bretaña y el Premier José Stalin de la Unión Soviética se reunieron en Yalta para planear el futuro de Europa al final de la guerra. La **Conferencia de Yalta** fue la más importante en tiempo de guerra de los "Tres Grandes". Se pusieron de acuerdo que Alemania quedaría dividida en cuatro zonas distintas, y que las tropas de los EE.UU., la U.R.S.S., Gran Bretaña y Francia ocuparían estas zonas. También acordaron que habría elecciones en todos los países liberados del dominio nazi. Stalin prometió retirar las tropas soviéticas y permitir elecciones libres en la Europa Oriental después de la guerra.

Había otra conferencia de los jefes aliados en Potsdam, poco después de la rendición de Alemania. Aunque los EE.UU. y la U.R.S.S. lucharon del mismo lado, comenzaron a surgir entre ellos serias diferencias sobre el futuro de la Europa Oriental.

¿Quién fue responsable de comenzar la guerra fría?

EL PUNTO DE VISTA ESTADOUNIDENSE

Los estadounidenses creían que los países de la Europa Oriental querían hacerse democráticos como los Estados Unidos; la Unión Soviética lo impedía. Sería un error apartarse de los asuntos europeos como lo hicieron después de la Primera guerra Mundial. No se podía confiar de Stalin ya que prometió elecciones en Polonia y en otros países de la región, pero parecía renegar esta promesa. El comunismo era un sistema peligroso que debía detenerse antes de que se esparciera.

EL PUNTO DE VISTA SOVIÉTICO

Los líderes soviéticos creían que tenían el derecho de controlar el este de Europa. Ya que los Estados Unidos controlaban la América Latina por medio de la Doctrina Monroe, la Unión Soviética debía tomar las decisiones en la Europa Oriental. Stalin creía que las potencias occidentales no tenían interés directo en la región y no debían interferir. No se podían confiar de los EE.UU. y de otros países occidentales porque durante la Segunda Guerra Mundial demoraron mucho la invasión de Francia; esto resultó en grandes pérdidas para la Unión Soviética.

CAE LA CORTINA DE HIERRO SOBRE LA EUROPA ORIENTAL

En 1946, Stalin se negó a permitir las elecciones prometidas en Polonia. Los Estados Unidos también se negaron a compartir informaciones sobre la bomba atómica, y la guerra fría comenzó en serio. Al luchar contra Alemania, los ejércitos soviéticos habían ocupado Europa Oriental y ahora Stalin se negaba a retirarlos. Los soviéticos pusieron a comunistas locales a cargo de todos los gobiernos de la región y cortaron el comercio y las comunicaciones entre el este y el oeste de Europa. Parecía que cayó una **cortina de hierro**, separando a la Europa Oriental de los países democráticos del Occidente. Se limitaron los viajes, y los jefes en la Europa Oriental seguían las instrucciones del gobierno soviético. La cortina de hierro se mantuvo por los cuarenta años siguientes. En varias ocasiones, las tropas soviéticas aplastaron sublevaciones en Hungría, Checoslovaquia y otras naciones de la región.

LA POLITICA DE CONTENCION EN EUROPA

Los jefes estadounidenses respondieron a la dominación soviética de la Europa Oriental con la política de **contención**. Los Estados Unidos iban a impedir la expansión del comunismo a otros países, sin tratar de derribarlo donde ya existía.

LA DOCTRINA TRUMAN

El Vicepresidente Harry Truman vino a ser presidente cuando Franklin Roosevelt murió en 1945. Truman se encontró con Stalin en Potsdam. Ya había decidido el bombardeo atómico del Japón, lo que puso fin a la guerra. A Truman le inquietó la expansión rápida del comunismo en la Europa Oriental después de la guerra. Cuando en 1947, los insurgentes comunistas amenazaron los gobiernos de Grecia y de Turquía, el Presidente Truman dio ayuda militar a esos países; con esa ayuda, Grecia y Turquía pudieron derrotar a los comunistas. Truman declaró que los Estados Unidos apoyarían a cualquier país en su lucha contra el comunismo. Este anuncio, comocido como la **Doctrina Truman**, comenzó la política estadounidense de contención.

El encuentro de Attlee, Truman y Stalin en Potsdam después de la Segunda Guerra Mundial.

EL PLAN MARSHALL (1948)

Truman estaba convencido que el comunismo tenía atractivo sólo para la gente pobre y desesperada. Por lo tanto, creía que al combatir la pobreza en Europa, sus habitantes resistirían el comunismo. El Secretario del Estado George Marshall propuso que se diera ayuda a los países occidentales europeos; esto les ayudaría en la reconstrucción. Marshall y Truman esperaban evitar el caos económico que siguió la Primera Guerra Mundial. Creían que la ayuda económica convertiría a los europeos en fuertes aliados y futuros socios comerciales de los Estados Unidos. El **Plan Marshall** tuvo gran éxito: aceleró la recuperación económica de la Europa Occidental y creó buena voluntad hacia los Estados Unidos.

LA DIVISION DE ALEMANIA Y EL PUENTE AEREO DE BERLIN (1948)

Después de la Segunda Guerra Mundial, Alemania fue dividida en cuatro zonas de ocupación. En 1948, los franceses, ingleses y estadounidenses unieron sus zonas de ocupación en un solo estado

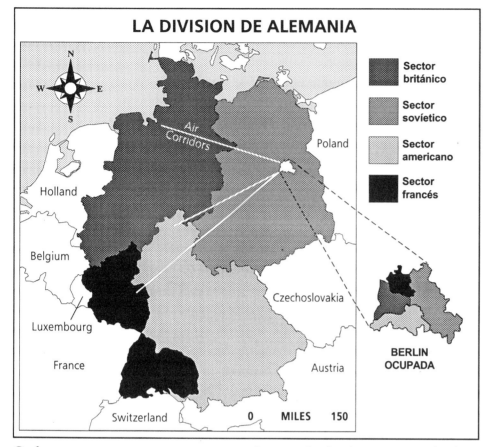

LA DIVISION DE ALEMANIA

Sector británico

Sector soviético

Sector americano

Sector francés

BERLIN OCUPADA

0   MILES   150

—Alemania del Oeste. Berlín, la antigua capital de Alemania, estaba situada en la zona soviética, pero también fue dividida en cuatro sectores, cada uno ocupado por una potencia distinta. Los soviéticos, en reacción a la unión de las zonas occidentales, declararon un bloqueo de Berlín; cerraron todas las carreteras y vías férreas a la ciudad. Los aliados occidentales no abandonaron a los berlineses del oeste; comenzaron los transportes aéreos en masa para abastecer la ciudad.

Cada unos cuantos minutos, aterrizaban en Berlín los aviones aliados que llevaban provisiones. Después de 11 meses, se levantó el bloqueo.

LA FORMACION DE LA OTAN Y EL PACTO DE VARSOVIA

En reacción a las tensiones de la guerra fría, en 1949, los Estados Unidos, el Canadá y diez países de la Europa Occidental, formaron la Organización del Tratado del Atlántico del Norte (**OTAN**).

Su propósito fue la protección de la Europa Occidental contra la agresión comunista. La alianza se basaba en la idea de **protección mutua** —cada miembro de la OTAN se comprometía a defender a los otros en caso de ataque. En 1955, la Unión Soviética respondió a la formación de la OTAN al formar el **Pacto de Varsovia**; sus miem-

MIEMBROS DE LA OTAN Y DEL PACTO DE VARSOVIA

MEMBERS OF NATO

MEMBERS OF WARSAW PACT

bros fueron los países de la Europa Oriental bajo control soviético.

LA CONTENCION EN ASIA

Al tiempo en que los estadounidenses creían haber contenido la expansión del comunismo, China, el país más poblado del mundo, se volvió comunista.

LA GUERRA CIVIL EN CHINA (1949)

China vino a ser una democracia en 1912, pero su gobierno era inestable. Los jefes guerreros controlaban partes del país; la mayoría de la gente era pobre; y el Japón se apoderó de grandes regiones del país durante la Segunda Guerra Mundial. Desde los años 1920, los comunistas habían tratado de derribar el gobierno; después de la Segunda Guerra Mundial, la lucha se volvió más intensa. En 1949, los comunistas, encabezados por **Mao Tse-Tung**, finalmente derrotaron el gobierno de **Chiang Kai-Chek**. Chiang y sus partidarios se refugiaron en la isla de Taiwan. Los Estados Unidos se negaron a reconocer el gobierno comunista en China, y vetaron su admisión a las Naciones Unidas. También prometieron proteger el gobierno de Chiang contra un ataque comunista.

Mao Tse-Tung

◆ LA GUERRA DE COREA (1950-1953)

Corea es una península que se extiende desde el norte de China. Entre 1910 y 1945 estaba bajo control japonés. Después de la Segunda Guerra Mundial, Corea fue tomada del Japón y dividida en dos partes. En el norte, se estableció un gobierno comunista. Las elecciones en el sur, llevaron al establecimiento de un gobierno no comunista. En 1950, Corea del Norte invadió a Corea del Sur en un intento de unir el país bajo el gobierno comunista. El Presidente Truman, envió fuerzas estadounidenses para resistir esa invasión. Usó para esto sus poderes de emergencia, sin declaración de guerra por el Congreso. Las tropas de las Naciones Unidas se juntaron a las estadounidenses; fue la primera vez que una organización internacional de paz usó fuerza militar contra la agresión. En 1951, las fuerzas de la ONU entraron en Corea del Norte y avanzaron casi hasta la frontera china. China entró en la guerra para apoyar a su aliada, Corea del Norte.

MAPA 1

A Ataque de los norcoreanos el 25 de junio de 1950

B Avance de los norcoreanos en septiembre de 1950

C ONU desembarca en Inchón el 15 de septiembre de 1950

D ONU avanza el 27 de octubre de 1950

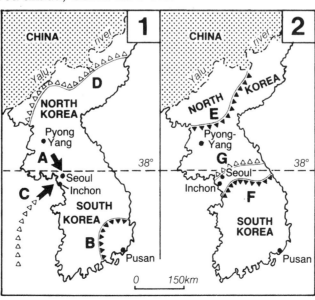

MAPA 2

E Avance chino el 11 de diciembre de 1950

F Avance chino el 15 de enero de 1951

G Línea de armisticio el 27 de noviembre de 1951

El General Douglas MacArthur encabezó las tropas estadounidenses. Apremió al Presidente Truman a aprovechar esa oportunidad para invadir a China y derribar su gobierno comunista. MacArthur hasta estaba inclinado a usar armas atómicas si fuera necesario. Truman rechazó la idea, y cuando MacArthur lo criticó públicamente, el presidente lo relevó de su mando. En poco tiempo, la guerra llegó a un empate. En 1952, **Dwight Eisenhower** fue elegido presidente con la promesa de poner fin a la guerra. Las luchas acabaron cuando se firmó el armisticio en 1953. Esto dejaba a Corea dividida exactamente como estaba antes de la invasión de los norcoreanos tres años antes.

EL EFECTO DE LA GUERRA FRIA EN LA SEGURIDAD NACIONAL

En 1945, los Estados Unidos eran el único país con armas atómicas. Para 1949 la Unión Soviética ya tenía la bomba atómica, y esto llevó a una competencia entre las dos potencias en las armas nucleares. Tanto los Estados Unidos como la Unión Soviética desarrollaban armas cada vez más poderosas. Creían que las armas atómicas eran más económicas que ejércitos grandes.

LOS SOVIETICOS LANZAN EL SPUTNIK (1957)

Durante la Segunda Guerra Mundial, los alemanes adelantaron mucho la tecnología de cohetes. Después de la guerra, tanto los Estados Unidos como la Unión Soviética tenían programas para seguir el desarrollo de esta tecnología. En 1957, la Unión Soviética lanzó **Sputnik** al espacio, el primer satélite artificial. Esto fue el comienzo de la **competencia en el espacio** de gran importancia militar. Con misiles que podían viajar al espacio, la Unión Soviética podía alcanzar a los EE.UU. con armas nucleares desde una gran distancia. Los EE.UU. lanzaron al espacio su primer satélite en 1958.

LAS AMENAZAS INTERNAS Y EL MACARTISMO

El surgimiento de la guerra fría tuvo efectos serios en la vida en de los Estados Unidos. Los estadounidenses se preocuparon con la posibilidad de una amenaza comunista dentro del país. Muchas personas fueron acusadas de actividades "anti-estadounidenses". A menudo, había muy poca o ninguna base para estas acusaciones. Algunos individuos perdieron sus empleos y unos cuantos se encontraron ante problemas más serios. En 1950, **Julius y Ethel Rosenberg** fueron arrestados y acusados de vender secretos atómicos a la Unión Soviética. En el proceso se los encontró culpables y fueron ejecutados.

Joseph McCarthy

En 1950, un senador de Wisconsin, **Joseph McCarthy**, sacudió la nación aún más; decía conocer los nombres de centenares de comunistas que trabajaban en el Departamento de Estado. McCarthy no llegó a comprobar sus alegaciones, pero atemorizó a mucha gente y destruyó las carreras y el buen nombre de muchas personas acusadas de ser comunistas. El término **macartismo** significa hacer acusaciones contra alguien sin ofrecer evidencia para apoyarlas. El proceso de los Rosenberg y las acusaciones del Senador McCarthy resultaron en una ola de temor en la nación, parecida a las "alarmas rojas" de los años 1920.

ANALISIS

En 1949, la Corte Suprema de los EE.UU. sostuvo la condena de varios miembros del Partido Comunista sólo por su convicción que los cambios sociales se podían lograr sólo por la fuerza. La Corte dijo que los individuos que estaban inclinados a usar la fuerza para derribar el gobierno no tenían la protección del derecho a la libertad de palabra. ¿Crees que la Constitución debe proteger a los ciudadanos que son miembros del Partido Comunista de la misma forma que a los otros estadounidenses? Sí ___ No ___ Explica tu respuesta.

_____

_____

EN RESUMEN: LA GUERRA FRIA

Cuando terminó la Segunda Guerra Mundial, los Estados Unidos y la Unión Soviética tenían ideas muy diferentes sobre el futuro de Europa. Cada potencia quería esparcir en el mundo sus propias ideas y forma de gobierno. Los líderes estadounidenses se alarmaron cuando la Unión Soviética usó sus ejércitos para establecer gobiernos comunistas en la Europa Oriental; esto fue el comienzo de la guerra fría. Para impedir la expansión del comunismo en Europa y en Asia, los EE.UU. establecieron la política de contención y entraron en rivalidad con los soviéticos. Ofrecieron ayuda a Europa, lucharon en Corea y construyeron misiles y bombas nucleares. Tanto los EE.UU. como la U.R.S.S. desarrollaron programas del espacio, lo que aumentó la competencia en las armas. El temor al comunismo resultó en macartismo en los EE. UU.; algunas personas perdieron sus derechos fundamentales en ese tiempo de acusaciones precipitadas y sin fundamentos.

VUELVE A PENSAR

¿Crees que durante la guerra fría la contención fue una política prudente para los Estados

Unidos? ❏ Sí ❏ No   Explica tu respuesta. _____

_____

_____

VERIFICA TU COMPRENSION

Instrucciones: Completa las siguientes tarjetas. Luego contesta las preguntas de selección múltiple.

GUERRA FRÍA

¿Qué fue? _____

¿Cuáles fueron sus causas principales? _____

_____

PLAN MARSHALL

¿Por qué se propuso? _____

¿Cuál fue su propósito? _____

Sus efectos: _____

DOCTRINA TRUMAN

¿Por qué se propuso?_____

¿Cuál fue su propósito? _____

Sus efectos: _____

OTAN

¿Por qué se formó? _____

¿Cuáles fueron sus objetivos? _____

Sus efectos: _____

1 El término "guerra fría" se refiere a
   1 la neutralidad de los EE.UU. antes de la Segunda Guerra Mundial
   2 los intentos de apaciguar a Hitler
   3 las disputas entre la Unión Soviética y China
   4 la hostilidad entre los EE.UU. y la U.R.S.S.

2 Un resultado de la guerra fría en los EE.UU. fue que
   1 la gente se aisló más de los sucesos en el mundo
   2 las minorías lograron derechos civiles
   3 se redujo mucho el desarrollo industrial
   4 algunas personas fueron acusadas de actividades anti-estadounidenses

3 La Doctrina Truman y la OTAN se parecían porque las dos trataron de
   1 aumentar el poder de los EE.UU. en Latinoamérica
   2 castigar a Alemania por haber comenzado la Segunda Guerra Mundial
   3 detener la expansión del comunismo
   4 lograr control militar sobre las naciones europeas

4 El propósito de la ayuda a la Europa Occidental después de la Segunda Guerra Mundial fue
   1 establecer un mercado común sin aranceles
   2 reconstruir las economías europeas
   3 proporcionar materias primas a los EE.UU.
   4 llevar a la unificación de Europa

5 El examen de las alarmas rojas de los años 1920 y la era de McCarthy de los 1950 muestra que
   1 los comunistas infiltraron el gobierno
   2 el temor a una amenaza externa puede llevar a las violaciones de libertades constitucionales
   3 la prosperidad fomenta el avance del comunismo
   4 los juramentos de lealtad pueden prevenir el espionaje por los empleados del gobierno

6 Cuando los soviéticos ocuparon la Europa Occidental, los EE.UU. siguieron la política externa de
   1 aislacionismo   3 imperialismo
   2 contención   4 neutralismo

7 El Plan Marshall fue un intento de
   1 castigar a Alemania por comenzar la Segunda Guerra Mundial
   2 aumentar la dependencia europea en los EE.UU.
   3 ayudar a Europa en su recuperación de la guerra
   4 impedir la inmigración a los Estados Unidos

8 Una causa importante de la guerra fría fue
   1 la competencia comercial entre los EE.UU. y Europa
   2 la diferencia en las ideas económicas y políticas entre los EE.UU. y la U.R.S.S.
   3 el rechazo de la O.N.U. a admitir a la U.R.S.S. como miembro
   4 el realojamiento forzado de los estadounidenses de origen ruso a campos de reclusión

LOS EE.UU. EN LA ÉPOCA DE DERECHOS CIVILES

En esta sección se trata de los muchos cambios que ocurrieron en los Estados Unidos durante los años 1950 y 1960, especialmente como resultado del movimiento por los derechos civiles.

PARA PENSAR

Los años 1950 y 1960 eran el tema de muchos libros, películas y programas de televisión. ¿En qué te hacen pensar esos tiempos?

Los 1950	Los 1960
1._____	1._____
2._____	2._____
3._____	3._____

Términos y conceptos importantes: Al leer esta sección fíjate en los siguientes:

- ✦ Movimiento por los derechos civiles
- ✦ Brown vs. Board of Education
- ✦ Ley de Derechos Civiles de 1964
- ✦ Ley de Derecho al Voto
- ✦ Acción afirmativa
- ✦ Movimiento por el poder negro

LOS AÑOS DE EISENHOWER: 1953-1960

Los años de la presidencia de Dwight Eisenhower fueron un tiempo de recuperación de la guerra. Había varios acontecimientos importantes:

- ■ **Prosperidad económica.** Los Estados Unidos surgieron como el productor de bienes más grande del mundo. Se vendió millones de autos, refrigeradoras, televisores y otros aparatos.

- ■ **Alta natalidad.** Como resultado de la prosperidad económica, la gente tenía empleo. Muchos llegaron a casarse y tener familia, lo que resultó en natalidad muy alta.

- ■ **Desarrollo de los suburbios.** La Ley "G.I." para veteranos les facilitó obtener préstamos para comprar casas. Esto resultó en el aumento de compras de casas y el desarrollo de los suburbios (*barrios fuera de las ciudades de población menos densa*). Sus habitantes podían viajar al trabajo en las ciudades.

Dwight Eisenhower

- **Conformidad.** Se recalcaba la conformidad (*ser igual a todos*). El temor al comunismo aumentó la hostilidad hacia las ideas fuera de lo ordinario.

- **Contención.** En los asuntos extranjeros, los EE.UU. contenían el comunismo; impedían que los soviéticos ganaran nuevos territorios. En 1957, la **Doctrina Eisenhower** sostuvo que los EE.UU. enviarían sus tropas a cualquier país del Medio Oriente que se defendía contra el comunismo.

- **Movimiento por los derechos civiles.** A continuación, se describe con más detalle ese tiempo crítico en la historia del país. Eisenhower apoyó el movimiento por derechos civiles en 1957; envió tropas federales a Little Rock, Arkansas, para hacer cumplir la decisión de la Corte Suprema contra la segregación racial en las escuelas públicas.

✦ SURGE EL MOVIMIENTO POR LOS DERECHOS CIVILES

Cien años antes, la Guerra Civil y la Reconstrucción fueron para los negros una promesa de igualdad con los otros ciudadanos. Pero en los tiempos que siguieron a la Reconstrucción, los afroestadounidenses perdieron sus derechos al voto en los estados del Sur. Allí, las leyes "Jim Crow" **segregaban** (*separaban*) a los blancos de los negros en muchos aspectos de la vida. El movimiento por los derechos civiles no surgió de un día a otro; se basó en los cien años de lucha contra las leyes injustas. Había varias razones para que esa lucha hubiese culminado en las décadas de 1950 1960.

La segregación en el Sur

EL IMPACTO DE LAS ORGANIZACIONES AFRO-ESTADOUNIDENSES

La Asociación para el Mejoramiento de la Gente de Color, o "**N.A.A.C.P.**", y la **Liga Urbana** fueron fundadas en la primera década del siglo XX para promover la igualdad para los afroestadounidenses. Para promover sin violencia esos cambios en la sociedad fue necesario el apoyo de las cortes; éstas podían hacer cumplir los derechos constitucionales de las minorías. Para desegregar las escuelas, la N.A.A.C.P. entabló una serie de juicios para desafiar las leyes estatales que permitían la segregación.

Jackie Robinson

EL IMPACTO DE LA SEGUNDA GUERRA MUNDIAL

Entre 1941 y 1945, durante la Segunda Guerra Mundial, más de un millón de negros sirvieron en las fuerzas armadas estadounidenses. Sus esfuerzos durante la guerra hicieron que el Presidente Truman ordenase la desegregación de las fuerzas militares en 1948. Al mismo tiempo, Truman prohibió la discriminación en los empleos del gobierno federal. En 1947, **Jackie Robinson**, contratado por los Dodgers de Brooklyn, llegó a ser el primer jugador negro en las ligas mayores de béisbol.

LA GUERRA FRIA

Con la guerra fría los líderes estadounidenses se hicieron sensibles a la crítica de que los Estados Unidos no eran totalmente democráticos. El país se presentaba como el campeón del "mundo libre"; el racismo y la discriminación afectaban su imagen en el extranjero.

BROWN vs. BOARD OF EDUCATION DE TOPEKA, KANSAS (1954) ◆

La decisión en el caso de *Brown* fue importante para el desarrollo del movimiento por los derechos civiles. Ya en 1896, los afro-estadounidenses desafiaron el sistema de segregación en el Sur. En *Plessy vs. Ferguson*, la Corte Suprema sostuvo que las leyes de segregación no eran inconstitucionales, si las facilidades ofrecidas a cada raza eran "separadas pero iguales".

■ **Fondo**. Comenzando en la década de 1930, la N.A.A.C.P. comenzó a desafiar la exclusión de los negros de las escuelas para blancos en el Sur. En 1953, la N.A.A.C.P. apeló ante la Corte Suprema el caso de Linda Brown. La escuela para blancos cerca de su casa se negó admitirla. Los abogados de la N.A.A.C.P., estaban encabezados por **Thurgood Marshall**; alegaban que las escuelas públicas segregadas negaban a los niños negros la "protección igual" de la ley, a la que tenían derecho según la Enmienda XIV. Además, decían que la enseñanza recibida por los estudiantes negros era inferior, ya que llevaba el mensaje sicológico que ellos no eran bastante buenos para ser educados con los estudiantes blancos.

Thurgood Marshall, el primer afro-estadounidense nombrado a la Corte Suprema

■ **La decisión**. La Corte Suprema declaró que la segregación en las escuelas públicas era inconstitucional. El concepto de "iguales pero separados", presentado en *Plessy vs. Ferguson*, no podía aplicarse a la educación pública. Las cortes federales de menor instancia estaban a cargo de asegurar que los distritos escolares locales cumplían la orden de desegregación. Pasaron muchos años antes de que la decisión de la Corte se cumpliera completamente, pero éste fue el primer paso hacia la igualdad racial en los Estados Unidos.

■ **Su importancia**. El caso puso fin a la segregación legal en las escuelas, y fue un momento importante en el movimiento por los derechos civiles. La decisión mostró que la Corte Suprema estaba ahora inclinada a tomar parte en asuntos sociales controversiales. También mostró que la Constitución nacional puede controlar lo que puede permitirse bajo las leyes estatales. Finalmente, el caso dejó ver cómo las condiciones sociales, políticas y económicas pueden influir en las decisiones de la Corte Suprema.

EL LIDERATO DE MARTIN LUTHER KING, JR.

El **Dr. Martin Luther King, Jr.**, un joven pastor protestante, encabezaba la Junta de Liderato Cristiano del Sur ("S.C.L.C.") dedicada a poner fin a la segregación. A mediados de los años 1950, King asumió el liderato del movimiento por los derechos civiles.

- ■ **Ideas.** King fue influido por la obra de Mahatma Gandhi en la India y por sus propias convicciones cristianas. Igual que Gandhi, King creía en la **no-violencia**. En su opinión, la mejor forma de cambiar las actitudes de los racistas eran las protestas y la desobediencia de las leyes injustas, sin uso de la fuerza o de la violencia.

- ■ **Acciones y métodos.** King llevó a cabo su resistencia por medio de la **desobediencia civil**. Si había una ley injusta, King y otros se le oponían con boicoteos, piquetes, "sit-ins" ("sentadas"), marchas y manifestaciones. Por ejemplo, King comenzó el **boicoteo de autobuses en Montgomery** (1955-1956). Los negros, encabezados por **Rosa Parks**, se negaron a usar los autobuses públicos en Montgomery, Alabama, porque tenían que sentarse en asientos separados en la parte de atrás. También se conducían sentadas en los mostradores de almuerzo reservados "sólo para blancos".

Martin Luther King encabezó la Marcha a Washington en 1963

A menudo, King y sus partidarios se encontraban ante la violencia. King fue arrestado en Birmingham, Alabama, en 1963. Desde la prisión, escribió una carta que fue publicada en los periódicos. En ella explicaba a todos los estadounidenses por qué los negros tenían que defender sus derechos.

"Tengo un sueño. Es un sueño profundamente arraigado en el sueño estadounidense. Tengo el sueño que un día, esta nación se levantará y vivirá el verdadero significado de su credo: 'Sostenemos como verdades evidentes que todos los hombres nacen iguales.' Tengo el sueño que un día, ... los hijos de los antiguos esclavos y los hijos de los antiguos amos de esclavos podrán sentarse juntos en la mesa de la hermandad."

En 1963, King dio su famoso discurso "Tengo un sueño", como parte de la **marcha a Washington**. Habló a unas 250.000 personas reunidas ante el monumento de Lincoln y a millones de televidentes. El discurso conmovió la conciencia nacional al llamar atención a los problemas de los negros deprivados de sus derechos civiles. Por su obra en promover cambio social por métodos pacíficos, el Dr. King recibió el Premio Nóbel de Paz en 1964.

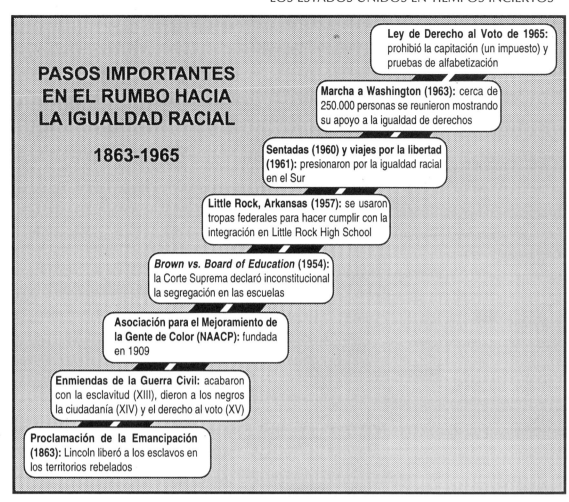

PASOS IMPORTANTES EN EL RUMBO HACIA LA IGUALDAD RACIAL

1863-1965

Ley de Derecho al Voto de 1965: prohibió la capitación (un impuesto) y pruebas de alfabetización

Marcha a Washington (1963): cerca de 250.000 personas se reunieron mostrando su apoyo a la igualdad de derechos

Sentadas (1960) y viajes por la libertad (1961): presionaron por la igualdad racial en el Sur

Little Rock, Arkansas (1957): se usaron tropas federales para hacer cumplir con la integración en Little Rock High School

Brown vs. Board of Education (1954): la Corte Suprema declaró inconstitucional la segregación en las escuelas

Asociación para el Mejoramiento de la Gente de Color (NAACP): fundada en 1909

Enmiendas de la Guerra Civil: acabaron con la esclavitud (XIII), dieron a los negros la ciudadanía (XIV) y el derecho al voto (XV)

Proclamación de la Emancipación (1863): Lincoln liberó a los esclavos en los territorios rebelados

LA LEY DE DERECHOS CIVILES DE 1964

Esta ley importante fue aprobada en 1964 como resultado del movimiento por los derechos civiles. Trató de poner fin a la discriminación basada en raza, color, religión u origen étnico. Prohibía la discriminación en hoteles, restaurantes y sindicatos obreros; también en las empresas que tenían negocios con el gobierno federal o que participaban en el comercio interestatal. Además, prohibía la discriminación de empleo basada en el sexo de la persona. Esta ley cortó la ayuda federal a los distritos escolares con escuelas segregadas.

LA LEY DE DERECHO AL VOTO DE 1965

La mayoría de los negros en el Sur no podían votar porque estaban intimidados, y había impuestos de capitación y pruebas de alfabetización (*saber leer y escribir*). En 1965, el Dr. King fue a Selma, Alabama, para organizar una marcha y exigir el voto para los afro-estadounidenses. Cuando los manifestantes fueron atacados, el Presidente Lyndon Johnson introdujo un proyecto de ley federal de derecho al voto. Una vez establecida, la ley acabó con la capitación y suspendió las pruebas de alfabetización en los sitios donde se usaban para impedir la votación por los negros.

LA ACCION AFIRMATIVA (1965)

En 1965, el Presidente Johnson firmó la orden referente a las empresas con contratos federales; para corregir las injusticias del pasado, tenían que contratar a más mujeres y miembros de minorías. Con los programas de acción afirmativa aumentó la representación de las minorías en las universidades y profesiones. Por ejemplo, con ese programa, a las minorías y a las mujeres se les da preferencia sobre otras personas cuyas calificaciones son iguales o superiores a las suyas. Los críticos habían desafiado estos programas como "discriminación a la inversa", porque favorecen injustamente a ciertos grupos al discriminar contra otros.

ANALISIS

Los estadounidenses a menudo están en desacuerdo sobre la mejor forma de lograr igualdad entre todos los grupos.

1. ¿Debemos establecer una sociedad "ciega al color", donde la raza no sería un factor en ninguna decisión? ❑ Sí ❑ No.

2. ¿Debemos tomar pasos específicos para contrarrestar los efectos de la discriminación en el pasado? ❑ Sí ❑ No.

Presenta tus razones: _____

AUMENTA LA COMBATIVIDAD DE LOS AFRO-ESTADOUNIDENSES

A pesar de los alcances del movimiento por derechos civiles en la década de 1950 y principios de la de 1960, muchos afro-estadounidenses creían que los cambios debían hacerse con más rapidez. Hacían notar que muchos negros seguían en una situación económica peor que la de otros grupos, y tenían menos oportunidades en muchos aspectos de la vida del país. Algunos de estos individuos, conocidos como militantes, no estaban de acuerdo con el programa del Dr. King de la no-violencia y sus prácticas de cooperación con los blancos simpatizantes.

LA VIOLENCIA EN LAS CIUDADES (1965-1968)

En el Norte, la segregación fue a menudo causada por las costumbres residenciales de los negros y blancos que vivían en diferentes barrios, y no el resultado de leyes estatales. Comenzando con 1965, el furor de los negros estalló en una serie de motines que sacudieron las ciudades norteñas durante tres veranos consecutivos. La culminación de este desorden vino en la primavera de 1968 después del asesinato del Dr. King en Memphis, Tenesí. En las ciudades a través del país, los amotinados rompían escaparates, volcaban autos e incendiaban edificios. Una comisión nombrada por el Presidente Johnson, atribuyó la violencia a la falta de oportunidades de empleo, la pobreza urbana y el racismo.

✦ EL MOVIMIENTO POR EL PODER NEGRO

Muchos afro-estadounidenses no querían simplemente imitar a los blancos o quedar absorbidos por la cultura convencional estadounidense. Comenzaron a buscar las raíces de su propia identidad cultural; creían que "lo negro es hermoso", y que los afro-estadounidenses debían sentirse orgullosos de su herencia. Esto llevó al surgimiento del **movimiento por el poder negro**. Sus partidarios creían que los afro-estadounidenses debían ser responsables por sus comunidades, apoyar los negocios de los negros, votar por candidatos negros e identificarse más con la cultura tradicional africana. Esto llevó al surgimiento de nuevos grupos y líderes militantes.

- **Malcolm X** puso en duda la eficacia de la resistencia no-violenta. Pensaba que los negros debían responder a la violencia con violencia y no debían depender de la cooperación de los blancos. También creía que los afro-estadounidenses debían controlar sus negocios, escuelas y comunidades. En 1965, Malcolm X fue asesinado por los musulmanes negros.

Malcolm X en un discurso

- **Surgen nuevos grupos.** Los grupos tradicionales, como la Liga Urbana y la N.A.A.C.P., favorecían métodos pacíficos para asegurar el final de la segregación. Los nuevos grupos militantes desafiaron estas organizaciones tradicionales. Los **musulmanes negros** creían que el islamismo debía ser la religión de los negros y éstos debían formar su propia nación porque era imposible la cooperación con los blancos. Las **panteras negras** querían que los negros se armaran y también favorecían la idea de establecer una nación negra separada.

LAS ORGANIZACIONES AFRO-ESTADOUNIDENSES

Organización	Establecida	Líderes	Propósito principal
N.A.A.C.P.	1909	W.E.B. Du Bois Thurgood Marshall	Lograr la igualdad, especialmente por medio de acciones legales
Liga Urbana	1911	Whitney Young	Poner fin a los abusos sociales y económicos de los negros en las ciudades
Musulmanes Negros	1930	Elijah Mohammed	Esparcir el islamismo, lograr la auto-suficiencia de los negros y formar una nación
S.C.L.C.	1957	Martin L. King, Jr.	Poner fin a la segregación por medio de desobediencia civil y protestas pacíficas
Panteras negras	1966	Huey Newton	Ayudar a los negros pobres, terminar con los abusos de la policía y exigir indemnizaciones de los "Estados Unidos blancos"

EN RESUMEN: LOS EE.UU. EN LA EPOCA DE DERECHOS CIVILES

En los años 1950 y comienzos de los 1960, el país tuvo un gran aumento de población y desarrollo de la economía. Los negros comenzaron a hacer adelantos importantes en su lucha por la igualdad. Se prohibieron muchas formas de discriminación pública. Muchos afro-estadounidenses exigían más cambios y proponían nuevas formas de tratar con el racismo.

VUELVE A PENSAR

En tu opinión, ¿cuál fue el suceso más importante durante las décadas de 1950 y 1960?

_____ Explica tu respuesta. _____

_____

VERIFICA TU COMPRENSION

Instrucciones: Completa las tarjetas siguientes y luego contesta las preguntas de selección múltiple.

BROWN VS. BOARD OF EDUCATION

Fondo del caso: _____

¿Qué declaró la Corte? _____

Importancia de la decisión: _____

DR. MARTIN LUTHER KING, JR.

¿Cuáles fueron sus creencias principales? _____

Nombra 2 de sus alcances: 1. _____

_____ 2. _____

1 El examen del movimiento por los derechos civiles en los Estados Unidos lleva a la conclusión que
  1 El prejuicio racial puede dificultar el cumplimiento de algunas leyes.
  2 El racismo no fue un problema en el Norte.
  3 Los negros tenían igualdad completa desde la Guerra Civil.
  4 Las decisiones de la Corte Suprema no tienen efecto en las relaciones entre las razas.

2 El propósito principal del movimiento por los derechos civiles en las décadas de 1950 y 1960 fue
  1 obtener el derecho al voto femenino
  2 detener la expansión del comunismo
  3 poner fin a la segregación racial en los Estados Unidos
  4 hacer que los negros no viajaran a Africa

3 El término "segregación" se refiere a
 1 los conflictos entre grandes grupos laborales
 2 la separación de la gente de diferentes razas
 3 los esfuerzos por aplicar la Constitución
 4 los niños de diferentes razas en la misma escuela

4 *Plessy vs. Ferguson* estableció que
 1 la segregación de los estudiantes en las escuelas era inconstitucional
 2 la segregación racial era prohibida por la Constitución de los EE.UU.
 3 el principio de "igual pero separado" era constitucional
 4 el uso de pruebas de alfabetización era ilegal

5 El discurso "Tengo un sueño" dado por el Dr. Martin Luther King era importante porque
 1 llevó a una mejor vida para los inmigrantes
 2 alentaba una revolución en los EE.UU.
 3 llamó la atención a las desigualdades encontradas por los negros
 4 exigía el derecho del voto para los que cumplieron 18 años

6 El propósito principal de la Ley de Derecho al Voto de 1965 fue
 1 poner fin a la discriminación contra los votantes ancianos
 2 entrenar funcionarios de elecciones
 3 aumentar el uso de pruebas de alfabetización para el voto
 4 aumentar el número de votantes negros

7 Desde la Segunda Guerra Mundial, la integración en los Estados Unidos fue estimulada más por las
 1 decisiones de las cortes federales y estatales
 2 enmiendas constitucionales
 3 acciones de las legislaturas estatales
 4 acciones de las juntas de educación sureñas

8 ¿Qué conclusión puede alcanzarse al examinar el movimiento por los derechos civiles desde 1954?
 1 Entre los afro-estadounidenses había poco apoyo para el movimiento.
 2 Los medios de comunicación generalmente evitan temas controversiales.
 3 Los gobiernos a menudo reaccionan a la presión popular.
 4 Las legislaturas generalmente no prestan atención a la presión popular.

9 El movimiento por los derechos civiles en los años 1950 y 1960 tuvo más éxito en
 1 lograr oportunidades iguales para las personas de todas las razas
 2 prohibir la segregación racial en las escuelas
 3 ganar el derecho al voto para los hispano-estadounidenses
 4 mejorar las condiciones de los obreros

10 La decisión en *Brown vs. Board of Education* fue importante porque estableció
 1 más derechos para los acusados de crímenes
 2 el principio de "iguales pero separados"
 3 el derecho de las mujeres al aborto
 4 la integración en las escuelas públicas

11 El Dr. Martin Luther King, Jr. creía que la igualdad de derechos podía lograrse al
 1 formar la N.A.A.C.P.
 2 usar medios pacíficos de protesta
 3 crear el movimiento de "regreso al Africa"
 4 establecer una nación aparte para los negros

12 Mahatma Gandhi y Dr. Martin Luther King, Jr. trataron de producir cambios con el uso de
 1 la desobediencia civil
 2 nuevos controles sociales
 3 insurrecciones violentas
 4 la suspensión de las libertades civiles

13 ¿Cuál declaración habría sido apoyada por el Dr. Martin Luther King, Jr.?
 1 "Se debe usar la revolución violenta para lograr fines legales."
 2 "El control social es necesario para mantener el orden dentro de la sociedad."
 3 "La desobediencia civil es el mejor modo de protestar contra leyes injustas."
 4 "En algunos casos puede justificarse la suspensión de las libertades civiles."

14 Huey Newton, Elijah Mohammed y Thurgood Marshall influyeron mucho en el movimiento
 1 para limitar el comunismo en los EE.UU.
 2 por lograr igualdad racial en los EE.UU.
 3 de retirar de Europa las fuerzas estadounidenses
 4 de limitar impuestos para los estadounidenses

SECCIÓN 3

TIEMPOS DE CAMBIOS: LOS AÑOS 1960 Y 1970

En esta sección se trata de las décadas de 1960 y 1970,
un tiempo de inquietud y de cambios.

PARA PENSAR

En su discurso inaugural, el Presidente John F. Kennedy estableció un nuevo tono para la nación. Desafió a los estadounidenses a "no preguntar lo que el país puede hacer por ellos" sino "lo que ellos pueden hacer por el país". Explica lo que, en tu opinión, quería decir Kennedy con esas palabras.

_____

_____

Términos y conceptos importantes: Al leer esta sección, fíjate en los siguientes:

- ✦ Invasión de la Bahía de Cochinos
- ✦ Crisis cubana de misiles
- ✦ Gran Sociedad
- ✦ Cultura de la juventud
- ✦ Movimiento de liberación femenina
- ✦ Roe vs. Wade

LA PRESIDENCIA DE KENNEDY: 1961-1963

En 1960, un joven senador de Massachussetts, John F. Kennedy, fue elegido presidente. Dijo al pueblo que representaba la "nueva generación" y que traería un ánimo juvenil a la nación.

LA POLITICA INTERNA

Kennedy prometió a los estadounidenses una **Nueva Frontera**. Decía con eso que la nación llegó a un punto crítico donde habría desafíos y oportunidades importantes. Igual que Franklin D. Roosevelt, Kennedy creía en usar los poderes del gobierno federal para resolver los problemas nacionales. Se concentró en establecer programas de ayuda a las ciudades, adelantos en la educación, cuidado de salud para los ancianos y ayuda a los pobres. También apoyó a los líderes como el Dr. King y propuso una ley de derechos civiles. Muchas de las leyes propuestas por Kennedy finalmente fueron aprobadas por el Congreso durante la presidencia de Lyndon Johnson. Kennedy también estaba convencido de que era importante ganar la "competencia en el espacio" con la

John F. Kennedy

Unión Soviética; propuso el **programa Apollo** para llevar la primera persona a la luna.

LA POLITICA EXTRANJERA

Los problemas de la guerra fría dominaban la política externa bajo Kennedy, igual que bajo Truman y Eisenhower. Kennedy percibía a los Estados Unidos como defensores de la libertad y democracia en el mundo. Se preocupó especialmente por la existencia del comunismo en Cuba, situada sólo a unas 90 millas de la Florida. En 1959, Fidel Castro estableció allí un gobierno comunista, y Kennedy temía que el comunismo pudiera esparcirse en la América Latina.

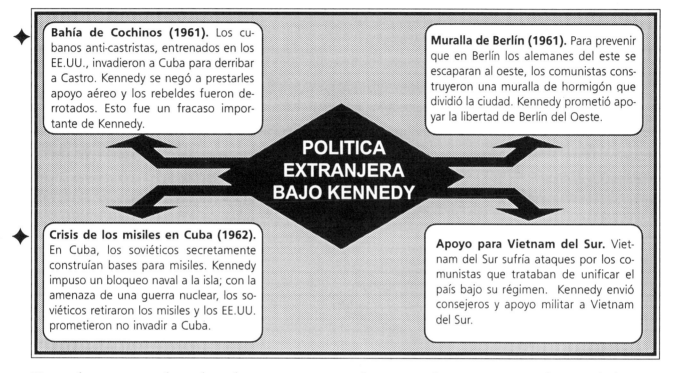

Bahía de Cochinos (1961). Los cubanos anti-castristas, entrenados en los EE.UU., invadieron a Cuba para derribar a Castro. Kennedy se negó a prestarles apoyo aéreo y los rebeldes fueron derrotados. Esto fue un fracaso importante de Kennedy.

Muralla de Berlín (1961). Para prevenir que en Berlín los alemanes del este se escaparan al oeste, los comunistas construyeron una muralla de hormigón que dividió la ciudad. Kennedy prometió apoyar la libertad de Berlín del Oeste.

POLITICA EXTRANJERA BAJO KENNEDY

Crisis de los misiles en Cuba (1962). En Cuba, los soviéticos secretamente construían bases para misiles. Kennedy impuso un bloqueo naval a la isla; con la amenaza de una guerra nuclear, los soviéticos retiraron los misiles y los EE.UU. prometieron no invadir a Cuba.

Apoyo para Vietnam del Sur. Vietnam del Sur sufría ataques por los comunistas que trataban de unificar el país bajo su régimen. Kennedy envió consejeros y apoyo militar a Vietnam del Sur.

Kennedy creía que al ayudar a las naciones más pobres, se podría mejorar su vida, y así habría resistencia al comunismo. En 1961, formó la **Alianza para el Progreso**, que ofrecía ayuda económica y fomentaba la reforma social en los países latinoamericanos. Kennedy también estableció los **Cuerpos de Paz**, un programa de voluntarios estadounidenses; éstos iban a los países menos desarrollados en Africa, Asia y Latinoamérica para difundir sus conocimientos y mejorar las condiciones de vida.

La nación quedó aturdida con el asesinato del Presidente Kennedy por **Lee Harvey Oswald**, el 22 de noviembre de 1963 en Dallas, Texas. El Vicepresidente Lyndon B. Johnson asumió la presidencia.

El Vicepresidente Lyndon B. Johnson hace el juramento presidencial a bordo del Air Force One inmediatamente después del asesinato de John F. Kennedy

LA PRESIDENCIA DE JOHNSON: 1963-1968

POLITICA INTERNA

Johnson propuso un programa de legislación social de gran alcance cuyo propósito fue dar oportunidades y mejorar la vida de todos los estadounidenses. Su programa se llamó la **Gran Sociedad**; fue el programa de reforma social más ambicioso desde el tiempo del Nuevo Trato de Franklin D. Roosevelt. Johnson creía que el país era tan rico y próspero que podría ser el primero del mundo en eliminar la pobreza dentro de sus fronteras.

A pesar de tantos gastos federales, mucha gente seguía pobre. Entretanto, la Guerra de Vietnam costaba cada vez más; Johnson tenía que reducir los programas de la Gran Sociedad.

POLITICA EXTRANJERA

El acontecimiento más importante de la presidencia de Johnson fue la participación creciente de las tropas estadounidenses en la Guerra de Vietnam. (*Este tema se trata en el capítulo siguiente.*)

LA CULTURA DE LA JUVENTUD DE LOS AÑOS SESENTA

En la década de 1950, la mayoría de los estadounidenses jóvenes seguían la vida tradicional y se concentraban en su carrera. En los años 1960, muchos jóvenes desafiaron esta tradición. Dudaban si era importante ganar mucho dinero; daban más importancia a la libertad individual y la consciencia social. Estaban inquietados al ver que los líderes del país no parecían preocuparse por la pobreza, la contaminación del ambiente y otros problemas del mundo. La **cultura de la juventud** fue muy influida por la música rock. Los Beatles, un conjunto británico, introdujo nuevos estilos y pelo largo para los varones. La cultura juvenil fue también influida por una mayor libertad sexual y la disponibilidad de drogas como la marijuana y el "LSD", un alucinante. Algunos de los llamados "**hippies**" organizaron comunidades basadas en sus propios principios. Hacia el fin de los años 1960, los jóvenes se hicieron activos en el movimiento contra la participación de su país en la Guerra de Vietnam; persistieron hasta que los EE.UU. se retiraron de la guerra en 1973.

ANALISIS

¿Son diferentes los jóvenes de hoy de los jóvenes de la década de 1960?   ¿Qué ideas tienen ahora sobre:

- su función en la sociedad? _____

- ganar dinero? _____

- el patriotismo? _____

ENFOQUE EN LAS ARTES

Bob Dylan, cantante folklórico

Bob Dylan fue un cantante y compositor de canciones cuya música se asocia con la cultura juvenil de los años 1960. Describía con acierto los sucesos al decir "the times they are a-changin'" (los tiempos van cambiando). Muchas de sus canciones reflejaban los sentimientos de la época—el rechazo de la conformidad y de las posesiones materiales. Su canción "Blowin' in the Wind" representa la inquietud de la generación joven. Su música capturó el ánimo de una generación descontenta con el hecho que una nación fundada en principios democráticos seguía siendo racista. Dylan influyó en muchos artistas del rock, tales como los Beatles y los Byrds.

EL MOVIMIENTO DE LIBERACION FEMENINA ◆

Igual que los jóvenes, las mujeres también fueron influidas por el nuevo ánimo de libertad individual que apareció en los años 1960. Aunque ya en 1920 las mujeres lograron el derecho al voto con la Enmienda XIX, su progreso hacia la igualdad era lento.

SURGE EL MOVIMIENTO DE LIBERACION FEMENINA

Muchas mujeres no estaban completamente contentas con su papel de amas de casa. Querían tener carreras y ganar tanto como los hombres. Los movimientos feministas anteriores se concentraban principalmente en lograr el derecho al voto. El movimiento de liberación femenina se dirigió hacia igualdad completa en el empleo y en la sociedad. Las líderes, como **Betty Friedan** y **Gloria Steinem** aprendieron mucho de los métodos usados por el movimiento por los derechos civiles.

LA INFLUENCIA DEL MOVIMIENTO DE LIBERACION FEMENINA

Educación

Como resultado de los programas de acción afirmativa, más mujeres llegaron a enseñar en las universidades. Se admitió a más mujeres en las academias militares y estudios de leyes y medicina. En las universidades se ofrecían cursos sobre la historia y las contribuciones de las mujeres.

Empleo

Se dio a las mujeres oportunidades iguales en el empleo; venias de maternidad y ayuda federal en el cuidado de los niños. Una nueva ley, requería pago igual por trabajo igual al de los hombres. Las mujeres que trabajaban fuera del hogar, también urgían a los hombres a compartir los quehaceres domésticos.

Lenguaje "sexista"

Se introdujo el título de "Ms." para reemplazar "Miss" y "Mrs." que revelaban el estado civil. Se combatían los términos "sexistas" en los nombres de las ocupaciones y la propaganda que usa a las mujeres como objetos sexuales. Se llamó "chauvinistas masculinos" a los hombres que seguían tratando a las mujeres como inferiores.

Enfoque en los problemas de las mujeres

Las mujeres cabildearon para más fondos para la investigación de los males femeninos como el cáncer ovárico y del seno; se prestó más atención a los problemas sociales como la violación y la violencia doméstica.

ENFOQUE EN LAS ARTES

Betty Friedan, escritora

En 1957, Betty Friedan completó una investigación de sus compañeras de estudio en Smith College. Descubrió que muchas de ellas llevaban una vida descontenta. En 1963, escribió *La mística femenina*, criticando la aceptada idea que todas las mujeres estaban contentas como madres y amas de casa. Informó que muchas se sentían "vacías" e "inútiles". Tomó la posición que las mujeres estaban tan capacitadas como los hombres, y debían poder competir por los mismos empleos y carreras que los hombres. En 1966, Friedan participó en la formación de la Organización Nacional Para Mujeres ("NOW"), que vino a ser la voz principal del movimiento feminista.

LAS MUJERES EN LA FUERZA LABORAL

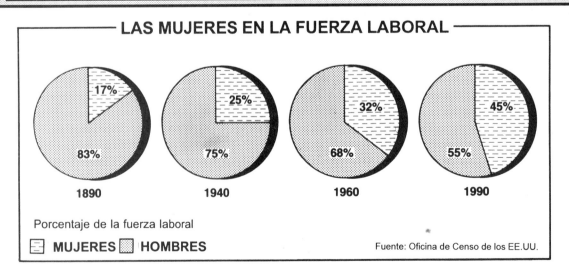

17%	25%	32%	45%
83%	75%	68%	55%
1890	1940	1960	1990

Porcentaje de la fuerza laboral

⊟ MUJERES   ▦ HOMBRES

Fuente: Oficina de Censo de los EE.UU.

La sección de Desarrollo de destrezas *que sigue, te ayudará a comprender las gráficas circulares*

DESARROLLO DE DESTREZAS: INTERPRETACION DE GRAFICAS CIRCULARES

¿Qué es una gráfica circular?

Una gráfica circular es el diagrama de un círculo dividido en sectores de diferentes tamaños. Sirve para mostrar la relación entre un entero y sus partes.

Claves para la comprensión de una gráfica circular

Para comprender una gráfica circular, fíjate en sus elementos:

El título. Este te dice el tema general del diagrama. Por ejemplo, el título de esta serie de gráficas circulares es: **Las mujeres en la fuerza laboral.** Se muestran los porcentajes de las mujeres que trabajaban fuera del hogar durante diferentes años.

La leyenda. A veces hay una leyenda que dice lo que representa cada sector del círculo. Sin embargo, en algunas gráficas, no hay necesidad de leyenda porque cada sector ya está marcado.

Los sectores del círculo. Cada parte del círculo nos dice qué información se presenta y su proporción o relación al círculo entero. La gráfica dada abajo indica que en 1890, las mujeres componían un 17% del círculo. Esto significa que en 1890, para cada 100 personas que trabajaban (*el círculo entero*), 17 de ellas eran mujeres (*el sector*).

Interpretación de una gráfica circular

Comienza por fijarte en el título ya que éste da el significado de la información presentada. Para encontrar información específica, tienes que examinar cada sector y su relación a las otras partes. Por ejemplo, en 1940, ¿qué porcentaje de la fuerza laboral eran mujeres? La parte marcada "75%" representa el número de hombres que trabajaban. Al mirar la gráfica, puedes ver que el resto de las personas de la fuerza laboral —25%— eran mujeres.

ANALISIS

La gráfica también puede ayudarte a llegar a otras conclusiones sobre las mujeres en la fuerza laboral. Por ejemplo:

- La gráfica muestra que en setenta años —desde 1890 a 1960— casi se duplicó el número de mujeres en la fuerza laboral.

¿A qué otras conclusiones puedes llegar a base de la información en esta gráfica?

- _____

- _____

FRACASA LA ENMIENDA DE DERECHOS IGUALES

El movimiento de liberación femenina no logró hacer que se aprobara la **Enmienda de Derechos Iguales ("E.R.A.")**, que garantizara a las mujeres derechos iguales con los hombres. Los adversarios de la enmienda argumentaban que las mujeres ya tenían derechos iguales. Otros temían que con la enmienda las mujeres serían sujetas al reclutamiento militar obligatorio. En 1972, la enmienda no recibió la aprobación de un número suficiente de estados.

LA CUESTION DEL ABORTO

En los años 1960, algunos estados prohibían el aborto, la terminación deliberada de un embarazo. La Corte Suprema participó en esa cuestión controversial en el caso de **Roe vs. Wade** (1973). Jane Roe (*nombre ficticio*) quería terminar su embarazo. Desafió la ley estatal que declaraba que el aborto era un crimen a menos que la vida de la mujer estuviera en peligro. La Corte Suprema declaró que esa ley estatal era inconstitucional, porque iba en contra del derecho constitucional a la discreción personal. Esta decisión trastocó las leyes estatales que prohibían el aborto durante el primer trimestre.

¿Deben las mujeres tener el derecho al aborto?

EL ARGUMENTO PRO-VIDA	EL ARGUMENTO PRO-ELECCIÓN
Los que se oponen al aborto argumentan que: Cada vida es preciosa. La vida comienza con la concepción; el aborto es un asesinato, y el abortar un feto es someterlo a una muerte dolorosa. Sólo Dios debe determinar quién vive y quién muere. El estado tiene la obligación de proteger al feto. Si la mujer no está interesada en proteger al feto, el estado debe defender la causa del no nacido.	Los que tienen esta opinión creen que: El aborto es un asunto privado que debe dejarse a la discrección de la mujer y de su médico. No está claro cuándo comienza la vida humana. Las creencias religiosas de un grupo no deben imponerse en otros individuos. Las mujeres deben tener el derecho humano fundamental de determinar qué hacer con su cuerpo. Si se prohiben los abortos legales de poco riesgo, volverán los abortos peligrosos "de callejón".

EN RESUMEN: LAS DECADAS DE 1960 Y 1970

El Presidente Kennedy trató de traer nueva vida y optimismo juvenil al gobierno del país. Tanto Kennnedy como Johnson introdujeron nuevos programas para promover más oportunidades, eliminar la pobreza y fomentar cambios sociales positivos. También fueron vigorosos partidarios de los derechos civiles. Su gran deseo de promover la libertad y democracia los llevó a una oposición firme al comunismo. Kennedy casi hizo el amago de una guerra nuclear para sacar los misiles soviéticos de Cuba. Kennedy y Johnson involucraron a los Estados Unidos en la guerra de Vietnam. A fines de los años 1960, el ánimo de igualdad y libertad individual, generado por el movimiento por los derechos civiles, influyó en otras partes de la sociedad estadounidense; los jóvenes y las mujeres se rebelaron contra las convicciones y funciones convencionales.

VUELVE A PENSAR

Muchos individuos creen que las mujeres deben tener el derecho al aborto. Otros se oponen firmemente a que se mate un feto. ¿A cuál de estos grupos apoyarías tú?

_____

¿Por qué? _____

VERIFICA TU COMPRENSION

Instrucciones: Completa las siguientes tarjetas. Luego contesta las preguntas de selección múltiple.

MOVIMIENTO DE LIBERACIÓN FEMENINA

¿Cuáles fueron sus objetivos? _____

¿Cómo difería del movimiento por los derechos

femeninos? _____

ROE VS. WADE

Fondo del caso: _____

¿Qué decidió la Corte Suprema? _____

_____

1 El Presidente Kennedy estaba convencido de que
   1 era necesario fomentar el comunismo en algunos países latinoamericanos
   2 se debía impedir la expansión de la influencia europea en Latinoamérica
   3 los Estados Unidos no tenían ningún interés en la América Latina
   4 se debía impedir la expansión del comunismo en Latinoamérica

2 La Alianza Para el Progreso tenía el fin de ayudar a algunas naciones en
   1 Europa   3 Asia
   2 América Latina 4 el Medio Oriente

3 Los programas de la Gran Sociedad
   1 ayudaron a desarrollar la capacidad industrial de China
   2 resultaron en leyes federales que fomentaron la reforma social
   3 aliviaron las tensiones con la Unión Soviética
   4 alentaron a los individuos a depender de sí mismos y no del gobierno

4 La decisión sobre _Roe vs. Wade_
   1 sostuvo la legalidad del aborto al principio del embarazo
   2 censuró la violencia del K.K.K.
   3 declaró que la esclavitud era ilegal
   4 aprobó facilidades iguales pero separadas para los negros

5 La idea común del Nuevo Trato y de la Gran Sociedad era que
   1 debía limitarse el comercio extranjero
   2 el gobierno federal debía ayudar a los que no podían valerse por sí mismos
   3 debían nacionalizarse ciertas industrias
   4 debía elevarse los impuestos para aumentar los gastos de los consumidores

6 Durante la presidencia de Kennedy, la política hacia Cuba se caracterizó por
   1 el aumento de la hostilidad y relaciones poco amigables
   2 el alivio de sentimientos de hostilidad
   3 el firmar de un acuerdo de defensa mutua
   4 la venta de armas defensivas a Cuba

7 Uno de los resultados del movimiento de liberación femenina era que
   1 las mujeres lograron el derecho al voto
   2 más mujeres entraron en la fuerza laboral
   3 bajaron los sueldos de las mujeres
   4 se aprobó la Enmienda de Derechos Iguales

8 Los programas de acción afirmativa tratan de corregir la discriminación del pasado al
   1 dar bonos de alimentos a los necesitados
   2 dar preferencia a los miembros de las minorías
   3 fomentar el voto por los pobres
   4 proporcionar viviendas públicas económicas

 PERFILES EN LA HISTORIA

JACKIE ROBINSON
(JUGADOR DE BEISBOL)

Jackie Robinson fue el primer afro-estadounidense que jugó en las ligas mayores de béisbol. Antes de que Robinson fuese contratado por los Brooklyn Dodgers en 1947, los negros jugaban sólo en la "Liga Negra". Al principio, Robinson se encontró con la resistencia y hostilidad, pero fue aceptado cuando comprobó su talento y destreza. En 1962, fue elegido al Baseball Hall of Fame en Cooperstown.

CESAR CHAVEZ
(ACTIVISTA LABORAL)

Los labradores agrarios migratorios estaban entre los obreros peor pagados y tratados dentro del país. César Chávez organizó a los labradores méxico-estadounidenses en California; bajo su liderato, en 1965, comenzó una huelga pacífica contra los dueños de las viñas. La huelga llamó la atención popular y llevó al boicoteo de uvas californianas en el país. En consecuencia, mejoraron las condiciones de los labradores migratorios.

THURGOOD MARSHALL
(MAGISTRADO DE LA
CORTE SUPREMA)

Thurgood Marshall, nombrado por el Presidente Johnson en 1967, fue el primer negro asignado a la Corte Suprema. Ese nombramiento fue el alcance cumbre en una gran carrera en jurisprudencia. Como abogado de la N.A.A.C.P. y su co-fundador, Marshall presentó en 1954 ante la Corte Suprema el caso de *Brown vs. Board of Education*.

S.I. HAYAKAWA
(SENADOR)

S.I. Hayakawa, un japonés-estadounidense, era un notable investigador y experto en la lengua inglesa, y presidente de la Universidad de California. Los votantes de California también lo eligieron al Senado de los Estados Unidos.

RACHEL CARSON
(AMBIENTALISTA)

Rachel Carson alertó al público sobre los peligros de los pesticidas. Su libro, *La primavera muda*, escrito en 1962, hizo a los estadounidenses conscientes de la destrucción de la vida vegetal y animal causada por los pesticidas. Carson advertía que iba a llegar un tiempo en que perecería la vida silvestre y las fuentes de alimento estarían demasiado contaminadas para uso humano.

LA CONSTITUCION EN MARCHA

ENMIENDA XXIV (1964)
Esta enmienda eliminó los impuestos de capitación en todas las elecciones federales.

ENMIENDA XXV (1967)
Cuando Kennedy fue asesinado, el Vicepresidente Johnson asumió la presidencia. De este modo, no había un vicepresidente hasta las elecciones presidenciales de 1964. La Enmienda XXV permitió que en un caso así el presidente nombrara un vicepresidente. También se establecieron procedimientos para determinar si el presidente estaba demasiado incapacitado para desempeñar su cargo; y si lo fuese, para que el vicepresidente pudiera asumir sus obligaciones como "presidente interino".

ENMIENDAS IMPORTANTES

LEYES DE DERECHOS CIVILES DE 1964/1968
Uno de los alcances más importantes del programa de la Gran Sociedad de Lyndon Johnson, fue la Ley de Derechos Civiles de 1965; prohibió la discriminación en el empleo y hospedaje público (hoteles, restaurantes, autobuses, etc.). Además se estableció la Comisión de Igual Oportunidad de Empleo para asegurar trato justo para todas las minorías. La Ley de Derechos Civiles de 1968 prohibió la discriminación racial en la venta y arriendo de viviendas.

LEYES IMPORTANTES

LA CORTE SUPREMA BAJO WARREN

Para comprender los acontecimientos durante la presidencia de Kennedy y de Johnson, se necesita mencionar la "Corte de Warren". En las décadas de 1950 y 1960, la Corte Suprema fue encabezada por el Magistrado **Earl Warren**, y vino a ser partidaria de los derechos civiles en casos como *Brown vs. Board of Education*. También apoyó los derechos de los acusados en casos criminales. Algunos criticaron esa Corte por ir demasiado lejos en proteger los derechos de los acusados, haciendo así más difícil la captura y convicción de criminales. Pero los partidarios de la Corte bajo Warren argumentaban que la Corte tenía la obligación consitucional de proteger los derechos individuales. Bajo Warren, la Corte vino a ser un instrumento importante del cambio social; protegía los derechos no protegidos por las otras instituciones, que parecían demasiado débiles para eso.

Earl Warren

GIDEON VS. WAINWRIGHT (1963)

Fondo: Clarence Gideon fue arrestado por un hurto en un establecimiento de juegos de billar. Era demasiado pobre para tener un abogado, y no se le dio un defensor. Su petición de un abogado fue rechazada porque bajo las leyes de la Florida, se nombraban abogados para acusados pobres sólo en casos de pena de muerte.

Decisión/Importancia: La Corte declaró que Gideon tenía el derecho, provisto en la Enmienda VI, a tener un abogado aún en un caso no capital. La decisión requería que todos los estados proporcionasen gratis los servicios de un abogado a los que no pudieran pagarlos. Como resultado, en el presente, los estados tienen defensores públicos que ofrecen servicios legales a los pobres.

MIRANDA VS. ARIZONA (1966)

Fondo: Ernesto Miranda fue arrestado por raptar y violar a una joven. Después de aparecer en una fila de policía, Miranda confesó su crimen. La policía no le dijo que tenía el derecho de callar y que no tenía que contestar sus preguntas. Tampoco se le informó que, durante la indagación, podía tener presente un abogado que le aconsejara.

Decisión/Importancia: La Corte suprema revocó la convicción de Miranda. Ahora se requiere que la policía advierta a todos los sospechosos de su derecho de callar y de tener un abogado presente durante las indagaciones. Esto se conoce como los derechos "Miranda".

HABLA LA CORTE

RESUMEN DE TU COMPRENSION

Instrucciones: Comprueba tu comprensión de los términos y conceptos importantes de este capítulo. Señala los elementos que sepas explicar. Si tienes dificultad en recordar algo, refiérete a la página indicada.

LISTA DE VERIFICATION

- ❑ Guerra fría (222)
- ❑ Cortina de hierro (224)
- ❑ Doctrina Truman (225)
- ❑ Plan Marshall (225)
- ❑ OTAN (226)
- ❑ Guerra de Corea (227)
- ❑ Juicio de los Rosenberg (228)

- ❑ Macartismo (228)
- ❑ Movimiento por los derechos civiles (232)
- ❑ *Brown vs. Board of Education* (233)
- ❑ Ley de Derechos Civiles (235)
- ❑ Ley de Derecho al voto (235)
- ❑ Acción afirmativa (235)
- ❑ Movimiento por el poder negro (236)

- ❑ La Bahía de Cochinos (241)
- ❑ Crisis cubana de misiles (241)
- ❑ Gran Sociedad (242)
- ❑ Cultura de la juventud (242)
- ❑ La liberación femenina (243)
- ❑ Aborto (246)
- ❑ *Roe vs. Wade* (246)

Instrucciones: Llena la información pedida en los siguientes cuadros sinópticos.

Comunismo vs. capitalismo:
_____
_____

Sucesos en la Europa Oriental:
_____
_____

CAUSAS DE LA GUERRA FRIA

Secretos de la bomba atómica:
_____
_____

Competencia entre las superpotencias:
_____
_____

MOMENTOS IMPORTANTES EN EL MOVIMIENTO POR LOS DERECHOS CIVILES

Marcha a Washington:	Papel del Dr. King:	Ley de Derechos Civiles de 1964:	Ley de Derecho al Voto de 1965:

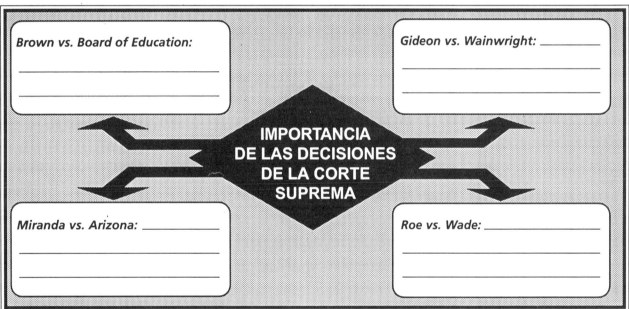

Brown vs. Board of Education:

Gideon vs. Wainwright: _____

IMPORTANCIA DE LAS DECISIONES DE LA CORTE SUPREMA

Miranda vs. Arizona: _____

Roe vs. Wade: _____

¿Cuándo surgió?

¿Quiénes fueron algunas de sus líderes? _____

EL MOVIMIENTO DE LIBERACION FEMENINA

¿Por qué surgió?

Sus objetivos principales:

Sus resultados:

1. _____

2. _____

PERSPECTIVAS

UN EXAMEN DEL SISTEMA LEGAL

Los estadounidenses viven bajo la autoridad de la ley —un sistema que los protege contra los actos casuales u opresivos del gobierno o trato injusto por los vecinos. En esta sección se da una visión general de cómo funciona ese sistema legal.

¿QUE ES UNA LEY?

Una **ley** es una regla que dice lo que la gente debe o no debe hacer. Generalmente hay **castigos** u otras consecuencias por romper una ley. Hay varios cuerpos que establecen leyes. Los más conocidos son las **legislaturas**, tales como el Congreso o legislaturas estatales. Los condados y las ciudades también pueden tener un cuerpo legislativo con la autoridad de hacer leyes.

¿QUE HACEN LAS CORTES?

Habrás oido que las cortes "aplican" o "interpretan" la ley, pero ¿qué quiere decir esto? Ninguna ley puede ser tan precisa como para prever todo tipo de situaciones que puedan surgir. Por eso necesitamos cortes para determinar si la ley puede aplicarse a una situación específica. Por ejemplo, un letrero dice:

> **SE PROHIBEN VEHÍCULOS EN EL PARQUE**

Podemos estar bastante seguros que esto significa que en el parque se prohiben los automóviles o camiones. Pero, ¿se aplica esto a a las bicicletas? ¿Y a cochecitos de bebé o sillas de ruedas? ¿Serán éstos "vehículos" en el sentido intentado por el letrero? Como ves, las cortes tienen que interpretar las *palabras* de la ley para decidir el significado de esa ley. A veces es necesario considerar el propósito de la ley (o lo que se dijo de la ley cuando fue establecida) para determinar si viene al caso en una situación específica. La corte puede decir que el propósito de prohibir vehículos en el parque es evitar riesgos a los caminantes. Ya que las sillas de ruedas y los coches de bebé no presentan un peligro a los transeúntes, no son "vehículos" en el sentido original de la ley.

Ya que vivimos bajo el "dominio de la ley", queremos que cada persona en la misma situación reciba trato parecido. En los procedimientos de la corte, cada lado tiene derechos —el derecho a un abogado, el derecho a oír la evidencia del lado opuesto y el derecho de apelar la decisión. En los casos criminales, y algunos civiles, el acusado tiene el derecho al juicio por **jurado** —un grupo de ciudadanos desinteresados. Estas garantías se conocen como derechos al "proceso justo". Dan a cada parte igual oportunidad de persuadir al juez o al jurado de la justicia de su caso.

EL PROCESO DE APELACIONES

Cuando alguien no está contento con el fallo, puede apelar la decisión de la corte. Se puede pedir que una corte especial, o corte de apelaciones, vuelva a considerar el caso. Generalmente, una corte de apelaciones cambia la decisión sólo si la corte original hizo un error en la interpretación o aplicación de la ley.

LA FUNCION DE LA CORTE SUPREMA

La Corte Suprema de los Estados Unidos es la corte más alta del país. Recibe apelaciones de las cortes federales y de las estatales, y tiene dos funciones. Primero, determina cómo la ley debe aplicarse al caso específico. Por ejemplo, ¿se aplicó la ley en la forma intentada por el Congreso? Segundo, la Corte Suprema puede determinar si la ley de que se trata es constitucional. La Corte puede rechazar una ley por creerla estar en contra de la Constitución; en ese caso, la única forma de anular la decisión de la Corte es hacer una enmienda a la Constitución.

La Corte Suprema ha tenido un impacto importante en muchos campos. El cuadro que sigue te ayudará a repasar los casos más importantes estudiados.

CASO	IMPORTANCIA DE LA DECISIÓN	PÁGINA
Examen jurídico (Decisiones que establecen la autoridad de la Corte)		
Marbury vs. Madison (1803)	Estableció la autoridad de la Corte Suprema al declarar que una ley es inconstitucional	91
La cláusula sobre lo "necesario y apropiado"		
McCulloch vs. Maryland (1819)	Sostuvo la autoridad del Congreso a establecer un banco a base de la cláusula de todo lo "necesario y apropiado"	91
Libertad de palabra (Primera Enmienda)		
Schenck vs. U.S. (1919)	Limitó el derecho individual a la libertad de palabra si había un "peligro claro y real" para otros	175
Derechos de los acusados de actos criminales (Enmiendas V y VI)		
Gideon vs. Wainwright (1963)	Si el acusado es demasiado pobre para pagar un defensor, el estado tiene la obligación de proporcionar gratis los servicios de un abogado	250
Miranda vs. Arizona (1966)	Un individuo arrestado tiene que recibir información sobre sus derechos constitucionales	250
Derecho a la discreción personal (Enmiendas V y XIV)		
Roe vs. Wade (1973)	Establecieron el derecho al aborto al comienzo del embarazo	246
Protección igual ante la ley (Enmiendas V y XIV)		
Plessy vs. Ferguson (1896)	Siempre que los estados ofrezcan facilidades "separadas pero iguales", pueden separar a los negros de los blancos.	233
Korematsu vs. U.S. (1944)	Sostuvo el realojamiento y la detención de los nisei a base de necesidad militar durante la Segunda Guerra Mundial.	213
Brown v. Board of Education (1954)	Volteó la decisión *Plessy*, al declarar que las escuelas públicas segregadas eran "inherentemente desiguales".	233

COMPRUEBA TU COMPRENSION

Instrucciones: Contesta las preguntas de selección múltiple. Luego dirígete a los ensayos.

Basa tus respuestas a las preguntas 1 y 2 en las gráficas que siguen y en tu conocimiento de estudios sociales.

1 De acuerdo a la información en las gráficas circulares
1 la mayoría de las mujeres ganan menos que los hombres
2 hay más mujeres que hombres entre los que tienen ingresos de más de $50.000 al año
3 va aumentando la cantidad de las mujeres en la fuerza laboral
4 en general, las mujeres ganan más que los hombres

GANANCIAS DE LOS HOMBRES Y DE LAS MUJERES: 1990

Fuente: Oficina del Censo

2 ¿Cuál declaración explica mejor la información en las gráficas?
1 Hubo muchos más divorcios.
2 Las mujeres no reciben pago igual por trabajo igual.
3 Los hombres y las mujeres están comenzando a compartir los quehaceres domésticos.
4 Las mujeres alcanzaron igualdad económica y social con los hombres.

3 En *Roe vs. Wade*, la Corte Suprema declaró que
1 la segregación racial en las escuelas públicas es inconstitucional
2 la Corte Suprema puede declarar inconstitucionales las leyes federales
3 las mujeres merecen pago igual por trabajo igual
4 las mujeres tienen el derecho constitucional al aborto al principio del embarazo

4 ¿Cuál persona está correctamente pareada con el movimiento en que participó?
1 Harriet Beecher Stowe/Movimiento progresista
2 Betty Friedan/Movimiento de liberación femenina
3 Rachel Carson/Movimiento pro-vida
4 Eleanor Roosevelt/Movimiento ambientalista

5 Los términos "hippies" y "cultura de la juventud" probablemente se discutirían en un ensayo sobre la década de
1 1920   3 1960
2 1930   4 1990

6 La diferencia fundamental entre las ideas de Malcolm X y Martin Luther King, Jr. tenía que ver con
1 el uso de la violencia para lograr igualdad racial
2 el deseo de la igualdad racial
3 las intervenciones estadounidenses en Africa
4 la cuestión del orgullo de ser estadounidense

7 En *Brown vs. Board of Education* (1954), la Corte Suprema decidió que
1 la segregación racial en las escuelas era inconstitucional
2 el transporte de los estudiantes para fomentar la integración era constitucional
3 el uso de la desobediencia civil era constitucional
4 las escuelas podían ser segregadas si se trataba bien a los niños de las minorías

8 Un partidario del Dr. Martin Luther King estaría más de acuerdo con la declaración que
  1 se deben obedecer todas las leyes
  2 las manifestaciones contra las leyes injustas son moralmente correctas
  3 la desobediencia civil es dañina a la sociedad
  4 la violencia es aceptable si la causa es justa

9 Mahatma Gandhi y el Dr. Martin Luther King, Jr. se parecían porque los dos
  1 apoyaron los intentos de derribar los gobiernos establecidos
  2 estaban en favor de la desobediencia civil para lograr cambio social
  3 pedían apoyo financiero sólo a los ricos
  4 lograron reconocimiento en un puesto político nacional

10 ¿Cuál situación representa mejor la idea de acción afirmativa?
  1 la empresa que recluta activamente a miembros de minorías para un programa de entrenamiento
  2 la corporación que contrata a las personas según su orden de llegada
  3 admisiones universitarias sólo a base de un examen de entrada
  4 la universidad que acepta a todos los que soliciten admisión

11 Durante la presidencia de Kennedy, la política externa en Latinoamérica se concentró en
  1 las naciones no aliadas en la O.E.A.
  2 el fracaso de la Alianza Para el Progreso
  3 el peligro creciente del comunismo
  4 la expansión del imperialismo

12 El movimiento de liberación femenina de los años 1960 y 1970 se concentró en
  1 lograr el derecho al voto
  2 recibir pago igual por trabajo igual
  3 mantener a las mujeres como amas de casa
  4 los asuntos ambientalistas

13 Los Cuerpos de Paz, la Alianza Para el Progreso y la Doctrina Truman se relacionaban
  1 al derecho al aborto
  2 a la política externa
  3 a los derechos civiles
  4 a la política interna

14 La causa principal de la guerra fría fue
  1 el descubrimiento por los Estados Unidos de misiles soviéticos en Cuba
  2 el intento soviético de entrar en la Segunda Guerra Mundial del lado japonés
  3 el control soviético de la Europa Oriental después de la Segunda Guerra Mundial
  4 la acción militar estadounidense en el Medio Oriente

ENSAYOS

1 **En los años 1945 hasta 1991, las relaciones entre los Estados Unidos y la Unión Soviética se conocían como "guerra fría".**

Parte A
Define el término "guerra fría": _____

Nombra *dos* ejemplos de la política seguida en ese tiempo por los Estados Unidos *o* la Unión Soviética.

1. _____   2. _____

Parte B
En tu respuesta a la Parte B, debes usar la información que diste en la Parte A. Sin embargo, puedes también incluir información adicional o distinta.

En un ensayo, explica por qué entre 1945 y 1991 las relaciones entre los Estados Unidos y la Unión Soviética se llamaban "guerra fría".

2 El liderato es muy importante para el éxito de cualquier movimiento de reforma importante.

Líderes/Movimientos

Harriet Beecher Stowe/Movimiento abolicionista
Theodore Roosevelt/Movimiento progresista
Martin Luther King, Jr./Movimiento por los derechos civiles
Malcolm X/Movimiento por los derechos civiles
Betty Friedan/Movimiento de liberación femenina
César Chávez/Movimiento sindicalista

Parte A

Escoge a *uno* de los líderes enumerados: _____

Nombra la creencia de esa persona: _____

Determina cómo esa persona contribuyó al movimiento: _____

Escoge a *otro* líder: _____

Nombra la creencia de esa persona: _____

Determina cómo esa persona contribuyó al movimiento: _____

Parte B

En tu respuesta a la Parte B, debes usar la información que diste en la Parte A. Sin embargo, puedes también incluir información adicional o distinta.

Escribe un ensayo que comience con la oración temática:

"El liderato tiene mucha importancia en el éxito de cualquier movimiento de reforma importante."

3 A lo largo de la historia de los Estados Unidos, varios grupos luchaban contra la discriminación.

Grupos

Mujeres	Asiático-estadounidenses
Afro-estadounidenses	Indígenas
Hispano-estadounidenses	Inmigrantes

Parte A

Escoge *dos* de los grupos de la lista. En el caso de cada uno, describe *una* forma de discriminación encontrada por el grupo y *una* forma en la que el grupo luchó contra la discriminación.

GRUPO	FORMA DE DISCRIMINACION	COMO SE COMBATIO
1._____	1._____	1._____
2._____	2._____	2._____

Parte B

En tu respuesta a la Parte B, debes usar la información que diste en la Parte A. Sin embargo, puedes también incluir información adicional o distinta.

En un ensayo, explica cómo a lo largo de la historia estadounidense los diferentes grupos lucharon contra la discriminación.

4   **Desde 1865, los afro-estadounidenses se encontraban ante muchos problemas, y los trataron de resolver de modos diferentes.**

Parte A

Enumera *dos* problemas con los que se encontraban los afro-estadounidenses desde 1865. Describe *una* forma en la que trataron de resolver *cada uno* de esos dos problemas.

PROBLEMAS	INTENTOS DE SOLUCIONAR EL PROBLEMA
1._____	1. _____ _____
2._____	2. _____ _____

Parte B

En tu respuesta a la Parte B, debes usar la información que diste en la Parte A. Sin embargo, puedes también incluir información adicional o distinta.

En un ensayo, discute los problemas con los que se encontraban los afro-estadounidenses desde la Guerra Civil; explica cómo trataron de resolver estos problemas.

TAREAS PRACTICAS

DAMAS Y CABALLEROS DEL JURADO

En este capítulo estudiaste un período crítico en la historia estadounidense —los años de la guerra fría y el movimiento por los derechos civiles. También estudiaste el sistema legal del país.

DESCRIPCIÓN DE LA TAREA: En este ejercicio supone que participas en dos juicios o los presencias. El maestro dividirá la clase en dos grupos. Cada uno juzgará un caso.

Caso 1: Samuel Adams vs. U.S. Postal Service (1952)

Información de fondo: Samuel Adams en un tiempo había sido miembro del Partido Comunista. Aunque sostiene que ya no es comunista, fue despedido de su puesto de cartero. Demanda el Servicio Postal para recobrar su puesto.

Papeles:
- 2 abogados de Samuel Adams
- juez
- 2 testigos peritos sobre "libertad de palabra"
- jurados que oyen el caso
- 2 abogados del Servicio Postal de los EE.UU.

Caso 2: Smith vs. State of Alabama (1952)

Información de fondo: Saul y Celeste Smith son dos niños afro-estadounidenses en Alabama en 1952. En ese tiempo, Alabama tenía escuelas públicas racialmente segregadas. Los Smith decidieron demandar el Estado de Alabama por negarles a sus hijos una "educación igual".

Papeles:
- Saul y Celeste Smith
- 2 testigos peritos en los efectos de segregación
- Los Señores Smith
- 2 abogados de los Smith
- 2 abogados de Alabama
- 2 funcionarios del Departamento de Educación de Alabama
- juez
- jurados que oyen el caso

TU TAREA: Tu grupo debe designar a un estudiante para cada uno de los papeles. Los otros estudiantes del grupo deben servir como jurados. Al presentar el caso, los abogados de cada parte deben interrogar a los testigos ante el juez y el jurado. Luego deben ofrecer un argumento de coclusión para mostrar la justicia de su parte. El juez no debe permitir preguntas que no vengan al caso. Después de las declaraciones conclusivas los jurados deben discutir el caso y alcanzar un veredicto.

DONDE ENCONTRAR INFORMACIÓN: Considera el uso de: (1) la **Constitución de los EE.UU.**; lee las primeras diez enmiendas para el Caso 1 y la Enmienda XIV para el Caso 2; (2) artículos de **enciclopedias** sobre la libertad de palabra, Comisión de la Cámara de Representantes sobre las Actividades Antiestadounidenses, juramentos de lealtad, macartismo, segregación, leyes Jim Crow, N.A.A.C.P. y *Brown vs. Board of Education*; (3) **libros de historia** sobre los años 1950 y (4) **biografías** de personas como: el Senador Joseph McCarthy, Julius y Ethel Rosenberg, Alger Hiss y Thurgood Marshall.

CAPITULO 10

LOS LIMITES DEL PODER

La Guerra de Vietnam
A. Los suceses que llevaron a la guerra
B. Por qué fueron derrotados los EE.UU.
C. Los resultados de la guerra

Los Presidentes de los EE.UU. desde 1968
A. La presidencia de Nixon
B. La presidencia de Ford
C. La presidencia de Carter
D. La presidencia de Reagan
E. La presidencia de Bush
F. La presidencia de Clinton

LINEA CRONOLOGICA DE SUCESOS HISTORICOS

1972	1973	1974	1977	1980	1990	1991	1992
Reelección de Nixon; asunto Watergate	Ley de Poderes en Tiempo de Guerra; los EE.UU. se retiran de Vietnam	Dimisión de Nixon; Ford toma la presidencia	Elección de Carter; Tratado del Canal de Panamá	Elección de Reagan; Irán libera rehenes estadounidenses	Bush envía tropas al Golfo Pérsico	Derrumbe de la U.R.S.S.: termina la guerra fría	Elección de Clinton

LA GUERRA DE VIETNAM : 1954-1973

Vietnam es un país en el sureste de Asia; está a miles de millas de distancia de los Estados Unidos. En esta sección se examina el impacto importante que Vietnam tuvo en los asuntos externos e internos de los EE.UU. en los años 1960 y 1970.

PARA PENSAR

Muchos estadounidenses se opusieron a las acciones de su país durante la Guerra de Vietnam. ¿Crees que eran antipatrióticos al protestar la participación de los EE.UU. en una guerra a la que se oponían? Sí _____   No _____

Explica tu respuesta. _____

_____

Términos y conceptos importantes: Al leer esta sección fíjate en los siguientes:

- ✦ Guerra de Vietnam
- ✦ Teoría del dominó
- ✦ Acuerdo de Paz de París
- ✦ Ley de Poderes en Tiempo de Guerra

Para ayudarte a encontrar estos términos, esta señal ✦ aparece en el margen de la página donde se explica la expresión por primera vez.

✦
SUCESOS QUE LLEVARON A LA GUERRA DE VIETNAM

A diferencia de la Segunda Guerra Mundial, la involucración estadounidense en la Guerra de Vietnam fue paulatina y tuvo lugar durante varias presidencias.

FONDO

En el siglo XIX, Vietnam vino a ser una colonia francesa. Cuando en 1945 terminó la Segunda Guerra Mundial, Vietnam declaró su independencia; Francia se negó a reconocerla. En 1954, después de nueve años de luchas, los vietnamitas derrotaron a Francia. En la **Conferencia de Paz de Ginebra**, Vietnam quedó dividido en dos partes: el líder comunista, **Ho chi Minh**, recibió control del norte, y en el sur se estableció un gobierno no comunista. Se planeaba la reunificación del país después de las elecciones en 1956. Sin embargo, cuando llegó el tiempo apropiado, el gobierno de Vietnam del Sur se negó a celebrarlas; sostenía que no se podía confiar de que los comunistas iban a tener elecciones íntegras en el norte. Ante eso, los comunistas del sur, el **Vietcong**, apoyados por los vietnamitas del norte, comenzaron la **guerrilla** contra el gobierno; querían unificar el país bajo el sistema comunista.

LA GUERRA DURANTE LA PRESIDENCIA DE KENNEDY (1961-1963)

El Presidente Kennedy respondió al pedido de apoyo para Vietnam del Sur; proporcionó ayuda financiera y militar para la lucha contra el Vietcong. Kennedy y los presidentes que le siguieron, creían que si Vietnam del Sur caía en poder de los comunistas, lo seguirían otros países asiáticos.

◆ Esta idea vino a conocerse como la "**teoría del dominó**"; los diferentes países cayendo al comunismo como una hilera de fichas de dominó. Los EE.UU. también se sentían obligados a defender a Vietnam del Sur. Creían que si el país llegara a ser una nación democrática, serviría de modelo para los países en vías de desarrollo en Asia, Africa y Latinoamérica.

LA GUERRA DURANTE LA PRESIDENCIA DE JOHNSON (1963-1968)

El momento crítico vino en 1964, cuando el Congreso aprobó la **Resolución del Golfo de Tonkín**; ésta le otorgaba al Presidente Johnson la autoridad de tomar medidas de emergencia para detener la agresión por Vietnam del Norte. En los tres años siguientes, Johnson envió muchas tropas a Vietnam; con el tiempo, había allí 500.000 militares estadounidenses. A pesar de esto, en 1968 el Vietcong montó un gran ataque, conocido como la **Ofensiva de Tet**. Eso mostró al pueblo estadounidense que, a pesar del gran poder militar de los Estados Unidos, la victoria estaba distante.

LA GUERRA DURANTE LA PRESIDENCIA DE NIXON (1969-1973)

La campaña presidencial de Nixon en 1968 se hizo con la promesa de "paz con honor" en Vietnam. Sin embargo, la guerra se prolongó por cinco años más. Nixon intensificó los bombardeos de Vietnam del Norte; también fue invadida Camboya, desde donde a menudo el Vietcong lanzaba sus ataques. Cuando esto no tuvo el efecto esperado, Nixon comenzó la retirada gradual de las fuerzas estadounidenses de Vietnam del Sur. En 1973, los representantes de Nixon y los vietnamitas del norte llegaron a una

◆ tregua, el **Acuerdo de Paz de París**. Bajo sus términos, los Estados Unidos simplemente retiraron el resto de sus fuerzas desde Vietnam del Sur. Dos años más tarde, Vietnam del Norte llegó a apoderarse del Vietnam del Sur, y el país fue unificado bajo la jefatura comunista.

Soldados estadounidenses en un momento de calma en Vietnam

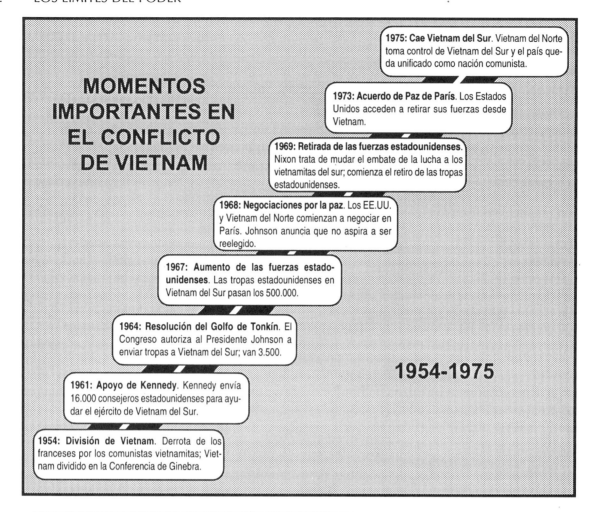

MOMENTOS IMPORTANTES EN EL CONFLICTO DE VIETNAM

1954-1975

1975: Cae Vietnam del Sur. Vietnam del Norte toma control de Vietnam del Sur y el país queda unificado como nación comunista.

1973: Acuerdo de Paz de París. Los Estados Unidos acceden a retirar sus fuerzas desde Vietnam.

1969: Retirada de las fuerzas estadounidenses. Nixon trata de mudar el embate de la lucha a los vietnamitas del sur; comienza el retiro de las tropas estadounidenses.

1968: Negociaciones por la paz. Los EE.UU. y Vietnam del Norte comienzan a negociar en París. Johnson anuncia que no aspira a ser reelegido.

1967: Aumento de las fuerzas estadounidenses. Las tropas estadounidenses en Vietnam del Sur pasan los 500.000.

1964: Resolución del Golfo de Tonkín. El Congreso autoriza al Presidente Johnson a enviar tropas a Vietnam del Sur; van 3.500.

1961: Apoyo de Kennedy. Kennedy envía 16.000 consejeros estadounidenses para ayudar el ejército de Vietnam del Sur.

1954: División de Vietnam. Derrota de los franceses por los comunistas vietnamitas; Vietnam dividido en la Conferencia de Ginebra.

POR QUE LOS EE.UU. NO PODIAN GANAR LA GUERRA

Para el fin de 1968, los Estados Unidos lanzaron más bombas en Vietnam que durante toda la Segunda Guerra Mundial. La guerra de Vietnam costaba 25 billones de dólares al año. A pesar de estos esfuerzos, los Estados Unidos no podían ganarla por las siguientes razones:

■ **Las tácticas guerrilleras.** Las selvas de Vietnam eran una cubierta ideal para las operaciones guerrilleras y los soldados estadounidenses no estaban entrenados para ese tipo de combate. Los miembros del Vietcong a menudo se escondían entre los otros vietnamitas y tenían el apoyo de muchos de ellos.

■ **El apoyo internacional para Vietnam del Norte.** Los vietnamitas del norte recibían muchas provisiones de los gobiernos comunistas de China y de la Unión Soviética. Los jefes estadounidenses no invadieron a Vietnam del Norte porque temían que esto podría llevar a la intervención china y soviética.

■ **La popularidad de la causa nacionalista.** Ho Chi Minh había encabezado la lucha por la independencia y muchos vietnamitas lo consideraban el padre de su país. Los vietnamitas del norte estaban dispuestos a sufrir grandes pérdidas para lograr su propósito; el gobierno de Vietnam del Sur no contaba con el mismo respeto y lealtad popular.

■ **El movimiento contra la guerra en los EE.UU.** La Guerra de Vietnam fue una de las guerras más impopulares en la historia de los Estados Unidos. En las marchas y las manifestaciones se pedía la retirada completa desde Vietnam. Muchos estadounidenses veían la contienda como una guerra civil vietnamita; creían que los EE.UU. se conducían de forma ignominiosa al bombardear y destruir aldeas y otros objetivos civiles.

LAS CONSECUENCIAS DE LA GUERRA DE VIETNAM

Más de 58.000 estadounidenses murieron en la guerra y hubo millares de heridos. Vietnam tuvo casi dos millones de muertos y 4,5 millones de heridos. Más de la mitad de la población de Vietnam del Sur quedó sin hogar; quedaron arruinadas las ciudades, los arrozales y toda la economía sufrió grandes daños. La guerra también dejó divididos a los estadounidenses.

Se necesita el apoyo popular para conducir logradamente una guerra: Guerra Hispano-Estadounidense, Segunda Guerra Mundial, Vietnam

El poder presidencial aumenta mucho en tiempo de guerra: Primera y Segunda Guerra Mundial, Corea, Vietnam

A menudo a la guerra le sigue la frustración y la vuelta al aislacionismo: Primera Guerra Mundial, Vietnam

LAS LECCIONES APRENDIDAS DE LAS GUERRAS

EL IMPACTO DE LA OPINION PUBLICA

Las universidades se convirtieron en centros de protesta. Algunos jóvenes quemaban sus tarjetas de conscripción y se negaban a prestar servicio militar. La Guerra de Vietnam mostró a los jefes estadounidenses que, en una democracia, la política del gobierno necesita apoyo popular para tener éxito.

LIMITES EN LOS PODERES PRESIDENCIALES DE TIEMPO DE GUERRA

A menudo el presidente tiene que actuar con decisión y rapidez. Durante la Guerra de Vietnam y en la Guerra de Corea, aumentó mucho la autoridad presidencial. El Congreso promulgó la **Ley de Poderes en Tiempo de Guerra**; esta ley limitó la capacidad del presidente de enviar tropas al extranjero sin la aprobación del Congreso. (Véase *La Constitución en marcha*, p. 282.)

ANALISIS

Durante la Guerra de Vietnam surgió la cuestión del grado de control por el presidente y el Congreso sobre la política externa. ¿Cuáles son las ventajas del control presidencial?

¿Cuáles son las ventajas del control congresional?

¿Cuál sería la mejor forma de dividir entre las dos ramas la autoridad en la política externa? (*Quizás te convenga consultar la sección de Perspectivas en la página 177.*)

PREOCUPACION POR LA INTERVENCION EN EL EXTRANJERO

Los líderes estadounidenses se volvieron menos inclinados a usar fuerzas militares del país en el extranjero. Igual que después de la Primera Guerra Mundial, muchos estadounidenses volvieron a oponerse a la participación activa de su país en los asuntos mundiales. Como resultado, el gobierno adoptó una posición más aislacionista.

LOS REFUGIADOS DE LOS BOTES Y LA INMIGRACION

Cuando los comunistas se apoderaron de Vietnam del Sur, muchos vietnamitas temían la persecución y pobreza. Se escapaban en pequeños botes a los países vecinos no comunistas. Miles de estos refugiados emigraron a los Estados Unidos.

Maya Lin, arquitecta

ENFOQUE EN LAS ARTES

A fines de la década de 1970, el gobierno decidió construir en Washington, D.C., un monumento conmemorativo de los muertos y desaparecidos en la Guerra de Vietnam. De entre centenares de proyectos sometidos en una competencia, ganó una desconocida; era Maya Lin, estudiante sino-estadounidense de 21 años de edad. Su diseño era una pared de 500 pies de largo, en forma de "V". En su superficie de granito negro aparecen los nombres de los 58.724 estadounidenses muertos y 2.487 desaparecidos en la Guerra de Vietnam. Desde la dedicación del monumento, lo visitaron millones de personas. En 1988, el proyecto de Maya Lin fue escogido para el monumento conmemorativo del movimiento por derechos civiles en Montgomery, Alabama.

VUELVE A PENSAR

En tu opinión, ¿cuál sería la mejor forma de protestar la participación de los EE.UU. en una guerra a la que te opones? _____

_____

EN RESUMEN: LA GUERRA DE VIETNAM

En 1954, Vietnam fue dividido en dos estados: Vietnam del Sur y Vietnam del Norte comunista. Cuando los vietnamitas comunistas comenzaron una campaña contra Vietnam del Sur, los EE.UU. enviaron sus fuerzas para ayudarle. En un tiempo, había más de 500.000 militares estadounidenses luchando en Vietnam del Sur. En los EE.UU., mucha gente creía que las fuerzas de su país deberían retirarse. Esta guerra fue una de las más impopulares y divisivas en la historia del país. En 1973, se negoció una tregua y se retiraron las tropas estadounidenses. Dos años más tarde, Vietnam fue unido bajo control comunista. El Congreso estableció la Ley de Poderes de Guerra que limita la autoridad presidencial de enviar tropas al extranjero.

VERIFICA TU COMPRENSION

Instrucciones: Completa las siguientes tarjetas. Luego contesta las preguntas de selección múltiple.

LA GUERRA DE VIETNAM

¿Cuándo tuvo lugar? _____

Describe una de sus causas principales: _____

Nombra uno de sus efectos principales: _____

LEY DE PODERES DE GUERRA

¿Cuáles eran sus disposiciones principales? _____

_____

¿Por qué se promulgó? _____

---

1 Los conflictos en Corea y Vietnam se parecían porque en ambos casos los Estados Unidos
  1 protegían la libertad de los mares
  2 trataron de fomentar la libertad de religión
  3 trataron de contener la expansión del comunismo
  4 restauraron el poder de un rey en Asia

2 Las acciones de los EE.UU. en la Guerra de Vietnam mostraron que
  1 la teoría del dominó no puede impedir la expansión del comunismo
  2 en una democracia, la opinión popular influye en la política del gobierno
  3 la tecnología avanzada asegura la victoria
  4 el uso de armas nucleares puede tener éxito

3 ¿Cuál fue un resultado de la intervención estadounidense en la Guerra de Vietnam?
  1 Los Estados Unidos se volvieron más aislacionistas en los asuntos externos.
  2 Vietnam del Sur siguió siendo no comunista.
  3 Vietnam quedó anexado por China.
  4 Las Naciones Unidas tomaron control de Vietnam.

4 La ley de Poderes de Guerra de 1973 trató de limitar la autoridad
  1 del presidente
  2 del Congreso
  3 de la Corte Suprema
  4 de los estados

5 Los Estados Unidos intervinieron en la Guerra de Vietnam para
  1 hacer de Vietnam una colonia estadounidense
  2 impedir la expansión del comunismo en Asia
  3 detener la futura agresión soviética en China
  4 aumentar el comercio con los países asiáticos

6 ¿Cuáles sucesos fueron parte de la política externa de los EE.UU. durante y después la Guerra de Vietnam?
  1 aislacionismo y la proclamación de la Doctrina Monroe
  2 imperialismo y la Política del Garrote
  3 destino manifiesto y el anuncio del Plan Marshall
  4 contención y la proclamación de la Ley de Poderes en Tiempo de Guerra

7 De acuerdo a la teoría del dominó
  1 la guerra es popular con el pueblo estadounidense
  2 cuando un país cae al comunismo, los países vecinos pronto le seguirán
  3 el poder militar no siempre asegura la victoria
  4 los aliados de los EE.UU. tienen que actuar como "fichas de dominó" en apoyo de la política externa estadounidense

8 Vietnam es un país situado en
  1 Africa   3 el Medio Oriente
  2 el sudeste de Asia   4 Latinoamérica

SECCIÓN 2

LOS PRESIDENTES ESTADOUNIDENSES DESDE 1968

En esta sección se trata de los programas internos y de la política externa de los presidentes más recientes: Nixon, Ford, Carter, Reagan, Bush y Clinton.

PARA PENSAR

¿A quién consideras ser el mejor de los presidentes de los últimos tiempos: Nixon, Ford, Carter, Reagan, Bush o Clinton? _____ Presenta las razones para tu selección:

_____

Términos y conceptos importantes: Al leer esta sección fíjate en los siguientes:

- ✦ Détente
- ✦ Asunto Watergate
- ✦ Acuerdo de Camp David
- ✦ Crisis iraní de rehenes

- ✦ Doctrina Reagan
- ✦ Terrorismo
- ✦ Asunto Irán-Contra
- ✦ Guerra del Golfo

LA PRESIDENCIA DE NIXON: 1969-1974

El Presidente Richard Nixon introdujo varios cambios en la política externa de los EE.UU. Sin embargo, el escándalo de Watergate dominó su administración e interrumpió el segundo plazo presidencial de Nixon.

NIXON Y EL AUMENTO DEL PODER PRESIDENCIAL

Los autores de la Constitución separaron los poderes del gobierno entre el presidente, el Congreso y la Corte Suprema. Esto se hizo para impedir que cualquier rama del gobierno llegara a ser demasiado poderosa. Sin embargo, a lo largo de los últimos sesenta años, el poder presidencial aumentó más que el de las otras dos ramas. Muchos creen que el aumento de ese poder fue excesivo durante la presidencia de Nixon. Nixon hizo algunas de las decisiones importantes, como la invasión de Camboya durante la Guerra de Vietnam, sin consultar el Congreso. Por esto el Congreso estableció la Ley de Poderes en Tiempo de Guerra, que limitó la autoridad presidencial de enviar tropas al extranjero sin su aprobación. La decisión de Nixon de establecer relaciones con la China comunista —un cambio importante en la política externa— también se hizo sin aprobación previa del Congreso.

Richard M. Nixon

Había varias razones para este aumento del poder presidencial:

- ■ **Acontecimientos en la economía.** Durante la Gran Depresión, el pueblo se volvió al presidente para la solución de los problemas económicos del país. El Nuevo Trato dio al presidente una autoridad más grande sobre la economía.

- ■ **Acontecimientos en la política externa.** Dos guerras mundiales y la guerra fría dieron mayor importancia a la política externa; en ese campo, el presidente tiene más influencia que las otras ramas del gobierno.

- ■ **Medios de comunicación.** La radio y televisión permiten que el presidente directamente pueda pedir el apoyo del pueblo.

POLITICA EXTERNA BAJO NIXON

Nixon creía que la función más importante del presidente era dirigir la política externa del país. Su programa incluía la retirada de Vietnam, el establecimiento de relaciones con la China comunista y la mejora de relaciones con la Unión Soviética:

PUNTOS IMPORTANTES DE LA POLITICA EXTERIOR DE NIXON

Fin de la Guerra de Vietnam (1969-1973)	Reanudación de relaciones con China (1972)	Détente con la Unión Soviética (1972)
Nixon hizo que las fuerzas vietnamitas del sur tomaran más responsabilidad en el combate, y comenzó a retirar las tropas estadounidenses. En 1973, accedió al Acuerdo de Paz de París y retiró las fuerzas de los EE.UU. de la guerra.	Desde que los comunistas tomaron el control en China en 1949, los Estados Unidos se negaban a establecer relaciones diplomáticas con ese gobierno. Nixon visitó la China comunista y restableció relaciones diplomáticas normales.	Nixon introdujo la "**détente**" (*relajamiento de tensiones*) con la Unión Soviética. En 1972, fue el primer presidente de los EE.UU. que visitó Moscú. También accedió a vender grano a la U.R.S.S. para aliviar la escasez de comestibles.

LA POLITICA INTERNA BAJO NIXON

En los asuntos internos, Nixon quería reducir el papel del gobierno federal. Creía que los estados y las localidades, y no el gobierno federal, debían encargarse de los programas como la asistencia pública. Propuso que los gobiernos locales asumieran más responsabilidad y recibieran fondos federales para contender con los problemas de sus ciudadanos.

Como resultado de la Guerra de Vietnam y el aumento del precio del petróleo había una seria **inflación** (*subida de precios*) a principio de la década de 1970. Para combatirla, Nixon redujo los gastos del gobierno en los programas de educación y asistencia pública. También trató de limitar la inflación al imponer control de precios y sueldos; sin embargo, esto terminó pronto porque no produjo el efecto deseado.

LA CORRUPCION EN EL GOBIERNO DE NIXON

A pesar de los éxitos de Nixon en la política externa, su administración se derrumbó a causa de la corrupción interna.

- ■ **Dimisión de Agnew.** En 1973, **Spiro Agnew** dimitió de la vicepresidencia cuando se descubrió que había aceptado sobornos en el tiempo de ser gobernador de Maryland. Con la aprobación del Congreso, Nixon nombró a **Gerald Ford** para reemplazar a Agnew.

- ■ **El asunto Watergate.** En 1972, un grupo de antiguos empleados del gobierno actuaron para lograr la reelección de Nixon; fueron apresados durante una irrupción en el centro directivo del Partido Demócrata en el edificio de Watergate. Nixon y sus consejeros trataron de reprimir la investigación del incidente; dijeron que la discusión de los detalles podría arriesgar la seguridad nacional. Durante la investigación, se descubrió que Nixon grabbaba en secreto todas sus conversaciones en la Casa Blanca. Al principio, Nixon se negó a entregar las cintas, afirmando que el Congreso no podía indagar a miembros de la rama ejecutiva sin aprobación presidencial. Sin embargo, en *United States vs. Nixon* (1974) la Corte Suprema le ordenó a entregar las cintas. Esto confirmó el principio que nadie, ni siquiera el presidente, está por encima de la ley.

  Cuando finalmente las cintas llegaron al conocimiento público, mostraron que Nixon había tratado de encubrir la investigación de la irrupción. El Congreso tomó medidas para **residenciar** a Nixon (*apartarlo del cargo*). Temiendo la incriminación, Nixon dimitió y Gerald Ford llegó a ser presidente.

LA PRESIDENCIA DE FORD: 1974-1977

Gerald Ford estaba en una posición excepcional cuando tomó la presidencia: no fue elegido ni como vicepresidente ni como presidente. En cambio fue nombrado por Nixon que dimitió en medio de la ignominia. Uno de los primeros actos presidenciales de Ford fue el **perdón** oficial de Nixon que causó mucha crítica.

- **Los problemas económicos**. La economía fue la preocupación principal de Ford. La nación seguía padeciendo de alta inflación y gran desempleo. Uno de los problemas más grandes era el alto precio del petróleo. Para los años 1970, los Estados Unidos dependían mucho de su importación, especialmente del Medio Oriente. En 1973, en protesta contra la amistad estadounidense con Israel, los países árabes productores de petróleo impusieron un **embargo** en su producto; se negaron a enviar petróleo a los EE.UU. y a otros países. Consecuentemente, el precio del petróleo subió tremendamente, obligando a los EE.UU. a establecer rigurosos programas de conservación.

- **La política externa**. En 1975, Vietnam del Sur cayó en poder de las fuerzas de Vietnam del Norte. El presidente no pudo lograr que el Congreso proporcionase fondos para salvar el gobierno de Vietnam del Sur. Ford continuó la política de Nixon en mejorar las relaciones con la Unión Soviética. En 1975, los EE.UU. y la Unión Soviética firmaron un acuerdo importante sobre el respeto de los derechos humanos.

ENFOQUE EN LAS ARTES

Leonard Bernstein, compositor

Bernstein fue un conductor talentoso que compuso música de cámara, muchas sinfonías, canciones, ballets y música de teatro. Alcanzó fama nacional en 1957 con la música para el espectáculo *West Side Story*. Esta pieza era la versión moderna de Romeo y Julieta que vivían en medio de las hostilidades entre las pandillas de Nueva York. La obra de Bernstein ayudó a reducir la brecha entre la música clásica y los oyentes ocasionales. Desde 1958 hasta 1970, fue director musical de la Orquesta Filarmónica de Nueva York. Bernstein murió en 1990.

LA PRESIDENCIA DE CARTER: 1977-1981

Ford perdió la elección de 1976 al demócrata Jimmy Carter. Una de las razones para eso fue que muchos culparon a los republicanos por los delitos de Watergate. Carter, oficial naval retirado y antiguo gobernador de Georgia, prometió cambiar la forma en que se conducía la política en Washington.

POLITICA INTERNA BAJO CARTER

El precio del petróleo siguió subiendo, y Carter sugirió varias soluciones para tratar con la crisis de energía. Estableció el Departamento de Energía, propuso un impuesto especial en los autos que desperdiciaban gasolina y fomentó el uso de otros combustibles. También redujo los gastos federales para combatir la subida de precios. Sin embargo, continuó la inflación, la escasez de petróleo y el alto nivel de desempleo.

Carter se dirige a una sesión conjunta del Congreso

POLITICA EXTERNA BAJO CARTER

Carter tuvo varios triunfos en la política externa; también sufrió derrotas importantes.

- **Los derechos humanos.** Carter quería que los Estados Unidos conservaran su liderato mundial al establecer un ejemplo moral. Dio gran importancia a los derechos humanos. Censuró el "apartheid" en Sudáfrica; presionó a la Unión Soviética a permitir la emigración de los judíos soviéticos; y cortó la ayuda estadounidense a las dictaduras (como Chile y Argentina) que violaban los derechos humanos..

- **El Acuerdo de Camp David.** El alcance más grande de Carter en la política externa fue el Acuerdo de Camp David. Israel y Egipto hicieron guerra en 1948, 1956, 1967 y 1973. Carter invitó al Presidente **Anwar Sadat** de Egipto y al premier de Israel, **Menachem Begin** a Camp David; allí se llegó a un acuerdo de paz en 1978. Israel accedió a devolver a Egipto la Península de Sinaí (*véase el mapa*) a cambio de un tratado de paz y relaciones diplomáticas normales entre los dos países. El acuerdo afirmó el liderato de los Estados Unidos y su interés en la estabilidad en el Medio Oriente.

ISRAEL 1967-1974

- **El Tratado del Canal de Panamá (1977).** Carter estaba convencido que los Estados Unidos debían servir de ejemplo para el mundo al proceder de forma apropiada y respetar los sentimientos locales. Los Estados Unidos habían controlado la Zona del Canal de Panamá desde 1903. En 1977, Carter negoció un nuevo acuerdo con el que los Estados Unidos pondrían el canal bajo control panameño en 1999.

- **La Revolución Iraní.** El Sha (*soberano*) de Irán había sido un firme aliado de los Estados Unidos. También era un monarca autoritario que usaba la policía secreta y medidas crueles contra sus adversarios. En 1978, estallaron extensas manifestaciones populares contra su régimen. El sha huyó del país y acabó llegando a los EE.UU. Un jefe religioso musulmán, **Ayatollah Khomeini**, vino a controlar a Irán. Rechazaba los cambios culturales y tecnológicos introducidos por el sha desde el Occidente. Estaba determinado a hacer que su pueblo volviera a las creencias y valores fundamentales del islamismo. Al poner en práctica esos principios, se mostró cruel y despiadado.

- **La crisis de los rehenes en Irán (1979-1981).** Poco tiempo después de llegar al poder, Khomeini rompió las relaciones diplomáticas con los Estados Unidos. Los jefes religiosos en Irán decidieron escarmentar a los Estados Unidos por haber ayudado al sha y por apoyar a Israel. Sus partidarios se apoderaron de la embajada estadounidense en Irán; cincuenta y dos personas permanecieron como rehenes por 444 días. Carter trató de liberarlos, pero sus intentos fracasaron. Como resultado, fue dañada la reputación de los Estados Unidos. Los rehenes fueron puestos en libertad sólo momentos después de que Reagan tomara la presidencia.

■ **Las relaciones entre los EE.UU. y la U.R.S.S.** Carter continuó la política de détente con la Unión Soviética. Sin embargo, cuando ésta invadió a Afganistán en 1979, la détente vino a un final temporero. Se cortaron las ventas de grano a la Unión Soviética y se prohibió la participación estadounidense en los Juegos Olímpicos de 1980 en Moscú.

ANALISIS

El Presidente Carter vacilaba ante el uso de fuerza para liberar a los rehenes en Irán. Sin embargo, en 1980, ensayó una operación militar que fracasó. Como resultado, disminuyó su popularidad dentro del país. Si hubieras sido consejero(a) del Presidente Carter, ¿qué habrías sugerido para liberar a esos 52 rehenes?

❑ Tratar de establecer negociaciones con los líderes iranís

❑ Lanzar una invasión militar de Irán

❑ Otros métodos: _____

Explica tu respuesta: _____

_____

_____

SUCESOS IMPORTANTES RELACIONADOS CON LA PRESIDENCIA DE CARTER

1974	1976	1977	1978	1979	1980
El Presidente Ford perdona a Nixon	Ford derrotado por Carter en las elecciones	Inauguración presidencial de Carter	El Senado ratifica el Tratado del Canal de Panamá; Acuerdo de Camp David	Comienza la crisis iraní de rehenes; invasión soviética de Afganistán	Carter pierde las elecciones en favor de Reagan

Si tienes dificultad en comprender esta línea cronológica, la sección de Desarrollo de destrezas *que sigue te ayudará a comprender las líneas cronológicas.*

DESARROLLO DE DESTREZAS: INTERPRETACION DE LINEAS CRONOLOGICAS

¿Qué es una línea cronológica?

Una línea cronológica es la presentación de una serie de sucesos presentados a lo largo de una línea en **orden cronológico**, o sea desde el más remoto al más reciente. Esto quiere decir, que el primer suceso que tuvo lugar es el primero que aparece en la línea. La extensión de una línea cronológica puede ser cualquiera, desde un tiempo corto hasta miles de años. El propósito de esa línea es mostrar la relación entre los acontecimientos en un tiempo dado.

Claves para la comprensión de una línea cronológica

Para comprender una línea cronológica fíjate en sus elementos principales:

Título. El título te dice el tema. Por ejemplo, el título de la línea cronológica en la página anterior es "Sucesos importantes relacionados con la presidencia de Carter". La línea contiene los sucesos de importancia antes y durante la presidencia de Carter.

Términos especiales. Para comprender algunas preguntas relacionadas a la cronología, tienes que conocer algunos términos especiales. Una **década** es un período de diez años. Un **siglo** son cien años. Así, el siglo XX abarca los 100 años desde 1901 hasta 2000. Hay que tener cuidado al contar los siglos. Por ejemplo, los años 1900 son el siglo XX. Es así porque los primeros 100 años después de lo que muchos creen haber sido el nacimiento de Jesucristo eran los años 1-100. Ese era el primer siglo.

1-100	primer siglo (siglo I)
101-200	segundo siglo (siglo II)
201-300	tercer siglo (siglo III)
301-400	cuarto siglo (siglo IV)

¿Cuál es el número del siglo que incluye los años 1601-1700? _____

¿Cuál será el número del siglo que viene (años 2002-2100)? _____

Cómo medir el curso del tiempo. Para medir el intervalo de tiempo desde una fecha a la otra, sencillamente resta el número más pequeño del más grande. *¿Cuántos años pasaron entre 1994 y 1776?* Al restar 1776 de 1994, llegamos a la respuesta de 218 años.

1994 (1994 años desde el año 1)
-1776 (1776 años desde el año 1)
pasaron 218 años

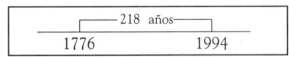

¿Cuánto tiempo pasó desde el final de la Guerra Civil en 1865 hasta la decisión *Brown vs. Board of Education?* _____ años.

Interpretación de una línea cronológica

Los acontecimientos en la línea se relacionan con el título. En el caso de preguntas sobre la extensión del tiempo, los sucesos más antiguos siempre se colocan a la izquierda y los más recientes a la derecha. Las líneas cronológicas a menudo tienen un propósito específico. En nuestra línea los sucesos muestran los alcances y los problemas de la presidencia de Carter.

LA PRESIDENCIA DE REAGAN: 1981-1989

El presidente Ronald Reagan introdujo grandes cambios tanto en los asuntos internos como en la política externa. Para muchos, estos cambios trajeron el retorno a la prosperidad, pero los críticos advertían que la política de Reagan iba a crear problemas importantes en el futuro.

LA POLITICA INTERNA BAJO REAGAN

El Presidente Reagan creía que los individuos, las empresas y los gobiernos locales eran más capaces de resolver problemas que el gobierno federal. Quería reducir la importancia del gobierno federal en la vida de la gente. Volteó así la tendencia que había comenzado con el Presidente Franklin D. Roosevelt que abogaba la intervención del gobierno en resolver todos los problemas importantes.

■ **Reducción de impuestos y gastos internos**. Cuando Reagan asumió la presidencia, los problemas principales eran el aumento de precios y gran desempleo. Reagan trató de resolver estos problemas al reducir impuestos a las empresas y personas adineradas. Creía que esto haría que la gente comprara más; a su vez, el aumento de compras llevaría a mayor producción y más empleos. Para reducir impuestos, Reagan redujo los gastos en los programas de asistencia social, la enseñanza y programas de entrenamiento para empleos.

■ **Aumento de gastos militares**. Reagan aumentó mucho los gastos militares. Estaba convencido que las fuerzas armadas no eran lo suficientemente potentes y equipadas. Estos gastos crearon la demanda de muchos productos y servicios, lo que ayudó a todos los sectores de la economía. Sin embargo, el gobierno lo costeó todo con empréstitos. Como resultado de esto, durante la presidencia de Reagan se duplicó la deuda nacional.

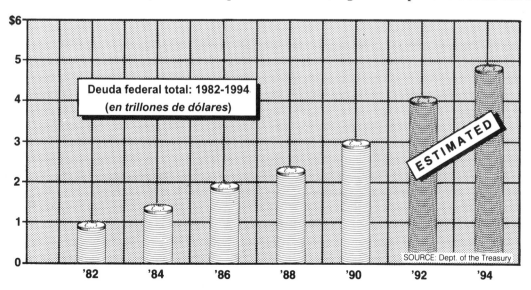

LA POLITICA EXTERNA BAJO REAGAN

Como presidente, Reagan se empeñó en restablecer la confianza del país. Creía que los Estados Unidos debían actuar como defensor mundial de la libertad y democracia.

◆ ■ **La Doctrina Reagan**. Reagan anunció una política con la cual los EE.UU. no se limitarían sólo a detener el comunismo. En cambio, apoyarían a los revolucionarios anticomunistas en sus intentos de liberar a sus países del control comunista. Fue por eso que los EE.UU. enviaron armas a los grupos anticomunistas en Afganistán y otros países. En 1983, Reagan aplicó su doctrina. Usando su autoridad de comandante en jefe, envió la infantería marina a la isla de **Granada** en el Caribe para derrotar a los comunistas tan pronto como tomaron control allí. Esta acción iba a impedir que Cuba y la Unión Soviética usaran la isla para extender el comunismo a otras repúblicas insulares de la región.

◆ ■ **La guerra contra el terrorismo**. Algunos grupos o individuos usan bombardeos, asesinatos o raptos como venganza o para recibir publicidad para su causa. Estos actos de terrorismo eran un problema especial tanto para Reagan como para los presidentes anteriores. Reagan quería mostrar que los EE.UU. no iban a ceder ante las exigencias de los terroristas; al mismo tiempo, no quería que éstos tomaran vidas inocentes. Durante la presidencia de Reagan, varios estadounidenses eran rehenes de los terroristas en el Líbano. También había otros actos de terrorismo durante la presidencia de Reagan.

1979
Estudiantes iranís toman como rehenes a 52 empleados de la embajada estadounidense en Teherán; los detienen por 444 días

1983
Extremistas musulmanes en el Líbano dirigen un camión-bomba a los cuarteles estadounidenses; matan a 241 personas

1985
Extremistas palestinos se apoderan del barco italiano *Achille Lauro*; matan a un anciano estadounidense

1986
Terroristas libios bombardean una discoteca en Berlín del Oeste; matan a dos personas y hieren a 200

ACTOS DE TERRORISMO

1986
Extremistas pro-iranís se apoderan de un avión de la TWA en Atenas; matan a un pasajero, toman como rehenes al resto

1988
En Lockerbie, Escocia, explota una bomba a bordo del vuelo 103 de la Panamerican; mueren 270 personas civiles

1988
Departamento del Estado de los EE.UU. anuncia el aumento de los actos de terrorismo de 832 en 1987 a más de 1.000 en 1988

1989
Terroristas libaneses raptan y matan a William Higgins, teniente coronel de la infantería marina estadounidense

Para combatir el terrorismo, Reagan ordenó bombardeos en Libia que apoyaba a los terroristas.

◆ ■ **El asunto Irán-contra**. En 1986, el gobierno de Reagan vendió en secreto armas a Irán a cambio de la liberación de rehenes estadounidenses en manos de grupos pro-iranís en el Líbano. Además, las ganancias de la venta se usaron para apoyar a los rebeldes ("*contras*") que luchaban contra el gobierno comunista en Nicaragua. Esto violaba la ley que prohibió la continuación de ayuda a los rebeldes nicaragüenses. La investigación congresional absolvió al presidente, pero varios funcionarios del gobierno fueron declarados culpables de mentir al Congreso y fueron a la cárcel.

■ **Mejoras en las relaciones entre los EE.UU. y la U.R.S.S.** Cuando Reagan tomó el cargo, consideraba a la Unión Soviética como peligrosa enemiga de los Estados Unidos. Para proteger la nación aprobó el desarrollo de un sistema de defensa de tecnología avanzada, la "**guerra de las galaxias**". Sorprendentemente, en los últimos años de la presidencia de Reagan hubo un gran cambio en las relaciones entre las dos superpotencias. Los fracasos del sistema económico y político de la Unión Soviética obligaron a sus jefes a introducir cambios; los ciudadanos llegaron a participar más en el gobierno. El presidente soviético **Mijail Gorbachev** permitió cambios pacíficos en los países de la Europa Oriental como Checoslovaquia, Hungría y Alemania del Este. Reagan y Gorgachev llegaron a discutir sus diferencias en una serie de encuentros. En 1987, firmaron un acuerdo importante para desmantelar miles de proyectiles nucleares de alcance intermedio.

Ronald Reagan

LA PRESIDENCIA DE BUSH: 1989-1993

George Bush había sido vicepresidente bajo Reagan. En 1988, condujo una campaña lograda con la promesa de continuar la política de Reagan. También prometió ayudar a los pobres y sin hogar, mejorar la enseñanza y vigorizar la guerra contra drogas ilícitas.

Las elecciones presidenciales de 1988
(Voto electoral por estados)

GEORGE BUSH (R)
426 ELECTORAL VOTES

MICHAEL DUKAKIS (D)
112 ELECTORAL VOTES

LA POLITICA INTERNA BAJO BUSH

Antes de asumir la presidencia, la experiencia de Bush había sido principalmente en el campo de la política externa. Algunos críticos opinaban que el Presidente Bush debía haber dado más importancia a los asuntos internos como la economía.

- **La recesión.** El desafío más grande para Bush fue la reducción del déficit presupuestario; éste costaba a los estadounidenses billones de dólares en interés. Algunos economistas creían que ese déficit causó la recesión a fines de 1990. Muchas empresas quedaron en bancarrota y miles de personas perdieron el empleo. Como resultado de la recesión, disminuyó la popularidad de la que Bush gozaba después de la Guerra del Golfo (*véase el mapa más adelante*).

- **Los derechos civiles y la turbulencia civil.** Muchos afro-estadounidenses y otros líderes de las comunidades minoritarias alegaban que la administración de Bush no les ayudaba bastante en su lucha por la igualdad de oportunidades. La amargura se desbordó en motines en Los Angeles y otras ciudades; su causa más directa fue el hecho que el jurado no condenó a cuatro policías que apalearon a **Rodney King**, un afro-estadounidense. Una video del incidente, mostrada en la televisión, convenció a muchos que King fue víctima de abuso de fuerza por la policía.

LA POLITICA EXTERNA BAJO BUSH

El Presidente Bush prestó mucha atención a los asuntos externos

- **Invasión de Panamá (1989).** Bush actuó contra **Manuel Noriega**, dictador y narcotraficante panameño. Envió fuerzas estadounidenses para invadir a Panamá, restablecer allí a los jefes elegidos democráticamente y traer a Noriega a los Estados Unidos. Noriega fue juzgado como narcotraficante; se lo encontró culpable y fue enviado a una prisión federal.

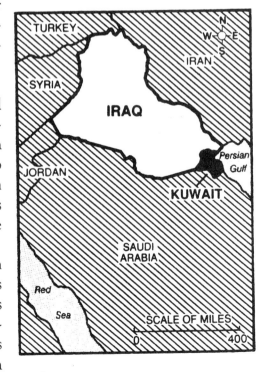

- **La Guerra del Golfo (1990).** La Guerra del Golfo fue el éxito más grande de Bush en la política externa. El dictador iraquí **Saddam Hussein** ordenó a su ejército a invadir a Kuwait en agosto de 1990. Se apoderó de la gran riqueza petrolera y extendió los límites de Iraq. Cuando las Naciones Unidas le pidieron que se retirara de Kuwait, Hussein no les hizo caso.

  Cuando fracasaron todos los intentos de una solución pacífica, las fuerzas de coalición de los EE.UU. y de la O.N.U. lanzaron ataques aéreos contra Iraq. El bombardeo, muy certero, duró semanas enteras. A principio de 1991, las fuerzas de la coalición invadieron a Kuwait e Iraq. En unos días, Hussein se rindió, accediendo a la retirada de todas sus tropas y pago de indemnizaciones a Kuwait. El Presidente Bush declaró una tregua.

Adelantos en la tecnología de guerra. Aumentó el prestigio de los EE.UU. El mundo se asombró ante su tecnología —los misiles, dirigidos por computadoras, llegaban a los objetivos con tremenda precisión.

Reconstrucción de Kuwait. Kuwait se encontraba en ruinas —su pueblo aterrorizado, arruinadas sus ciudades e incendiados sus pozos petrolíferos. Kuwait correspondió a la ayuda de los EE.UU. al otorgar la mayoría de las obras de reconstrucción a las empresas estadounidenses.

LOS EFECTOS DE LA GUERRA DEL GOLFO

El futuro del Medio Oriente. El Presidente Bush aprovechó el prestigio estadounidense para adelantar la causa de la paz en el Medio Oriente. Alentados por los EE.UU., Israel y sus vecinos árabes comenzaron las negociaciones a fines de 1991.

Cooperación mundial. La guerra comprobó que las naciones del mundo, al encontrarse ante un peligro común, podían cooperar en una acción militar bajo la autoridad de las Naciones Unidas.

EL FIN DE LA GUERRA FRIA

En los dos años desde la inauguración de Bush, los gobiernos comunistas en la Europa Oriental quedaron reemplazados por democracias; se derribó la muralla de Berlín y Alemania fue reunificada. Además, hubo gran democratización en la Unión Soviética, lo que en 1991, llevó a su disolución. Cada una de las repúblicas soviéticas decidió separarse de la Unión; ésta quedó reemplazada por un convenio menos estrecho, conocido como la **Comunidad de Estados Independientes**. Bush reconoció a las recién independientes repúblicas y les ofreció asistencia económica.

LA PRESIDENCIA DE CLINTON: 1993-PRESENTE

Bill Clinton, gobernador de Arkansas, fue elegido presidente en noviembre de 1992. Durante la campaña Clinton criticó a Bush fracasar en poner fin a la recesión, y el candidato independiente **Ross Perot** criticó el aumento de la deuda nacional y la pérdida de empleos dentro del país.

LA POLITICA INTERNA BAJO CLINTON

Clinton prometió reformas. Sin embargo, igual que a muchos otros presidentes a menudo le fue difícil conseguir el apoyo del Congreso para sus programas.

- **Homosexuales en las armas**. Clinton prometió eliminar la prohibición de homosexuales en las fuerzas armadas, pero una vez en el cargo, se encontró con una oposición fuerte, especialmente de los jefes militares. Finalmente accedió a una política de compromiso de "no preguntar, no decir"; a los reclutas no se les debe preguntar si son homosexuales, y éstos no deben revelarlo ni participar en actos homosexuales mientras estén en servicio.

- **El déficit presupuestario**. El control demócrata del Congreso durante los dos primeros años de la presidencia de Clinton le ayudó en la aprobación de sus presupuestos. Para reducir el déficit federal, Clinton limitó ciertos gastos, aumentó impuestos para los ricos e introdujo un impuesto nuevo en la gasolina.

■ **Reforma del cuidado de salud**. Una de sus promesas más importantes fue reformar el sistema de seguros de salud. **Hillary Rodham Clinton** dirige el cuerpo encargado de esto; el cuerpo propone que todos deben tener seguro de salud garantizado. Los impuestos sobre cigarrillos iban a contribuir a su costeo. Los patrones pagarían la mayor parte del seguro para sus empleados, y una junta nacional de salud controlaría los costos médicos. Los adversarios del plan temían los efectos del aumento de la participación del gobierno en el cuidado de salud. En 1994, no se aprobó ninguna ley relativa al asunto. Esto fue un fracaso importante para el Presidente Clinton.

Bill Clinton

■ **Leyes relativas al crimen**. Clinton tuvo éxito en aprobar una ley importante que aumenta los fondos para la policía local. La ley también requiere 5 días de espera para los que quieran comprar armas de cinto. Más tarde, una ley aumentó fondos para prisiones y prohibió la venta de ciertas armas de ataque.

■ **Nombramientos a la Corte Suprema**. Los Presidentes Reagan y Bush nombraron varios conservadores a la Corte Suprema. Clinton temía que la nueva mayoría conservadora trastocara las decisiones anteriores de la Corte relativas al aborto, la acción afirmativa y derechos individuales. Cuando se jubilaron dos magistrados, Clinton nombró a la Corte dos juristas de posición intermedia: **Ruth Bader Ginsburg** y **Stephen Breyer**.

■ **Recuperación económica**. Las medidas internas y la política comercial de Clinton contribuyeron a restaurar cierta confianza en la economía del país. En el segundo año de su plazo, bajó el desempleo, los consumidores gastaron más y aumentaron las ganancias de las empresas. Sin embargo, la Junta de la Reserva Federal aumenó la tasa de interés para impedir la subida de precios. Esto resultó en desarrollo económico más lento.

■ **Elecciones congresionales**. En 1994, los republicanos ganaron control de las dos cámaras del Congreso por primera vez en 40 años. Esto se vio como una indicación de descontento con Clinton. Muchos votantes estaban perturbados por los aumentos de impuestos, y por lo que percibían como satisfacción de [las exigencias] de los grupos de intereses especiales y el retorno al papel importante del gobierno. Los republicanos se comprometieron a un **Contrato con los Estados Unidos**, prometiendo impuestos más bajos, menos reglamentación gubernamental y reducción de gastos en programas sociales.

POLITICA EXTERNA BAJO CLINTON

Clinton llegó a la Casa Blanca con poca experiencia en asuntos extranjeros. En la política externa dio prioridad a las cuestiones de comercio y economía. Redujo el control de exportación, reanudó el comercio con Vietnam, y tuvo conferencias cumbre sobre comercio con líderes europeos, asiáticos y latinoamericanos.

Acuerdo de Librecambio Norteamericano (NAFTA) entre los EE.UU., Canadá y México. A pesar de la oposición de los sindicatos y ambientalistas, Clintan logró que en 1993 el Congreso aprobara el NAFTA, lo que creó una zona de "librecambio" a través de América del Norte.

China. Con poco éxito, Clinton trató de vincular la política comercial de los EE.UU. al fomento de los derechos humanos en China. Sigue alentando reformas en China, pero separa esta cuestión de los asuntos de comercio.

Israel. La administración de Clinton participó en el acuerdo negociado entre Israel y sus antiguos adversarios, la OLP y Jordán.

Rusia está en crisis al cambiar del comunismo a la economía de mercado libre. En 1993 Clinton apoyó al Presidente Yeltsin en su conflicto con el parlamento ruso, y expresó poca oposición al uso de la fuerza contra los separatistas en Chechenia en 1994.

POLITICA EXTERNA DE CLINTON

Iraq. Clinton envió tropas estadounidenses al Medio Oriente para obligar a Saddam Hussein a retirar miles de tropas iraquís enviadas a la frontera de Kuwait.

Haití. El Padre **Jean-Bertrand Aristide** ganó las elecciones libres en 1990 pero fue derribado por un golpe militar. En 1994, Clinton envió tropas al Haití y restauró a Aristide al mando.

Corea del Norte. La administración de Clinton negoció con los coreanos del norte para eliminar la amenaza de armas nucleares en su país.

Bosnia. Clinton no llegó a lograr la cooperación internacional para poner fin a la guerra en Bosnia. Algunos ven esto como un gran fracaso en la política externa.

EN RESUMEN: LOS PRESIDENTES DE LOS EE.UU. DESDE 1968

Desde los años 1970, los presidentes estadounidenses se encuentran ante serios desafíos tanto en los asuntos externos como en los internos. La política externa tuvo varios éxitos durante la presidencia de Nixon. Sin embargo, muchos lo recuerdan mejor por el asunto Watergate. El perdón otorgado a Nixon por Ford, y los problemas económicos durante su presidencia llevaron a mucha gente a dudar de su capacidad de dirigir la nación. Carter tuvo una variedad de problemas internos. Su fracaso en liberar a los rehenes en Irán indicó a muchas personas que los EE.UU. necesitaban un jefe más fuerte. Durante la presidencia de Reagan hubo intentos de limitar el papel del gobierno en la vida del pueblo. Hubo un tiempo de prosperidad fomentada por los préstamos que tomó el gobierno, y el aumento de la deuda nacional. En los últimos años de la presidencia de Reagan hubo una mejora en las relaciones entre los EE.UU. y la U.R.S.S. El éxito más grande de Bush fue dirigir el esfuerzo internacional contra Iraq en la Guerra del Golfo. Aunque la guerra fría vino a su fin durante su presidencia, su derrota en las elecciones de 1992 puede en parte explicarse por su mala administración de la economía. Clinton prometió a la nación reformas internas importantes.

VUELVE A PENSAR

¿A quién nombrarías ahora como el mejor de los presidentes recientes: Richard Nixon, Gerald Ford, Jimmy Carter, Ronald Reagan, George Bush o Bill Clinton? _____

Presenta tus razones: _____

VERIFICA TU COMPRENSION

Instrucciones: Completa las siguientes tarjetas. Luego contesta las preguntas de selección múltiple.

ACUERDO DE CAMP DAVID

¿Quiénes participaron? _____

¿Por qué fue importante el Acuerdo? _____

_____

LA GUERRA DE GOLFO

¿Quiénes participaron? _____

¿Cuáles fueron algunos de sus resultados? _____

_____

---

1   Los presupuestos federales del Presidente Reagan se criticaron porque
    1 resultaron en un porcentaje de interés más bajo
    2 resultaron en déficits muy grandes
    3 aumentaron los gastos en beneficencia social
    4 aumentaron los impuestos sobre las ganancia

2   Un resultado importante del asunto Watergate fue que
    1 confirmó que el gobierno de los EE.UU. se basaba en las leyes y no en los individuos
    2 mostró la falta de eficacia de la Corte Suprema
    3 dejó ver ineficaz que era el Congreso en tratar con la crisis
    4 indicó que el presidente tenía autoridad casi ilimitada

3   Un examen de la política externa de los EE.UU. en el siglo XX mostraría que
    1 había poca participación en los asuntos externos
    2 el presidente es el que tiene más control en determinar la política externa
    3 raramente se usó fuerza militar en el siglo XX
    4 los Estados Unidos se niegan a participar en los asuntos latinoamericanos

4   Un cambio importante en la política externa introducido por el Presidente Nixon fue
    1 el final de la participación estadounidense en la OTAN
    2 el establecimiento de relaciones diplomáticas con la China comunista
    3 la eliminación de todas las bases militares alrededor de la Unión Soviética
    4 el boicoteo de los Juegos Olímpicos en Moscú

5   Una diferencia importante entre las presidencias de Lyndon Johnson y Ronald Reagan fue que el Presidente Reagan
    1 tenía buenas relaciones con los sindicatos laborales
    2 siguió la política aislacionista en los asuntos externos
    3 pidió mayor participación de las empresas y de los gobiernos locales en los asuntos internos
    4 apoyó la idea de permitir que las mujeres participen en el combate

6   El gobierno de los EE.UU. estaba preocupado por la invasión de Kuwait por Iraq porque esa región del mundo
    1 proporciona mucha tecnología a los Estados Unidos
    2 es una fuente importante de petróleo para los Estados Unidos
    3 proporciona la mayoría de la hulla usada en los EE.UU.
    4 proporciona trigo para los Estados Unidos

7   Durante los años 1970 y 1980 el déficit presupuestario de los Estados Unidos
    1 bajó mucho
    2 permaneció igual
    3 aumentó rápidamente
    4 disminuyó un poco

8   La información sobre los temas del asunto Watergate, la dimisión del Vicepresidente Agnew y la détente se podrían encontrar en un libro sobre la presidencia de
    1 Nixon   3 Carter
    2 Reagan   4 Bush

PERFILES EN LA HISTORIA

NEIL ARMSTRONG Y EDWIN ALDRIN
(ASTRONAUTAS)

La gente contemplaba la luna por miles de años. En julio de 1969, seiscientos millones de telespectadores vieron a Neil Armstrong y Edwin "Buzz" Aldrin salir de su cápsula lunar; fueron los primeros seres humanos en la superficie de la luna. Esto fue un enorme logro para la tecnología y contribuyó al prestigio estadounidense a través del mundo. Durante varios años los EE.UU. siguieron enviando a sus astronautas a la luna. Esta magnífica foto de la Tierra fue tomada por los astronautas durante la última salida de "Apollo" a la luna.

CARL BERNSTEIN Y BOB WOODWARD
(REPORTEROS)

Carl Bernstein y Bob Woodward eran reporteros del *Washington Post*. Gracias a sus reportajes, se descubrió la conexión entre la irrupción de Watergate y la administración del Presidente Nixon. Sus artículos diarios en el periódico impulsaron la investigación de todo el asunto Watergate y la dimisión del Presidente Nixon.

COLIN POWELL
(PRESIDENTE DEL ESTADO
MAYOR UNIFICADO)

En 1989, el Presidente Bush nombró a Colin Powell, general de cuatro estrellas, como Presidente del Estado Mayor Unificado. Hijo de inmigrantes de Jamaica, el General Powell vino a ser consejero sobre la seguridad nacional durante  la presidencia de Reagan; después del escándalo del asunto Irán-contra restableció la respectabilidad del Consejo Nacional de Seguridad. Durante la presidencia de Bush, Powell proporcionó liderato inspirador y calmado en la Guerra del Golfo.

SANDRA DAY O'CONNOR
(JUEZ DE LA CORTE SUPREMA)

Sandra Day O'Connor fue elegida para varios puestos en el estado de Arizona, como asistente procuradora, senadora estatal y juez de una corte superior. En 1981, fue nombrada por el Presidente Reagan para  ocupar una vacante en la Corte Suprema. Es la primera mujer en esta corte.

LA CONSTITUCION EN MARCHA

LEY DE PODERES EN TIEMPO DE GUERRA (1973)

Esta ley fue aprobada para limitar la autoridad presidencial para hacer la guerra. Fue sancionada en reacción a la gran preocupación de que los presidentes comprometieron a la nación en varias guerras sin el consentimiento del Congreso; se enviaron tropas a luchar en Corea y Vietnam sin declarar la guerra. Esta ley requiere que dentro de 48 horas el presidente informe el Congreso de su decisión de enviar tropas al combate. Si en 60 días el Congreso no aprueba el uso de estas fuerzas, el presidente tiene que retirarlas.

LEY IMPORTANTE

LA CORTE BAJO BURGER

La Corte Suprema a menudo se identifica por el nombre del magistrado que la preside. En los últimos 40 años, la Corte tuvo tres presidentes: Earl Warren, Warren Burger y William Rehnquist. La **Corte de Warren** vino a ser un instrumento de cambio social. La **Corte de Burger** (1969-1986) siguió la idea que la Corte Suprema tenía la responsabilidad de proteger la Constitución contra violaciones por cualquier rama del gobierno. En *Roe vs. Wade*, la Corte de Burger estableció el derecho de la mujer al aborto al principio del embarazo. En *U.S. vs. Nixon*, la Corte ordenó al presidente a entregar sus cintas relacionadas a la irrupción en Watergate. La siguiente decisión también fue hecha por la Corte de Burger:

NEW YORK TIMES VS. U.S. (1971)

Fondo: El gobierno trató de impedir la publicación en el *New York Times* de los *Pentagon Papers*, un análisis secreto de la política en Vietnam. El gobierno argumentaba que debía suspenderse la libertad de la prensa cuando estaba en riesgo la seguridad nacional.

Decisión / Importancia: La Corte Suprema sostuvo el derecho del *New York Times* a publicar los documentos. Declaró que no estaba amenazada la seguridad de los Estados Unidos, y que el intento de censura por el gobierno era inconstitucional.

HABLA LA CORTE

LA CORTE BAJO REHNQUIST

La **Corte de Rehnquist** (1986-presente) muestra un cambio en su punto de vista. Los jueces más recientemente nombrados por los Presidentes Nixon, Reagan y Bush, tienden a ser más conservadores que la mayoría de los miembros de la Corte de Warren. La Corte de Rehnquist trastocó algunas de las interpretaciones de la Corte de Warren y de Burger; esto se hizo especialmente en los asuntos relacionados al derecho al aborto, los programas de acción afirmativa y los derechos de los acusados en casos criminales.

RESUMEN DE TU COMPRENSION

Instrucciones: Comprueba tu comprensión de los términos y conceptos de este capítulo. Señala los elementos que sepas explicar. Si tienes dificultad en recordar algo, consulta las páginas indicadas.

LISTA DE VERIFICACION

- ❏ Guerra de Vietnam (260)
- ❏ Teoría del dominó (261)
- ❏ Guerrilla (260)
- ❏ Ofensiva del Tet (261)
- ❏ Acuerdo de Paz de París (261)
- ❏ Ley de Poderes en Tiempo de Guerra (263)
- ❏ Détente (267)
- ❏ Inflación (267)
- ❏ Spiro Agnew (268)
- ❏ Asunto Watergate (268)
- ❏ Acuerdo de Camp David (270)
- ❏ Tratado del Canal de Panamá (270)
- ❏ Crisis de rehenes en Irán (270)
- ❏ Doctrina Reagan (274)
- ❏ Terrorismo (274)
- ❏ Asunto Irán-contra (274)
- ❏ Rodney King (276)
- ❏ Saddam Hussein (276)

Instrucciones: Llena la información pedida en los siguientes cuadros sinópticos.

Presidencia de Nixon:

_____

_____

_____

_____

Presidencia de Carter:

_____

_____

_____

_____

SUCESOS IMPORTANTES EN LA POLITICA EXTERNA DURANTE LAS PRESIDENCIAS RECIENTES

Presidencia de Reagan:

_____

_____

_____

_____

Presidencia de Bush:

_____

_____

_____

_____

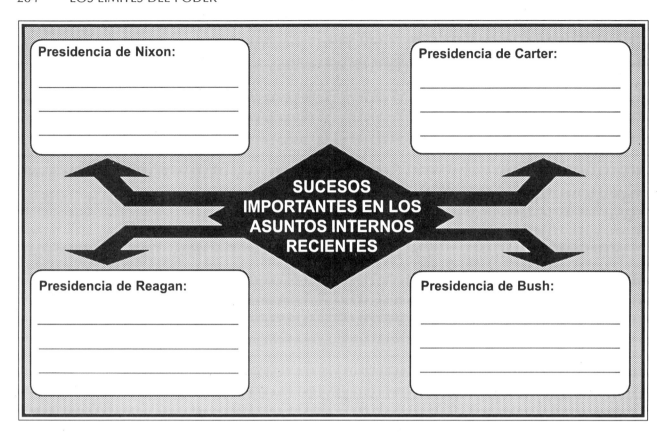

Presidencia de Nixon:

Presidencia de Carter:

SUCESOS IMPORTANTES EN LOS ASUNTOS INTERNOS RECIENTES

Presidencia de Reagan:

Presidencia de Bush:

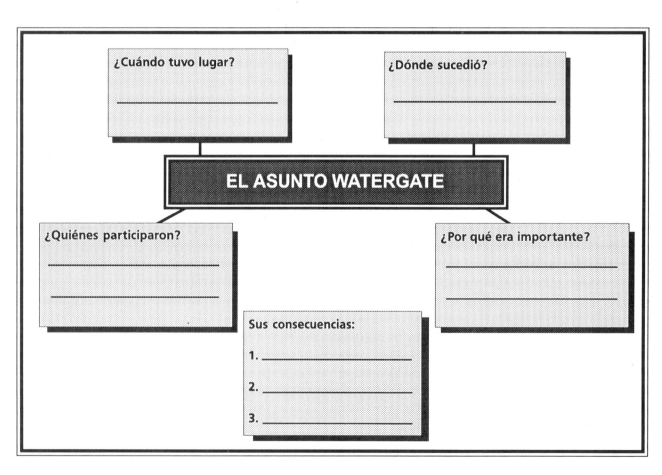

¿Cuándo tuvo lugar?

¿Dónde sucedió?

EL ASUNTO WATERGATE

¿Quiénes participaron?

¿Por qué era importante?

Sus consecuencias:

1.

2.

3.

PERSPECTIVAS

A lo largo de la historia estadounidense, los líderes nacionales hacían decisiones de consecuencias importantes para la vida del pueblo. ¿Cómo es un gran líder? ¿Qué moldea a una persona que otros están inclinados a seguir? Un líder tiene que tener una visión del futuro, la capacidad de comunicar esa visión y el poder de movilizar a otras personas a la acción.

TIPOS DE LIDERES

Muchos tipos de líderes tuvieron una influencia importante en la historia de los EE.UU. Algunos de los más importantes eran presidentes, escritores y jefes de movimientos sociales o empresas.

LOS PRESIDENTES DE LOS ESTADOS UNIDOS

El presidente de los Estados Unidos es el ejecutivo en jefe del gobierno federal. Está a cargo de la política externa, preparación militar y política económica nacional. Actualmente, es también el jefe de un partido político importante y, por medio de la televisión, puede comunicarse con millones de personas. La destreza política que lleva a la presidencia y el mismo poder presidencial, hacen que el presidente sea un líder nacional importante. Los presidentes fueron personalmente responsables por muchos cambios en los Estados Unidos.

Algunos de los presidentes que debes conocer:

❑ George Washington ❑ Woodrow Wilson ❑ Lyndon Johnson
❑ Thomas Jefferson ❑ Herbert Hoover ❑ Richard Nixon
❑ Andrew Jackson ❑ Franklin D. Roosevelt ❑ Jimmy Carter
❑ Abraham Lincoln ❑ Harry Truman ❑ Ronald Reagan
❑ Theodore Roosevelt ❑ John F. Kennedy ❑ George Bush

Señala los nombres de los presidentes sobre los que tienes que volver a leer.

LOS REFORMADORES SOCIALES Y LIDERES DE EMPRESAS

A diferencia de los presidentes, los líderes de los movimientos sociales importantes o de empresas económicas, no tienen un puesto político ni tienen a su disposición los poderes del gobierno de los EE.UU. Sin embargo, también tienen la capacidad de dirigir y movilizar a la gente. Los grandes reformadores y líderes sociales saben organizar a individuos en grupos que presionan por cambios sociales y mejores condiciones para sus partidarios. Los jefes del mundo de los negocios —como Henry Ford— también son capaces de organizar a la gente y de dirigir sus actividades hacia un objetivo común: proporcionar productos y servicios del modo más eficaz posible. En sus diversas formas, tanto el reformador social como el jefe de empresa tienen una influencia importante en la sociedad. En los exámenes de la historia de los EE.UU. aparecen con frecuencia preguntas sobre las siguientes personas:

❑ Susan B. Anthony   ❑ Samuel Gompers
❑ Andrew Carnegie   ❑ Martin Luther King, Jr.
❑ Frederick Douglass   ❑ Eleanor Roosevelt
❑ Marcus Garvey   ❑ Elizabeth Cady Stanton
❑ John D. Rockefeller   ❑ Henry Ford

Señala los nombres de los líderes sobre los que tienes que volver a leer.

ESCRITORES

Los escritores también sirven de líderes al introducirnos a las nuevas ideas y modos de hacer las cosas. Las nuevas ideas y la comunicación expresada vigorosamente pueden tener un impacto importante en el curso de la historia. En los exámenes, a menudo hay preguntas sobre los siguientes escritores:

❑ Rachel Carson   ❑ Upton Sinclair
❑ Betty Friedan   ❑ Harriet Beecher Stowe

Señala los nombres de los autores sobre los que tienes que volver a leer.

COMO ESCRIBIR UN ENSAYO SOBRE LIDERES

Los exámenes a menudo incluyen un ensayo sobre la influencia de uno de los presidentes, un líder o un escritor prominente.

QUE SE DEBE DISCUTIR AL RESPONDER A PREGUNTAS SOBRE PRESIDENTES

Para responder a estas preguntas debes conocer los problemas de la época y la política favorecida por varios presidentes. Generalmente, tienes que evaluar las decisiones hechas por los presidentes o determinar cómo se desempeñaron. Para contestar esas preguntas tienes que:

(1) identificar los problemas enfrentados por el presidente durante su admininistración
(2) describir sus prácticas y la política preferida para contender con esos problemas
(3) evaluar la eficacia de esas prácticas al discutir sus efectos

QUE SE DEBE DISCUTIR AL RESPONDER A PREGUNTAS SOBRE REFORMADORES SOCIALES Y LIDERES DE EMPRESAS

La información que des en tu respuesta va a depender si se trata de un líder de un movimiento social o de una empresa comercial; sin embargo, debes concentrarte en:

(1) El grupo o empresa que dirigió esta persona
(2) Los problemas encontrados por el grupo o la empresa
(3) Las prácticas o programas favorecidos por ese líder
(4) Los efectos de esas prácticas

QUE SE DEBE DISCUTIR AL RESPONDER A PREGUNTAS SOBRE ESCRITORES

Los escritores usan palabras para influir en el modo de pensar de la gente. A menudo, llaman la atención a un problema o una cuestión y concentran la atención del pueblo en ese problema. Con frecuencia, también sugieren soluciones nuevas. En tu respuesta sobre un escritor debes concentrarte en:

(1) Los temas tratados por ese escritor
(2) Lo que pensaba la gente del asunto antes de leer la obra de ese escritor
(3) Los cambios que tuvieron lugar como resultado de los escritos de ese autor

COMO ESTE LIBRO TE AYUDA A RESPONDER A LAS PREGUNTAS SOBRE LIDERES

Este libro tiene varias secciones que te ayudarán a responder a cualquier pregunta sobre líderes. Por ejemplo, los nombres de los presidentes, escritores y líderes importantes siempre aparecen en letra oscura. Además, cada capítulo contiene los siguientes elementos:

PERFILES EN LA HISTORIA

En estas secciones hay un corto párrafo sobre algunos individuos importantes de la época presentada en el capítulo. Cada párrafo contiene información sobre los antecedentes, las experiencias y los alcances de la persona, y discute su impacto en la nación y en el mundo.

ANALISIS

Aquí se te pide la exploración más completa de las ideas de una persona o su impacto en la nación.

ENFOQUE EN LAS ARTES

En estas secciones se presenta a las personas importantes que contribuyeron a la cultura estadounidense. Cada *Enfoque* examina la obra de la persona y su influencia en la nación.

RESUMEN DE TU COMPRENSION

En esta parte tienes que llenar la información pedida en los cuadros sinópticos; éstos abarcan los sucesos más importantes presentados en el capítulo. Así podrás repasar la información sobre los líderes importantes discutidos en el capítulo.

COMPRUEBA TU COMPRENSION

Las preguntas de selección múltiple y de ensayos verifican tus conocimientos sobre los individuos influyentes. Las preguntas son del tipo que encontrarás en muchos exámenes distintos.

COMPRUEBA TU COMPRENSION

Instrucciones: Contesta las preguntas de selección múltiple. Luego dirígete a los ensayos.

Basa tu respuesta a la primera pregunta en la caricatura que sigue y en tu conocimiento de estudios sociales.

1 La idea principal de la caricatura es que
   1 el Presidente Nixon fue derribado del poder por el asunto Watergate.
   2 El asunto Watergate es historia antigua.
   3 El presidente tiene las llaves al futuro de la nación.
   4 Los programas sociales del Presidente Nixon eran impopulares.

Basa tus respuestas a las preguntas 2 a 4 en la línea cronológica que sigue y en tu conocimiento de estudios sociales.

SUCESOS EN LA HISTORIA MODERNA DE VIETNAM					
Vietnam lucha contra la invasión japonesa	Franceses obligados a salir de Vietnam	EE.UU. envían 16.000 consejeros a Vietnam del Sur	500.000 estadounidenses luchan en Vietnam	200.000 personas marchan a Washington en protesta de la guerra	Se retiran fuerzas estadounidenses de Vietnam
1940	1954	1963	1967	1971	1973

2 ¿En qué período fueron a Vietnam las primeras fuerzas estadounidenses?
   1 1940 a 1954   3 1967 a 1973
   2 1954 a 1967   4 después de 1973

3 La línea cronológica indica que los Estados Unidos y Vietnam
   1 estaban involucrados en un conflicto militar
   2 eran socios económicos en Asia
   3 compartían tecnología avanzada
   4 estaban aliados contra Francia

4 ¿Cuál conclusión está mejor apoyada por la información en la línea cronológica?
   1 Los vietnamitas a menudo lucharon contra invasores extranjeros.
   2 El gobierno de Vietnam carece de tradición democrática.
   3 Los años de guerra dejaron a Vietnam económicamente arruinado.
   4 Los comunistas se apoderaron de Vietnam del Sur.

5 ¿Cuál suceso tuvo lugar durante la presidencia de George Bush?
1 la invasión de Panamá
2 la invasión de Granada
3 la promulgación de la legislación del Nuevo Trato
4 el escándalo de Watergate

6 El Presidente Bush fue criticado porque
1 redujo las tasas de interés
2 no redujo el déficit presupuestario
3 aumentó los gastos en programas sociales
4 aumentó los impuestos sólo para los pobres

7 El asunto Watergate fortaleció la idea que
1 nadie, ni siquiera el presidente, está por encima de la ley
2 el poder del presidente no tiene límites
3 el Congreso no es eficaz durante una crisis
4 la Corte Suprema tiene miedo de hacer decisiones difíciles

8 Durante la presidencia de Nixon, la política estadounidense hacia China se caracterizó por
1 actos de agresión y guerra
2 firmar un pacto de defensa
3 el aumento de hostilidad y aislamiento
4 el relajamiento de relaciones tirantes

9 ¿Cuál declaración describe mejor la reacción estadounidense después de la Primera Guerra Mundial y el conflicto de Vietnam?
1 Los Estados Unidos intensificaron su política de intervención mundial.
2 El país se volvió más cauto en sus intervenciones en países extranjeros.
3 Los Estados Unidos pagaron grandes reparaciones a sus enemigos de tiempos de guerra.
4 El Congreso aprobó con rapidez los fondos para aumentar las fuerzas militares.

10 ¿Cuál factor tuvo la influencia más grande en la decisión del gobierno de los EE.UU. para entrar en la Guerra Hispano-Estadounidense y para retirarse del conflicto de Vietnam?
1 las decisiones de la Corte Suprema
2 las presiones de las grandes empresas
3 la opinión popular
4 los consejos de los militares

11 El poder presidencial aumentó durante la Guerra de Vietnam porque
1 el Congreso temía ejercer sus poderes constitucionales
2 se suspendió la Constitución
3 el presidente tenía que actuar con rapidez y decisión
4 la Constitución puso toda la autoridad en las manos del presidente

12 Cuando comenzó la Guerra de Vietnam, muchos estadounidenses apoyaban la política de los EE.UU. porque
1 temían que Vietnam invadiría a los EE.UU.
2 creían que había que impedir la expansión del comunismo en Asia
3 no les gustaba el pueblo vietnamita
4 querían a Vietnam como colonia

13 Con la Ley de Poderes en Tiempo de Guerra el Congreso intentó limitar el poder
1 de la Corte Suprema
2 del presidente
3 de la burocracia federal
4 de los gobiernos estatales

14 ¿Qué aprendieron los Estados Unidos de su participación en la Guerra de Vietnam?
1 siempre gana la nación más poderosa
2 las guerras son populares con los estadounidenses
3 un país necesita el apoyo del pueblo para ganar una guerra
4 los EE.UU. pueden depender de sus aliados

15 Durante la presidencia de Bush, la política de los EE.UU. hacia Iraq se caracterizó por
1 la firma de un acuerdo de defensa mutua
2 el relajamiento de relaciones tirantes
3 el aumento de hostilidad y la guerra
4 el apoyo al jefe de Iraq

16 Una causa importante del final de la guerra fría fue que
1 los problemas internos debilitaron mucho la Unión Soviética
2 Alemania quedó reunificada
3 los EE.UU. estaban obligados a reducir los gastos militares
4 los EE.UU. no pudieron destruir la U.R.S.S.

ENSAYOS

1   **Las guerras a menudo producen cambios importantes en las naciones que participan en ellas.**

Guerras

Guerra Civil	Primera Guerra Mundial	Guerra de Corea
Guerra Hispano-Estadounidense	Segunda Guerra Mundial	Guerra de Vietnam

Parte A

Escoge *dos* de las guerras enumeradas. En el caso de cada una, enumera *dos* cambios que produjo en los Estados Unidos.

GUERRA	CAMBIOS QUE PRODUJO EN LOS EE.UU.	
A. _____	1. _____	2. _____
B. _____	1. _____	2. _____

Parte B

En tu respuesta a la Parte B, debes usar la información que diste en la Parte A. Sin embargo, puedes también incluir información adicional o distinta.

En un ensayo, explica cómo las guerras a menudo producen cambios importantes en las naciones que participan en ellas.

2   **La evaluación de los presidentes se basa en lo que llegaron a lograr cuando estaban en el cargo.**

Presidentes

Richard Nixon	Ronald Reagan
Gerald Ford	George Bush
Jimmy Carter	Bill Clinton

Parte A

Escoge a *uno* de los presidentes de la lista.

Enumera *dos* logros o fracasos que tuvieron lugar durante su presidencia:

1. _____   2. _____

Básate en el siguiente sistema de evaluación e indica la calificación que darías a ese presidente:

❏ Excelente	90-100
❏ Muy bueno	70-90
❏ Regular	50-70
❏ Deficiente	10-50

Parte B

En tu respuesta a la Parte B, debes usar la información que diste en la Parte A. Sin embargo, puedes también incluir información adicional o distinta.

En un ensayo nombra a un presidente, explica la calificación que merece y por qué.

3   **Las decisiones hechas por los presidentes en asuntos de política externa a menudo tienen efectos de gran importancia.**

Parte A

En el cuadro que sigue hay una lista de los presidentes de los EE.UU. en el siglo XX y una decisión de política externa hecha por cada uno de ellos.

PRESIDENTE	LA DECISION DEL PRESIDENTE
Truman	Mandó el bombardeo atómico de Hiroshima
Nixon	Firmó el tratado de paz para terminar la guerra en Vietnam
Carter	Arregló el Acuerdo de Camp David
Reagan	Aumentó el presupuesto de defensa de los EE.UU.
Bush	Envió tropas estadounidenses a la Guerra del Golfo

Escoge a *uno* de esos presidentes: _____

Explica por qué ese presidente hizo la decisión: _____

_____

Escoge a *otro* de esos presidentes: _____

Explica por qué ese presidente hizo la decisión: _____

_____

Parte B

En tu respuesta a la Parte B, debes usar la información que diste en la Parte A. Sin embargo, puedes también incluir información adicional o distinta.

En un ensayo explica las razones para algunas de las decisiones hechas por los presidentes recientes de los EE.UU. en los asuntos de política externa.

TAREAS
PRACTICAS

¿A QUIEN NOMBRARIAS A LA GALERIA DE LOS GRANDES?

En este capítulo estudiaste la Guerra de Vietnam y los alcances y la política de los presidentes de los Estados Unidos desde 1968. También te enteraste de los diferentes tipos de líderes, sus cualidades y sus logros.

DESCRIPCIÓN DE LA TAREA: Una forma interesante de estudiar la historia es examinar la influencia de los grandes hombres y mujeres. En este ejercicio tienes que nombrar dos personas a una "galería de los grandes" imaginaria. El maestro podrá dividir a la clase en grupos o pedir que los estudiantes hagan el ejercicio por su propia cuenta. De todos modos, comienza por pensar en las razones por las que alguien pudiese ser admitido a la galería de los grandes. ¿Hizo la persona algo que tú consideras "grande"?

TU TAREA: ¿A quién debes escoger? Puedes seleccionar a cualquier persona sobre la que hayas leído en este capítulo, inclusive a cualquier presidente de los Estados Unidos desde 1968 hasta el presente. Somete los nombres de dos candidatos para la galería de los grandes. En el caso de cada uno debes:

➤ hablar de la vida y de los alcances de la persona

➤ en un ensayo breve explicar por qué esa persona debe ser admitida a la galería

➤ preparar un breve discurso en favor de esa persona

DONDE ENCONTRAR INFORMACIÓN:
Para preparar esta tarea debes buscar información sobre ese individuo en una enciclopedia bajo el nombre de la persona que investigues. Además, debes usar biografías y/o autobiografías del individuo que escogiste. Una **biografía** es un libro escrito por una persona sobre la vida de otra. Una **autobiografía** es un libro escrito por el individuo sobre su propia vida.

CAPITULO 11

PERSPECTIVAS PARA EL FUTURO

Problemas importantes

Controversias importantes

IF YOU'RE INTO DOPE, YOU MIGHT AS WELL SMOKE THIS.

There's one sure way to see your future go up in smoke. Do drugs. Last year alone, America's businesses lost more than $60 billion to drugs. So this year, most of the Fortune 500 will be administering drug tests. If you fail the test, you're out of a job. The message is simple. Doing drugs could blow your whole education.

WE'RE PUTTING DRUGS OUT OF BUSINESS.
Partnership for a Drug-Free America

Tendencias importantes

¿Qué futuro les espera a los Estados Unidos en el umbral de su tercer siglo como nación? En este capítulo se exploran algunos de esos desafíos emergentes.

SECCIÓN 1

PROBLEMAS IMPORTANTES

En esta sección se discuten algunos problemas importantes en los Estados Unidos: la epidemia del SIDA, los costos crecientes del cuidado de salud, los individuos sin albergue, el aumento de la criminalidad y los riesgos para el ambiente.

PARA PENSAR

En tu opinión, ¿cuál será el desafío más serio para los Estados Unidos en el próximo siglo?

_____ Explica tu respuesta. _____

_____

Términos y conceptos importantes: Al leer esta sección fíjate en los siguientes:

- ✦ Epidemia del SIDA
- ✦ Efecto de invernadero
- ✦ Lluvia ácida
- ✦ Déficit presupuestario
- ✦ Deuda nacional
- ✦ Desequilibrio comercial

Para ayudarte a encontrar estos términos, esta señal ✦ aparece en el margen de la página donde se explica la expresión por primera vez.

Aparte de presentar brevemente los problemas de la nación, se explican sus efectos en la sociedad y algunas soluciones posibles.

✦ LA EPIDEMIA DEL SIDA

El síndrome de inmuno-deficiencia adquirida (SIDA) resulta de un virus; éste impide que el cuerpo pueda combatir enfermedades. El individuo muere cuando ya no puede resistir infecciones. El SIDA apareció a principio de la década de 1980 y rápidamente vino a ser una epidemia mundial.

■ **Causas.** El SIDA se transmite de una persona a otra por medio del intercambio de los fluidos del cuerpo —contacto sexual y jeringuillas hipodérmicas y transfusiones de sangre contaminada..

■ **Efectos.** En los primeros nueve años desde que surgió, 100.000 estadounidenses contrajeron el SIDA. En sólo 18 meses se contaron 100.000 casos más. Y los 100.000 siguientes se diagnosticarán en sólo 8 meses. El SIDA se esparce con rapidez. Desde el comienzo de la epidemia, murieron en ella millares de estadounidenses. Los especialistas pronostican más muertes en el futuro. El SIDA resultó en hospitales atestados y aumento del costo del cuidado de salud.

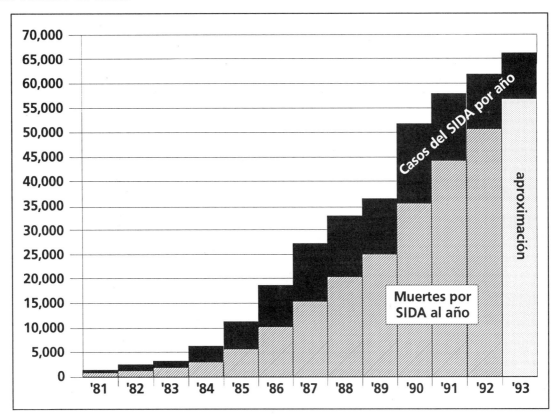

■ **Soluciones intentadas**. El gobierno gasta billones de dólares, provenientes de impuestos, en la investigación, el tratamiento y la educación; pero aún no hay una cura para el SIDA. Sin embargo, los descubrimientos ofrecen la esperanza que en un futuro no muy lejano habrá un tratamiento eficaz. Entretanto, se trata de reducir la propagación de la enfermedad. Algunos expertos creen que al concentrarse en 200 a 500 centros de población de gran riesgo, se puede detener la expansión de la epidemia. Otros sugieren que se den jeringuillas limpias gratuitas a todos los que usen drogas inyectadas, ya que el uso común de jeringas contribuye al esparcimiento de la enfermedad.

ANALISIS

Algunos dicen que se necesita más dinero para la investigación fundamental y para instruir a la gente en el trato de los pacientes con SIDA. Sin embargo, otros se preocupan más por encontrar una cura para otras enfermedades como el cáncer. Sostienen que se da demasiada importancia a la investigación del SIDA y no se presta suficiente atención al cáncer —un mal que mata a millones de estadounidenses.

¿Qué opinas sobre el conflicto entre estos dos puntos de vista? _____

Explica tu opinión. _____

EL AUMENTO EN LOS COSTOS DEL CUIDADO DE LA SALUD

El costo de la sanidad —visitas al médico, hospitalización, medicinas, etc.— subió tremendamente. Es la parte del presupuesto familiar que aumenta con más rapidez.

■ **Causas.** Los costos de la sanidad subieron porque la tecnología médica moderna es cara. El entrenamiento de médicos y otro personal también requiere mucho tiempo y dinero. Como resultado, el costo de seguros de salud aumentó muchísimo.

■ **Efectos.** En 1980 el costo medio por persona era cerca de $1.063 al año. Para 1990, subió a más de $2.566, y se calcula que pasará $5.700 en el año 2000. Por ser tan caro el seguro de salud, muchos estadounidenses no pueden pagarlo. Los individuos sin seguro no tratan sus aflicciones o, al estar muy enfermos, atestan las salas de emergencia de los hospitales. Por eso el presidente da gran importancia al plan nacional de cuidado de salud.

■ **Soluciones intentadas.** En 1965 el Congreso aprobó la Ley **Medicare** para ofrecer un seguro de bajo costo a los individuos de 65 o más años de edad. Se calcula que el costo de sanidad va a subir muchísimo en poco tiempo, y mucha gente teme que haya grandes reducciones en el programa de Medicare. Los estados establecieron programas de **Medicaid** para ayudar a las personas menesterosas de menos de 65 años con sus gastos médicos; los costos crecientes también amenazan el programa de Medicaid.

■ **Perspectivas para el futuro.** Muchos estadounidenses creen que el gobierno federal debe proporcionar seguro de salud gratuito o de bajo costo para asegurar a todos. Otros se oponen a un seguro nacional de salud; argumentan que la gente tendrá que esperar más tiempo para ver a un médico y que, para mucha gente, la calidad general del cuidado será inferior a la actual.

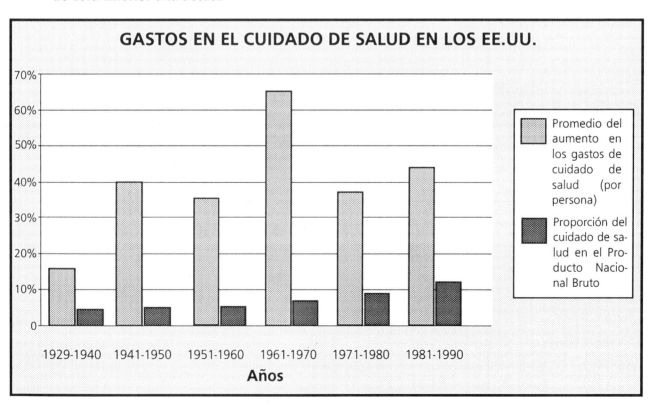

GASTOS EN EL CUIDADO DE SALUD EN LOS EE.UU.

Leyenda: Promedio del aumento en los gastos de cuidado de salud (por persona); Proporción del cuidado de salud en el Producto Nacional Bruto

Años: 1929-1940, 1941-1950, 1951-1960, 1961-1970, 1971-1980, 1981-1990

CANTIDAD CRECIENTE DE PERSONAS SIN HOGAR

El número de personas sin albergue aumentó mucho en la última década. Aunque un 20% de estos individuos tienen empleo a tiempo completo, no pueden encontrar viviendas que puedan pagar.

- **Causas.** Hay carestía de viviendas de bajo costo. La gente con bajos ingresos a menudo no tiene bastante dinero para pagar alquiler o para comprar una casa. Muchos de estos individuos no tienen la educación o las destrezas necesarias para obtener mejores empleos y poder pagar el costo de alojamiento. Algunas personas están sin vivienda porque son drogadictos o enfermos mentales.

- **Efectos.** Algunos se ven obligados a estar en las calles y alojamientos de emergencia.

- **Soluciones intentadas y propuestas.** En algunos casos, las localidades ofrecen viviendas de bajo costo o el gobierno paga una parte del alquiler de las personas de bajos ingresos. Algunos sugieren que el gobierno debería reducir los impuestos en las empresas de construcción privadas, si éstas construyeran viviendas para individuos de ingresos bajos. Sin embargo, otros se oponen a la intromisión del gobierno en el campo de construcción. Enfatizan que los problemas de los individuos sin hogar son más profundos que la falta de dinero, e incluyen enfermedades mentales y adicción a las drogas.

EL AUMENTO DE LA CRIMINALIDAD

Desde 1975, aumentó la actividad criminal. En 1988 una cuarta parte de todos los hogares en los EE.UU. fue víctima de robo o crimen violento.

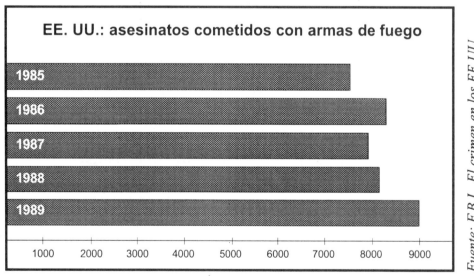

EE. UU.: asesinatos cometidos con armas de fuego

1985 · 1986 · 1987 · 1988 · 1989

1000 2000 3000 4000 5000 6000 7000 8000 9000

Fuente: F.B.I., El crimen en los EE.UU.

- **Causas.** Generalmente la criminalidad es más grande entre los desempleados, los individuos que vienen de familias deshechas, los que no tienen vivienda, los que usan drogas ilegales o los que dependen de la asistencia social. Entre las causas más importantes del crimen están la pobreza, el uso de drogas y la disponibilidad de armas.

- **Efectos.** A causa del crimen, la gente sufre daños físicos y pierde posesiones valiosas. La gente tiene miedo de ir a ciertos barrios o de salir de noche. Se pierde la "buena calidad de vida". Se gasta muchísimo dinero en la policía, prisiones y medidas de seguridad para proteger a los miembros de la sociedad.

■ **Soluciones posibles.** Algunos creen que el crimen podría reducirse con tener más policía, sentencias de prisión más largas y leyes de control de armas más estrictas. Otros sugieren que con más empleos, adiestramiento vocacional y tratamiento para los drogadictos se eliminarían las condiciones que llevan al crimen. Los grupos privados de prevención abogan programas educativos para precaver a los niños de los peligros del uso de drogas.

RIESGOS AL AMBIENTE

La protección del ambiente rápidamente se va convirtiendo en un asunto de importancia para los estadounidenses. La contaminación destruye el suelo, la vida marina y la **capa de ozono**; esta capa de gas absorbe la radiación dañina antes de que llegue a la tierra. La tala de los bosques y la industrialización de ciertas regiones también daña el ambiente.

■ **Causas.** El daño más grande al ambiente resulta de la contaminación. Y una parte de la contaminación del aire y del agua proviene de quemar basura o echarla en los ríos, lagos y mares. Las emisiones de los automóviles y de las fábricas son otra fuente de contaminación. A esto se agrega el depósito de desechos tóxicos en los depósitos de basura y en los ríos.

■ **Efectos.** Las materias contaminadoras en el aire impiden que el calor escape al espacio. Se cree que el resultado es el **efecto de invernadero** que causa el **calentamiento del globo**. Esto eleva permanentemente la temperatura en la tierra lo suficiente para convertir las granjas en desiertos, secar los ríos y derretir el hielo polar, elevando los mares a niveles peligrosos. El otro efecto es la **lluvia ácida**. Los humos tóxicos, producidos por las fábricas y los camiones, reaccionan con la humedad del aire y vuelven a la tierra en forma de lluvia ácida matando peces y bosques.

■ **Soluciones posibles.** Una solución al problema de la basura es el **reciclaje** —la producción de nuevos artículos de las botellas, papel y plástico de los desechos. Para controlar los problemas de la contaminación, el gobierno estableció la **Agencia de Protección del Ambiente ("E.P.A.")**. Para controlar la lluvia ácida, esta agencia estableció reglas estrictas con respecto a las descargas al aire de materias químicas producidas por las fábricas. Para proteger la capa de ozono, se promulgaron leyes que prohiben el uso de ciertos ingredientes en los artículos tales como las lacas para el pelo.

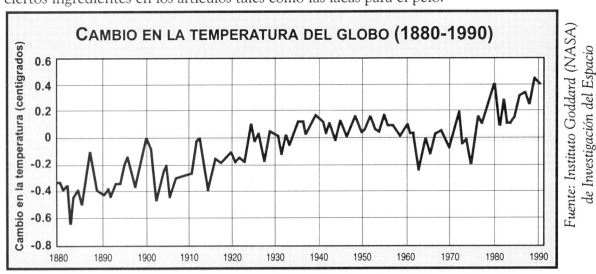

Los exámenes de historia a veces tienen preguntas sobre gráficas lineales. El Desarrollo de destrezas que sigue te ayudará a comprender e interpretar gráficas lineales.

DESARROLLO DE DESTREZAS: INTERPRETACION DE GRAFICAS LINEALES

¿Qué es una gráfica lineal?

Es un diagrama compuesto de una serie de puntos unidos por líneas. Muestra cómo algo aumentó, disminuyó o permaneció igual.

Claves para la comprensión de una gráfica lineal

Primero fíjate en sus elementos:

Título. El título te dice el tema principal de la gráfica. Por ejemplo, el título de la gráfica de la página que precede es "Cambio en la Temperatura del Globo (1880-1990)".

El eje horizontal y vertical. Las gráficas lineales incluyen un eje vertical (*desde arriba hacia abajo o al revés*) y uno horizontal (*de un lado al otro*). Los ejes dicen qué elementos se comparan. En nuestra gráfica, el eje vertical, examinado desde abajo hacia arriba, muestra el "Cambio de temperatura" en centígrados. Nota que, a medida que se procede desde abajo hacia arriba, las temperaturas suben; por ejemplo, desde -0.8° a +0.2°. El eje horizontal, desde la izquierda a la derecha, muestra los años en orden ascendente (*del menor al mayor*) —por ejemplo, desde 1880 a 1890.

Leyenda. Si la gráfica tiene dos o más líneas, se necesita una leyenda para mostrar lo que representa cada una. En una gráfica de una sola línea, como ésta, la leyenda no es necesaria.

Interpretación de una gráfica lineal

Primero fíjate en el título para saber el sentido general de la información presentada. Esta gráfica muestra el promedio en los "Cambios en la temperatura" desde 1880 hasta 1990. Para información específica, tienes que examinar varios elementos de la gráfica. Por ejemplo, ¿cuál fue el cambio de temperatura entre el año 1890 y 1900? Primero recorre con el dedo el eje de los "años" hasta llegar hasta 1900. Luego mueve el dedo hasta el punto donde la línea de temperaturas cruza la línea vertical correspondiente al año 1900. Para saber el número exacto, mueve el dedo hacia la izquierda, al eje vertical de "Cambio de temperatura". Estas dos líneas se cruzan aproximadamente al 0° centígrado. Ahora usa el mismo procedimiento para el año 1890. Verás que en 1890, el promedio de temperatura era -0,4°. Por lo tanto, en 10 años (de 1890 a 1900) la temperatura global subió aproximadamente ,4 (4/10) de un grado centígrado.

ANALISIS

A veces, en una pregunta basada en una gráfica lineal se te pedirá que nombres una **tendencia** (*dirección general*). Puedes ver la tendencia al fijarte en los puntos en la línea. Por ejemplo, en la gráfica, la tendencia indicada es que desde 1970 hasta 1990, la mayoría de los cambios eran subidas, o sea, subió el promedio de la la temperatura global. ¿Puedes llegar a otras conclusiones a base de la información de la gráfica lineal?

- _____

- _____

EL DEFICIT PRESUPUESTARIO Y LA DEUDA NACIONAL

Uno de los desafíos más serios para el bienestar futuro de los Estados Unidos es su gran deuda nacional. **Deuda nacional** es lo que el gobierno federal debe a todos los que le prestaron dinero. El total del dinero que el gobierno federal debe es 4,3 trillones de dólares. Esta deuda va aumentando $13.000 por segundo.

■ **Causas.** Cuando el gobierno federal gasta más dinero del que recibe en impuestos, hay un **déficit presupuestario.** Para gastar el dinero según sus planes, el gobierno tiene que tomar préstamos. La deuda siguió creciendo en los años recientes porque el presidente y el Congreso siguen gastando más en los programas gubernamentales de lo que se recoge en impuestos.

■ **Efectos.** El aumento de la deuda del gobierno de los EE.UU. pone en riesgo la economía del país. Por ejemplo, la deuda nacional reduce la cantidad del dinero disponible a las empresas. Estas no pueden pedir préstamos para hacer inversiones, porque mucho del dinero disponible va hacia los préstamos al gobierno. El otro riesgo surge del hecho que el gobierno tiene que pagar sus deudas. Una gran parte del presupuesto federal se usa para pagar el interés sobre esos préstamos. Casi uno de cada cinco dólares recogidos en impuestos se dirige hacia pagos de préstamos. En 1993, se usó un 18.2% de impuestos para ese fin. Una cierta cantidad sale del país en pagos para prestamistas extranjeros.

■ **Soluciones posibles.** Se propusieron muchas soluciones al problema de la deuda nacional y todas se basan en el mismo principio fundamental. La única forma de reducir la deuda es reducir los gastos del gobierno y/o aumentar los impuestos. Los desacuerdos principales están en cuáles programas debe reducirse y quiénes deben pagar impuestos más altos.

PORCION DE LA DEUDA NACIONAL PARA CADA FAMILIA DE 4 PERSONAS			
Año	**Cantidad**	**Año**	**Cantidad**
1982	$20,000	1988	$42,000
1983	$22,000	1989	$48,000
1984	$27,000	1990	$51,000
1985	$31,000	1991	$58,000
1986	$35,000	1992	$64,000
1987	$40,000	1993	$67,000

Fuente: Informe Económico del Presidente

DEFICITS EN EL COMERCIO

Hasta la década de 1970, los Estados Unidos exportaban mucho más de lo que importaban. Con esa balanza favorable en el comercio, el país era la potencia económica principal del mundo. La situación cambió en los últimos veinte años. Los EE.UU. compraron más bienes de lo que vendieron al extranjero. Esto resultó en un **déficit comercial.** Los EE.UU. deben más dinero a los países extranjeros del que ganan con vender sus productos.

■ **Causas**. Los estadounidenses compran más productos extranjeros, mientras que en el extranjero se venden menos productos estadounidenses. Esto se debe, en parte, porque otros países producen artículos de alta calidad con técnicas avanzadas. El Japón es uno de los países que venden mucho más de lo que compran de los EE.UU. Muchos japoneses dicen que este desequilibrio existe porque sus productos son mejores que los fabricados en los EE.UU. Algunos estadounidenses argumentan que hay restricciones de mala fe impuestas en los productos estadounidenses.

■ **Efectos**. Hay pérdidas de negocios para las empresas y empleos para los obreros. Esto reduce los gastos de consumidor y la colección de impuestos.

■ **Soluciones posibles**. Los estadounidenses dicen que los artículos de su país podrían venderse mejor en el Japón, si su gobierno no pusiera obstáculos a eso. Se sugiere que el gobierno de los EE.UU. debería ayudar a las empresas del país de la misma forma que los gobiernos extranjeros ayudan a las compañías de sus naciones. Otros dicen que los EE.UU. no deben compartir sus inventos e ideas comerciales con otros países. El acuerdo de comercio libre con México y el Canadá, que fomenta los negocios con estos países, posiblemente llegará a reducir el déficit comercial estadounidense.

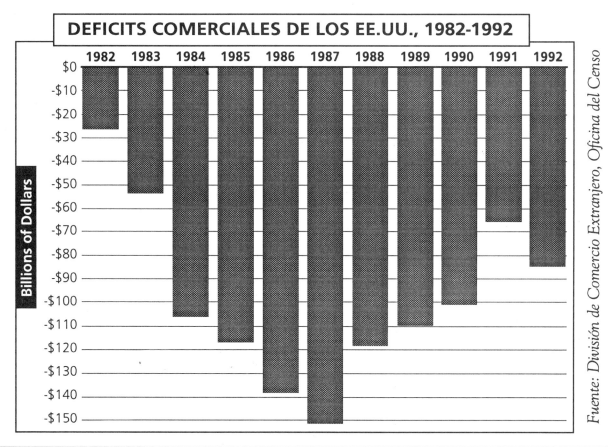

DEFICITS COMERCIALES DE LOS EE.UU., 1982-1992

Fuente: División de Comercio Extranjero, Oficina del Censo

EN RESUMEN: PROBLEMAS IMPORTANTES

A medida que nos aproximamos al siglo XXI, los EE.UU. tienen varios problemas importantes. Entre los más serios están la epidemia del SIDA, el aumento en el costo del cuidado de la salud, los individuos sin hogar, el aumento de la criminalidad, la destrucción del ambiente, la deuda nacional y el déficit comercial.

VUELVE A PENSAR

En tu opinión, ¿cuál es el problema más grande para los Estados Unidos? _____

Explica por qué. _____

_____

VERIFICA TU COMPRENSION

Instrucciones: Completa las siguientes tarjetas. Luego contesta las preguntas de selección múltiple.

EPIDEMIA DEL SIDA

¿Qué es? _____

Describe sus efectos: _____

Nombra algunos soluciones al problema: _____

DEUDA NACIONAL

¿Qué es? _____

Explica sus causas: _____

Describe uno de sus efectos: _____

Basa tus respuestas a las preguntas 1 y 2 en la gráfica lineal y en tu conocimiento de estudios sociales.

GASTOS ANUALES EN DROGAS ILICITAS POR LOS ESTUDIANTES DE ESCUELAS SECUNDARIAS

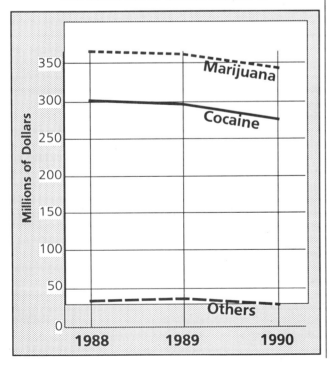

1 ¿Cuál aseveración es correcta de acuerdo a la gráfica?
   1 Para 1990, cesó el uso de drogas ilícitas por los estudiantes de escuelas secundarias.
   2 El uso de drogas fue más grande en 1990.
   3 Cada año aumenta mucho el uso de drogas ilícitas por los estudiantes de secundaria.
   4 Los estudiantes de secundaria gastaron más en drogas ilícitas en 1988 que en 1990.

2 Una conclusión válida basada en la gráfica es que
   1 el uso de drogas ilícitas por los estudiantes de secundaria sigue siendo un problema serio
   2 la mayoría de los estudiantes secundarios usan drogas ilícitas
   3 el uso de drogas es más probable entre los estudiantes del último año
   4 el uso de drogas en los Estados Unidos no es realmente un problema serio

3 ¿Cuál situación podría aumentar el déficit en el presupuesto federal?
   1 aumento en los gastos del consumidor
   2 aumento en los gastos del gobierno
   3 más ingresos procedentes de impuestos
   4 reducción del desempleo

4 En el capítulo de un libro se discute la "lluvia ácida", la "capa de ozono" y el "efecto de invernadero". Más probablemente el capítulo trata de
1 nuevos juguetes para niños
2 armas del siglo XX
3 el ambiente
4 plantas domésticas

5 La agencia federal encargada del control de contaminación en los Estados Unidos es la
1 Administración de Alimentos y Drogas
2 Agencia de Protección del Ambiente
3 Oficina Federal de Investigaciones
4 Administración de Recuperación Nacional

6 ¿Cuál aseveración describe mejor un resultado importante de una deuda nacional grande?
1 Limita los fondos disponibles para préstamos para las empresas.
2 Reduce los impuestos federales futuros.
3 Puede desalentar desafíos legales en la Corte Suprema.
4 Fomenta la aplicación débil de la reglamentación de negocios.

SECCIÓN 2

CONTROVERSIAS IMPORTANTES

En esta sección se trata de ciertas cuestiones sobre las que los estadounidenses se encuentran divididos.

PARA PENSAR

Los estadounidenses a menudo están en desacuerdo sobre cuestiones importantes. Antes de leer sobre algunas de ellas, señala los cuadros que reflejen tu opinión sobre esas controversias.

¿Deben imponerse límites en el derecho de poseer armas de fuego?   ❏ Sí   ❏ No   ❏ Indeciso

¿Debe permitirse la oración en las escuelas públicas?   ❏ Sí   ❏ No   ❏ Indeciso

¿Tiene uno el derecho a optar por una muerte sin sufrimiento?   ❏ Sí   ❏ No   ❏ Indeciso

Para compensar la discriminación del pasado, ¿debe requerirse que las mujeres y miembros de minorías sean contratados antes que otras personas más calificadas?   ❏ Sí   ❏ No   ❏ Indeciso

Términos y conceptos importantes: Al leer esta sección fíjate en los siguientes:

- ✦ **Control de armas**
- ✦ **Oración en las escuelas**
- ✦ **Eutanasia**
- ✦ **Acción afirmativa**

A lo largo de la historia, los estadounidenses a menudo se encontraron en campos opuestos en ciertas cuestiones importantes. En los años 1770, era por el asunto de la independencia; en los 1850 y 1860, la cuestión divisiva era la esclavitud. En este siglo, eran el derecho al voto femenino, la prohibición de alcohol, participación en guerras en el extranjero y segregación racial. En esta sección se exploran algunas de las controversias más importantes del presente al examinar los argumentos que presentan los dos lados.

◆ **CONTROL DE ARMAS**: *¿Debe haber límites en el derecho del ciudadano a poseer armas de fuego?*

SI. Las armas de fuego deben ser usadas sólo por los policías y no por ciudadanos comunes. Las armas dan a la gente un falso sentido de seguridad. A menudo, mueren accidentalmente los ciudadanos rectos y no los criminales. Las armas que hay en los hogares de ciudadanos honrados, a menudo acaban en las manos de los criminales, resultando en la muerte de personas inocentes. Las armas promueven en la sociedad la "idea de matar".

NO. En la Segunda Enmienda, la Constitución otorga a los ciudadanos el derecho de tener armas. Las armas, usadas de forma apropiada pueden ofrecer medios de defensa propia a los ciudadanos. Los que apoyan el derecho del ciudadano a tener armas sostienen que en las comunidades donde se permite la posesión de armas, la criminalidad se ha reducido mucho. Un sondeo entre criminales mostró que éstos temen más a los civiles armados que a la policía.

◆ **LA ORACIÓN EN LAS ESCUELAS**: *¿Debe permitirse la oración en las escuelas públicas?*

SI. La Constitución permite la libertad de prácticas religiosas, no la eliminación de la religión. Al prohibir la oración en las escuelas, abandonamos una parte importante de la enseñanza de principios morales y éticos. La pared que separa a la iglesia del estado se atraviesa a menudo: se usan fondos públicos para comprar libros y ofrecer transporte a las escuelas parroquiales; no hay impuestos en las propiedades religiosas, y cada sesión del Congreso se abre con una oración.

NO. La oración en las escuelas viola la separación constitucional entre la iglesia y el estado. Los estudiantes que no deseen tomar parte en las oraciones pueden ser puestos en ridículo por los maestros y los estudiantes. Además, el rezar es un acto personal y privado, y no debe llevarse a cabo en una escuela pública. Los estudiantes tienen la libertad de rezar en casa o en un lugar sagrado a cualquier momento antes o después de clase.

EL DERECHO A MORIR: *¿Tiene una persona el derecho de escoger una muerte sin sufrimiento?*

SI. Es importante la calidad de la vida, no la vida misma. Cuando lo único que le queda al individuo es el dolor y sufrimiento, sin esperanza de mejorar, el gobierno no debe interponerse en permitir una muerte digna, sin sufrimiento. Los que hayan hecho un **testamento en vida** ya escogieron esta alternativa. Si se encuentran incurablemente enfermos, tales personas prefieren que no se tomen medidas extraordinarias para sostener su vida, o hasta optan por la **eutanasia** (*muerte por compasión*).

NO. Es ética y legalmente incorrecto ayudar a morir a una persona. La vida es un regalo precioso de Dios. Los médicos que participan en los "suicidios asistidos" no son curadores, sino verdugos. Deben concentrarse en aliviar el dolor. Finalmente, si la alternativa de muerte sin dolor se hiciera legal, muchos ancianos se sentirían presionados a matarse por el bien de su familia, aunque en realidad no quisieran morir.

CRUZAN VS. DIRECTOR, MISSOURI DEPARTMENT OF HEALTH (1990)

Fondo: Después de un accidente de automóvil, Nancy Cruzan estaba en un coma permanente, mantenida en vida por medios artificiales. Los médicos determinaron que no tenía ninguna posibilidad de mejora. Los padres de Nancy pidieron a las cortes que se la aparte de alimentación artificial. Bajo las leyes de Misuri, la vida de Nancy tenía que ser mantenida a menos que hubiera prueba de que ella misma la habría querido terminar.

Decisión / Significado: La Corte Suprema sostuvo la ley de Misuri y se negó a permitir que los padres pusieran alto a los medios extraordinarios de mantener la vida de Nancy. La Corte dejó que cada estado defina bajo qué condiciones los parientes pueden decidir a terminar la vida de alguien en coma permanente, siempre que los requisitos estatales sean razonables.

HABLA LA CORTE

Acción affirmativa: *¿Deben fomentarse los programas de acción afirmativa?* ✦

SI. Los programas de acción afirmativa requieren que los patronos rectifiquen la discriminación del pasado. Deben esforzarse por contratar a las mujeres y a los miembros de minorías antes que a los otros, aun cuando éstos tengan las mismas o hasta mejores calificaciones. Muchas mujeres y miembros de minorías no tienen los recursos necesarios para remediar su situación económica por su propia cuenta. Además, los individuos encargados de seleccionar y contratar empleados, generalmente son varones blancos. Se necesita ayuda especial para ayudar a las minorías a alcanzar igualdad completa.

NO. Los programas de acción afirmativa que tratan de poner fin a la discriminación contra las mujeres y las minorías resultan en discriminación inversa contra los varones y los blancos. Las cuotas artificiales, basadas en la raza o el sexo para contratar a ciertas personas sólo sirven para socavar nuestro intento nacional de llegar a una sociedad verdaderamente "ciega al color". Tales programas, en efecto, disminuyen la estimación propia de estos grupos al mostrarles que no son capaces de progresar por su propia cuenta. Las cuotas que obligan a las empresas a contratar a personas sin calificaciones aumentan la hostilidad entre hombres y mujeres y entre grupos raciales.

City of Richmond vs. J. A. Croson (1989)

Fondo: Aunque un 50% de la población de Richmond, Virginia eran afro-estadounidenses, menos de un 1% de los contratos municipales de construcción se hacían con contratistas minoritarios. Para remediar esto, la ciudad estableció un programa de acción afirmativa; entraba en contratos con constructores que a su vez contrataban a empresas de propiedad minoritaria. Los contratantes blancos decían que esto era "discriminación a la inversa".

Decisión / Importancia: La Corte falló que el programa era inconstitucional. Sólo el Congreso, y no las autoridades locales, podía usar planes basados en la raza para contrarrestar la discriminación del pasado. Esta decisión es importante porque en el futuro puede limitar la operación de muchos programas de acción afirmativa.

HABLA LA CORTE

EN RESUMEN: CUESTIONES IMPORTANTES

Los estadounidenses a menudo estaban en desacuerdo sobre asuntos importantes. Actualmente tienen diferentes puntos de vista sobre el control de armas, la oración en la escuela, el derecho a morir y la acción afirmativa.

VUELVE A PENSAR

De las cuatro cuestiones presentadas en esta sección, ¿cuál te interesa más?

_____

¿Por qué? _____

_____

VERIFICA TU COMPRENSION

Instrucciones: Llena las siguientes tarjetas. Luego contesta las preguntas de selección múltiple.

ORACIÓN EN LA ESCUELA

Un argumento en favor:_____

Un argumento en contra:_____

ACCIÓN AFFIRMATIVA

Un argumento en favor:_____

Un argumento en contra: _____

---

1   Con respecto a la oración en las escuelas, las leyes federales y los casos ante la Corte Suprema
  1 no tomaron una posición decidida
  2 sostuvieron el derecho de los estudiantes a rezar en silencio en la escuela
  3 eliminaron toda oración en las escuelas religiosas
  4 abolieron toda oración en las escuelas públicas

2   Los programas de acción afirmativa requieren que los patronos den preferencia de contratación
  1 sólo a las personas pobres
  2 primero a los empleados de servicio civil
  3 a las mujeres y miembros de minorías
  4 sólo a los trabajadores entrenados en fábricas

3   "Eutanasia" puede mejor definirse como
  1 un lugar entre Europa y Asia
  2 dar muerte por compasión
  3 una persona que muere por accidente
  4 un individuo incurablemente enfermo

4   El número de casos relacionados a "testamentos en vida" y el "derecho a morir" aumentó recientemente porque
  1 hay necesidad de controlar la población de los Estados Unidos
  2 los adelantos en la tecnología médica resultaron en nuevos problemas legales
  3 actualmente mueren más personas
  4 el costo del cuidado de salud es más grande

SECCIÓN 3

TENDENCIAS IMPORTANTES

En esta sección se examinan algunas tendencias importantes que afectarán el desarrollo de la nación en el siglo que viene.

PARA PENSAR

¿Puedes nombrar una tendencia actual en los Estados Unidos? _____

_____

En tu opinión, ¿qué efecto tendrá esta tendencia en el país en el siglo veinte y uno?

_____

Términos y conceptos importantes: Al leer esta sección fíjate en los siguientes:

    ◆ Tecnología   ◆ Nuevos inmigrantes
    ◆ Mecanización   ◆ Ley de Estadounidenses Lisiados

A lo largo de la historia de la nación, algunas **tendencias** (*modelos o direcciones de cambio*) han tenido una influencia importante en el pueblo. Por ejemplo, en los años 1920 surgió la tendencia en la que el automóvil vino a ser una parte importante de la vida diaria. El Nuevo Trato resultó en la tendencia de que el gobierno llegara a tener una función más importante en la vida de la gente. Actualmente, las tendencias ocurren en las ocupaciones, cómo y dónde viven las personas y quiénes son.

TECNOLOGIA

La **tecnología** son los métodos y utensilios usados en hacer y producir las cosas; se basa en la aplicación de la ciencia a las necesidades diarias. La tendencia es hacia el uso de máquinas y aparejos para mayor eficacia y producir mejores artículos en cantidades más grandes en menos tiempo. Los cambios rápidos y los adelantos en la tecnología moderna llegaron a ser una parte esencial en la vida de los estadounidenses.

LA REVOLUCION DE LAS COMPUTADORAS

Los adelantos en el campo de las computadoras encabezan la revolución en la tecnología. Aunque había computadoras ya en 1945, cada año surgen nuevas e imaginativas formas de usarlas. La computadora contribuyó mucho a nuestro modo de vivir; nos dio muchas máquinas y aparatos que ahorran trabajo. Actualmente, una ficha, del tamaño de la uña del pulgar, puede accionar una computadora que opera 300 millones de instrucciones por segundo.

Posibles efectos. Se cree que las computadoras serán aún más eficaces en el futuro. Un efecto probable es que muchas más tareas hechas hoy día por la gente las podrán hacer las computadoras. Al mismo tiempo, habrá empleos nuevos en el campo de las computadoras y en buscar nuevas formas de usarlas. Las computadoras podrán hasta ofrecer consejos médicos. Es difícil pronosticar otros beneficios y servicios nuevos.

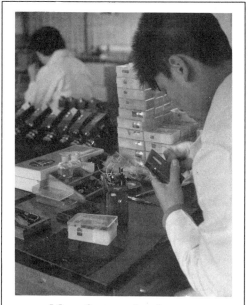

Manufactura de cámaras de boyas

LA FUERZA LABORAL FUTURA EN LOS EE.UU.

Los trabajadores motivados y bien entrenados fueron la base del éxito económico estadounidense. Una tendencia alarmante es la reciente incapacidad de mantener una fuerza laboral ajustada a las necesidades modernas. Los requisitos para puestos de principiante van aumentando con más rapidez que el número de trabajadores capaces de llenarlos. Van a ser necesarios diferentes tipos de destrezas a medida que progresa la **mecanización**, o sea el uso de máquinas que reemplazan el trabajo humano. Por ejemplo, los mecánicos de autos, operan maquinaria complicada; tienen que saber leer y comprender los manuales de servicio complicados para poder arreglar automóviles avanzados.

Posibles efectos. Algunas investigaciones muestran que uno entre ocho trabajadores lee al nivel de cuarto grado. Si esta tendencia continúa, los Estados Unidos no serán capaces de competir con otras naciones en los mercados mundiales. Para poder enfrentarse a la urgente demanda de trabajadores en el futuro, algunas empresas participan más en la reforma de la enseñanza. Algunas compañías ahora enseñan a los empleados a leer y escribir, adoptan escuelas, y les regalan equipo de oficina costoso, ayudan a entrenar a los maestros y ofrecen becas a los estudiantes necesitados.

LA FAZ CAMBIANTE DE LA POBLACION DE LOS EE.UU.

Aparecen nuevas tendencias en la composición de la población del país. Hay cambios raciales y étnicos; hay más personas de edad y la gente se muda más a menudo.

LA POBLACION QUE ENVEJECE

La población del país va envejeciendo. En 1900, sólo un 4% de los habitantes tenían 65 años o más. Se calcula que para el año 2030, 21% de la población tendrá más de 65 años.

Posibles efectos. Esto presentará nuevos desafíos a las familias individuales y a toda la nación. Por ejemplo, el gobierno tendrá que proporcionar más albergues, hospitales y otros centros de cuidado de salud para los ancianos. Se anticipan serias cargas en el sistema de seguridad social. Para costearlo todo puede ser necesario un gran aumento en los impuestos.

UNA POBLACION MOVIL

Actualmente, en promedio, los estadounidenses se mudan cada 5 años. Los habitantes de las ciudades se van mudando a los suburbios. Entre 1950 y 1980, la población suburbana casi se duplicó. Se pronostica que esta tendencia va a continuar.

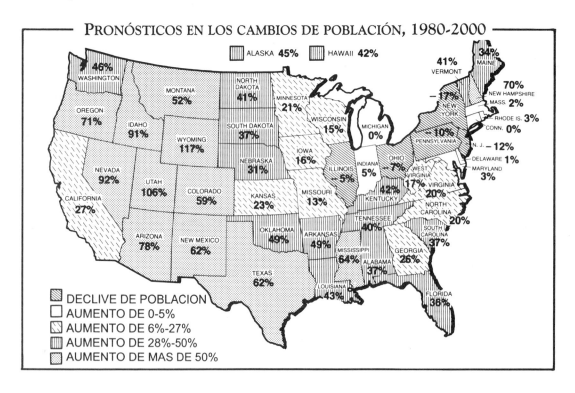

PRONÓSTICOS EN LOS CAMBIOS DE POBLACIÓN, 1980-2000

Además, va disminuyendo el número de habitantes en los centros tradicionales de mayor población del país —el Noreste y el Medio Oeste. Las regiones de mayor aumento de población son los estados de la "franja soleada" (Nevada, Arizona y Nuevo México), el Noroeste (Idaho, Washington y Oregón) y la Florida.

Posibles efectos. Uno de los resultados de esta tendencia es que los estados cuya población aumenta tendrán más representantes en el Congreso, y los estados del Noreste y Medio Oeste tendrán menos.

LOS CAMBIOS ETNICOS Y RACIALES EN LA POBLACION

Los EE.UU. siempre eran un país donde, por medio de trabajo duro, la gente podía progresar desde la pobreza a la clase media. Este movimiento de una clase a otra, o **movilidad social**, atrajo a más de 9,6 millones de inmigrantes entre 1970 y 1986. En el mismo tiempo, 5,5 millones de **inmigrantes ilegales** entraron en el país. Los inmigrantes más recientes vienen de Asia (41%) y de Latinoamérica (37%). A menudo se encuentran aislados del resto de la población por la lengua y la cultura.

Posibles efectos. Los **nuevos inmigrantes** producen cambios importantes. En el siglo XXI, los ✦ hispanos y la gente de color posiblemente llegarán a constituir la mayoría de la población de los Estados Unidos. Los funcionarios electos tendrán que prestar más atención a las necesidades de estos grupos. También puede haber más oportunidades para las personas que no hablan inglés. La mayoría de los inmigrantes son de edad de tener familia, y esto tendrá un efecto importante en el sistema escolar público del país. Las escuelas públicas van a tener que enfrentarse con el problema de asimilar a los hijos de estos inmigrantes al resto de la sociedad.

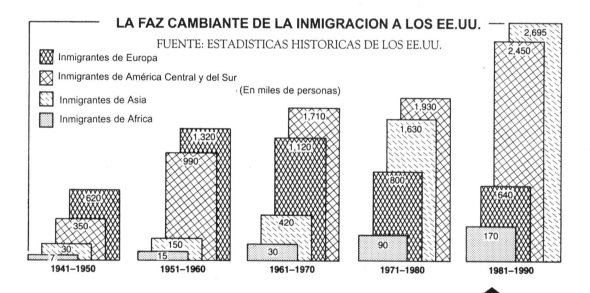

LA FAZ CAMBIANTE DE LA INMIGRACION A LOS EE.UU.
FUENTE: ESTADISTICAS HISTORICAS DE LOS EE.UU.

- ⊠ Inmigrantes de Europa
- ⊠ Inmigrantes de América Central y del Sur
- ⊟ Inmigrantes de Asia
- ▦ Inmigrantes de Africa

(En miles de personas)

1941–1950	1951–1960	1961–1970	1971–1980	1981–1990
620	1,320	1,710	1,930	2,695
350	990	1,120	1,630	2,450
30	150	420	800	640
7	15	30	90	170

ANALISIS

La inmigración en masa causó un debate nacional: ¿debe reducirse, cesar o aumentar la inmigración? ¿Cuál es tu opinión en este asunto?

❑ La inmigración debe reducirse.   ❑ La inmigración debe aumentar.

❑ La inmigración debe cesar.   ❑ Otras propuestas: _____

Explica tu respuesta. _____

_____

_____

EXPANSION DE DERECHOS DE LOS LISIADOS

Más de 43 millones de estadounidenses tienen alguna forma de impedimento físico o mental. Siguiendo el ejemplo del movimiento por los derechos civiles, los lisiados condujeron un logrado movimiento de ataque contra la discriminación que padecen. Por ejemplo, un trabajador impedido generalmente gana un 64% de lo que ganan los otros. En 1990, el Congreso sancionó la **Ley de Estadounidenses Lisiados** que prohibe la discriminación contra los impedidos.

Posibles efectos. La ley dio a los lisiados las mismas protecciones contra la discriminación que en los años 1960 y 1970 recibieron los afro-estadounidenses, las mujeres y las minorías étnicas. Por ejemplo, los negocios tienen que proporcionar rampas de entrada para el uso de lisiados en sillas de ruedas. Algunas empresas se quejaron del alto costo de construcción de esas rampas y la introducción de otro equipaje especial requerido por la ley.

EN RESUMEN: TENDENCIAS IMPORTANTES

Con el comienzo del siglo XXI, varias tendencias importantes afectarán a los estadounidenses. Entre las más significativas es la creciente importancia de cambios tecnológicos y los cambios en la población del país.

VUELVE A PENSAR

En tu opinión, ¿cuál es la tendencia que tendrá el mayor efecto en la nación durante el siglo que viene?

_____

Explica tu respuesta. _____

_____

VERIFICA TU COMPRENSION

Instrucciones: Llena las siguientes tarjetas. Luego contesta las preguntas de selección múltiple.

MECANIZACIÓN	LEY DE ESTADOUNIDENSES LISIADOS
Definición: _____	¿Por qué fue promulgada? _____
Efecto que tendrá en la fuerza laboral del país:	¿Cuál es su propósito? _____
_____	_____

1 A base de las tendencias corrientes, ¿cuál es la declaración más acertada sobre el futuro de los Estados Unidos?

1 Habrá menos inmigrantes en el país.

2 Más gente se mudará desde el Suroeste al Noreste.

3 Habrá más personas ancianas.

4 No habrá necesidad de trabajadores adiestrados.

2 Una posible diferencia entre la población futura de los Estados Unidos y su población a mediados del siglo XIX es que en el futuro

1 la población de los EE.UU. va a disminuir

2 habrá muchos más obreros en la agricultura

3 habrá más empleos en la fabricación

4 con el tiempo, habrá más individuos de color que blancos

3 A base de las tendencias recientes, ¿cuál es la declaración más acertada?

1 Se cree que los cambios tecnológicos serán más lentos.

2 Aumentará la demanda de trabajadores educados y muy diestros.

3 Para el año 2000, la mayoría de los estadounidenses serán los hispanohablantes.

4 Habrá menos mecanización en las industrias.

4 La Ley de Estadounidenses Lisiados se promulgó principalmente para

1 reemplazar a los lisiados en la fuerza laboral

2 relevar al gobierno de su responsabilidad por los trabajadores lisiados

3 prohibir la discriminación contra personas con impedimentos

4 controlar el poder político de las personas con impedimentos

---

PERFILES EN LA HISTORIA

RUTH BADER GINSBURG
(JUEZ DE LA CORTE SUPREMA)

Ginsburg fue nombrada a la Corte por el Presidente Clinton. Es la segunda mujer en la Corte, y la primera persona de fe judía nombrada desde 1969. Ginsburg fue la primera mujer que recibió un profesorado permanente en la Facultad de Derecho de la Universidad de Columbia. Su puesto más reciente fue el de juez en la Corte de Apelaciones de los EE.UU. Presentó ante la Corte Suprema varios casos importantes de derechos femeninos; luchó contra leyes discriminatorias basadas en estereotipos injustos y dañinos.

JESSE JACKSON
(LIDER DE DERECHOS CIVILES)

En los años 1960, Jackson asistió al Dr. King en el movimiento por los derechos civiles. Desde el asesinato del Dr. King, Jackson es el líder negro más prominente del país. Fue candidato presidencial en 1984 y en 1988. Encabeza varias organizaciones nacionales para ayudar a los pobres y oprimidos a lograr la igualdad política y económica.

SALLY RIDE Y GUION BLUFORD, JR.
(ASTRONAUTAS)

Sally Ride y Guion Bluford participaron en el programa de NASA. En 1983, Ride fue la primera mujer en el espacio. Más tarde el mismo año, Bluford fue el primer afroestadounidense en emprender un viaje espacial.

Sally Ride

AN WANG
(HOMBRE DE NEGOCIOS)

An Wang emigró de China; vino a sobresalir en la tecnología de computadoras. En 1951, Wang inventó un componente esencial de la memoria de computadoras. Usando este invento y su capacidad directiva en ese campo, estableció su propia compañía, Wang Laboratories. Su empresa llevó la delantera en la vinculación de las computadoras con los procesadores de palabras y otro equipo de oficina.

LA CONSTITUCION EN MARCHA

LEY DE ESTADOUNIDENSES LISIADOS DE 1990

Esta ley, firmada por el Presidente Bush, prohibe la discriminación contra los lisiados en el empleo, alojamiento público, transporte y en las telecomunicaciones. La ley define como lisiados a todos los que tengan impedimento mental o físico. Garantiza que se los tratará de forma igual en el empleo y se les dará acceso fácil a las oficinas, tiendas, restaurantes, estadios, trenes y autobuses.

LEY IMPORTANTE

ENMIENDA VEINTE Y SIETE (1992)

En mayo de 1992 Michigan fue el estado número 38 en el que la legislatura aprobó la enmienda. Esta dice que si el Congreso aprueba para sí un aumento de compensación, ese aumento no puede tomar efecto hasta después de las elecciones siguientes. La enmienda fue propuesta primero por James Madison en 1789. Fue descubierta por Gregory Watson que hacía investigaciones para un trabajo en su clase de gobierno en la Universidad de Texas. Watson emprendió una campaña para la ratificación de esa enmienda que causó mucha controversia. ¿Puede ponerse en vigor algo propuesto hace 200 años? Las enmiendas propuestas más recientemente tienen un tiempo limitado en el que deben ser aprobadas o rechazadas. Aunque el primer Congreso no impuso un límite de tiempo en esta enmienda, es probable que surjan serios desafíos legales.

ENMIENDA IMPORTANTE

NEW JERSEY VS. T.L.O. (1985)

Fondo: T.L.O., una estudiante de escuela secundaria en Nueva Jersey, la encontraron fumando en el cuarto de baño. La llevaron a la oficina del vicedirector: se registró su bolsa que contenía artículos relacionados al uso de drogas y otra evidencia incriminatoria. T.L.O. sostenía que el registro de su bolsa era una infracción a su derecho contra "registros y embargos irrazonables".

Decisión / Importancia: La Corte Suprema apoyó a las autoridades escolares. A diferencia de la policía que tiene que mostrar "causa probable", los oficiales escolares necesitan sólo basarse en "sospecha razonable" para hacer un registro. Esto es porque las autoridades de una escuela deben tener el poder de mantener un ambiente de aprendizaje seguro.

HABLA LA CORTE

RESUMEN DE TU COMPRENSION

Instrucciones: Confirma tu comprensión de los términos y conceptos en este capítulo. Haz una señal al lado de los que sepas explicar. Si tienes dificultad en recordar algo, refiérete a las páginas indicadas.

LISTA DE VERIFICACION

- ❑ Epidemia del SIDA (294)
- ❑ Efecto de invernadero (298)
- ❑ Lluvia ácida (298)
- ❑ Déficit presupuestario (300)
- ❑ Déficit comercial (300)
- ❑ Control de armas (304)
- ❑ Testamento en vida (304)
- ❑ Eutanasia (304)
- ❑ Acción afirmativa (305)
- ❑ Mecanización (307)
- ❑ Nuevos inmigrantes (309)
- ❑ Ley de Estadounidenses Lisiados (312)

Instrucciones: Llena la información pedida en los siguientes cuadros sinópticos.

Epidemia del SIDA:
_____
_____
_____

Costos del cuidado del salud:
_____
_____
_____

DESCRIPCION DE LOS PROBLEMAS IMPORTANTES EN LOS ESTADOS UNIDOS

Deuda nacional creciente:
_____
_____
_____

Riesgos para el ambiente:
_____
_____
_____

Control de armas:
_____
_____

Oración en la escuela:
_____
_____

¿CUAL ES TU OPINION EN ESTAS CUESTIONES?

Derecho a una muerte sin sufrimiento:
_____
_____
_____

Programas de acción afirmativa:
_____
_____
_____

PERSPECTIVAS — EXAMEN DE PROBLEMAS, CONTROVERSIAS Y TENDENCIAS

En esta sección se te presenta lo que debes saber para escribir un ensayo sobre los problemas, asuntos controversiales y tendencias corrientes.

PROBLEMAS

Las preguntas de ensayo sobre el tema generalmente se concentran en los problemas actuales importantes para la nación. Aunque hay diferentes posibilidades, generalmente, en el planteo de un ensayo se te pedirá a:

a) **Definir el problema**. Tienes que describir la naturaleza del problema. Una sugerencia: al describir o definir un problema, repasa mentalmente la lista —*quién, qué, cuándo* y *dónde*.

b) **Identificar las causas**. Se espera que expliques por qué y cómo algo sucedió. Las "*causas*" son las diferentes razones por las que surgió el problema. Por ejemplo, ¿por qué aumenta el número de personas sin hogar? Una causa es que las viviendas son escasas y caras.

c) **Explicar los efectos**. Aquí debes explicar los efectos o el impacto que el problema tiene en la sociedad. Por ejemplo, ¿cuál es el efecto de la epidemia del SIDA en los hospitales? Uno de los efectos es que los hospitales son más atestados.

d) **Ofrecer soluciones**. Se espera que discutas algunas acciones que se tomaron o tus recomendaciones para solucionar el problema. Por ejemplo, ¿qué medidas debe tomar el gobierno para controlar la contaminación del aire? La Ley de Aire Puro proporcionó dos soluciones al limitar las emisiones de los autos y exigir que los gobiernos estatales hagan pruebas antes de otorgar licencias a las fábricas.

Para estudiar efectivamente, cuando leas acerca de un problema piensa en estos cuatro aspectos: ¿puedes **definir** el problema, **identificar** sus causas, **explicar** sus efectos y **ofrecer** soluciones?

CUESTIONES CONTROVERSIALES

La mayoría de la gente está de acuerdo que un problema es algo que requiere una solución. Una **controversia** es un asunto en el que hay opiniones opuestas sobre lo que se debe hacer. Por ejemplo, actualmente, una cuestión importante es si las mujeres deben poder tener un aborto cuando lo quieran. Las preguntas sobre asuntos o cuestiones generalmente comprueban si comprendes los puntos de vista opuestos. Aunque hay varias posibilidades, en las preguntas sobre una cuestión, generalmente se te pedirá a:

a) **Definir la cuestión.** Se espera que describas el asunto. Una sugerencia: al definir la controversia, repasa mentalmente la lista de —*quién, qué, cuándo* y *dónde.* Por ejemplo, algunos creen que debe limitarse el derecho del ciudadano a poseer armas. Otros creen que tales límites quebrantarían la Segunda Enmienda de la Constitución.

b) **Explicar los diferentes puntos de vista.** Tienes que describir los dos lados en conflicto. Se te puede pedir que menciones uno o más argumentos presentados por cada lado. Por ejemplo, algunos están en favor de no limitar la posesión de armas porque un sondeo muestra que los criminales temen más a los civiles armados que a la policía.

c) **Describir los intentos de contender con la cuestión.** Se espera que discutas o expliques alguna acción reciente tomada por el gobierno o un grupo privado. Por ejemplo, los miembros de grupos como la National Rifle Association a menudo envían al Congreso miles de cartas de protesta cuando se introduce un proyecto de ley de control de armas.

Para estudiar efectivamente, al leer sobre una cuestión, piensa en sus tres aspectos: ¿puedes **definir** la cuestión, **explicar** los puntos de vista y **discutir** cualquier acción privada o gubernamental que se haya tomado?

TENDENCIAS

Una **tendencia** es una forma de cambio que va en una dirección específica. Varias tendencias del presente tendrán un impacto en nuestro futuro. Las preguntas sobre las tendencias ponen a prueba tu comprensión de una forma específica de cambio. Aunque hay diferentes posibilidades, en la mayoría de las preguntas sobre el tema se te pedirá a:

a) **Definir la tendencia.** Aquí se espera que describas la tendencia o el acontecimiento. Al definir una tendencia, te conviene repasar mentalmente la lista —*quién, qué, cuándo* y *dónde.* Por ejemplo, en los últimos 100 años, ¿cómo cambió el papel de la mujer en el hogar, en el empleo y en la política? Parece que hay una tendencia de aumento de las responsabilidades y del poder de las mujeres, que ahora votan, trabajan en los campos profesionales y comparten quehaceres domésticos con los hombres.

b) **Pronosticar los efectos.** Tienes que discutir el efecto o el impacto que una tendencia tiene o puede tener en la sociedad. Por ejemplo, en tu opinión, ¿qué efecto tiene en la sociedad el número creciente de mujeres que tienen carreras políticas o de negocios?

Para estudiar con eficacia, debes pensar en estos dos aspectos. Cuando leas sobre una tendencia o un acontecimiento, ¿sabes **definir** la tendencia y **pronosticar** sus efectos?

COMPRUEBA TU COMPRENSION

Instrucciones: Contesta las preguntas de selección múltiple. Luego dirígete a los ensayos.

Basa tus respuestas a las preguntas 1 y 2 en la caricatura que sigue y en tu conocimiento de estudios sociales.

1 El autor de la caricatura está principalmente preocupado por
1 el poder del público
2 la baja en el precio de los productos
3 la condición de seguridad contra incendios
4 la deuda nacional

2 ¿Cuál declaración resume mejor la idea principal de la caricatura?
1 El presidente no tiene el poder de contender con los problemas de la nación.
2 El Congreso tiene que rescatar los programas sociales.
3 El déficit nacional creciente amenaza con destruir la nación.
4 Los programas estatales son demasiado costosos y deben ser reducidos.

3 El déficit presupuestario federal generalmente resulta
1 cuando el gobierno gasta más de lo que recoge en impuestos
2 hay malas inversiones en acciones y bonos
3 hay razones bajas de interés y aumento de inflación
4 cuando la economía padece de la inflación

Basa tus respuestas a las preguntas 4 a 6 en la siguiente tabla y en tu conocimiento de estudios sociales.

EL CRIMEN EN LOS ESTADOS UNIDOS (por 100,000 de población)			
Año	Crímenes violentos	Crímenes contra la propiedad	Arrestos por drogas
1980	5,950	5,353	256.0
1985	5,207	4,651	346.0
1989	5,741	5,078	423.4

4 De acuerdo a la tabla, para cada 100.000 personas, ¿cuántos crímenes violentos se cometieron en 1989?
1 5.950
2 5.741
3 5.207
4 5.078

5 Según la tabla, ¿cuál es la aseveración más acertada?
1 Los EE.UU. tienen la criminalidad más grande del mundo.
2 La mayoría del crimen en los EE.UU. está en declive.
3 Aumentan los arrestos por drogas.
4 A lo largo de los años 1980, la cantidad de crímenes contra la propiedad siguió igual.

6 La tendencia mostrada en la tabla podría usarse para apoyar el argumento que
1 el crimen es un problema en los EE.UU.
2 la población va disminuyendo
3 el gobierno no se preocupa por el crimen
4 puede prevenirse la mayoría de los crímenes

7 ¿Cuál concepto sería más difícil de comprobar?
1 En el futuro, más miembros de minorías entrarán en la fuerza laboral.
2 Las drogas ilegales seguirán llegando a los EE.UU. desde el extranjero.
3 Aumentará el número de casos del SIDA.
4 Los valores y principios de la nación cambiarán en el futuro.

8 ¿Cuál es el mejor ejemplo de la práctica de acción afirmativa?
1 dar comida a miembros de minorías sin hogar
2 ofrecer viviendas municipales a los ancianos
3 ayudar a más miembros de minorías a entrar en las universidades
4 bajar la edad requerida para el voto por los miembros de minorías

9 ¿Cuál es el efecto más probable de la población que envejece en los Estados Unidos?
1 más esfuerzo en la propaganda comercial para atraer a los jóvenes
2 más escuelas públicas
3 aumento del poder político de las personas jubiladas
4 aumento del poder político de los estudiantes universitarios

10 ¿Cuál afirmación describe mejor las relaciones comerciales entre los EE.UU. y el Japón?
1 Los EE.UU. venden al Japón sólo productos agrícolas.
2 Los EE.UU. compran más productos de los que venden al Japón.
3 Los EE.UU. prohiben la venta de sus productos en el Japón.
4 Los EE.UU. mantienen un balance comercial favorable.

ENSAYOS

1 **El pueblo estadounidense se encuentra hoy día frente a muchos problemas difíciles.**

Problemas

Epidemia de SIDA	Riesgos para el ambiente	Creciente deuda nacional
Costos del cuidado de la salud	Personas sin hogar	Déficit en el comercio

Parte A
Escoge *uno* de los problemas de la lista. _____

Nombre una causa del problema y uno de sus efectos en el pueblo de los EE.UU.

Causa: _____ Efecto: _____

Escoge *otro* problema de la lista. _____

Nombra una causa del problema y uno de sus efectos en el pueblo de los EE.UU.

Causa: _____ Efecto: _____

Parte B
En tu respuesta a la Parte B, debes usar la información que diste en la Parte A. Sin embargo, puedes también incluir información adicional o distinta.
En un ensayo explica las causas y los efectos de algunos problemas enfrentados por los EE.UU.

2 **Una sociedad democrática permite diferentes puntos de vista acerca de asuntos importantes. Actualmente, los estadounidenses se encuentran divididos a causa de varias cuestiones importantes.**

Asuntos controversiales

El aborto   El derecho a morir

La oración en las escuelas públicas   La acción afirmativa

Parte A

Escoge *dos* de las cuestiones de la lista. En el caso de cada una, nombra *un* argumento presentado por *cada* lado de la cuestión controversial.

CUESTIÓN	ARGUMENTOS EN FAVOR	ARGUMENTOS EN CONTRA
_____	1. _____	1. _____
_____	2. _____	2. _____

Parte B

En tu respuesta a la Parte B debes usar la información que diste en la Parte A. Sin embargo, puedes también incluir información adicional o distinta.

En un ensayo explica cómo los estadounidenses hoy día se encuentran divididos con respecto a varias cuestiones importantes.

3 **Las tendencias recientes tendrán un gran impacto sobre el futuro de muchos estadounidenses.**

Tendencias

Mecanización   Adelantos en la tecnología

Cambios en la población   Nuevos derechos para los lisiados

Parte A

Escoge *una* de las tendencias de la lista. _____

Nombra *dos* efectos que esta tendencia podrá tener en la sociedad de los EE.UU.

1. _____ 2. _____

Escoge *una* de las tendencias de la lista._____

Nombra *dos* efectos que esta tendencia podrá tener en la sociedad de los EE.UU.

1. _____ 2. _____

Parte B

En tu respuesta a la Parte B debes usar la información que diste en la Parte A. Sin embargo, puedes también incluir información adicional o distinta.

Escribe un ensayo que comienza con la siguiente oración temática: **"Varias tendencias tendrán un gran impacto en el futuro de muchos estadounidenses."**

TAREAS PRACTICAS

INVESTIGACION DE PROBLEMAS, CONTROVERSIAS Y TENDENCIAS

En este capítulo estudiaste los problemas, controversias y tendencias actuales y con las que la nación se enfrentará en el futuro.

DESCRIPCIÓN DE LA TAREA: En este ejercicio tienes que escoger un problema, controversia o una tendencia que se menciona en el capítulo. Después de hacer la selección, debes conducir una investigación por tu propia cuenta para saber más del tema.

TU TAREA: Después de completar la investigación, repasa los resultados y escribe un breve informe.

➤ **En el caso de los problemas.** Debes:
- describir el problema
- nombrar las causas
- explicar los efectos
- proporcionar por lo menos una posible solución al problema

➤ **En el caso de las controversias.** Debes:
- describir la cuestión
- explicar los diferentes puntos de vista en la controversia
- hacer una recomendación basada en tu propio punto de vista

➤ **En el caso de tendencias.** Debes:
- describir la tendencia
- pronosticar algunos de sus posibles efectos en el futuro de la nación

Además de hacer un informe escrito, también debes preparar una presentación oral de dos minutos para resumir tus conclusiones ante la clase. Después de que se completen las presentaciones orales, la clase debe decidir cuáles son los problemas y controversias más urgentes, y tendencias de mayor importancia en los Estados Unidos.

DONDE ENCONTRAR INFORMACIÓN:
Para preparar esta tarea considera el uso de artículos de enciclopedias, libros, revistas, diarios y almanaques. La *Reader's Guide to Periodical Literature* te puede servir para encontrar información específica en las revistas y en los periódicos. El maestro o bibliotecario en la escuela puede proporcionarte ayuda en usar esta fuente de consulta.

CAPITULO 12

REPASO FINAL

Este capítulo se divide en dos secciones. La primera te ayuda a hacer los preparativos para un examen en la historia y el gobierno estadounidense: se repasan los elementos más importantes que debes estudiar. La segunda sección contiene un repaso y explicaciones de los conceptos y términos importantes usados en este libro —los elementos que **debes** saber para salir bien en un examen comprensivo en esta asignatura.

LOS PRINCIPIOS DE LA CONSTITUCION DE LOS EE.UU.

El sistema de gobierno establecido por la Constitución de los EE.UU. se basa en una serie de principios fundamentales. Resume tu conocimiento de estos principios al completar el siguiente cuadro. La última columna indica la página que contiene la información sobre lo que tengas dificultad en recordar.

PRINCIPIO CONSTITUCIONAL	DEFINE EL PRINCIPIO	COMO ESTE PRINCIPIO FOMENTA LA LIBERTAD	PA-GINA
SOBERANÍA POPULAR			40
FEDERALISMO			40
SEPARACIÓN DE PODERES			43
CONTROL MUTUO			43
GOBIERNO LIMITADO			44

DECISIONES IMPORTANTES DE LA CORTE SUPREMA

Las decisiones de la Corte Suprema a menudo tuvieron un impacto importante en el gobierno y en la sociedad estadounidense. Resume tu conocimiento de algunas de estas decisiones al completar el siguiente cuadro:

CASO	AÑO	IMPORTANCIA DE LA DECISION	PAGINA
Marbury vs. Madison			91
McCulloch vs. Maryland			91
Plessy vs. Ferguson			91
Korematsu vs. United States			213
Brown vs. Board of Educ.			233
Roe vs. Wade			246
Miranda vs. Arizona			250
Gideon vs. Wainwright			250

LAS ENMIENDAS CONSTITUCIONALES IMPORTANTES

La Constitución de los EE.UU. fue enmendada 27 veces en poco más de 200 años. Resume tu conocimiento de algunas enmiendas escogidas al completar el siguiente cuadro:

ENMIENDA	¿COMO ESTA ENMIENDA EXPANDIO LOS DERECHOS INDIVIDUALES?	PAGINA
Primera		56
Cuarta		56
Quinta		56
Sexta		56
Séptima		56
Octava		56
Trece		91
Catorce		57
Quince		91
Diecinueve		127
Veintiseis		57

DOCUMENTOS IMPORTANTES

En el curso de la historia estadounidense, varios documentos fundamentales han tenido efectos muy importantes. Resume tu conocimiento de estos documentos al completar el siguiente cuadro:

DOCUMENTO	DESCRIBELO	¿POR QUE ERA IMPORTANTE?	PAGINA
Acuerdo de Mayflower			13
Declaración de la Independencia			20
Artículos de la Confederación			22
Constitución de los EE.UU.			39
Declaración de Derechos			56
Proclama de Emancipación			79

LEYES ESTADOUNIDENSES IMPORTANTES

En ciertos momentos de la historia de la nación, el Congreso de los EE.UU. promulgó leyes con un objetivo específico. Resume tu conocimiento de estas leyes al completar el siguiente cuadro:

LEY	AÑO	SU OBJETIVO	CONDICIONES IMPORTANTES	PA-GINA
Ley de Here-dades Familiares				112
Ley Dawes				114
Ley de Comercio Interestatal				148
Ley Sherman contra Trusts				102
Ley de Pureza de Alimentos y Drogas				148
Ley de Seguridad Social				213
Ley de Derechos Civiles				235
Ley de Poderes en Tiempo de Guerra				282
Ley de Estado-unidenses Lisiados				312

POLITICAS IMPORTANTES DE LOS EE.UU.

Para el bien de la nación, los jefes estadounidenses siguen diversas políticas externas. Resume tu conocimiento de estas políticas externas al completar el siguiente cuadro:

POLITICA EXTERNA	DESCRIBE LA POLITICA	SITUACIONES EN QUE SE SIGUIO	PA-GINA
Imperialismo			162
Neutralidad			170
Aislacionismo			173
Dependencia en las organiza-ciones interna-cionales			210
Contención			225
Seguridad colectiva			226
Détente			267

ACONTECIMIENTOS IMPORTANTES DE POLITICA EXTERNA

En varios anuncios de política importante, los jefes estadounidenses declararon sus intenciones hacia otros países. Resume tu conocimiento de estas diferentes políticas al completar el siguiente cuadro:

POLITICA	POR QUE SE PROMULGO	DESCRIBE LA POLITICA	PA-GINA
Doctrina Monroe			157
Destino Manifiesto			158
Política de Libre Acceso			163
Política del Garrote			166
Política del Buen Vecino			167
Doctrina Truman			225
Plan Marshall			225
Doctrina Reagan			274

GUERRAS IMPORTANTES EN QUE PARTICIPARON LOS EE.UU.

A lo largo de su historia, los EE.UU. participaron en una serie de conflictos militares. Resume tu conocimiento de estos conflictos al completar el siguiente cuadro:

GUERRA	CAUSAS	RESULTADOS	PAGINA
Guerra de 1812			157
Guerra Civil			76
Guerra Hispano-Estadounidense			159
Primera Guerra Mundial			169
Segunda Guerra Mundial			201
Guerra de Corea			227
Guerra de Vietnam			260
Guerra del Golfo			276

LOS PRESIDENTES ESTADOUNIDENSES

Varios presidentes estadounidenses tuvieron una influencia especial en la historia del país. Resume tu conocimiento de sus acciones al completar el siguiente cuadro:

PRESIDENTE	EXITO O FRACASO IMPORTANTE DE ESE PRESIDENTE	PAGINA
George Washington		67
Abraham Lincoln		78
Theodore Roosevelt		143
Woodrow Wilson		144
Franklin D. Roosevelt		196
John F. Kennedy		240
Lyndon B. Johnson		242
Richard Nixon		266
Escoge a otro:_____		

LOS LIDERES EN LA HISTORIA ESTADOUNIDENSE

A lo largo de la historia del país, los escritores y los líderes de movimientos sociales y políticos en particular, tuvieron un efecto importante en la vida de otras personas. Resume tu conocimiento de estos individuos influyentes al completar el siguiente cuadro:

PERSONA	CONDICION QUE QUERIA CAMBIAR	COMO TRATO DE INTRODUCIRLOS	PAGINA
Rachel Carson			248
César Chavez			248
Betty Friedan			244
Samuel Gompers			106
Jesse Jackson			311
Martin Luther King, Jr.			234
Upton Sinclair			144
Elizabeth Cady Stanton			126
Harriet Beecher Stowe			77

LOS MOVIMIENTOS DE REFORMA

En varias épocas de la historia estadounidense, había grupos que trataban de introducir reformas en la sociedad. Resume tu conocimiento de estos movimientos de reforma al completar el siguiente cuadro:

Movimiento de Reforma	Lo que trató de reformar	Impacto del movimiento	Pagina
Movimiento abolicionista			77
Movimiento obrero			104
Movimiento indígena			113
Movimiento por los derechos femeninos			125
Movimiento progresista			141
Movimiento por los derechos civiles			232
Movimiento de los lisiados			312

LOS PROBLEMAS IMPORTANTES PARA LOS EE.UU.

Actualmente, los Estados Unidos están frente a muchos problemas. Resume tu conocimiento de algunos de ellos al completar el siguiente cuadro:

PROBLEMA	DESCRIPCION	SU EFECTO	POSIBLES SOLUCIONES	PA-GINA
Epidemia del SIDA				294
Aumento de costos del cuidado de salud				296
Personas sin hogar				297
Criminalidad				297
Déficit comercial				300
Riesgos para el ambiente				298
Déficit presupuestario				300
Deuda nacional				300

GLOSARIO DE TERMINOS Y CONCEPTOS IMPORTANTES

Los números en letra oscura entre corchetes [ ] indican la página en que se discute cada elemento por primera vez.

Acción afirmativa: Programas privados y públicos destinados a contrarrestar las injusticias sufridas por los grupos contra los que había discriminación en el pasado. Por ejemplo, una empresa puede alistar y contratar a mujeres y afro-estadounidenses antes de contratar a individuos de otros grupos que podrían tener calificaciones iguales o mejores. [305]

Aislacionismo: Política de una nación que se niega a involucrarse con otras cuando esto puede llevar a la guerra. Los Estados Unidos eran aislacionistas en las décadas de 1920 y 1930. [173]

Apaciguamiento: Concesiones hechas a un agresor potencial para evitar un conflicto. Por ejemplo, en 1938, el Premier Chamberlain de Gran Bretaña, para evitar la guerra, apaciguó a Hitler en la conferencia de Munich. [202]

Artículos de la Confederación (1781-1787): La primera constitución usada para gobernar los Estados Unidos. La Confederación mantuvo unidos los estados en el tiempo que siguió la Revolución Estadounidense. Su debilidad principal fue otorgar demasiado poder a los gobiernos estatales y poder insuficiente al gobierno nacional. Fue reemplazada por la Constitución de 1787. [22]

Asamblea de Seneca Falls (1848): Organizada por las reformistas principales y considerada como el comienzo del movimiento por los derechos femeninos. La Asamblea proclamó que las mujeres eran iguales a los hombres y debían tener el derecho al voto. [126]

Asunto Watergate (197-1974): Cuando el Presidente Nixon, republicano, planeaba ser reelegido, un grupo vinculado a su campaña fue apresado cuando penetró el centro del Partido Demócrata en Washington, D.C. Al principio, Nixon negó su participación, pero más tarde se descubrió que estaba muy involucrado en el intento de encubrir la investigación. El escándalo llevó a una serie de sucesos que causaron la dimisión de Nixon. Esta crisis disminuyó la confianza de muchos individuos en el gobierno del país. [268]

Brown vs. Board of Education: La decisión de la Corte Suprema que declaró como inconstitucional la segregación en las escuelas públicas. Sostuvo que las facilidades separadas en la educación son "inherentemente desiguales". El caso era decisivo en el movimiento por los derechos civiles. [233]

Capitalismo: Sistema económico en el que los recursos naturales y los medios de producción son de propiedad privada y no estatal. Los precios, la producción y distribución se determinan principalmente por la competencia entre los vendedores. Los consumidores tienen la libertad de escoger lo que van a comprear de entre lo que ofrecen los productores. Los partidarios del capitalismo mantienen que éste lleva al uso eficaz de los recursos. Sus críticos dicen que a veces puede resultar en desigualdades injustas entre los individuos. [97]

Cláusula elástica: Se encuentra en la Constitución y expande los poderes del gobierno. Le da poderes adicionales que sean "necesarios y apropiados" para aplicar las facultades específicamente nombradas en la Constitución. Por ejemplo, el gobierno tiene derecho a recoger impuestos; bajo la "cláusula elástica", el Congreso tiene el poder de establecer una agencia, como el "Internal Revenue Service" (Servicio de Fisco Interno) que ayuda en el recaudo de impuestos sobre ingresos. La Constitución sólo dice que los impuestos pueden ser recogidos, pero no dice cómo el Congreso lo debe hacer. [44]

Colegio Electoral: Grupo especial conocido como electores, seleccionados para elegir al presidente. Los autores de la Constitución lo establecieron porque no querían confiar al pueblo en general la elección del presidente. Actualmente, los electores siguen el mandato de los votantes de su estado. Cada candidato presidencial gana todos o ninguno de los votos electorales de cada estado. Es posible ganar la mayoría del voto popular, pero perder el voto del Colegio Electoral. [52]

Constitución: Documento escrito que contiene los principios que establecen cómo debe funcionar el gobierno. La Constitución de los EE.UU. describe las estructuras y los poderes del gobierno de los Estados Unidos. Todas las acciones gubernamentales tienen que seguir estos principios. [38]

Constitución implícita: Prácticas políticas que surgieron después de que se redactara y pusiera en efecto la Constitución de los EE.UU. Estas prácticas llegaron a ser tradicionales y usuales aunque no son formalmente parte de la Constitución. Por ejemplo, tanto el sistema del Gabinete como los partidos políticos son parte de la constitución implícita. [53]

Contención: Política externa seguida por los Estados Unidos durante la guerra fría; trató de detener la expansión de la influencia del comunismo. Los EE.UU. no trataron de derribar el comunismo donde ya estaba establecido, pero trataron de "contener" su expansión a otros países. [232]

Control mutuo: Sistema establecido por la Constitución de los EE.UU. para asegurar que el gobierno nacional no se vuelva demasiado fuerte o que oprima a los que gobierna. Cada rama del gobierno federal tiene formas de detener la acción de otras ramas. Por ejemplo, el presidente (rama ejecutiva) puede vetar proyectos de ley aprobados por el Congreso (rama legislativa). De esta manera, ni el presidente ni el Congreso pueden asumir poderes dictatoriales. [43]

Convenio colectivo: Negociaciones entre la gerencia de una empresa y el sindicato que representa a los obreros. En el convenio colectivo a menudo se discuten sueldos, horas y condiciones de trabajo, beneficios y otros asuntos de interés mutuo. [107]

Crisis cubana de misiles: Cuando se descubrieron misiles soviéticos en Cuba, el Presidente Kennedy ordenó el bloqueo naval de Cuba para obligar a los soviéticos a retirar esos misiles. A cambio de la promesa estadounidense de no invadir a Cuba, los misiles fueron retirados. [241]

Declaración de Derechos: Las primeras diez enmiendas a la Constitución de los EE.UU. Su propósito principal era proteger las libertades individuales de los posibles abusos del gobierno nacional. [56]

Declaración de la Independencia (1776): Documento publicado para presentar al mundo las razones que tenían las colonias para separarse de Inglaterra. La Declaración sostiene que el propósito del gobierno es proteger la propiedad y los derechos individuales. Si el gobierno no lo hace, el pueblo tiene derecho a cambiar o abolir ese gobierno. La Declaración es importante porque es la base del gobierno de los EE.UU. [20]

Déficits: El déficit surge cuando el gobierno gasta más dinero de lo que recibe en impuestos. Los déficits pueden ser perjudiciales porque para pagarlos se necesita tomar préstamos, y pueden amenazar el futuro desarrollo económico. También pueden tener influencia positiva porque se pueden utilizar en el fomento de la economía. [300]

Democracia: Sistema de gobierno en el que los ciudadanos participan en las decisiones del gobierno; pueden votar directamente sobre las cuestiones que se les presenten o elegir a personas que los representen en la legislatura. Los Estados Unidos son una democracia representativa porque sus ciudadanos eligen a sus propios jefes del gobierno. [16]

Destino Manifiesto: Convicción de algunos estadounidenses en los años 1840 que el destino de su país era extenderse desde la costa del Atlántico hasta el Pacífico. Como resultado de este deseo de expansión territorial, los EE.UU. anexaron a Texas en 1845. En los años 1890, la misma idea fue aplicada para justificar la adquisición de colonias en el Pacífico. [158]

Détente: Política que siguen las naciones en competencia si tratan de mitigar la tensión y desconfianza con un ánimo de cooperación y negociaciones. Los Estados Unidos y la Unión Soviética siguieron la política de détente en los años 1970. [267]

Doctrina Monroe (1852): Proclamada por el Presidente Monroe en un intento de impedir futura colonización europea del Hemisferio Occidental. Esta doctrina manifestaba al resto del mundo que los Estados Unidos tenían interés especial en la región; en el siglo XX, se usó para justificar las frecuentes intervenciones estadounidenses en los países latinoamericanos. [157]

Doctrina Truman (1947): Política de los EE.UU. que impidió el esparcimiento del comunismo a Grecia y Turquía. El Presidente Truman ofreció a estos países asistencia militar y económica. Esto se basó en la idea de que la mejor forma de detener el comunismo era ofrecer apoyo a los países que lo combatieran. [225]

Enmienda Catorce (1868): Enmienda constitucional aprobada después de la Guerra Civil. Prohibe que los estados priven a los ciudadanos de la libertad o propiedad sin el "debido proceso de ley", y obliga a los gobiernos estatales a garantizar a todos sus ciudadanos "igual protección de la ley". El propósito original de esta enmienda era proteger los derechos de los libertos en el Sur. La interpretación de la Enmienda XIV por la Corte Suprema proporciona a los habitantes de los EE.UU. las mismas protecciones contra los actos de gobiernos estatales que tienen contra los actos del gobierno federal. [57]

Enmienda Diecinueve (1920): Dio a las mujeres el derecho al voto en todos los estados. [127]

Enmiendas: Adiciones y cambios a la Constitución de los EE.UU. Por ejemplo, la Primera Enmienda, que protege la libertad de palabra y de religión contra el abuso del gobierno, fue agregada a la Constitución original. Las enmiendas generalmente tienen que ser aprobadas por un voto de 2/3 de cada cámara del Congreso y por 3/4 de los estados. [45]

Era de la Reconstrucción: Período inmediato después de la Guerra Civil cuando los estadounidenses tenían la tarea de reunificar la nación, ayudar a los libertos y reconstruir el Sur. La cuestión de cómo proceder causó una contienda entre el presidente y el Congreso. Por un tiempo breve, el Congreso ganó el control. Continuó la ocupación militar del Sur y permitió que los negros participaran completamente en la política sureña, mientras se excluía a los antiguos jefes de la Confederación. La Reconstrucción llegó a su fin en 1877 cuando se retiraron del Sur las tropas federales. [81]

Etnocentrismo: Convicción de que la raza y la cultura de uno son superiores a las otras. Por ejemplo, en un tiempo los individuos nacidos en los EE.UU. se creían ser superiores a todos los inmigrantes. [133]

Examen jurídico: Poder de la Corte Suprema a examinar las leyes del Congreso y las acciones del presidente para decidir si están de acuerdo a la Constitución. El poder del examen jurídico fue claramente establecido en el caso de *Marbury vs. Madison*. [52]

Federalismo: Sistema de compartir el poder y la autoridad entre el gobierno nacional y los gobiernos locales. Para evitar la concentración de poder político, la Constitución de los EE.UU. dividió el poder entre dos niveles: el nivel nacional de gobierno que trata de asuntos nacionales, y el nivel estatal que trata de los asuntos locales. El nivel nacional generalmente se conoce como gobierno federal. [40]

Frontera: Línea imaginaria que separaba las regiones pobladas de lo que se consideraban terrenos deshabitados. En realidad, la frontera señalaba la división entre las tierras habitadas por los amerindios y los lugares más densamente poblados por personas de origen europeo y africano. Para 1890, en los EE.UU. ya no había una línea divisoria decisiva. [110]

Gran Depresión: Severo atraso económico en los EE.UU. que llegó después de la crisis de la bolsa de valores en 1929. Hubo muchísimo desempleo, fracasos de negocios, pérdida de ganancias para las empresas y mucho sufrimiento general. Para combatir la Depresión más tarde se introdujo la legislación del Nuevo Trato. [192]

Guerra de Corea (1950-1953): Corea del Norte invadió a Corea del Sur en un intento de unificar el país bajo el régimen comunista. El Presidente Truman envió fuerzas estadounidenses a Corea del Sur para resistir esa invasión. La guerra duró tres años, terminando en una tregua que dejó el país dividido igual como estaba antes de las luchas. [227]

Guerra de Vietnam (1954-1973): Conflicto entre los Estados Unidos y Vietnam del Norte sobre la independencia de Vietnam del Sur. Políticamente, esta guerra fue la más divisiva de la historia estadounidense. [260]

Guerra fría (1945-1991): Rivalidad entre dos superpotencias —los Estados Unidos y la Unión Soviética— después de la Segunda Guerra Mundial. La Unión Soviética trató de esparcir su sistema comunista mientras que los Estados Unidos trataron de contenerlo. La rivalidad fue una guerra "fría" ya que las dos superpotencias no entraron en guerra abierta a causa de la amenaza de las armas nucleares. [222]

Guerra Hispano-Estadounidense (1898): Guerra entre los EE.UU. y España sobre la independencia de Cuba. Al salir victoriosos en esta guerra, los Estados Unidos llegaron a adquirir un vasto imperio colonial. [159]

Hiroshima: Ciudad en el Japón escogida como el objetivo del primer bombardeo atómico. El 6 de agosto de 1945, la bomba mató a más de 100.000 personas y resultó en el rápido rendimiento del Japón, así poniendo fin a la Segunda Guerra Mundial. [207]

Inmigración: Movimiento de gente de un país a otro. A lo largo de su historia, los EE.UU. atrajeron a muchísimos inmigrantes. Estos venían para escapar la pobreza y las persecuciones religiosas y políticas en sus tierras natales. Desde la Primera Guerra Mundial, la inmigración fue controlada por una serie de leyes nacionales. [134]

Imperialismo: Dominio político y económico de un país por otro más fuerte. Por ejemplo, los Estados Unidos siguieron la política imperialista cuando anexaron a las Filipinas después de la Guerra Hispano-Estadounidense. **[162]**

Impuesto progresivo en los ingresos: Sistema con el que los individuos acomodados pagan impuestos proporcionalmente más altos que los otros. Por ejemplo, los que ganan más de $100.000 pueden pagar un impuesto de 50% sobre esta suma; los que ganan $10.000 llegarán a pagar sólo un 5% en impuestos. Este concepto fue una de las propuestas importantes de los populistas y progresistas. **[141]**

Ku Klux Klan: Organización secreta que surgió en el Sur para aterrorizar a los negros con amenazas y actos violentos. Por ejemplo, algunos fueron obligados a someterse cuando se quemaron sus viviendas. El K.K.K. quería impedir que los afro-estadounidenses ejercieran sus derechos políticos y sociales. **[85]**

Laissez-faire: Política seguida por el gobierno estadounidense en el siglo XIX que permitía la operación de negocios con el mínimo de intervención y reglamentación gubernamental. **[101]**

Ley de Poderes en Tiempo de Guerra (1973): Aprobada por el Congreso con el fin de establecer límites en el poder presidencial de hacer la guerra. Se estableció en reacción a los acontecimientos de la Guerra de Vietnam y el furor ante el hecho de que los presidentes podían involucrar a la nación en una guerra sin la aprobación del Congreso. De acuerdo a esta ley, el presidente tiene que recibir permiso congresional para enviar tropas al combate en el extranjero, o retirarlas dentro de 90 días. **[282]**

Ley de Seguridad Social: Ley aprobada como parte del Nuevo Trato. Su propósito era ofrecer una "red de seguridad" en caso de desempleo, enfermedad o la muerte de la persona que mantiene a la familia. En el presente, millones de individuos reciben mensualmente beneficios de jubilación. Este programa se costea por un impuesto especial que pagan los empleados y los patrones. **[213]**

Leyes Jim Crow: Leyes aprobadas por las legislaturas sureñas en los años 1880 y 1890 que segregaban a los negros de los blancos. Estas leyes requerían escuelas separadas, vagones de ferrocarril separados y segregación en las facilidades públicas, como excusados y bancos en los parques. **[85]**

Libertad de palabra (también de expresión): Derecho del individuo a hablar libremente sin temor de prisión o castigo. En los Estados Unidos, la expresión libre es necesaria para el gobierno democrático. Sin embargo, hasta con esa libertad, uno no puede decir cosas que amenacen directamente la seguridad de un individuo o de una comunidad. La libertad de palabra no permite a nadie, como broma, gritar "fuego" en un teatro lleno de gente. **[56]**

Liga de las Naciones: Organización internacional inicialmente propuesta por Woodrow Wilson como parte de sus Catorce Puntos. Luego vino a ser parte del Tratado de Versalles al final de la Primera Guerra Mundial. La Liga fue una organización donde las diferencias podían allanarse por medio de discusión en vez de la guerra. No llegó a lograr la paz mundial en parte porque algunas potencias mundiales, inclusive los EE.UU. y Rusia, no eran miembros. La Liga se disolvió al estallar la Segunda Guerra Mundial; cuando terminó ésta, fue reemplazada por las Naciones Unidas. **[172]**

Marbury vs. Madison (1803): Caso decidido por la Corte Suprema de los EE.UU. en el que se estableció el principio del examen jurídico. La Corte sostuvo su poder de determinar la constitucionalidad de las acciones de la rama legislativa y ejecutiva. Esto aumentó mucho el poder de la Corte Suprema ya que la convirtió en la autoridad cumbre en la interpretación de la Constitución. **[91]**

Miranda vs. Arizona (1966): Decisión de la Corte Suprema que requiere que la policía informe a todos los sospechados de crimen de ciertos derechos. Estos son los derechos a mantener el silencio, de tener un abogado presente durante la indagación y saber que todo lo que digan puede ser usado contra ellos. Estos se conocen como los derechos "Miranda". [250]

Movilidad social: Movimiento de los individuos de una clase social a otra. Un ejemplo de movilidad social puede ser el caso de una persona que sube de la pobreza a la clase media. [309]

Movimiento granjero: Movimiento rural de reforma, que surgió en 1867, que trató de unir a los agricultores en un solo grupo de interés para tratar con sus problemas. Por ejemplo, los granjeros trataron de elegir a las legislaturas estatales a candidatos que favorecían tarifas ferroviarias más bajas. [137]

Movimiento por los derechos civiles: Movimiento que en los años 1950 y 1960 trató de lograr igualdad de derechos y mejores condiciones de vida para los afro-estadounidenses. Intentó llevar la nación más cerca al ideal de la Declaración de la Independencia, que todos los hombres nacen iguales. También se basaba en el principio de la Enmienda Catorce de que todos tienen derecho a igual protección de la ley. El movimiento acabó con la segregación pública en el Sur y llevó a que se prohibiera la mayoría de la discriminación racial. También hizo que otros grupos, como las mujeres, los hispano-estadounidenses y los lisiados exigieran derechos iguales. [232]

Movimiento por los derechos femeninos (1840-1870): Intentos por las mujeres de organizarse para desafiar la dominación masculina legal y económica. El enfoque principal del movimiento fue en el derecho al voto para las mujeres. Con el tiempo, el movimiento llevó a la aprobación de la Enmienda Diecinueve; ésta requería que todos los estados otorgaran sufragio a las mujeres. En los años 1960, ese movimiento fue reanimado con el nombre de movimiento de liberación femenina. [125]

Movimiento progresista (1890-1920): Movimiento de reforma que trató de contrarrestar las injusticias políticas y económicas que resultaron de la industrialización rápida del país. Los progresistas trataron de usar la autoridad del gobierno para corregir los males y los abusos de las grandes empresas. Dos progresistas, Theodore Roosevelt y Woodrow Wilson llegaron a la presidencia e introdujeron una serie de reformas. [41]

Nacionalismo: Este término tiene dos sentidos distintos. En los países unificados, es la lealtad a la nación ante todo. En los países multi-étnicos, se refiere al deseo de los distintos grupos de tener una nación propia y gobierno autónomo. Esta tendencia fue una causa importante de la Primera Guerra Mundial y de la reciente disolución de la Unión Soviética. [169]

Naciones Unidas: Organización internacional para mantener la paz, establecida después de la Segunda Guerra Mundial. El objetivo principal de la O.N.U. es fomentar la armonía internacional, la paz y el desarrollo económico. La mayoría de los países del mundo, inclusive los EE.UU., actualmente son miembros de la O.N.U. A diferencia de la antigua Liga de las Naciones, la O.N.U. da poderes especiales a las naciones más fuertes del mundo que actúan como miembros permanentes del Consejo de Seguridad. [209]

Nazismo: Forma de totalitarismo encabezado por Adolfo Hitler, que surgió en Alemania después de la Primera Guerra Mundial. El nazismo ensalzaba a Alemania y culpaba a los judíos por todos los problemas del mundo. También predicaba que el estado era supremo y que el "líder" (Hitler) expresaba la voluntad del estado. Cuando los nazis asumieron el poder, controlaban todos los aspectos de la vida en Alemania, asesinaban a los judíos y a adversarios políticos, y comenzaron la Segunda Guerra Mundial. [201]

Neutralidad: Política seguida por un país que no toma partidos con ninguna nación en guerra. Por ejemplo, los Estados Unidos inicialmente siguieron esta política cuando a fines de los años 1930 estalló la guerra en Europa. [69]

Nuevo Trato: Nombre dado a los programas introducidos por Franklin D. Roosevelt para combatir la Gran Depresión. Se basaba en el principio que el gobierno federal era en gran parte responsable por el funcionamiento ventajoso de la economía. Señaló el fin de la idea que el gobierno y la economía debían estar completamente separados. El Nuevo Trato introdujo muchos programas importantes, como la Seguridad Social y el seguro que el gobierno extiende sobre los depósitos bancarios. [197]

OTAN: La Organización del Tratado del Atlántico Norte se estableció en reacción al aumento de tensiones de la guerra fría en pos de la Segunda Guerra Mundial. Los Estados Unidos, el Canadá y diez naciones occidentales europeas se comprometieron a defensa mutua en caso de un ataque. La OTAN es un ejemplo de seguridad colectiva. Durante la guerra fría, la OTAN contribuyó a detener la expansión del comunismo en Europa. [226]

Partido político: Grupo de personas que actúan en conjunto para ganar las elecciones y colocar a sus candidatos en puestos públicos. Generalmente sus miembros tienen objetivos comunes. Cuando se redactó la Constitución, no había partidos políticos. Estos surgieron más tarde y llegaron a ser un rasgo importante, aunque no oficial, de la democracia del país. Actualmente, los Partidos Demócrata y el Republicano son los dos partidos principales de los EE.UU. [53]

Partido Populista (1891-1896): Se formó por los granjeros que unieron sus fuerzas con los obreros para luchar contra la influencia que tenían los bancos y los ferrocarriles en los gobiernos estatales y en el gobierno federal. Los populistas no llegaron a alcanzar poder nacional, pero sus esfuerzos llevaron a una serie de reformas en varios estados. Algunas de sus ideas, como el impuesto progresivo sobre ingresos, más tarde fueron adoptadas en el nivel nacional. [138]

Periodismo sensacionalista: Método de dramatizar y hasta falsear sucesos para vender más periódicos. En los años 1890, se utilizó por algunos periódicos que narraban las supuestas atrocidades de los españoles contra el pueblo cubano. Estos reportajes causaron el clamor público que llevó a la Guerra Hispano-Estadounidense. [160]

Plan Marshall: Plan propuesto por los Estados Unidos para dar ayuda económica a los países de la Europa occidental después de la Segunda Guerra Mundial. Su objetivo fue reconstruir la economía de esa región para hacerla más resistente a los atractivos del comunismo. [225]

Plessy vs. Ferguson (1896): Decisión de la Corte Suprema que permitió a los estados a separar a los negros de los blancos con tal que las facilidades fuesen "iguales". En efecto, este fallo dejó que los estados sureños siguieran aprobando leyes de segregación. Esta decisión más tarde fue volteada por el caso de *Brown vs. Board of Education (1954)*. [91]

Poderes concurrentes: Poderes que pueden ser usados por el gobierno federal y los estatales. Un ejemplo es el poder de cargar impuestos; lo ejerce tanto el gobierno federal como el gobierno del estado de Nueva York. [41]

Poderes reservados: Poderes mencionados en la Constitución como no otorgados al gobierno nacional. Por lo tanto, ya que no los tiene el gobierno federal, estos poderes fueron otorgados a los estados. Por ejemplo, la administración de las escuelas públicas es un poder reservado de los estados. [41]

Política del Buen Vecino (1930-1945): Política por la cual los Estados Unidos trataron de mejorar sus relaciones con los países latinoamericanos; prometieron tratarlos como iguales y no intervenir en sus problemas internos. Esta política intentó cambiar las anteriores que trataron a varios países latinoamericanos como dependencias de los EE.UU. [167]

Política de Libre Acceso (1899): Política anunciada por los Estados Unidos que anunciaba derechos comerciales iguales para todas las naciones en todas las partes de China. En poco tiempo, los EE.UU. también declararon su objetivo de mantener la independencia y unidad china; el propósito era impedir el desmembramiento de China por las naciones imperialistas europeas. [163]

Política externa: Conducta de una nación hacia otras. Entre los ejemplos de política externa estaba el envío de tropas [estadounidenses] por el Presidente Bush al Panamá, o su encuentro con otros líderes mundiales en la conferencia internacional cumbre de asuntos ambientales en el Brasil. [177]

Preámbulo: La introducción a la Constitución de los EE.UU. Declara los objetivos del gobierno nacional. Uno de ellos, por ejemplo, es asegurar la paz interna. [40]

Primera Guerra Mundial (1914-1919): Guerra mundial importante que estalló después del asesinato del Archiduque Francisco Fernando de Austria. Los Estados Unidos entraron en la guerra en 1917 para apoyar a los Aliados (Francia y Gran Bretaña) y para defender la libertad de los mares. Después de la guerra, los EE.UU. surgieron como una potencia mundial importante. [169]

Proceso debido de la ley: Derecho que tiene una persona a un juicio justo e imparcial ("proceso debido") antes de que sea castigado o privado de su propiedad u otros derechos. Cada individuo tiene el derecho de saber de qué queda acusado, y de presentar explicaciones o una defensa. Nadie puede quedar castigado o privado de su propiedad arbitrariamente; tiene que seguirse la ley. En casos criminales importantes, cada persona tiene derecho a juicio por jurado. [57]

Procesos de Nuremberg (1945-1946): Después de la Segunda Guerra Mundial, los Aliados pusieron a los jefes nazis a juicio por "crímenes contra la humanidad". Los procesos tuvieron lugar porque se encontraron en los campos de concentración alemanes, se encontraron cadáveres y prisioneros hambrientos, enfermos y moribundos. Los juicios se basaron en el principio de que los individuos pueden ser responsables por sus acciones, hasta en tiempo de guerra y aún cuando actuaban bajo órdenes del gobierno. En el Japón se condujeron procesos similares contra los criminales de guerra japoneses. [208]

Rastrilladores de mugre: Periodistas y escritores de denuncia entre las décadas de 1890 y 1920 que revelaban los abusos de las grandes industrias y la creciente corrupción del gobierno. En busca de noticias, "rastrillaban" la mugre de la vida del país. Uno de los rastrilladores más conocidos era Upton Sinclair que expuso las prácticas insalubres y repugnantes de las empacadoras de carnes. [142]

Renacimiento de Harlem (años 1920): Despertar del orgullo de su cultura de los afro-estadounidenses. En parte se debió a la migración de los negros sureños a las ciudades del Norte. Harlem, en la ciudad de Nueva York, presenció el florecimiento de la música, poesía, historia y literatura afro-estadounidense. **[188]**

Residencia: Acto de apartar a un funcionario de gobierno de su cargo por razones de mala conducta. Por ejemplo, el presidente puede ser residenciado [y apartado de su cargo] por el Congreso. **[84]**

Revolución industrial: Cambio fundamental en los métodos de producción de bienes. La manufactura casera fue reemplazada por las fábricas. La máquina de vapor reemplazó la fuerza humana y animal; hizo posible la producción de gran escala y se utilizó en los barcos y trenes. La revolución industrial comenzó en Inglaterra en los años 1750 y pronto llegó a los Estados Unidos. **[97]**

Roe vs. Wade (1973): Decisión de la Corte Suprema que volteó las leyes estatales que prohibían el aborto. La Corte sostuvo que el derecho a la discreción de la mujer le garantiza el derecho a abortos sin restricciones durante los primeros tres meses del embarazo. La decisión resultó en muchísima controversia en los Estados Unidos. **[246]**

Segregación: Separación de individuos de acuerdo a la raza. Desde los años 1880 hasta el movimiento por los derechos civiles de los años 1950 y 1960, muchos estados sureños separaban a los blancos de los negros en las escuelas, trenes y el uso de facilidades públicas. Acutalmente, la segregación es ilegal. **[85]**

Segunda Guerra Mundial (1939-1945): Causada por la agresión alemana en Europa y la japonesa en Asia. Con 50 millones de muertos, la Segunda Guerra Mundial fue la más devastadora de la historia. Los Estados Unidos entraron en la guerra en 1941 cuando el Japón lanzó un ataque por sorpresa contra la flota del Pacífico anclada en Pearl Harbor, Hawai. Al final de la guerra, junto con la Unión Soviética, los Estados Unidos surgieron como una superpotencia. **[201]**

Seguridad colectiva: Tipo de defensa en la cual una nación depende de organizaciones internacionales o de alianzas militares para fortalecer su seguridad nacional. Por ejemplo, los Estados Unidos tenían cierta seguridad colectiva al participar en la OTAN. En caso de ataque, podrían contar con la ayuda de otros socios de la OTAN. **[226]**

Separación de poderes: Sistema constitucional de separar los poderes del gobierno nacional entre la rama legislativa, ejecutiva y judicial. Se estableció para impedir que cualquier rama se vuelva demasiado fuerte, y para impedir que un solo individuo o grupo llegue a controlar el gobierno. **[43]**

Soberanía popular: Idea de que, en una democracia como la de los Estados Unidos, el pueblo tiene el poder decisivo en el gobierno. Es uno de los principios en los que se basa el gobierno del país. Los individuos ejercen ese poder al escoger a sus representantes en las elecciones. **[40]**

Tarifas protectoras: Impuestos cargados en los productos importados para proteger las industrias del país. Por ejemplo, los impuestos en los autos japoneses los hace más caros, y así los consumidores pueden optar por comprar autos estadounidenses. **[69]**

Terceros partidos: Partidos políticos distintos a los dos partidos principales. A diferencia de éstos, que tratan de reunir grupos en una mayoría, los terceros partidos generalmente se ocupan de una sola cuestión. Los ejemplos de terceros partidos son el Partido Populista de los años 1890 y la campaña presidencial de Ross Perot en 1992. **[139]**

Trata de esclavos del Atlántico: Algunas tribus africanas traían a la costa a los cautivos que tomaban de otras tribus. En el trueque con tratantes europeos y americanos, recibían armas y municiones. Los esclavos eran transportados al otro lado del Atlántico y vendidos en las Américas donde generalmente trabajaban en las plantaciones. La trata fomentó las luchas tribales, destruyó mucha cultura africana y resultó en la pérdida de muchísimas vidas. **[14]**

Urbanización: Movimiento de la población de las regiones rurales a las ciudades. En los Estados Unidos el aumento de la urbanización tuvo lugar después de la Guerra Civil y continuó durante la mayor parte del siglo siguiente. **[29]**

CAPITULO 13

EXAMEN FINAL DE COMPROBACION

Ahora que conoces las diferentes estrategias para tomar exámenes y repasaste los capítulos de contenido, debes tomar este examen para comprobar tu progreso. Esta prueba te ayudará a identificar lo que necesites repasar. El examen tiene dos partes. La Parte I contiene 50 preguntas de selección múltiple (*debes contestarlas todas*) y la Parte II tiene cuatro ensayos (*debes escribir dos de ellos*).

Te conviene tomar este examen de comprobación bajo las condiciones que un examen "verdadero". Contesta todas las preguntas, sea en clase o por tu propia cuenta, en un lugar tranquilo. No hables con nadie cuando tomes la prueba. Lleva cuenta del tiempo. Finalmente, pide la opinión de tu instructor(a) o tutor(a) sobre tus ensayos. ¡Buena suerte en esta prueba de práctica!

PARTE I
RESPONDE A TODAS LAS PREGUNTAS

Instrucciones: Para cada pregunta o declaración escoge la palabra o expresión que acertadamente responde a la pregunta o completa la aseveración.

1 La función principal del gobierno es
   1 proteger a los ciudadanos
   2 proporcionar empleos
   3 fomentar las artes
   4 ayudar a los pobres y lisiados

2 La mejor prueba de que una nación es democrática es que
   1 hay un sistema de cortes criminales
   2 la gente tiene el derecho del voto
   3 hay un presidente fuerte
   4 la legislatura se divide en dos cámaras

3 El término "control mutuo" se refiere
   1 a la división del poder entre el gobierno nacional y los gobiernos estatales
   2 al poder de la Corte Suprema a declarar una ley inconstitucional
   3 al poder que cada rama del gobierno tiene sobre las otras ramas
   4 la protección de las libertades individuales presentadas en la Declaración de Derechos

4 ¿Cuál de las siguientes frases expresa mejor la idea que se encuentra en la Declaración de la Independencia?
   1 "Todavía no comenzamos a pelear."
   2 "Dadme libertad o dadme muerte."
   3 "Todos los hombres fueron creados iguales."
   4 "Centavo ahorrado, centavo ganado."

5 El propósito principal de la Declaración de la Independencia fue
   1 establecer las leyes fundamentales de los EE.UU.
   2 justificar la rebelión de los colonos norteamericanos contra Inglaterra
   3 proporcionar un plan claro de sistema político significativo y eficaz
   4 garantizar derechos fundamentales para todos los estadounidenses

6 Los Artículos de la Confederación fueron criticados porque otorgaron
   1 muy poco poder al gobierno nacional
   2 demasiado poder al Congreso
   3 al presidente el poder de declarar la guerra
   4 a la Corte Suprema el poder de declarar leyes como inconstitucionales

7 El documento que proporciona la estructura del gobierno se conoce como
   1 juicio
   2 constitución
   3 ley
   4 proyecto de ley

8 La Constitución de los EE.UU. separó los poderes del gobierno para
   1 que el gobierno sea más eficaz
   2 prevenir que una rama del gobierno se vuelva demasiado poderosa
   3 dar a los gobiernos estatales poder igual al del gobierno federal
   4 fortalecer el ejército

9 ¿Cuál situación muestra mejor el principio constitucional del federalismo?
   1 El presidente presenta ante el Congreso un discurso sobre el estado de la Unión.
   2 Una comisión congresional, con el voto de la mayoría, anula un proyecto de ley.
   3 La Cámara de Representantes vota por residenciar un juez federal.
   4 Los gobernadores estatales piden más ayuda del gobierno federal.

10 El poder la la Corte Suprema para decidir si una ley está en contra de la Consitución se conoce como
   1 auto de "habeas corpus"
   2 jurisdicción original
   3 jurisdicción de apelación
   4 examen jurídico

11 La Declaración de Derechos se agregó a la Constitución de los EE.UU. para
   1 garantizar los derechos civiles y políticos de los individuos
   2 asegurar que funcionaba bien el sistema de control mutuo
   3 fortalecer la autoridad de los gobiernos estatales
   4 dar más poder al presidente

12 El propósito de la mayoría de las enmiendas a la Constitución de los EE.UU. fue
   1 garantizar los derechos civiles y políticos de los individuos
   2 asegurar el buen funcionamiento del sistema de control mutuo
   3 fortalecer la autoridad de los gobiernos estatales
   4 dar más poder al presidente

13 "Abolicionista" es el término que describe una persona que
   1 apoya el librecambio
   2 desea poner fin a la esclavitud
   3 se opone al aborto
   4 está en favor del imperialismo

14 ¿Cuál fue un resultado importante de la Guerra Civil?
   1 Se abolió la esclavitud.
   2 Los estados ganaron el derecho de separarse de la Unión.
   3 Los Estados Unidos lograron la independencia de Inglaterra.
   4 Las mujeres lograron el derecho al voto.

15 Booker T. Washington y W.E.B. Du Bois se parecían porque ambos creían que
   1 la educación era la clave al progreso de los negros
   2 los negros debían regresar al Africa
   3 los afro-estadounidenses debían establecer su propia nación
   4 el uso de la violencia por los negros era justificado

16 En los Estados Unidos, los movimientos del tercer partido tienen lugar más a menudo cuando
   1 hay un peligro cierto de un ataque extranjero
   2 el presidente no está firme en la política extranjera
   3 los partidos políticos principales no se preocupan por cuestiones importantes para el público
   4 se vuelve intenso el interés en posesiones y comercio extranjero

17 En el movimiento de la Granja participaban
  1 los blancos sureños organizados para aterrorizar a los negros
  2 los obreros industriales que cooperaban para lograr sueldos más altos
  3 los agricultores que se juntaron para hacer frente a los intermediarios y a las compañías ferroviarias
  4 las asociaciones formadas por los inmigrantes para saber más sobre la vida del país

18 ¿Cuál es la declaración más acertada sobre la inmigración desde 1960?
  1 Fue el desarrollo industrial del Noreste lo que atrajo a estos inmigrantes.
  2 La mayoría de estos inmigrantes llegaron de Latinoamérica y de Asia.
  3 En este tiempo, los sindicatos laborales apoyaron leyes de inmigración más favorables.
  4 Los inmigrantes más recientes se integraron fácilmente en la sociedad estadounidense.

19 ¿Cuál término se refiere a los periodistas que a fines del siglo XIX revelaban los males de la sociedad estadounidense?
  1 maleteros   3 rastrilladores de mugre
  2 abolicionistas 4 "scalawags"

20 Un gran alcance del movimiento progresista fue que
  1 se declaró ilegal la discriminación racial
  2 se establecieron reformas políticas
  3 los individuos de 18 años de edad recibieron el derecho al voto
  4 las empresas quedaron liberadas de la reglamentación gubernamental

21 La iniciativa, la destitución y el referéndum son ejemplos de
  1 la política extranjera del siglo XIX típica del imperialismo
  2 reformas progresistas destinadas a democratizar el gobierno
  3 reglamentación para establecer control del ~obierno sobre las grandes empresas
  ⌐s conservadoras tomadas por Theo-
  ~elt

Basa tus respuestas a las preguntas 22 y 23 en las siguientes declaraciones de los oradores y en tu conocimiento de estudios sociales.

Orador A: Para nuestro bien es mejor no involucrarnos con otros países porque éstos están en constantes disputas sobre asuntos que no nos interesan.

Orador B: Si queremos sobrevivir, tenemos que mantenter relaciones amistosas con otras naciones. Debemos fomentar el comercio, no las alianzas.

Orador C: Creo que el destino de nuestra nación es extender nuestras fronteras desde la costa del Atlántico a la del Pacífico.

Orador D: Para tener éxito, nuestro país tiene que desarrollar la potencia naval, conseguir colonias y construir un canal que vincule los Océanos Pacífico y Atlántico.

22 Theodore Roosevelt probablemente estaría de acuerdo con el hablante
  1 A 3 B
  2 C 4 D

23 El hablante C se refiere a la política llamada
  1 Docrina Monroe
  2 détente
  3 contención
  4 Destino Manifiesto

24 El objetivo principal de la Doctrina Monroe fue
  1 impedir la intervención europea en el Hemisferio Occidental
  2 detener la expansión del comunismo en la América Latina
  3 poner fin a la trata de esclavos de Africa
  4 mantener a los Estados Unidos apartados de los conflictos europeos

25 Durante la presidencia de George Washington, en la política extranjera los EE.UU. trataron de

1 mantenerse neutrales en los asuntos mundiales

2 apoyar a los británicos en su guerra contra Francia

3 proteger los países del Hemisferio Occidental

4 formar una organización internacional para mantener la paz

26 La política estadounidense de aislacionismo siguió la

1 Guerra Hispano-Estadounidense

2 Primera Guerra Mundial

3 Segunda Guerra Mundial

4 Guerra de Corea

Basa tu respuesta a la pregunta 27 en la caricatura y en tu conocimiento de estudios sociales.

"Habrá que cambiar el remedio si no resulta."

27 ¿Cuál declaración expresa mejor la idea principal de la caricatura?

1 El gobierno no debe intervenir en la economía nacional.

2 Cualquier rama del gobierno puede solucionar los problemas económicos de la nación.

3 Los gobiernos deben evitar toda intervención en solucionar los problemas económicos.

4 Las crisis económicas llevan a mayor intervención del gobierno.

28 El gran desempleo fue una característica importante

1 de los estrepitosos años veinte

2 de la Gran Depresión

3 del movimiento progresista

4 de la Guerra de Vietnam

29 El principio del Nuevo Trato apoyaba la idea que el gobierno federal debía

1 reglamentar y reformar la economía

2 limitarse a la política extranjera y los asuntos de defensa

3 poseer y operar las industrias principales

4 reducir su ayuda a los menesterosos

30 El surgimiento de la "guerra fría" entre los EE.UU. y la URSS fue el resultado directo de la

1 Primera Guerra Mundial

2 Segunda Guerra Mundial

3 Guerra de Corea

4 Guerra de Vietnam

31 Después de la Segunda Guerra Mundial se promulgó la Doctrina Truman para

1 ayudar a Alemania y al Japón en la recuperación de los daños sufridos en la guerra

2 reconstruir los países africanos

3 impedir la expansión del comunismo a Grecia y Turquía

4 eliminar la pobreza en el Tercer Mundo

Basa tu respuesta a la pregunta 32 en esta caricatura y en tu conocimiento de estudios sociales.

32 ¿A qué suceso de la historia estadounidense se refiere esta caricatura?
1 la emancipación de los esclavos
2 el comienzo de la Guerra Hispano-Estadounidense
3 la construcción del Canal de Panamá
4 el comienzo de la Primera Guerra Mundial

33 El prejuicio racial a menudo aumenta en tiempo de peligro para la nación. Este principio se dejó ver cuando la Corte Suprema juzgó el caso de
1 *Brown vs. Board of Education*
2 *Roe vs. Wade*
3 *Korematsu vs. U.S.*
4 *Marbury vs. Madison*

34 ¿Cuál situación es un ejemplo del concepto de "détente"?
1 Gran Bretaña declara la guerra contra Alemania en 1939.
2 Los Estados Unidos y la Unión Soviética firman un acuerdo de limitar armamentos nucleares.
3 Los EE.UU. bloquean a Cuba durante la crisis de los misiles en 1962.
4 Las Naciones Unidas intervienen en el Líbano en los años 1980.

Basa tu respuesta a la pregunta 35 y en la gráfica de barras que sigue y en tu conocimiento de estudios sociales.

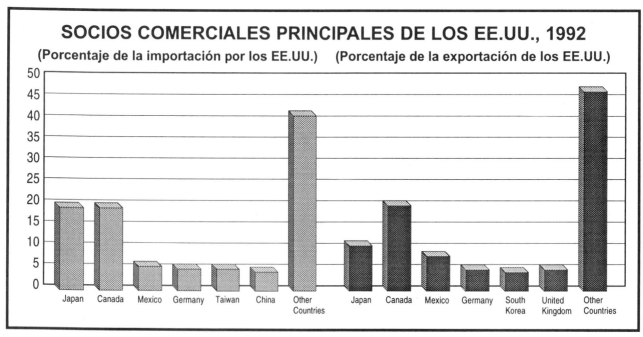

SOCIOS COMERCIALES PRINCIPALES DE LOS EE.UU., 1992
(Porcentaje de la importación por los EE.UU.)   (Porcentaje de la exportación de los EE.UU.)

35 ¿Qué porcentaje de sus productos vendieron los Estados Unidos al Japón en 1992?
1 5%
2 11%
3 20%
4 40%

36 Después de la Segunda Guerra Mundial, los EE.UU. establecieron su política de contención en reacción a la
1 expansión del control soviético en la Europa Oriental
   ~strucción de la muralla de Berlín
   ~le Palestina en el Medio Oriente
   ~armas nucleares en Asia

37 Durante la presidencia de Reagan el déficit federal
1 fue eliminado
2 fue reducido por nuevos impuestos
3 aumentó mucho
4 permaneció casi igual

Basa tu respuesta a la pregunta 38 en el mapa que sigue y en tu conocimiento de estudios sociales.

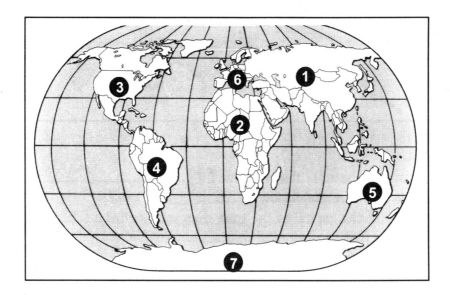

38 Los Estados Unidos están situados en el
   1 Punto 1   3 Punto 4
   2 Punto 3   4 Punto 6

39 Los Estados Unidos venden productos fabricados a las naciones del Tercer Mundo y compran allí materias primas. Esto es un ejemplo de
   1 proteccionismo económico
   2 combinación de recursos
   3 interdependencia mundial
   4 capitalismo financiero

40 A pesar de los alcances logrados por el movimiento de liberación femenina, muchas mujeres todavía no tienen
   1 los mismos sueldos que los hombres
   2 derecho al trabajo
   3 protección contra la discriminación
   4 derecho de tener puestos políticos electivos

41 ¿Cuál persona está correctamente pareada con el campo en el que alcanzó reconocimiento nacional?
   1 Samuel Gompers — física nuclear
   2 Betty Friedan — descubrimientos en la medicina
   3 Gloria Steinem — reforma de las prisiones
   4 Rachel Carson — conservación del ambiente

42 ¿Cuál suceso llevó a la participación estadounidense en la Guerra del Golfo?
   1 la invasión soviética de Afganistán
   2 la invasión de Kuwait por Iraq
   3 la toma del Canal de Suez por Egipto
   4 la toma de Sinaí por Israel

43 La causa fundamental de la Guerra de Vietnam fue
   1 la hostilidad entre los musulmanes y los judíos
   2 el temor de los EE.UU. de la expansión del comunismo en Asia
   3 la invasión de Corea del Sur por Corea del Norte
   4 la instalación de armas nucleares por los soviéticos en Vietnam del Sur

44 La diferencia fundamental entre Malcolm X y el Dr. Martin Luther King, Jr. era su punto de vista sobre
   1 el uso de la violencia para lograr la igualdad racial
   2 la deseabilidad de igualdad racial
   3 la cuestión de los compromisos estadounidenses en Africa
   4 el asunto del orgullo negro

Basa tu respuesta a la pregunta 45 en la gráfica lineal que sigue y en tu conocimiento de estudios sociales.

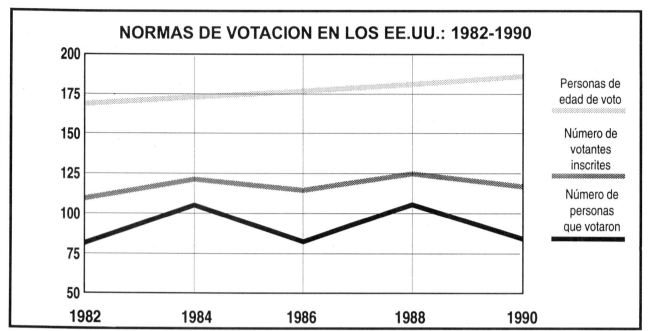

NORMAS DE VOTACION EN LOS EE.UU.: 1982-1990

Personas de edad de voto

Número de votantes inscrites

Número de personas que votaron

Fuente: Abstracto Estadístico de los EE.UU.

45 ¿Cuál declaración describe con acierto una tendencia presentada en la gráfica?
   1 En los años de elecciones presidenciales hay más gente que vota.
   2 Las normas de votación cambian muy poco de un año al otro.
   3 La población votante va disminuyendo.
   4 No cambió el número de personas que votaron.

46 ¿Cuál fue un efecto de largo plazo que tuvo la industrialización en la posición de las mujeres en los Estados Unidos?
   1 disminución de derechos legales de la mujer
   2 aumento de oportunidades de empleo para las mujeres
   3 menor importancia de enseñanza formal para las mujeres
   4 aumento del porcentaje de mujeres en los empleos domésticos

47 El desplazamiento de la gente desde el campo a las ciudades se llama
   1 imperialismo   3 urbanización
     ᵃrcantilismo   4 populismo

48 Una experiencia compartida por muchos inmigrantes en los EE.UU. es que
   1 a veces se enfrentaban con resentimiento y hostilidad
   2 no se les permitía asistir a las escuelas públicas
   3 no tenían que pagar impuestos sobre los ingresos
   4 estaban obligados a usar facilidades públicas segregadas

49 "El gobierno tiene que impedir que los inmigrantes tomen los empleos de los estadounidenses."

   Esta aseveración probablemente fue hecha por un partidario del
   1 nativismo   3 imperialismo
   2 asimilación   4 proteccionismo

50 A principios del siglo XIX, el movimiento por los derechos femeninos concentró sus esfuerzos principalmente en obtener
   1 un puesto de gabinete para una mujer
   2 reformas en las prisiones
   3 derechos civiles para todas las minorías
   4 derechos del voto para las mujeres

PARTE II

RESPONDE A DOS PREGUNTAS DE ESTA PARTE

1   **Muchas decisiones de la Corte Suprema tuvieron una gran influencia en la vida en los estadounidenses.**

Decisiones de la Corte Suprema

Marbury vs. Madison (1803)
Korematsu vs. U.S. (1944)
Brown vs. Board of Education (1954)
Miranda vs. Arizona (1966)
Roe vs. Wade (1973)

Parte A

Escoge *uno* de los casos de la lista:_____

    a. Declara de qué trataba el caso: _____

    b. ¿Qué influencia tuvo el caso en la vida de los estadounidenses? _____

       _____

Escoge *otro* caso de la lista: _____

    a. Declara de qué trataba el caso:_____

    b. ¿Qué influencia tuvo el caso en la vida de los estadounidenses?_____

       _____

Parte B

En tu respuesta a la Parte B, debes usar la información que diste en la Parte A. Sin embargo, puedes también incluir información adicional o distinta.

En un ensayo explica cómo algunas decisiones de la Corte Suprema tuvieron una gran influencia en la vida de los estadounidenses.

2 **A lo largo de la historia de los Estados Unidos, algunos grupos lucharon contra la discriminación.**

Grupos

Mujeres
Afro-estadunidenses
Hispanos
Estadounidenses lisiados
Indígenas

Parte A

Escoge *dos* de los grupos de la lista dada. En el caso de cada grupo describe *una* forma de discriminación que enfrentaron sus miembros, y nombra *un* método usado por el grupo en su lucha contra esa discriminación.

GRUPO	DISCRIMINACIÓN ENCONTRADA	MÉTODOS DE LUCHA CONTRA LA DISCRIMINACIÓN
1. _____ _____ _____	_____ _____ _____	_____ _____ _____
2. _____ _____ _____	_____ _____ _____	_____ _____ _____

Parte B

En tu respuesta a la Parte B, debes usar la información que diste en la Parte A. Sin embargo, ~~edes también incluir información adicional o distinta.

~~nsayo para explicar cómo a lo largo de la historia de los EE.UU. los diferentes
~~contra la discriminación.

3 Varios presidentes de los EE.UU. tuvieron un papel importante en cambiar el curso de la historia del país.

Presidentes

Abraham Lincoln
Theodore Roosevelt
Woodrow Wilson
Franklin D. Roosevelt
Harry Truman
Richard Nixon

Parte A

Escoge a *un* presidente de la lista:_____

Nombra *una* forma en la que las acciones de ese presidente influyeron en el curso de la historia estadounidense.

_____

Escoge a *otro* presidente de la lista:_____

Nombra *una* forma en la que las acciones de ese presidente influyeron en el curso de la historia estadounidense.

_____

Parte B

En tu respuesta a la Parte B, debes usar la información que diste en la Parte A. Sin embargo, puedes incluir también información adicional o distinta.

Escribe un ensayo para discutir cómo algunos presidentes de los EE.UU. tuvieron un papel importante en cambiar el curso de la historia del país.

4 Se propusieron muchas soluciones a los problemas encontrados actualmente por los Estados Unidos, pero nadie sabe si estas soluciones van a tener éxito.

Problemas

Epidemia del SIDA
Riesgos para el ambiente
Aumento de la criminalidad
Deuda nacional creciente
Individuos sin hogar
Desequilibrio en el comercio internacional

Parte A

Escoge *uno* de los problemas de la lista:_____

Describe el problema._____

_____

Nombra una solución posible. _____

_____

Declara por qué la solución puede tener éxito o no._____

_____

Escoge *otro* problema de la lista: _____

Describe el problema._____

_____

Nombra una solución posible. _____

_____

Declara por qué la solución puede tener éxito o no._____

_____

Parte B

En tu respuesta a la Parte B, debes usar la información que diste en la Parte A. Sin embargo, puedes también incluir información adicional o distinta.

Escribe un ensayo que comienza con la siguiente oración temática:

han propuesto muchas soluciones para los problemas que tienen actualmente los Estados pero no se sabe hasta qué punto estas soluciones pueden ser logradas.

INDICE ALFABETICO

A

Acción afirmativa, 305
Acuerdo de Camp David, 270
Acuerdo de Librecambio Norteamericano (NAFTA), 279
Acuerdo de Mayflower, 13, 17
Acuerdo de Paz de París, 261
Acuerdo entre Caballeros, 134
Addams, Jane, 147
Agnew, Spiro, 268
Agricultores, los problemas de, 136-137
Aislacionismo, 173, 190
Alarmas rojas, 189
Aldrin, Edwin, 281
Alemania, la división de, 208, 225
Alianza para el Progreso, 241
Ambiente, 298
Anthony, Susan B., 127, 147
Apaciguamiento, 202
Aparceros, 84
Archiduque Francisco Fernando, 169
Armstrong, Neil, 281
Artículos de Confederación, 22-23
Asamblea Constitucional, 38
Asamblea de Seneca Falls, 126
Asimilación, 132
Asociación Nacional Estadounidense por el Sufragio Femenino, 127
Asunto Irán-contra, 274
Asunto Watergate, 268
Attucks, Crispus, 28
Auto de Habeas Corpus, 55

B

Bahía de Cochinos, 241
Baker, Ray Stannard, 142
Banco Nacional, 68, 73
Batalla de Nueva Orleáns, 71
Begin, Menachem, 270
Bell, Alexander Graham, 99, 116
Bernstein, Carl, 281
Bernstein, Leonard, 269
Blackwell, Elizabeth, 147
Bloqueo de Berlín, 226
Boicoteo, 105
Bomba atómica, 207
Boston Tea Party, 20
Brady, Matthew, 79
Brown vs. Board of Education, 233
Brown, John, 77
Bryan, William Jennings, 138
Burger, Warren, 282
Bush, George, 275-277

C

Cámara de Representantes, 25, 48-51
Caballeros del Trabajo, 106
Cabilderos, 52
Calentamiento del globo, 298
Canal de Panamá, 165
Capitalismo, 97
Capitalismo de laissez-faire, 101, 186
Capo de ozono, 298
Carnegie, Andrew, 101
Carson, Rachel, 248
Carta Magna, 17
Carter, Jimmy, 269-271
Carver, George Washington, 89
Caso de los Burgueses de Virginia, 17
Cassatt, Mary, 126
Castigos san juicio (de "attainder"), 55
Catlin, George, 114
Ciclo económico, 192
City of Richmond vs. Croson, 305
Ciudades, los problemas de las, 131
Cláusula de supremacía, 41
Cláusulas de antigüedad, 85
Clausula elástica, 44
Clinton, Bill, 277-279
Clinton, Hillary Rodham, 278
Cohan, George M., 171
Colón, Cristóbal, 12
Colegio electoral, 51
Colonias centrales, 15
Colonias del Sur, 15
Colonias inglesas, 13-17
Comisión de conferencia, 49
Comisión de Servicio Civil, 142
Competencia en el espacio, 228, 240
Compra de Luisiana, 70, 157
Compromiso de los Tres Quintos, 25
Comunidad de Estados Independientes (C.I.S.), 277
Comunismo, 223
Conferencia de Paz de Ginebra, 260
Conferencia de Yalta, 223
Conferencia Naval de Washington, 190
Congreso, 48-50
Constitución de los EE.UU., 38-46
Constitución implícita, 52
Contención, 225
"Contrato con los Estados Unidos", 278
Contrarresto del veto, 50
Contrato de "perro amarillo", 105
Control de armas, 304
Convención nacional, 50
Convenio colectivo, 105, 107
Convenio de 1850, 77

Convenio de Misuri, 77
Coolidge, Calvin, 187
Corporación de Reconstrucción Financiera, 195
Corte Suprema, 51-52, 252
Cortina de hierro, 224
Crisis de la bolsa de valores (1929), 192
Crisis de los misiles en Cuba, 241
Crisis de los rehenes en Irán, 270
Cruzan vs. Missouri, 304
Cuáqueros, 15
Cuenco de polvo, 194
Cuidad de la salud, 296
Cultura de la juventud, 242-243

CH
"Charlas junto a la lumbre", 197
Chavez, César, 248
Chiang Kai-Shek, 227
China, 227

D
Debs, In re, 117
Declaración de Derechos, 55
Declaración de la Independencia, 20-22
Déficit comercial, 300
Déficit presupuestario, 300
Democracia, 16, 38
Departamento del Trabajo, 107
Depresión, Gran, 192-199
Derecho a morir, 304
Derechos de proceso debido, 56
Derechos de protección igual, 56
Derechos del voto, 56
Derechos estatales, 77
Destino Manifiesto, 158
Destitución, 143
Détente, 267
Deuda nacional, 300
Día D, 207
Discurso de despedida de Washington, 70, 156
Doble exposición, 55
Doctrina Eisenhower, 232
Doctrina Monroe, 157
Doctrina Reagan, 274
Doctrina Truman, 225
DuBois, W.E.B., 86
Dylan, Bob, 243

mas, 137
cado libre, 119

Enmienda de Derechos Iguales, 246
Enmienda XIII, 79, 90
Enmienda XIV, 56, 83, 90
Enmienda XV, 56, 90
Enmienda XVI, 148
Enmienda XVII, 56, 148
Enmienda XVIII, 148, 188
Enmienda XIX, 56, 127, 148
Enmienda XXI, 189
Enmienda XXII, 50
Enmienda XXVII, 39, 312
Enmiendas de la Guerra Civil, 90
Escándalo de Teapot Dome, 187
Esclavitud, 77-79
Estados Confederados de América, 78
Estatuto parlamentario, 17
Etnocentrismo, 133
Eutanasia, 304
Exámen jurídico, 51, 91

F
Federación Estadounidense de Trabajo (A.F.L.), 106
Federalismo, 40-41
Federalistas, 69
Ferrocarriles, la expansión de, 98
Ford, Gerald, 268-269
Franklin, Benjamin, 89
Friedan, Betty, 244
Frontera, 110-112
Fuentes históricas, 31

G
Gabinete, 52, 67-68
Gerónimo, 116
Ghettos, 132
Gideon vs. Wainwright, 250
Gobierno, 37
Gobierno limitado, 44-45
Gompers, Samuel, 106
Gorbachev, Mikhail, 275
Gran Compromiso, 25
Gran Depresión, 192-199
Gran jurado, 55
Gran Sociedad, 242
Granada, 274
Grandes Llanuras, 110
Gremio interno, 105
Grupos de influencia, 52
Guerra Civil, 76-80
Guerra contra la pobreza, 242
Guerra de 1812, 71, 157
Guerra de Corea, 227-228
Guerra de Vietnam, 241, 260-264
Guerra del Golfo, 276
Guerra fría, 222-229, 277
Guerra Hispano-Estadounidense, 159-160

Guerra Mexicano-Estadounidense, 159
Guerra Ruso-Japonesa, 164

H

Hamilton, Alexander, 68
Harding, Warren, 187
Hawai, 163
Hayakawa, S.I., 248
Hiroshima, 207
Historia multicultural, 30
Ho Chi Minh, 260, 262
Holocausto, 206
Hoover, Herbert, 187
Huelga, 105
Hughes, Langston, 188
Hussein, Saddam, 276
Hutchinson, Anne, 28

I

Imperialismo estadounidense, 162-166
Imperio Austro-Húngaro, 169
Impuesto sobre ingresos graduado, 139, 144
Impuestos de capitación, 85
Incas, 8
Inconstitucional, 90
Indígenas, 7-10, 12, 110, 113-115
Individualismo robusto, 187
Industrialización de los EE.UU., 97-102
Inflación, 267
Iniciativa, 143
Inmigración, 132-135
Inmigrantes antiguos, 133
Inmigrantes ilegales, 134, 309
Inmigrantes nuevos, 133, 311
Intercambios triangulares, 17
Interdependencia mundial, 193
Interdicto, 105
Islas Filipinas, 163

J

Jackson, Andrew, 71-74
Jackson, Jesse, 311
Jamestown, 13
Jefe político, 141
Jefferson, Thomas, 70-71
Johnson, Andrew, 83-84
Johnson, Lyndon B., 242
Juicio por jurado, 252

K

Kennedy, John F., 240-241, 261
Khomeini, Ayatollah, 270
King, Jr., Dr. Martin Luther, 234-236
King, Rodney, 276
Korematsu vs. U.S., 213
Ku Klux Klan, 85, 189

L

Líneas de montaje, 186
Ley Clayton contra Trusts, 145
Ley Dawes, 114
Ley de Comercio Interestatal, 102, 137, 148
Ley de Embargo de 1807, 71
Ley de Estadounidenses Lisiados, 312
Ley de Exclusión de Chinos, 134
Ley de Heredades Familiares, 112
Ley de Inspección de Carne, 143
Ley de la Reserva Federal, 144
Ley de Poderes en Tiempo de Guerra (1973), 263, 282
Ley de Pureza de Alimentos y Drogas, 143, 148
Ley de Seguridad Social, 213
Ley del Timbre, 20
Ley Kansas-Nebraska, 77
Ley Nacional de Relaciones de Trabajo, 117
Ley Sherman contra Trusts, 102
Ley Taft-Hartley, 107, 117
Ley Wagner, 107
Leyes de Inmigración (1921, 1924, 1929), 134
Leyes de Neutralidad, 204
Leyes Jim Crow, 85, 90
Leyes ex post facto, 55
Libertos (esclavos liberados por la Enmienda XIII), 83
Liga de las Naciones, 172
Liga Urbana, 232
Liliuokalani, Reina, 175
Lin, Maya, 264
Lincoln, Abraham, 78-79
Lista negra, 105
Lockout (huelga patronal), 105

LL

Lluvia ácida, 298

M

MacArthur, Douglas, 208, 228
Macartismo, 228
Magallanes, Fernando de, 12
Maleteros, 84
Mao Tse Tung, 227
Marbury vs. Madison, 90
Marcha a Washington, 234
Marshall, George, 225
Marshall, John, 90
Marshall, Thurgood, 233, 248
Martínez, Antonio José, 89
Maya, 8
McCarthy, Joseph, 228
McCulloch vs. Maryland, 90
McKinley, William, 143
Mecanización, 307
Medicaid, 296
Medicare, 242, 296
Mercantilismo, 19

Miranda vs. Arizona, 250
Monarquía, 38
Monroe, James, 157
Mott, Lucretia, 126
Movilidad social, 309
Movimiento abolicionista, 77
Movimiento contra la guerra en Vietnam, 263
Movimiento de indios estadounidenses (A.I.M.),
    114-115
Movimiento de la Granja, 137
Movimiento de liberación femenina, 243-246
Movimiento obrero, 104
Movimiento por el poder negro, 236-237
Movimiento por los derechos civiles, 232-237
Movimiento por los derechos femeninos, 125-128
Movimiento progresista, 141-143
Muir, John, 147
Munn vs. Illinois, 148
Muralla de Berlin, 241
Mussolini, Benito, 201
Musulmanes negros, 237

N

NAACP (Asociación Nacional para el Progreso de
    Gente de Color), 86, 232
Nacionalidad, 151, 169
Nacionalismo, 169
Naciones Unidas, 209-210
Nagasaki, 207
Nast, Thomas, 108
Nativismo, 189
Neutralidad, 69, 156, 170
New Jersey vs. T.L.O., 312
New York Times vs. U.S., 282
Nixon, Richard M., 266-268
No-violencia, 234
Noriega, Manuel, 276
Norris, Frank, 142
Nueva Frontera, 240
Nueva Inglaterra, 15
Nueva Libertad, 144

O

O'Connor, Sandra Day, 281
Obreros, problemas de los, 104
Ofensiva Tet, 261
Oración en las escuelas, 304
Ordenanza del Noroeste de 1787, 23
    ·nización de Estados Americanos (O.E.A.), 167
    ·ción Nacional Para Mujeres (N.O.W.), 244
    ·Harvey, 241

Paine, Thomas, 20
Panamá, invasión de, 276
Panteras negras, 237
Parks, Rosa, 274
Partido Populista, 138
Partidos políticos, 52, 69
Pearl Harbor, 204
Pentagon Papers, 282
Perdón presidencial, 268
Peregrinos, 13
Periodismo sensacionalista, 160
Perot, Ross, 277
Perry, Matthew, 164
Personas sin hogar, 297
Plan de "rellenar" la Corte, 199
Plan Marshall, 225
Plessy vs. Ferguson, 86, 90
Pluralismo cultural, 132
Pocahontas, la Princesa, 28
Poderes concurrentes, 41
Poderes delegados, 41
Poderes reservados, 41
Política de Libre Acceso, 163
Política del Buen Vecino, 167
Política del Garrote, 166
Política externa, 67, 177
Política interna, 67
Potencias Aliadas, 170, 201
Potencias Centrales, 170
Potencias del Eje, 201
Powell, Colin, 281
Príncipe Enrique de Portugal, 12
Presidencia, 50-51
Presidentes progresistas, 143-145
Primarias, elecciones, 50
Primer Congreso Continental, 20
Primera Guerra Mundial, 169-172
Proceso de enmienda, 45
Proceso "de los monos" de Scopes, 189
Procesos de Nuremberg, 208
Proclama de la Emancipación, 79
Producción en masa, 98
Productividad, 120
Prohibición, 145, 188
Protectorado, 165
Pruebas de alfabetización, 85
Puerto Rico, 166
Puritanos, 13

R

Racismo, 189
Rama ejecutiva, 43, 50
Rama judicial, 43, 51-52
Rama legislativa, 43, 48-51
Randolph, A. Philip, 116
Rastrilladores de mugre, 142
Ratificación de la Constitución de los EE.UU., 25-26

Reagan, Ronald, 273-275
Rebelión de los boxers, 164
Rebelión de Shays, 23
Rebelión del whiskey, 69
Reciclaje, 298
Reclutamiento obligatorio, 204-205
Reconstrucción, 81-88
Reed, Walter, 175
Referéndum, 143
Refugiados, 134
Regionalismo, 76
Rehnquist, William, 282
Renacimiento de Harlem, 188
Republicanos radicales, 83
Republicanos-demócratas, 69
Reservaciones, 110
Residenciar, 84, 268
Resolución del Golfo de Tonkín, 261
Revolución de 1800, 70
Revolución de 1828, 72
Revolución de las computadoras, 307
Revolución Estadounidense, 19-22
Revolución industrial, 97
Revolución Iraní, 270
Riis, Jacob, 142
Robinson, Jackie, 232, 248
Rockefeller, John D., 101
Roe vs. Wade, 246
Roosevelt, Franklin D., 196-199
Roosevelt, Theodore, 143-144
Rosenberg, Julius y Ethel, 228

S

Sadat, Anwar, 270
Scalawags, 84
Schenck vs. U.S., 175
Scott, Dred, la decisión, 77
Segregación, 85
Segunda Guerra Mundial, 201-209
Senado, 25, 48-50
Separación de poderes, 43
Serra, Fr. Junípero, 28
Seward, William, 175
SIDA, 294-295
Sinclair, Upton, 142, 144
Sirvientes contratados, 14
Sistema de alianzas, 170
Sistema de botín, 72, 142
Sistema de comisiones, 52
Sistema de control mutuo, 43-44
Sistema de libre empresa, 97
Sistema de méritos, 142
Soberanía popular, 40
Sputnik, 228
Stalin, José, 206

Stanton, Elizabeth Cady, 126
Steffens, Lincoln, 142
Steinem, Gloria, 243
Stowe, Harriet Beecher, 77
Sufragio, 126

T

Tácticas guerrilleras, 262-263
Taft, William, 144
Taller cerrado, 105-106
Tarbell, Ida, 142
Tarifa protectora, 69
Tarifas, 187
Tecnología, 119
Tendencias, 306-310
Teoría del dominó, 261
Terceros partidos, 139
Territorio de Oregón, 159
Terrorismo, 274
Testamento en vida, 304
Texas, la anexión de, 158
Thoreau, Henry David, 89
Trata de Esclavos del Atlántico, 14
Tratado de París (1783), 22
Tratado de Versalles, 172
Tratado del Canal de Panamá (1977), 270
Trato Justo, 143
Trato Nuevo, 197-199
Tribus, 7, 114
Triple Alianza, 170
Triple Entente, 170
Truman, Harry, 225, 232
Trumbull, John, 70
Trusts, 143

U-V

Urbanización, 129-131
Veto, 49
Vietcong, 260
Voto secreto, 139

W

Wabash vs. Illinois, 148
Wald, Lillian, 147
Warren, Earl, 249, 282
Washington, Booker T., 86
Washington, George, 22, 67-70
Wells, Ida B., 147
Wheatley, Phillis, 15
Wilson, Woodrow, 144, 172
Woodward, Bob, 281

X-Y-Z

Yeltsin, Boris, 279

ILLUSTRATION CREDITS

CHAPTER 2
Page 6: Aztec basalt statue, circa 1450-1521, National Gallery of Art; Christopher Columbus claiming lands in the "New World," Library of Congress; Benjamin Franklin and committee meet to discuss the Declaration of Independence, National Archives; 13: Library of Congress; 22: U.S. Capitol Historical Society; 28: Pocahontas, Library of Congress; Hutchinson, Library of Congress; Attucks, Schomberg Center.

CHAPTER 3
Page 36: Exterior view of the White House, Library of Congress; U.S. Congress in session, U.S. Capitol Historical Society; Front of the U.S. Supreme Court building, Supreme Court Collection; 41: National Archives; 43: Supreme Court Collection; 51: Bureau of Engraving and Printing.

CHAPTER 4
Page 66: George Washington being sworn in as President, Library of Congress; Soldiers lie dead on the battlefield of Gettysburg, Library of Congress; Thomas Nast cartoon about Reconstruction, Library of Congress; 67: National Archives; 69: National Archives; 70: National Archives; 72: National Archives; 73: Library of Congress; 74: Library of Congress; 78: Library of Congress; 83: National Archives; 84: Library of Congress; 85: Library of Congress; 86: B. Washington, National Archives; Du Bois, Associated Publishers, Incorporated; 90: Franklin, National Portrait Gallery; Carver, Library of Congress.

CHAPTER 5
Page 96: Link-up of the transcontinental railroad at Promontory, Utah, National Archives; Settlers crossing the Nevada desert; National Archives; Early assembly line at a Ford Motor Company plant, Ford Motor Company; 101: Library of Congress, 102: Library of Congress; 106: Library of Congress; 107: Young boys after working in the coal mines, National Archives, Young girls at work in a New York City sweatshop, Louis Hines Collection, Library of Congress; 108: Ford Motor Company; 110: National Archives; 112: Library of Congress; 113: Library of Congress; 114: National Portrait Gallery; 116: Edison, Library of Congress; Bell, Library of Congress; reaper, National Archives; Geronimo, Library of Congress.

CHAPTER 6
Page 124: Women suffragettes demonstrating, Library of Congress; Immigrants bound for America on board the S.S. Patricia, Library of Congress; Cartoon about the Populist Party, Library of Congress; Theodore Roosevelt at a Settlement House, Theodore Roosevelt Association; 126: Library of Congress; 127: Library of Congress; 131: National Archives; 138: Library of Congress; 143: Library of Congress; 144: Bureau of Engraving and Printing; 147: Anthony, Library of Congress, Wells, U.S. Postal Service.

CHAPTER 7
Page 155: Theodore Roosevelt posing with Rough Riders, Theodore Roosevelt Association; Filipino soldiers who fought for Philippine independence, Library of Congress; Wounded U.S. soldier in a trench somewhere in France, National Archives; 157: Bureau of Engraving and Printing; 160: *Maine*, Library of Congress, destroyed *Maine*, National Archives; 164: Boxers, Library of Congress, Perry Expedition, Library of Congress; 166: National Archives; 172: Library of Congress; 175: Library of Congress; 179: Library of Congress.

CHAPTER 8
Page 184: "Spirit Of St. Louis, Unknown; "Migrant Mother," Library of Congress; C.C.C. workers building a path, Franklin D. Roosevelt Presidential Library; U.S. soldiers firing artillery at Germans, National Archives; 186: Ford Motor Company; 187: National Archives; 188: Linotyper, Louis Hines Collection; Hughes, National Archives; 189: National Archives; 194: National Archives; 198: Franklin D. Roosevelt Presidential Library; 201: National Archives; 204: National Archives; 205: Poster, National Archives; Factory, National Archives; 206: National Archives; 207: National Archives; 208: Nuremberg Trials, Library of Congress; 210: United Nations; 212: Library of Congress; 217: Library of Congress.

CHAPTER 9
Page 221: Atomic bomb being tested in the Pacific, National Archives; African American teacher and child, Library of Congress; "Buzz" Aldrin about to set foot on the moon, N.A.S.A.; 225: Library of Congress; 227: Library of Congress; 228: National Archives; 231: Nicholas Muray; 232: Segregation scene, Schomberg Collection; Robinson, Schomberg Collection; 233: Supreme Court Collection; 234: National Archives; 237: Schomberg Collection; 240: Kennedy Presidential Library; 241: Johnson Presidential Library; 248: U.S. Postal Service; 249: Supreme Court Collection.

CHAPTER 10
Page 259: President Johnson and General Westmoreland in Vietnam, Johnson Presidential Library; Exterior of White House, Library of Congress; 261: Schomberg Collection; 266: Bureau of Engraving and Printing; 269: Library of Congress; 275: White House Photographer; 278: White House Photographer; 281: Earth, N.A.S.A.; Powell, Pentagon; O'Connor, Supreme Court Collection.

CHAPTER 11
Page 293: A smog-filled New York skyline, National Archives.; Anti-drug poster, The Partnership For A Drug-Free America; Puerto Rican Day Parade in New York City, G.A.L.O.S. Corporation; 307: Japanese National Tourist Office; 311: N.A.S.A.

CHAPTER 13
Page 345: F.D.R. cartoon, Library of Congress; Spanish-American War cartoon, Library of Congress.